Hamburger Edition
Institut für Sozialforschung

Viola B. Georgi

Entliehene Erinnerung

Geschichtsbilder junger Migranten in Deutschland

Hamburger Edition

Für Julius, David und Joel

Hamburger Edition HIS Verlagsges. mbH
Mittelweg 36
20148 Hamburg

Redaktion: Kerstin Eitner
Umschlagfoto: Jochen Stenger
Umschlaggestaltung: Wilfried Gandras
Typographie und Herstellung: Jan Enns
Satz aus der Stempel Garamond 10/12 Punkt
von KCS GmbH, Buchholz/Hamburg
Druck und Bindung: Clausen & Bosse, Leck
Printed in Germany
ISBN 3-9308908-89-1
1. Auflage Oktober 2003

Inhalt

Einleitung: NS-Geschichte und Holocaust in der deutschen Einwanderungsgesellschaft

> Wir wissen ja, daß die Vergangenheit kein musealer Kronschatz ist, sondern etwas, das immer von der Gegenwart betroffen ist.
>
> *(Walter Benjamin 1923)*

Die Bundesrepublik Deutschland ist faktisch ein Einwanderungsland.[1] Migrationsprozesse in Vergangenheit und Gegenwart haben dazu geführt, daß die bundesdeutsche Gesellschaft heute eine ähnliche ethnische, kulturelle und religiöse Vielfalt aufweist wie andere Einwanderungsgesellschaften. Homogen war die »deutsche« Gesellschaft ohnehin nie, denn das heute als deutscher Nationalstaat ausgewiesene Territorium ist von jeher Ziel und Ausgangspunkt von Wanderungsbewegungen gewesen.[2] Die vorliegende Studie, die Geschichtsbezüge junger Migranten in Deutschland untersucht, befaßt sich vor allem mit den jüngeren Migrationsbewegungen. Seit 1945 haben viele Millionen Flüchtlinge, Vertriebene, Asylsuchende, Aus- und Übersiedler einen neuen Lebensmittelpunkt in der Bundesrepublik gefunden. Diese »neuere« Einwanderung sei im folgenden kurz skizziert.

Der durch den Zweiten Weltkrieg und seine Nachwirkungen verursachte Arbeitskräftemangel in der Bundesrepublik sowie der konjunkturelle Aufschwung veranlaßten die Bundesregierung unter Konrad Adenauer Mitte der fünfziger Jahre zu einer gezielten Anwerbung ausländischer Arbeitnehmer, vorwiegend aus dem Mittelmeerraum.

---

1 Dies läßt sich u. a. durch den Vergleich älterer und neuerer Geburtsstatistiken belegen, wie sie etwa Elisabeth Beck-Gernsheim in ihrer Studie »Juden, Deutsche und andere Erinnerungslandschaften« unter der Rubrik »Gemischte Familienverhältnisse« präsentiert. Während im Jahre 1960 etwa 1,3 Prozent der in der Bundesrepublik geborenen Kinder einen ausländischen Elternteil hatten, wuchsen im Jahr 1997 bereits 20 Prozent aller Neugeborenen in solchen Familienkonstellationen auf. Damit stammt jedes fünfte Kind aus einer deutsch-ausländischen oder ausländischen Verbindung (Beck-Gernsheim 1999, S. 167).

2 Vgl. hierzu Thränhardt 1988 und Bade 1992.

Zwischen 1955 und 1973 kamen auf diese Weise 14 Millionen Menschen als sogenannte »Gastarbeiter« in die Bundesrepublik. 1973 setzte die sozialliberale Regierung unter Willy Brandt einen Anwerbestopp für Arbeitsmigranten aus Ländern in Kraft, die nicht der Europäischen Wirtschaftsgemeinschaft angehörten. Dies war zum einen eine Reaktion auf die herrschende Wirtschaftskrise, zum anderen eine Konsequenz aus der Erkenntnis, daß die Aufenthaltsdauer der Angeworbenen stetig weiter angestiegen war. Ursache hierfür war unter anderem der Familiennachzug. In den achtziger Jahren zeichnete sich deutlich ein Wandel von der »Gastarbeit« zur Einwanderung ab.[3] Von den 14 Millionen angeworbenen Arbeitsmigranten gingen nur elf Millionen in ihre Herkunftsländer zurück.[4] Drei Millionen Menschen waren damit faktisch eingewandert. Diese, vor allem aber ihre in Deutschland geborenen Kinder und Kindeskinder, betrachten Deutschland längst als »Heimat«. Der zahlenmäßig größte Anteil stammt aus der Türkei, gefolgt vom ehemaligen Jugoslawien und von Italien.[5] Heute leben in der Bundesrepublik über sieben Millionen Menschen nichtdeutscher Herkunft.[6] Neben jenen, die als Arbeitsmigranten zuwanderten, gibt es noch drei weitere Gruppen, die für den

---

3 Der Anwerbestopp von 1973 bewirkte, daß die Aufenthaltszeiten der ausländischen Wohnbevölkerung noch weiter anstiegen: 1980 waren schon 66,2 Prozent der ausländischen Arbeitnehmer länger als sechs Jahre in der BRD, 37,8 Prozent sogar länger als zehn Jahre. Zu Beginn des Jahres 1992 hatten 31,4 Prozent der gesamten ausländischen Wohnbevölkerung 10 bis 20 Jahre und 25,3 Prozent mehr als 20 Jahre in Deutschland gelebt. Insgesamt haben damit 1992 über 56,7 Prozent mehr als 10 Jahre in der BRD gelebt (Bade 1994, S. 46).

4 1983 unternahm die Bundesregierung mit dem sogenannten Rückkehrförderungsgesetz einen Versuch, die ausländischen Arbeitnehmer durch Ausloben einer Prämie zur Rückkehr ins Herkunftsland zu motivieren. Nur etwa 215 000 Migranten machten davon Gebrauch (Nuscheler 1995, S. 115).

5 Im Jahr 2002 leben in der BRD 1 947 938 Menschen türkischer Herkunft, 1 066 360 Menschen aus dem ehemaligen Jugoslawien und 616 282 aus Italien. Quelle: Statistisches Bundesamt Deutschland, 2002.

6 Das Statistische Bundesamt dokumentiert für 2002 insgesamt 7 318 628 Menschen ausländischer Herkunft.

Untersuchungskontext dieser Studie von Bedeutung sind: Aussiedler, Kontingentflüchtlinge und Asylsuchende. Nach dem Ende des Kalten Krieges, dem Zerfall der Sowjetunion und ihres Einflußbereiches erreichte die Zuwanderung deutschstämmiger Aussiedler zu Beginn der neunziger Jahre mit fast 400 000 Menschen ihren Höhepunkt. Ein Großteil dieser Auswanderer stammte aus Gebieten der Russischen Föderation, aus Rumänien und Polen und hatte laut Bundesvertriebenengesetz Anspruch auf die deutsche Staatsbürgerschaft.[7] Im selben Zeitraum kamen jüdische Einwanderer, vorwiegend aus der ehemaligen Sowjetunion, im Rahmen der Kontingentflüchtlingsregelung nach Deutschland. Dadurch wuchs die Mitgliederzahl der jüdischen Gemeinden stark, vielerorts verdoppelte sie sich sogar.[8] Schließlich sind die Asylsuchenden zu nennen, Menschen, die in ihren Herkunftsländern politisch verfolgt werden und denen Gefahr für Leib und Leben droht. Seit der Änderung des Asylparagraphen – Artikel 19 des Grundgesetzes – im Jahre 1991 ist deren Zahl in Deutschland allerdings beträchtlich geschrumpft.[9]

Die skizzierten Migrationsprozesse haben zweifelsohne zu einer Beschleunigung der gesellschaftlichen Pluralisierung beigetragen. Geschichtsbilder und Geschichtsbewußtsein sind von solchen Pluralisierungsprozessen nicht ausgenommen. Sie wandeln sich infolge einer veränderten Zusammensetzung der Bevölkerung und der damit einhergehenden Vielfalt an kollektiven Narrativen. Ein beachtlicher Teil der heute in Deutschland lebenden jungen Menschen verfügt über Familien- und Kollektivgeschichten sowie über tradierte historisch-politische Erfahrungen, die sich von den »deutschen« unterscheiden. Schließlich waren ihre Vorfahren größtenteils weder Opfer nationalsozialistischer Gewaltherrschaft noch Zuschauer, Mitläufer oder Täter. Diese Menschen leben aber in einer Gesellschaft, in der die Erinnerung an den Nationalsozialismus und den Völkermord an den

7 Vgl. Nuscheler 1995, S. 122–123.

8 Schoeps 1999, S. 117.

9 Auslöser für die Einschränkung des Rechts auf Asyl war ein politisch dramatisiertes Ansteigen der Zahl der Asylsuchenden zwischen 1988 und 1991. Als Konsequenz der gesetzlichen Neuregelung sank die Anerkennungsquote von Asylbewerbern drastisch (vgl. Nuscheler 1995, S. 117).

europäischen Juden für den politisch-moralischen Diskurs der Öffentlichkeit von immenser Bedeutung ist.[10] Immer wieder entzünden sich heftige Diskussionen, in denen über Historisierung, Schuld und Verantwortung, geschichtliche Deutungen, Gedächtnisorte und Erinnerungskultur gestritten wird. Diese Kontroversen zeigen, daß der Nationalsozialismus und dessen Nachwirkungen nach wie vor zentrale Themen in den Auseinandersetzungen um das nationale, kollektive und individuelle Selbstverständnis sind. Zugleich zeigt sich darin die normative und einheitsstiftende Bedeutung der Vergangenheitsbewältigung in Deutschland.[11] Belegen läßt sich dies auch mit neueren Forschungsergebnissen zum Geschichtsbewußtsein, die dokumentieren, daß der Nationalsozialismus im kollektiven Gedächtnis zumindest der westdeutschen Bevölkerung generationsübergreifend als das bedeutsamste Geschichtsereignis wahrgenommen wird.[12]

Die wiederholt geführten Vergangenheitsdiskurse drehen sich zumeist ausschließlich um die (durch Abstammung begründete) deutsche Schicksals-, Verantwortungs- oder Haftungsgemeinschaft. Dadurch besteht die Gefahr, daß sich im kollektiven Gedächtnis ein ethnisch-völkisch geprägtes deutsches Selbstverständnis herausbildet. Mit Blick auf eine deutsche Einwanderungsgesellschaft ist deshalb zu fragen, ob und inwiefern das Festhalten an einem solchen historisch unterfütterten ethnisch-nationalen Selbstverständnis zum Ausschluß von Menschen nichtdeutscher Herkunft führen kann. Läßt sich eine so definierte deutsche (Erinnerungs-)Gemeinschaft überhaupt erweitern? Kann sie Menschen mit anderen kollektiven Gedächtnissen und familienbiographischen Erinnerungen integrieren? Kann man von Einwanderern überhaupt erwarten, daß sie das »negative Eigentum« (Jean Améry) beziehungsweise das »negative Erbe« des Aufnahmelandes antreten? Kann die Geschichte des Nationalsozialismus in einer pluralen deutschen Gesellschaft Bezugspunkt des nationalen Selbstverständnisses sein, ohne daß dabei eine deutsche Abstammungsgemeinschaft beschworen wird?

Was hier wie ein theoretisches Problem klingen mag, hat etwa im

10 Vgl. Assmann/Frevert 1999.

11 Vgl. Frei 1996; Reichel 2001; Bergmann u. a. 1995; Bude 1992.

12 Vgl. Lutz 1999.

schulischen Alltag längst eine eigene Dynamik angenommen. In deutschen Schulen, aber auch in Einrichtungen außerschulischer Jugendbildung werden junge Menschen mit unterschiedlichen ethnischen, kulturellen und politisch-historischen Hintergründen gemeinsam über den Nationalsozialismus und den Holocaust unterrichtet. Das gilt für das formale Lernen von historischem Stoff, für die affektive Auseinandersetzung mit Zeitzeugenberichten ebenso wie für projektorientierte Erkundungen von Lokalgeschichte oder den Besuch von Gedenkstätten. An diesen vielfältigen Lernorten verhandeln junge Menschen unterschiedlicher Herkunft ihre Geschichtsbilder und historischen Bezüge, aber auch ihre Vorstellungen vom künftigen Zusammenleben. Der Umgang mit der Geschichte des Nationalsozialismus wird dabei nicht selten zu einem Kernthema der Verhandlung von Identität und Zugehörigkeit in der deutschen Einwanderungsgesellschaft. Die Frage nach der Bedeutung einer durch die multiethnische Zusammensetzung der Schüler veränderten Lerngemeinschaft rückt damit unmittelbar ins Zentrum der Aufmerksamkeit: Was bedeutet die veränderte Ausgangslage einerseits für die Gestaltung politisch-historischer Bildung und andererseits für das Gedenken in einer deutschen Einwanderungsgesellschaft, die zugleich die Gesellschaft der ehemaligen Zuschauer, Mitläufer und Täter des Nationalsozialismus ist?

Aus der skizzierten Problemstellung leiten sich folgende Fragen ab, denen in der vorliegenden Studie nachgegangen werden soll: Welche Bedeutung hat die Geschichte des Nationalsozialismus und des Holocaust für junge Migranten in der Bundesrepublik? Wie positionieren sie sich im Verhältnis zur deutschen Geschichte und zur deutschen Gesellschaft? Wirkt sich die NS-Geschichte auf die Konstruktion ihrer Zugehörigkeit(en) aus? Weiter läßt sich fragen, ob die NS-Geschichte bei der Annahme der deutschen Staatsangehörigkeit eine Rolle spielt. Ziehen die Jugendlichen, wenn sie über die Annahme der deutschen Staatsbürgerschaft nachdenken, überhaupt die Möglichkeit einer Übernahme der »historischen Hypothek« in Betracht? Ist es auf der Grundlage sozialisationstheoretischer Erkenntnisse denkbar, daß Migranten sich ein kollektives, öffentliches historisches Erbe[13] der

13 Vgl. Elias 1976 und Korte 1990.

Aufnahmegesellschaft zu eigen machen? Bevorzugen sie möglicherweise die Geschichte ihres Herkunftslandes als Bezugspunkt? Oder bewegen sie sich gar in einem »geschichtslosen« Raum? Um der Komplexität der gesellschaftlichen Situation gerecht zu werden, ist auch zu fragen, welche historischen Orientierungen sich in bikulturellen Familienzusammenhängen entwickeln. Nach welchen Mustern eignen sich Jugendliche aus bikulturellen Familien die NS-Geschichte an?

Gegenstand der Untersuchung ist also die Bedeutung des Nationalsozialismus und des Holocaust für das Selbst- und Fremdverständnis von jugendlichen Migranten in Deutschland. Es wird gefragt, wie Jugendliche mit unterschiedlichen nationalkulturellen Hintergründen die Geschichte des Nationalsozialismus biographisch bearbeiten und welche historischen Orientierungsmuster sie dabei ausbilden. Im Mittelpunkt der Analyse stehen Prozesse der Selbstpositionierung im Verhältnis zu bestimmten historischen beziehungsweise sozialen Bezugsgruppen. Das Hauptaugenmerk gilt dabei den in Auseinandersetzung mit den historischen Ereignissen und Akteuren entwickelten Zugehörigkeitskonstruktionen der Jugendlichen. Ausgangspunkt ist die Annahme, daß die familiale und kollektive Vergangenheit (als Opfer, Täter, Mitläufer während der NS-Zeit oder etwa als zugewanderter Migrant) und der rechtlich-politische Status (etwa soziale Mitgliedschaft oder Staatsbürgerschaft) entscheidende Einflußfaktoren für die Ausbildung des Selbst- und Fremdverständnisses von Jugendlichen in der Auseinandersetzung mit der NS-Geschichte als »eigener« oder »fremder« Geschichte darstellen. Den Fragen nach den Geschichtsbezügen junger Migranten wird empirisch nachgespürt. Auf der Grundlage von Fallstudien mit Jugendlichen aus Einwandererfamilien werden differenzierte Einblicke in die individuellen Auseinandersetzungsprozesse mit der deutschen Geschichte gegeben. Schließlich werden die ermittelten Geschichtsbezüge in eine Typisierung überführt.

Wenn es im folgenden um die Erinnerungsformen junger Migranten in Deutschland geht, sind diese auch vor dem Hintergrund aktueller Veränderungen im Diskurs über die Erinnerung an den Holocaust zu betrachten. Ich möchte deshalb einige der wesentlichen Entwicklungen in Thesen benennen, um den theoretischen, historischen und gesellschaftspolitischen Raum zu markieren, in welchem sich die

Geschichtskonstrukte von Jugendlichen aus Einwandererfamilien notwendigerweise bewegen.

These 1: Die Erinnerung an den Holocaust befindet sich an einem kritischen Übergangspunkt. Grund ist der sich unaufhaltsam vollziehende Generationenwechsel: Die Zeitzeugen sterben. Damit löst sich das Gedächtnis von seinen Trägern. Die Erinnerung an den Holocaust muß fortan vermittelt werden und ist ausschließlich auf Repräsentationen angewiesen. Der Generationenwechsel leitet zugleich eine Historisierung des Holocaust ein. Der Historiker Michael Jeismann spricht in diesem Zusammenhang sogar vom Ende der »Epoche der Vergangenheitsbewältigung«.[14] Heute gehe es nicht mehr so sehr um das, was tatsächlich geschah, sondern vielmehr darum, »wie das Geschehene erzählt und vergegenwärtigt werden soll«.[15]

These 2: Im Zuge des europäischen Einigungsprozesses ist die Erinnerung an den Holocaust auch zu einer europäischen Aufgabe geworden. Eine europäische Erinnerungs- und Wertegemeinschaft ist im Entstehen, die sich auf eine Neugründung der Demokratien nach Auschwitz beruft. Dabei wird Auschwitz zum »negativen Gründungsmythos Europas«.[16] Jeismann konstatiert, daß sich in Europa eine »Kultur des Schuldeingeständnisses«[17] entwickle, die sich durch eine umfassende Anerkennung der Verbrechen der Vergangenheit auszeichne. Beispielhaft kommt dies in der Abschlußerklärung des »Stockholm International Forum on the Holocaust«[18] vom Januar

14 Jeismann 2001, S. 73.

15 Ebenda. Vgl. hierzu auch die Ausführungen im Kapitel »Methodische Anlage der Studie und Dokumentation des Forschungsprozesses«.

16 Vgl. hierzu Artikel 8 der Stockholmer Erklärung: »It is appropriate that this, the first major international conference of the new millennium, declares its commitment to plant the seeds of a better future amidst the soil of a bitter past.«

17 Jeismann 2001, S. 140.

18 Auf der Konferenz »Stockholm International Forum on the Holocaust« wurde Adornos »allererste« Forderung an Erziehung, »daß Auschwitz nicht noch einmal sei«, als Auftrag an Bildungspolitik, Schulen und Hochschulen europaweit und international unterstrichen. Die Stockholmer

2000 zum Ausdruck. Dort wurde der Holocaust nicht nur offiziell im europäischen Gedächtnis verankert, sondern auch zur ethisch-moralischen Grundlage internationaler Interventionspolitik in Konfliktregionen erklärt, in denen gegenwärtig die Menschenrechte mißachtet werden.

These 3: Die Internationalisierung oder auch »Globalisierung der Erinnerung an den Holocaust«[19] führt dazu, daß die Erinnerung zunehmend aus dem nationalstaatlichen Rahmen herausgelöst wird. Das Gedächtnis verliert seinen Ort. Das Partikulare des Gedächtnisses muß sich mit dem Universellen arrangieren; der lokale Erfahrungsraum muß sich auf eine Koexistenz mit dem globalen, transnationalen Erfahrungsraum einrichten. Die Erinnerung an den Holocaust wird quasi entkontextualisiert. Der israelische Soziologe Nathan Sznaider und der amerikanische Sozialforscher Daniel Levy deuten diese Entwicklung als positiv, da der Holocaust auf diese Weise »zugänglicher« werde. Die jüdischen Opfer würden zu Opfern schlechthin.[20] Diese neue »kosmopolitische Wende« der Holocaust-Erinnerung sei dadurch charakterisiert, daß sie vielen Opfergruppen erlaube, sich in den jüdischen Opfern von einst wiederzuerkennen. Damit werde der Holocaust als »einzigartiges« Ereignis »vergleichbar«. Die partikulare Opfererfahrung der Juden könne universalisiert werden.[21] Der Holo-

---

Konferenz war das Ergebnis einer »Task Force for International Cooperation in Holocaust Education, Remembrance and Research«, die 1998 von den Regierungen Schwedens, Großbritanniens und der USA eingerichtet worden war. Ihr gehören mittlerweile auch Deutschland, Israel, Frankreich, Italien, die Niederlande und Polen an. Hauptziel der Veranstaltung war es, einen internationalen Dialog zu ermöglichen, der Initiativen zur pädagogischen Auseinandersetzung mit dem Holocaust fördert. Das Forum gab deshalb Überlebenden, Politikern und Verwaltungsexperten, Vertretern von gesellschaftlichen Institutionen und Religionsgemeinschaften, Lehrern, Historikern, Vertretern von Museen und Künstlern die Gelegenheit, ihr Wissen und ihre Erfahrungen auszutauschen. Siehe hierzu: http://www.holocaustforum.gov.se/

19 Levy/Sznaider 2001.

20 Ebenda, S. 53.

21 Vgl. ebenda 2001, S. 146.

caust kristallisiert sich zu einem universalen Orientierungspunkt für die Einordnung und Verurteilung von Menschenrechtsverletzungen und Genoziden.[22]

These 4: Die Mediatisierung des Holocaust, die häufig auch als »Amerikanisierung«[23] oder »Hollywoodisierung«[24] bezeichnet wird, formt die Kommunikation über die Geschichte und schließlich die Geschichte selbst in besonderer Weise. Die visuelle Sprache von Fernsehen und Kino sowie der neuen Medien (etwa die Geschichte des Holocaust auf CD-ROM) und andere Agenturen der »Holocaust-Industrie« verhandeln das Geschehen im Repräsentationsraum einer globalisierten Medienöffentlichkeit. Erinnerung wird über Bilder generiert. Medienereignisse wie der Film »Schindlers Liste« von Steven Spielberg machen den Holocaust zu einem konsumierbaren Produkt der Kulturindustrie. Dabei wird er popularisiert, häufig auch durch Sentimentalisierung und Kitsch für das Massenpublikum aufbereitet. Massenmediale Inszenierungen dieser Art laufen Gefahr, den Holocaust zu instrumentalisieren, zu trivialisieren und zu vulgarisieren. Dabei schält sich ein neues Identifikationsangebot heraus: Alle können sich in den Opfern (wieder)erkennen und zugleich in der Rolle des Zuschauers verharren.[25]

These 5: Die Geschichtswissenschaft verliert im Zuge der Mediatisierung historischer Ereignisse sowie der Hinwendung zur Erinnerungskultur ihr Deutungsprivileg.[26] Dies gilt auch für die Erinnerung an den Holocaust. Geschichtliche Deutung und historisches Denken sind nicht mehr auf akademische Institutionen und wissenschaftliche Expertenveranstaltungen beschränkt, sondern Teil der Alltagskultur geworden. Filme und Dokumentationen im Fernsehen, kommunale Geschichtsvereine, Schulprojekte zur NS-Geschichte, Zeitzeugengespräche, historische Stadtführungen, Ausstellungen zum Thema,

---

22 Vgl. Jeismann 2001, S. 13.
23 Levy/Sznaider 2001.
24 Körte 1999.
25 Siehe hierzu Levy/Sznaider 2001, S. 170 ff.
26 Vgl. Rüsen/Jaeger 2001, S. 389.

Gedenkstättenbesuche – all diese Formen der Erinnerung koexistieren und konkurrieren mit der traditionellen Geschichtsschreibung. Private Geschichte wird dabei öffentlich gemacht, öffentliche Geschichte wird privatisiert. Die Erinnerung an den Holocaust wird individualisiert, fragmentiert und pluralisiert.[27] Die historische Wissenschaft stellt nur noch eine von vielen Sichtweisen und Erinnerungsformen dar. Verschiedene gesellschaftliche Akteure ringen um Interpretationen und Repräsentationsformen der NS-Geschichte und des Holocaust, die eine kulturelle und historische Orientierung für Individuen und Gruppen ermöglichen sollen.[28] Auch junge Migranten gehören zu diesen »neuen« Akteuren, die an der Kommunikation über die Geschichte ihres Einwanderungslandes teilhaben.

Die hier vorgestellten Geschichtsbezüge Jugendlicher aus Einwandererfamilien sind in unterschiedlicher Intensität von den skizzierten Entwicklungen einer veränderten und sich verändernden Erinnerungs- und Geschichtskultur in Deutschland und darüber hinaus beeinflußt. Dies wird im Kapitel »Exemplarische Fallanalysen« deutlich. Eine theoretische Vertiefung dieser Tendenzen kann hier nicht geleistet werden.

Die Thesen unterstreichen jedoch die gesellschaftspolitische Aktualität der Untersuchung. Dies unter anderem deshalb, weil die Studie die demographischen Entwicklungen antizipiert. Die bundesdeutsche Gesellschaft wird sich nämlich in zunehmendem Maße aus Menschen zusammensetzen, die aufgrund ihres Alters (Generationsentwicklung) und/oder anderer nationaler, ethnischer, kultureller Herkunft und historisch-politischer Orientierung (Migration) weder über unmittelbares noch über familientradiertes Erfahrungswissen auf den Nationalsozialismus und den Holocaust zurückgreifen können. Ihr Zugang zur Geschichte wird notwendigerweise ein vermittelter sein (vgl. These 1). Die Geschichtskonstruktionen und Zeitdeutungen sind deshalb in hohem Maße von der Fähigkeit und

---

27 Vgl. Levy/Sznaider 2001, S. 146 ff.

28 Als Beispiel hierfür sei auf den langwierigen und heftig ausgetragenen Disput um das Berliner Denkmal zur Erinnerung an die von den Nationalsozialisten ermordeten Juden Europas hingewiesen.

Bereitschaft junger Menschen abhängig, aus ihrer eigenen Erlebnis- und Erfahrungswelt Brücken zur Vergangenheit zu schlagen. Entscheidend ist dabei, welche Ausschnitte aus der NS-Geschichte gerade Jugendliche aus Einwandererfamilien als für sie selbst bedeutsam auswählen, nach welchen Kriterien sie dabei verfahren, welche »äußeren« Einflüsse wirksam werden und welche sozialen Interaktionen sich in diesem Zusammenhang als relevant herausschälen.

Die vorliegende Studie geht nach folgender Systematik vor: In den ersten fünf Kapiteln sind die theoretischen Bezugsrahmen der Arbeit dargelegt. Das Kapitel »Dimensionen historischer Identität« beleuchtet das Verhältnis von Geschichte und Identität sowie Biographie aus unterschiedlichen Perspektiven. Ziel der Analyse ist die Auslotung der Bedeutung von Historie für die Herausbildung von Identitäten. In dem Kapitel gehe ich der Frage nach, wie sich bestimmte biographisch geprägte Wahrnehmungsweisen und Deutungsmuster auf die Aneignung und Verarbeitung historischer Ereignisse auswirken. Dabei kommen auch die Dimensionen der »Selbst- und Fremdpositionierung« (Stuart Hall) von Individuen innerhalb einer soziohistorischen Konstellation zur Sprache. Es wird erörtert, wie historische Identitäten durch die Selbst- und Fremdverortung von sozialen Gruppen und ihren Mitgliedern im historischen Prozeß konstituiert werden. Im Hinblick auf einen erweiterten Rezeptionskontext von Geschichte wird die Aneignung und Legitimation eines historischen beziehungsweise auch kulturellen Erbes diskutiert, welches sich nicht aus der eigenen ethnisch begründeten Zugehörigkeit herleiten läßt. Ferner wird am Beispiel der amerikanischen Geschichtsdiskurse die Problematik der *competing memories* (James E. Young) – konkurrierenden kollektiven Vergangenheitserzählungen – skizziert und die allgemeine Frage nach der Vergemeinschaftung durch Erinnerung(en) in Migrationsgesellschaften aufgeworfen. Im Kapitel »Geschichtsbewußtseinsforschung« wird der Begriff des Geschichtsbewußtseins und seine Operationalisierbarkeit für empirische Untersuchungen auf der Grundlage verschiedener Definitionen aus der geschichtsdidaktischen Forschung diskutiert. Darüber hinaus werden empirische Studien aus der Geschichtsbewußtseinsforschung mit ihren spezifischen Ansätzen, Fragestellungen, Vorgehensweisen und Ergebnissen dargestellt und kritisch reflektiert. Hierzu gehört unter anderem eine Auswertung der vorhandenen Arbeiten zum Thema »Geschichtsbewußtsein und Nationalsozialismus«. Schließlich erfolgt eine Hinführung zu einem Verständnis von Geschichtsbewußtsein als narrativem Konstrukt (Jörn Rüsen). In kritischer Abgrenzung zu gängigen empirischen Verfahren der Geschichtsbewußtseinsforschung wird ein hermeneutischer Ansatz vorgestellt. Dabei soll einerseits die grundsätzliche Frage nach der Operationalisierbarkeit des Geschichtsbewußtseins vertieft, andererseits der Versuch einer sinnvollen Verknüpfung eines phänomenologisch begründeten hermeneutischen Zugangs zum Geschichtsbewußtsein mit einer sozialwissenschaftlichen Theorie der »Geschichtenhermeneutik« (Gerd Vonderach) unternommen werden.

Im Kapitel »Ethnizität und Geschichte: Zum Verhältnis von ethnischer und historischer Identität« untersuche ich die Wechselseitigkeit von historischer und ethnischer Identitätskonstruktion. Neben der Bestimmung einiger wesentlicher Merkmale des Ethnizitätsbegriffs wird »symbolische Ethnizität« (Mary Waters) als herkunfts- und vergangenheitsbezogene Kategorie von Identitätskonstruktionen herausgearbeitet. Das Kapitel »Erinnerung und kollektives Gedächtnis« erkundet das Verhältnis von individueller und kollektiver Erinnerung. Zu diesem Zweck werden Konstitutionsbedingungen, Eigenschaften und Beschaffenheit von Erinnerungsmustern und Vergangenheitsdeutungen gedächtnistheoretisch erschlossen. Ferner werden Formen der Erinnerung zusammengefaßt und für den Untersuchungsgegenstand dargelegt. Die Gedächtniskonzepte werden auf ihren erkenntnistheoretischen Beitrag zu Prozessen der Aneignung kollektiver Erinnerung untersucht. Der Schwerpunkt liegt auf der Analyse der Bedeutung von Erinnerung für die Konstruktion von Zugehörigkeit(en) zu sozialen beziehungsweise historischen Bezugsgruppen. Dabei geht es um die sozialisationstheoretisch relevante – weil identitätsstiftende – Vergemeinschaftung der Individuen durch Erinnerung. Neben der Betrachtung der Zusammenhänge von Generation und Gedächtnis (Karl Mannheim) wird zudem zwischen einer »moralischen« und einer »ethischen« Erinnerungsgemeinschaft (Avishai Margalit) unterschieden.

Die drei darauffolgenden Kapitel umfassen den methodischen und den empirischen Teil der Arbeit. Beschrieben wird der Forschungsprozeß beziehungsweise das Vorgehen bei der Aufbereitung und Auswertung des empirischen Materials, wie etwa die gewählte narrativ orientierte Form der Datenerhebung. Problematisiert werden die verschiedenen »Arbeitsbündnisse«, etwa die Interviewsituation oder die Beziehung zwischen Interviewerin und Interviewten. Die fallrekonstruktive Auswertung des empirischen Materials erfolgt im Rahmen der *Grounded Theory* (Glaser/Strauss), deren erkenntnistheoretische Grundlagen im Kapitel »Methodische Anlage der Studie und Dokumentation des Forschungsprozesse« referiert werden. Im Kapitel »Exemplarische Fallanalysen« werden elf ausgewählte Einzelfälle aus dem Gesamtsample der Interviews präsentiert. Das Kapitel »Typen: Geschichtsbezüge in der deutschen Einwanderungsgesellschaft« stellt die empirisch begründete Typologie der Aneignung der NS-Geschichte und des Holocaust vor. Auf der Grundlage der Ergebnisse formuliere ich im Schlußkapitel einen Ausblick auf die Zukunft der Erinnerung in der deutschen Einwanderungsgesellschaft. Dieser wird am Beispiel der Herausforderungen an eine zeitgemäße historisch-politische Bildung konkretisiert.

Dimensionen historischer Identität

Wie eignen sich jugendliche Migranten in Deutschland die Geschichte des Nationalsozialismus und des Holocaust an und welche biographische und gesellschaftliche Orientierungsfunktion hat diese Geschichte für sie? Um mich diesen Fragen zu nähern, möchte ich im folgenden einige Dimensionen historischer Identität beleuchten, die für den theoretischen Bezugsrahmen der Arbeit relevant sind. Im Mittelpunkt stehen Aspekte der Verquickung von Geschichte und Identität. Was hat Historie mit Identitäten[1] zu tun? Welche Bedeutung hat Historie für die Bildung und Entwicklung von Identitäten? Wie wirken sich auf der anderen Seite Identitäten und Biographien auf die Wahrnehmungsweise historischer Ereignisse aus? Es geht in diesem Kapitel weniger um die einmalige Bestimmung der Beziehung von Geschichte und Identität, die in ein statisches Konzept historischer Identität mündet, sondern vielmehr um die Exploration eines komplexen Beziehungsgeflechts. Schließlich sollen auch einige Hypothesen über die Herausbildung von Geschichtsbewußtsein im Einwanderungskontext formuliert werden.

Geschichte, Identität und Biographie

Im Zuge drastischer gesellschaftlicher Wandlungsprozesse in den letzten Jahrzehnten ist zumindest in den Sozial- und Kulturwissenschaften ein Wiedererstarken des Identitätsbegriffs unter verschiedenen Vorzeichen zu beobachten. Die Stichworte lauten: Pluralisierung, Individualisierung, Biographisierung und Globalisierung. Diese Begriffe sind Eckpfeiler gesellschaftspolitischer und wissenschaftlicher Diskurse, innerhalb deren die Auflösung, Fragmentierung oder Vervielfältigung von Identität verhandelt wird.[2] Gegenwart und Zukunft

---

1 Identität wird hier im Plural verwendet, um jeglicher Assoziation einer Homogenität und Einheitlichkeit derselben vorzubeugen.

2 In den USA beispielsweise haben Multikulturalismus und feministische Gesellschaftskritik nach der Civil-Rights-Bewegung zur Etablierung ver-

der menschlichen Identität stehen im Zentrum der Verfaßtheitsanalysen und Entwicklungsprognosen (spät)moderner Gesellschaften. Übereinstimmung herrscht allein in der Auffassung, daß sich die fortlaufenden und ständig beschleunigenden Technologisierungs-, Differenzierungs- und Pluralisierungsprozesse moderner Gesellschaften entscheidend auf die Identitätsbildung von Individuen auswirken. Reichweite und Qualität dieser Auswirkungen sind Gegenstand wissenschaftlicher Kontroversen. Während etwa der Soziologe Ulrich Beck auf die Auflösungsprozesse gesellschaftlicher »Großgruppen« sowie die damit einhergehende Erosion traditioneller und kollektiver Identitäten und Lebensweisen hinweist und vor allem das Verlustpotential von Modernisierungsprozessen betont,[3] sieht der britische Soziologe und Kulturtheoretiker Stuart Hall in ebenjenen Zerstreuungsprozessen eine Artikulationschance für bislang marginalisierte und subalterne gesellschaftliche Gruppen. Hall zufolge sind es genau diese Zerstreuungserfahrungen, die das Verschwinden des in der Aufklärung beschworenen, mit sich in Einklang befindlichen, souveränen Subjektes begünstigen und damit Raum für eine identitätstheoretische Perspektive schaffen, die bewußt von »unvollkommenen«, widersprüchlichen und nie abgeschlossenen Identitäten ausgeht.[4] In seiner »postkolonialen« Kritik an herkömmlichen Identitätstheorien entfaltet Hall seine eigenen Überlegungen vor allem im Hinblick auf Menschen, die in der Migration respektive Diaspora leben:

»Solche Menschen erhalten starke Bindungen zu den Orten ihrer Herkunft und ihren Traditionen, jedoch ohne die Illusion, zur Vergangenheit zurückkehren zu können. Sie sind gezwungen, mit den Kulturen, in denen sie leben, zurechtzukommen, ohne sich einfach zu assimilieren und ihre eigenen Identitäten vollständig zu verlieren. Sie tragen die Spuren besonderer Kulturen, Traditionen, Sprachen und Geschichten, durch die sie geprägt wurden, mit sich. Der Unterschied ist, daß sie nicht einheitlich sind und sich auch nie im alten Sinne vereinheitlichen lassen wollen, weil sie unwiderruflich das Pro-

---

schiedener »Identitätspolitiken« beigetragen. Das Individuum als Repräsentant von Gruppenidentitäten rückt hierbei entschieden ins Zentrum gesellschaftspolitischer Aufmerksamkeit. Vgl. Walzer 1997; Kymlicka 1995; Young 1990.

3 Vgl. Beck 1986 und 1994.

4 Vgl. Hall 1994.

dukt mehrerer ineinandergreifender Geschichten und Kulturen sind und mehreren Heimaten und nicht nur einer besonderen Heimat angehören. Menschen, die zu solchen *Kulturen der Hybridität* gehören, mußten den Traum oder die Ambition aufgeben, irgendeine ›verlorene‹ kulturelle Reinheit, einen ethnischen Absolutismus, wiederentdecken zu können.«[5]

Wie Hall ausführt, bedeuten Mobilisierung und Transport kultureller Ressourcen immer auch Bruch, Diskontinuität und Vermischung des »Mitgenommenen«. Dies führt zu einer Vervielfältigung von Heimatkonzepten und zu hybriden Kulturmustern. Hall macht mit seiner postkolonialen Kritik am »eurozentrischen« Universalismus auf die Bedeutung von Partikularität und gesellschaftlicher Positionierung aufmerksam. Aus jeder menschlichen Artikulation »sprechen« bestimmte Geschichten und Traditionen. Gleichzeitig bringt das geschilderte Ineinandergreifen von Geschichten Hybridisierung und Pluralisierung von Geschichtsbildern und Geschichtsbewußtsein hervor.

Der Historiker Emil Angehrn stellt dem historischen Bewußtsein der Gegenwart eine zwiespältige Diagnose: Einerseits sei die Gegenwart fraglos durch eine Konjunktur des historischen Bewußtseins und eine zunehmende Rückbindung individueller wie kollektiver Identitätsbehauptungen an Geschichte gekennzeichnet. Andererseits tendiere die moderne Zivilisation dazu, »sowohl das Geschichtsbewußtsein wie das ihm entsprechende Bewußtsein von der Verschiedenartigkeit der Individuen, Kulturen und Gesellschaftsformen unwiderruflich auszulöschen«.[6] Das Phänomen, das Angehrn als gegenläufige und doch gleichzeitige »Aktualität und Inaktualität«[7] des historischen Bewußtseins in modernen Gesellschaften umschreibt, wäre heute wohl am treffendsten mit dem Begriff der »Globalisierung«[8] zu fassen. In diesem fließen die sich scheinbar widersprechenden und doch parallel laufenden Entwicklungen zusammen. Gemeint ist die Gleichzeitigkeit von Globalisierungs- und Lokalisierungsprozessen. Während die Globalisierung Homogenisierungs- und Uni-

---

5 Ebenda, S. 218.
6 Angehrn 1985, S. 4.
7 Ebenda, S. 5.
8 Robertson 1998 und Hannerz 1996.

versalisierungstendenzen nach sich zieht, sorgt die parallel stattfindende Pluralisierung für eine Hinwendung zu Partikularismen (lokale und regionale Identitäten, auch Fundamentalisierung und Ethnisierung). Universalistische und partikularistische Orientierungen, globale und lokale gesellschaftliche Entwicklungen prägen die moderne Welt gleichermaßen. Die Herausbildung von Identität, auch von historischer Identität, vollzieht sich damit nicht mehr nur im Rahmen des »Lokalen« – etwa innerhalb der territorialen Grenzen einer Region oder eines Nationalstaates –, sondern zugleich im *global village*, einer grenzüberschreitenden Kommunikations-, Informations- und Medienwelt, die Geschichte unabhängig von Akteuren und Ereignisorten in einen erweiterten Rezeptions- und Reproduktionszusammenhang stellt. Der Historiker Klaus Bergmann bemerkt hierzu:

> »Wir haben es mit einer einmaligen, ganz und gar außergewöhnlichen, früher sicher für unmöglich gehaltenen Vermehrung von geschichtlichen Zeugnissen und von öffentlich dargebotener Geschichte in den vielfältigsten Erscheinungsformen zu tun. Die Geschichte im Zeitalter der technischen Produzierbarkeit und Reproduzierbarkeit menschlicher Lebensäußerungen ist ein Novum. Die Ubiquität von Geschichte ist ein geschichtlich unerhört einmaliger Tatbestand, der heute unter dem Begriff der Geschichtskultur gefaßt wird.«[9]

Insbesondere die Visualisierung von Kultur und Geschichte in den Medien trägt nicht nur zur »Allgegenwärtigkeit von Geschichte« bei, sondern fördert zugleich eine Universalisierung oder gar Globalisierung von Erinnerung(en). Dabei – so die These von Levy und Sznaider – komme es im Zusammenspiel von globaler Kultur und lokalen Erinnerungen zur Herausbildung von »kosmopolitischen Gedächtnissen«. Diese zeichneten sich dadurch aus, daß sie weder an einen spezifischen Ort noch an einen Nationalstaat mit seiner spezifischen Erinnerungspolitik und Geschichtskultur gebunden seien. In kosmopolitischen Gedächtnissen könnten sich Partikularität und Universalität deshalb vereinen.[10]

Als Ausdruck der beschriebenen Entwicklungen erfährt die Geschichtskultur in Einwanderungsgesellschaften eine besondere Dy-

---

9 Bergmann 2000, S. 19.

10 Vgl. Levy/Sznaider 2001, S. 56 ff. und S. 151 ff.

namik, da Menschen mit unterschiedlichen kollektiven Vergangenheiten, historischen Identifikationen und Gruppenbezügen in einem politischen Raum zusammenleben und um Repräsentation ihrer Geschichten und Erinnerungsformen ringen. Exemplarisch läßt sich dies im Aufeinandertreffen von Ethnizitäts- und Geschichtsdiskursen in den USA veranschaulichen. Dort konkurrieren einzelne ethnische Gruppen darum, ihre jeweiligen Gruppengeschichten in die nationale Erzählung »Amerika« einzuschreiben.[11] James E. Young nennt das »competing memories«. Die sogenannte »Amerikanisierung des Holocaust«[12] und die Auswirkungen auf Erinnerungsdiskurse sowie politische und rechtliche Forderungen von Minderheiten in den USA stehen exemplarisch hierfür. Der Soziologe Franklin Bialystok meint, daß es nur möglich sei, den Holocaust in das historische Gedächtnis der USA zu integrieren, wenn die universalistischen Implikationen des Holocaust für die gesamte Menschheit hervorgehoben würden.[13] Das United States Holocaust Memorial Museum in Washington scheint diesen universalistischen Anspruch an die Vermittlung des Holocaust beispielhaft umgesetzt zu haben. Der Direktor des Museums, Michael Berenbaum, sieht seine geschichtsdidaktische Mission nämlich darin »to tell the story of the Holocaust in such a way that it

---

11 In seinem Aufsatz *America's Holocaust. Memory and the Politics of Identity* (1999) schreibt James E. Young gegen eine »culture of competing catastrophes« an. Er beschreibt die Problematik folgendermaßen:
»With the rise of a new-found ethnic pride among African Americans, Jewish Americans and Native Americans during the 1960s, the power of a vicariously remembered past to bind otherwise alienated groups grew increasingly attractive. As African Americans recalled their enslavement and Native Americans their genocide, Jewish Americans began to recall the Holocaust as the crux of their common heritage. But even as the memory of mass suffering was binding together the members of these communities, it also set the stage for an implicit competition between the various cults of victimisation. Two dimensional identities constructed solely around the memory of past suffering began to clash as groups asserted the primacy of their tragic past over of that others. America was becoming a culture of competing catastrophes.« (Young 1999, S. 81)

12 Siehe hierzu Flanzbaum 1999; Novick 1999; Levy/Sznaider 2001.

13 Vgl. u. a. Bialystok 1995, S. 273 ff.

would resonate not only with the survivor in New York and his children in San Francisco, but with a black leader from Atlanta, a Midwestern farmer, or a Northeastern industrialist«.[14]

Trotz dieses didaktischen Zuschnitts auf vermeintlich alle Amerikaner hat der Bau des Museums im Herzen der amerikanischen Hauptstadt an der historisch bedeutsamen *Mall* eine Diskussion über die Errichtung eines Museums für die Darstellung der durch die Sklaverei verursachten Leiden der afroamerikanischen Bevölkerung ausgelöst. Die Entschädigungsklagen von ehemaligen NS-Zwangsarbeitern haben die Frage nach einer möglichen Entschädigung der Nachkommen von Sklaven auf die Tagesordnung gebracht. Forderungen nach Wiedergutmachung historischen Unrechts und Benachteiligung werden seit den sechziger Jahren auch von indianischen Gruppen vorgetragen. Nicht zuletzt streben auch andere eingewanderte »Bindestrich-Amerikaner« danach, ihre Geschichten, die nicht selten von Diskriminierungs- und Ausgrenzungserfahrungen geprägt waren, in der amerikanischen Geschichtsschreibung repräsentiert zu sehen.[15] Dabei handelt es sich zweifelsohne um berechtigte Ansprüche, in denen sich nicht nur konkurrierende Kollektivgedächtnisse spiegeln, sondern auch das Bedürfnis nach Anerkennung der jeweiligen ethnisch begründeten Erinnerungsgemeinschaft zum Ausdruck kommt. Dieses steht im US-amerikanischen Kontext nicht notwendigerweise im Widerspruch zu einer »amerikanischen Identität«. Levy und Sznaider argumentieren vielmehr, daß man als Amerikaner das Ethnische als legitimen Bestandteil der kollektiven Identität nutzen könne, ohne sich ethnisch zu definieren. Es sei ebendiese Verbindung eines formal nichtethnischen Selbstverständnisses mit der Pflege und Kultivierung ethnischer Erinnerungen, die die multikulturelle Perspektive in den USA kennzeichne.[16] Ein solcher Rahmen begünstige die Vermischung von Erinnerungen durch Prozesse der Individualisierung, Pluralisierung und Entkollektivierung.[17]

Die Diskussion um Vergemeinschaftung durch Erinnerung(en) in

---

14 Zit. nach Flanzbaum 1999, S. 5.

15 Vgl. Takaki 1993.

16 Vgl. Levy/Sznaider 2001, S. 176 ff.

17 Ebenda.

Einwanderungsgesellschaften bewegt sich demnach im Diskursfeld von konkurrierenden Erinnerungen (Young) einerseits und sich vermischenden – kosmopolitisierenden – Kollektivgedächtnissen (Levy/Sznaider) andererseits. Dabei werden eine ganze Reihe von Fragen aufgeworfen, wie etwa: Ist es in pluralen Gesellschaften überhaupt möglich oder notwendig, Zugehörigkeit auf der Grundlage gemeinsamer, von allen geteilter Erinnerung einzufordern? Bedarf es zur Herausbildung historischer Identität der Konstruktion eines gemeinsamen Kollektivgedächtnisses? Darf es in Nationalstaaten nur *eine* Erinnerungsgemeinschaft geben? Wie konstituiert sich eine solche im Rahmen eines Nationalstaates? Definiert sie sich integrativ oder exklusiv? Und wie sehen die Zugangsbedingungen aus? Können sich die Individuen für eine Teilhabe qualifizieren? Der israelische Philosoph Avishai Margalit vertritt die Ansicht, daß keine Gesellschaft ohne gemeinsame historische Fixpunkte auskommt.[18] Das heißt zwar nicht, daß diese Fixpunkte in einer national oder ethnisch definierten Kollektivgeschichte ausgemacht werden müssen, doch deutet die gelebte Erinnerungspraxis von Menschen darauf hin, daß vor allem die ethnischen Gruppenbezüge das historische Bewußtsein prägen.[19]

Historische Identität(en) im Migrationskontext

Historizität von Identität gewinnt gerade im Kontext kultureller und ethnischer Identitätsdiskurse, häufig auch als »Minoritätendiskurse«[20] bezeichnet, an Bedeutung. Autoren wie Hall verstehen Identität als unentbehrlichen Prozeß der historischen Selbstverortung im Kampf um individuelle und gesellschaftliche Emanzipation. Hall spricht von einer notwendigen Identifikation, dem Beziehen eines Standpunktes, von dem aus man, wenn auch temporär, situativ oder performativ, spricht und als Akteur in Erscheinung tritt. Identität ent-

---

18 Margalit 1999, S. 110.

19 Die hier skizzierten Überlegungen werden im Kapitel »Methodische Anlage« ausführlich betrachtet.

20 JanMohamed/Lloyd 1990.

spricht für ihn in erster Linie einem »Akt des Positionierens«.[21] Dabei handelt es sich freilich nicht um einen einmaligen Akt, sondern einen ständig fortlaufenden Prozeß, der sich nicht innerhalb eines gesellschaftspolitischen Vakuums abspielt. Hall betont, daß sich Identitäten im Austausch mit Institutionen, Diskursen und kulturellen Praktiken konstituieren. In seinem einflußreichen Essay *Cultural Identity and Diaspora* erläutert Hall seinen Identitätsbegriff im Kontext seines Verständnisses von kultureller Identität:

»Cultural identity is a matter of becoming ›as well as of being‹. It belongs to the future as much as to the past. [...] Cultural identities [...] undergo constant transformation. [...] Far from being eternally fixed in some essentialist past, they are subject to the continuous ›play‹ of history, culture and power. Far from being grounded in a mere ›recovery‹ of the past, which is waiting to be found. [...] identities are the names we give to different ways we are positioned by, and position ourselves within, the narratives of the past. [...] cultural identity is not a fixed essence at all, lying unchanged outside history and culture. It is not some universal transcendental spirit inside us on which history has made no fundamental mark. It is not once-and-for-all. It is not a fixed origin to which we can make some final and absolute return. Of course it is not a mere phantasm either. [...] not a mere trick of the imagination. It has its histories and histories have their real, material and symbolic effects. The past continues to speak to us. But it no longer addresses us as a simple factual ›past‹, since our relation to it, like the child's relation to the mother, is always-already ›after the break‹. It is always constructed through memory, fantasy, narrative and myth. Cultural identities are the points of identification, the unstable points of identification or sature, which are made within the discourses of history and culture. Not an essence but a *positioning*.«[22]

Kulturelle Identitäten sind demnach temporäre Fixpunkte der Identifikation, die in gesellschaftlichen Diskursen erzeugt werden. Sie sind das Produkt gesellschaftlicher Transformationsprozesse. Geschichte spielt dabei eine zentrale Rolle, da der Prozeß des *positioning* sich innerhalb von Erzählungen über die Vergangenheit vollzieht. *Positioning* meint sowohl die Selbst- als auch die Fremdpositionierung des Individuums. Sie ist ein Akt der sozialen Konstruktion, die sich einer bestimmten Auswahl an Erinnerungen, Phantasien, Narrativen und

---

21 Hall 1994, S. 9.
22 Hall 1990, S. 225 f.

Mythen bedient. Hall verwirft damit essentialistische Identitätskonstruktionen zugunsten eines Konzeptes, in dem Identitäten als Identifikationspunkte und damit als prinzipiell wandelbar verstanden werden.

Die Annahme der Wandelbarkeit und Mehrdeutigkeit von Identität unterstreicht zugleich den Vorteil der lebensgeschichtlichen Betrachtungsweise von Identität.[23] Hier lassen sich zwei Perspektiven einnehmen: Die erste richtet ihr Augenmerk darauf, wie sich Geschichte und Lebensgeschichte auf die Identitätsentwicklung von Individuen auswirken. Dabei können die Naht- und Schnittstellen von »großer Geschichte« und der »Geschichte des Individuums« sichtbar gemacht werden. Die zweite eröffnet den Blick auf den Prozeß der Identitätsentwicklung in der Lebensgeschichte einzelner Individuen. Der Biographieforscher Hermann Buschmeyer folgert, daß der Mensch Identität nur gewinnen kann, wenn er sich seiner Geschichte vergewissert, und zwar sowohl seiner eigenen Lebensgeschichte als auch der kollektiven Geschichte historischer Bezugsgruppen, denen er sich zugehörig fühlt.[24] Identität ist dann nicht anders als im Zusammenhang der sich selbst vergewissernden historischen Reflexion denkbar. Diese Selbstreflexion ist ein fortlaufender Prozeß und bezieht sich nicht nur auf die Bearbeitung der eigenen Lebensgeschichte, sondern auch auf die Bearbeitung der kollektiven Geschichte, mit der erstere verflochten ist. Wenn die Vermittlung zwischen persönlicher und sozialer Identität gelingen soll, dann müssen auch die dazugehörigen Vergangenheitsdimensionen – die Lebens- und die kollektive Geschichte – integriert werden.[25] Menschen sind im Laufe ihres Lebens verschiedenen historischen Ereignissen ausgesetzt. Dabei erlangen bestimmte Erfahrungen aus der Familien-, Lokal- und Zeitgeschichte für das Individuum lebensgeschichtliche

---

23 Die Annahme der »Wandelbarkeit und Mehrdeutigkeit von Identität« (Fuchs 1984, S. 200) deckt sich auch mit neueren Theorieentwicklungen, etwa mit sozialwissenschaftlichen und kulturanthropologischen Diskursen über die Mehrdimensionalität und interne Widersprüchlichkeit von Identitäten, die immer auch als »multiple Identitäten« beschrieben werden (vgl. etwa Hall 1994, Rommelspacher 1995).

24 Siehe Buschmeyer 1987, S. 20 ff.

25 Vgl. Stöckle 1983, S. 23 ff.

Bedeutung und verleihen seiner Identität eine entsprechende Prägung. Schließlich fließen in die Rollenerwartungen, die an einzelne Individuen gestellt werden, auch Traditionen, Werte und Erfahrungen der jeweiligen Bezugsgruppen ein und durchdringen dabei die soziale Identität des einzelnen.[26]

Bezogen auf Individuen kann das historische Selbstverständnis also als Teil der Ich-Identität beschrieben werden. Analog wird kollektive historische Identität häufig als das historische Selbstverständnis von Gruppen definiert.[27] Die Zugehörigkeit zu verschiedenen Gruppen macht immer auch einen entscheidenden Teil der Ich-Identität aus. Wir-Gruppen sind – ebenso wie Individuen – in ihrem Selbstverständnis bestrebt, sich trotz stattfindender Veränderungen in Vergangenheit und Zukunft als dieselben (wieder)zuerkennen. Von Borries bezeichnet die Bildung von Wir-Identität(en)[28] als Austarierungsprozeß zwischen einer Selbstvergewisserung über Geschichte und Tradition auf der einen und Zukunftsentwürfen auf der anderen Seite.[29] In solchen Austarierungsprozessen beziehungsweise symbolischen Interaktionen erfolgt Identitätsbildung ganz allgemein durch Identifikationsprozesse.[30] Diese verlaufen stets zwischen oder innerhalb von Personen und Gruppen, die eine bestimmte eigene Geschichte haben und gleichzeitig auf spezifische Weise in den geschichtlichen Prozeß eingebunden sind. Historische Personen oder Gruppen bieten sich gleichermaßen als Identifikationsobjekte an.

Die Kategorie der Identifikation gehört nicht zufällig zu den zentralen Analysekategorien des Geschichtsbewußtseins. Sie ist das Bindeglied zwischen den inhaltlichen Orientierungen des Geschichtsbewußtseins und den subjektiven Deutungen von Individuen. Ins Blickfeld rückt dabei die soziale Dimension, in der sich Menschen

---

26 Vgl. v. Borries 1980a, S. 254.

27 Vgl. Uffelmann 1990, S. 105.

28 Im Gegensatz zu Interaktionsidentität des Individuums faßt von Borries die Wir-Identität von Gruppen als Entwicklungsidentität. Die Leistung der historischen Identitätsbildung (des Geschichtsbewußtseins) sei dann die Herausbildung einer Entwicklungsidentität in bezug auf unterschiedliche Gruppen (vgl. v. Borries 1980a, S. 255 ff.).

29 Siehe v. Borries 1980a, S. 255 f.

30 Vgl. Habermas 1973, S. 122 und Bergmann 2000, S. 90 ff.

innerhalb von historischen Gruppen und Inhalten verorten. Die Ich-Identität eines Individuums wird dann geprägt durch die soziale und historische Identität bestimmter sozialer Gruppen, denen das Individuum angehört oder denen es sich zugehörig fühlt. Für das Individuum kann historische Identität bedeuten, daß es sich der Zugehörigkeit zum historischen Selbstverständnis und zu den historisch erarbeiteten Wertorientierungen bestimmter Bezugsgruppen bewußt ist.[31] Kurz: Historische Identität entspricht der »Selbstlokalisierung von sozialen Gruppen und ihren Mitgliedern im historischen Prozeß«.[32]

Die Identität eines Individuums enthält – das haben die vorangegangenen Ausführungen gezeigt – notwendigerweise Vorstellungen über Geschichte. Damit ist jede Identität auch historisch. Geschichte ist aber auch deshalb wichtig für die Identität, weil die in kultureller Kommunikation vermittelten Vergangenheitsdeutungen individuell verarbeitet werden müssen. Diese individuellen Verarbeitungsweisen von Geschichte sind von einer Vielzahl unterschiedlicher Einflußfaktoren abhängig: von der nationalen und sozialen Zugehörigkeit (Konfession, Region, Geschlecht, Schichtzugehörigkeit), der individuellen Lebensgeschichte (Einfluß individueller Erfahrungen auf das Selbstverständnis), Einfluß von Sozialisationsagenturen allgemein, von Kohorte, Generation, Altersgruppenschicksal und zeitgeschichtlichen Prägungen – sie alle sind entscheidend an der Formung historischer Wahrnehmung beteiligt.[33] Die Auflistung der bestimmenden Faktoren verweist noch einmal auf die Mehrdimensionalität und Komplexität historischer Identität. Sie treten in individuell unterschiedlichem Mischverhältnis auf und entfalten im Zusammenspiel von Zugehörigkeiten und vielfältigen menschlichen Erfahrungen ein spezifisches biographisches Profil. Die individuelle Lebensgeschichte wird einerseits geformt von »großen Ereignissen« wie Kriegen, Wirtschaftskonjunkturen und der Entwicklung moderner Technologien, andererseits aber auch von den konkreten sozialen, wirtschaftlichen und geistigen Konstellationen, denen wir in unserem Nahbereich ausgesetzt sind,

---

31 Vgl. Becher 1978, S. 49.
32 Bergmann 2000, S. 94.
33 Vgl. Huhn 1993, S. 23.

und schließlich von den Menschen, mit denen wir unmittelbar zu tun haben. Hier gilt es festzuhalten, daß nicht nur die äußeren Bedingungen die Menschen einer Zeit und ihr Erleben prägen. Menschen sind nicht einfach nur Spiegel oder Reflex einer historischen Zeit, sondern auch aktiv Gestaltende.[34] Einerseits beeinflußt ihre Biographie ihre historischen Deutungen. Andererseits sind es ebendiese biographisch motivierten historischen Deutungen, die bestimmten historischen Ereignissen und Personen größeres oder geringeres Gewicht geben, je nach Maßgabe ihrer Bedeutung für die eigene Identität.[35]

Biographische Vergangenheit umspannt – wie das Geschichtsbewußtsein – mehrere Dimensionen: die individuelle Vergangenheit, die familiale intergenerationelle lebensgeschichtliche Vergangenheit und schließlich die historisch-kollektive Vergangenheit.[36] Dabei stellt das biographische Wissen, welches zugleich historisch konnotiert ist, Handlungsressourcen für die Konstruktion zukünftiger biographischer Projekte bereit. Biographie ist deshalb nicht anders als historisch zu begreifen, nicht getrennt von historischer Identität vorstellbar.

Die vorangegangenen Ausführungen haben deutlich gemacht, daß historische Identität durch die Selbstverortung von sozialen Gruppen und ihren Mitgliedern im geschichtlichen Prozeß gekennzeichnet ist. Aus der Perspektive des Individuums bedeutet historische Identität demnach eine eigene Zuordnung zum Selbstverständnis sozialer Bezugsgruppen. Bergmann unterstreicht zudem, daß diese Selbstlokalisierung von Gruppen und Individuen von kognitiven Inhalten, wie etwa der Kenntnis von Geschichte, weitgehend unabhängig sei. Ausschlaggebend seien vor allem die im Sozialisationsprozeß symbolisch vermittelten Erfahrungen und Kommunikationsformen über Geschichte.[37] Schließlich vollziehen sich solche Selbstverortungsprozesse immer in Auseinandersetzung mit Fremdzuschreibungen; es handelt sich also nicht um einen willkürlichen Akt der Selbstzuschreibung historischer Bezugsgruppen, sondern um ein komple-

---

34 Vgl. ebenda, S. 16.

35 Vgl. ebenda, S. 23.

36 Vgl. Alheit 1989, S. 123–147.

37 Vgl. Bergmann 2000, S. 94.

xes Wechselspiel von Fremd- und Selbstzuschreibung, das von Anerkennungsprozessen durchwirkt und auf *signifikante Andere*[38] angewiesen ist. Wer für wen oder welche Gruppe für eine andere diese Funktion einnimmt, kann nicht abstrakt bestimmt, sondern muß empirisch ermittelt werden. Die in dieser Studie untersuchten Geschichtsbezüge junger Migranten in Deutschland bewegen sich zweifelsohne im Spannungsfeld solcher Zuschreibungsprozesse von historischen Bezugsgruppen. Die Kategorien Herkunft, Erbe und Zugehörigkeit nehmen eine zentrale Rolle ein. Aus der Zuschreibung oder dem Bekenntnis zu bestimmten Zugehörigkeiten leiten sich auch Legitimationen und Ansprüche auf die Einnahme oder die Zurückweisung bestimmter historischer Perspektiven ab. Von Borries unterstreicht, daß historische Identität nicht nur der Darstellung, sondern

---

38 An dieser Stelle sei kurz auf die Bedeutung des Begriffs »significant other« (G. H. Mead 1993), wie er in dieser Arbeit verwendet wird, eingegangen. Der Untersuchung liegt ein interaktionsanalytischer Begriff von Selbstverständnis zugrunde, der untrennbar mit dem des Fremdverständnisses verbunden ist. Den theoretischen Ausgangspunkt bildet hier die These, daß sich das Selbstverständnis einer Person im Prozeß der Anerkennung oder aber der Mißachtung durch »signifikante Andere« ausbildet. Selbst- und Fremdverständnis sind somit zwei Seiten im Prozeß der Entwicklung von personaler und sozialer Identität und abhängig davon, wen wir als »signifikante Andere« ansehen und welches Bild andere von uns haben. Tradierung und Transformation von sozialer, insbesondere familialer und kollektiver Vergangenheit sind zentrale Aspekte personaler und sozialer Identität. Der Prozeß der Transformation von »historischen Ressourcen« – wie familialem und kollektivem historischen Wissen sowie dem Umgang damit – vollzieht sich in Auseinandersetzung mit den Geschichten »signifikanter Anderer« und der »öffentlichen«, kollektiven Geschichte. In diesem Zusammenhang möchte ich auf den Begriff des Selbstkonzeptes hinweisen, wie ihn Sylwia Wilberg in ihrer Untersuchung zur nationalen Identität bei polnischen und deutschen Jugendlichen verwendet (Wilberg 1995, S. 76 ff.). Wilberg zeigt, wie die nationale Identität, in die das historische Selbstverständnis immer schon eingewoben ist, als moderierender Faktor des Selbstkonzeptes auftritt. Dies gilt in besonderem Maße für Situationen, in denen das Individuum als bewußtes Mitglied einer nationalen Gruppe handelt. Die Auseinandersetzungen mit (historischen) Erzählungen tragen zur Strukturierung des Selbstkonzeptes bei.

auch der Begründung und Rechtfertigung bedürfe.[39] Wenn sich Individuen einer bestimmten historischen Bezugsgruppe zurechnen, wird von ihnen erwartet, daß sie diese »Identifikation« auch begründen. Solche Begründungen haben dann nicht selten legitimatorischen Charakter.

Von Borries' Argumentation trifft sich hier mit der von dem Philosophen Kwame Anthony Appiah in »Color Conscious. The Political Morality of Race« (1996) entwickelten Analyse ethnischer Zuschreibungsprozesse und Legitimationsstrategien in der Tradierung von kulturellem und historischem Erbe. Appiah kritisiert die weitverbreitete Praxis der Zuschreibung von kulturellen Praktiken oder historischen Traditionen auf der Grundlage »realer« oder unterstellter Zugehörigkeit(en) zu bestimmten ethnischen oder historischen Bezugsgruppen. Dabei problematisiert er die Willkür und den Essentialismus solcher Zuschreibungsprozesse.[40]

Da kulturelles und historisches Erbe nicht nur nah beieinanderliegen, sondern vielfach auch aufs engste miteinander verwoben sind, ist anzunehmen, daß geschichtliche Zuschreibungen nicht anders als kulturelle verlaufen. Die Problematik der »Berechtigung« oder auch »Verpflichtung« zum Erwerb bestimmter kultureller Praktiken auf der Grundlage ethnischer Kategorien kann also auch auf den Gegenstand Erinnerung übertragen werden. Es geht dann um die Berechtigung und/oder die Verpflichtung, aufgrund der Zugehörigkeit zu bestimmten (historischen) Bezugsgruppen ein »historisches Erbe« anzutreten.

Dies würde für den deutschen Kontext bedeuten, daß nur ethnisch Deutsche eine »Berechtigung« oder »Verpflichtung« im Hinblick auf das historische Erbe des Nationalsozialismus zugeschrieben wird.

---

39 Siehe hierzu v. Borries 1983, S. 17.

40 Als Beispiel nennt er den Jazz, der als »schwarz« klassifiziert und entsprechend den Afroamerikanern in den USA kulturell zugeschrieben bzw. sich von diesen selbst zugeschrieben werde, während Shakespeare, als »weißer« Klassiker, als das traditionelle Erbe des angelsächsischen weißen Amerika veranschlagt werde. Solche Zuschreibungen erschwerten und verhinderten transkulturelle und transkommunale Aneignung von kulturellen Praktiken und Produkten und schränkten schließlich die Freiheit kultureller Selbstbestimmung von Menschen ein (Appiah 1996, S. 90 ff.).

Migranten müßten zumindest größere legitimatorische Anstrengungen unternehmen, um diese Geschichte auch als »ihr« historisches Erbe zu markieren oder sich als Teil einer entsprechenden Erinnerungsgemeinschaft auszuweisen.

Grundsätzlich dienen historische und kulturelle Ausdrucks- und Erinnerungsformen der Selbstvergewisserung und Selbstdarstellung von Individuen und Gruppen in einer Gesellschaft. In Einwanderungsgesellschaften aber gewinnen diese Aspekte der Selbstdarstellung besondere Brisanz, weil es eben auch um die nicht immer konfliktfreie Verhandlung kultureller und historischer Repräsentationen zwischen Mehrheit und Minderheiten beziehungsweise um »Kulturprozesse auf Gegenseitigkeit«[41] geht.

Über den Begriff der Gegenseitigkeit läßt sich auch die Problematik historischer Identität *in* und historischer Identität *von* Einwanderungsgesellschaften fassen. Beide Identitäten stehen in einem komplexen, reziproken Verhältnis. Der Politologe Werner Weidenfeld begreift dieses Verhältnis als ein kongruentes:

> »Identität einer Person kann sich nur herausbilden, wenn der eigene historische Lebensentwurf in die übergeordnete Gesamtgesellschaft dauerhaft integriert werden kann. Historische Identität als Form der Selbstdefinition, als Ergebnis eines Prozesses der Selbstzuschreibung vergangener Handlungen, ermöglicht damit auch einer Gesellschaft die notwendige Standortbestimmung durch die Anerkennung gemeinsamer Vorstellungen.«[42]

Weidenfeld entwirft das normative Modell einer »übergeordneten Gesamtgesellschaft«, für deren Zusammenhalt eine übergeordnete historische Identität unverzichtbar erscheint. Allerdings ist diese Vorstellung für plurale Gesellschaften kritisch zu sehen, da sich – wie ich ausgeführt habe – der Prozeß der Konstruktion *einer* homogenen nationalen Erzählung über die normative Setzung demokratischer Grundwerte (Verfassung) hinaus zumindest auf kultureller Ebene angesichts der vorhandenen Vielfalt partikularer Erzählungen notwendig als schwierig und komplex erweisen muß.[43] Die Durchsetzung

---

41 Bade 1994, S. 93.

42 Weidenfeld 1987, S. 15.

43 Vgl. hierzu auch Walzer 2000, S. 222 ff.

einer dominanten Geschichtserzählung wäre darüber hinaus auch aus demokratischer Sicht ein fragwürdiges Unterfangen. Die Identitätsbildung von Individuen macht Weidenfeld denn auch davon abhängig, ob diese ihre historischen Perspektiven dauerhaft in die »übergeordnete Gesamtgesellschaft« integrieren können. Wenn diese sich offiziell nicht als Einwanderungsgesellschaft versteht, wie dies in Deutschland größtenteils noch immer der Fall ist, und zudem in ihrer Selbstwahrnehmung stark auf die »eigene« nationale Geschichte fixiert ist, stellt sich die Frage: Sehen Migranten überhaupt eine Chance, ihre historischen Lebensentwürfe in diese Gesellschaft einzubringen? Können sie angesichts der ethnisch und national orientierten politisch-historischen Diskurse in Deutschland eine »eigenständige« historische Identität ausbilden, die ihnen eine Positionierung in der deutschen Gesellschaft erlaubt? Sind ihre historischen Lebensentwürfe in den übergeordneten historischen Entwurf der deutschen Mehrheitsgesellschaft integrierbar? Oder sind sie aufgrund der familienbiographisch erfahrenen historischen Diskontinuität mit dem Herkunftsland durch den Migrationsprozeß dazu verurteilt, in einem historisch-politischen Vakuum zu leben? Gibt es andere Orte, an denen ihre Geschichte(n) und Tradition(en) einen Niederschlag finden? Wie schreibt sich individuelle und kollektive historische Erfahrung (»mitgenommene« oder »neuerworbene«) in diasporische Identitäten ein? Verhält es sich so, daß die Menschen ihre »Wurzeln mitnehmen« (Hall), zu »kosmopolitischen Patrioten« (Appiah) oder Trägern von »kosmopolitischer Erinnerung« (Levy/Sznaider) werden? Oder verblassen die historischen Bezüge im Migrationskontext, weil die zur Aufrechterhaltung des Gruppengedächtnisses notwendigen sozialen Rahmen zerfallen und die Geschichte des Aufnahmelandes dominiert?[44]

Für die in Deutschland geborenen und sozialisierten Jugendlichen aus Einwandererfamilien stellt sich die Frage nach der Aneignung der Geschichte des Aufnahmelandes als »eigener« oder als »fremder« Geschichte. Gerade wenn es um den Nationalsozialismus geht, erscheint Weidenfelds These von der Identitätsgewinnung durch die Selbstzuschreibung vergangener Handlungen für die Gruppe der jun-

44 Dieser Aspekt wird im Kapitel »Erinnerung und kollektives Gedächtnis« ausführlich diskutiert.

gen Migranten als brisant. Weshalb sollten sie sich als familienbiographisch »Unbelastete« diese mörderischen Handlungen überhaupt zuschreiben, weshalb das »negative Erbe« des Aufnahmelandes antreten? Wieviel an Identifikation mit der Geschichte des Aufnahmelandes ist notwendig und zumutbar? Inwieweit darf eine Übernahme der Perspektive, ganz oder teilweise, erwartet werden?

An den Fragen wird deutlich, daß der Zusammenhang von Geschichte und Identität – insbesondere der Zusammenhang von Nationalgeschichte und Identität – für den Einwanderungskontext viele Reibungsflächen aufweist. Nationalgeschichte – als identitätsstiftendes Moment – kann im Einwanderungskontext zu einem Instrument des Ausschlusses von Minderheiten werden, die sich möglicherweise auf andere Kollektivgeschichten beziehen. Der amerikanische Sozialphilosoph Michael Walzer problematisiert diesen strukturellen Exklusionsmechanismus seinem Verständnis des Nationalstaats gemäß wie folgt:

»Die meisten Staaten, aus denen die internationale Gemeinschaft heute besteht, sind Nationalstaaten. Sie als solche zu bezeichnen, heißt nicht, daß sie national (ethnisch oder religiös) gesehen aus homogenen Bevölkerungen bestünden. Derartige Homogenität ist, falls es sie in der heutigen Welt überhaupt gibt, äußerst selten. Es heißt vielmehr, daß eine einzelne dominante Gruppe das öffentliche Leben in diesen Staaten so organisiert, daß *ihre* spezielle Geschichte und spezielle Kultur sich darin widerspiegeln und daß, wenn alles läuft, wie es laufen soll, diese ihre Geschichte und ihre Kultur fortgeführt wird. Es sind diese Absichten, die den Charakter des allgemeinen Bildungssystems, die Symbole und Zeremonien des öffentlichen Lebens, den Staatskalender mitsamt den Feiertagen in diesen Staaten bestimmen. Mit anderen Worten: Der Nationalstaat ist gegenüber der Geschichte und Kultur der ihn konstituierenden Gruppen nicht neutral.«[45]

Diese Tatsache beschäftigt auch den britischen Soziologen Bhikhu Parekh in »Rethinking Multiculturalism: Cultural Diversity and Political Theory« (2000). In seiner Konzeption eines politischen Multikulturalismus fordert er zu einem institutionalisierten Dialog zwischen Mehrheits- und Minderheitenkulturen auf. In dieser Interaktion von dominanten Kulturen und Minderheitenkulturen liege

45 Walzer 2000, S. 220.

eine Bereicherung für die gesamte Gesellschaft.[46] Folgt man Parekhs Modell kulturellen Austausches, könnte man annehmen, daß die verschiedenen Kollektivgedächtnisse in einer Einwanderungsgesellschaft eine Chance hätten, sich in das »nationale« Selbstverständnis einzuschreiben. Parekh schränkt aber ein, daß multikulturelle Gesellschaften eine Form der *common culture* benötigten, die sich nolens volens auf die historisch gewachsene, etablierte politische Kultur eines Nationalstaates stützen müsse.[47] Der Erziehungswissenschaftler Micha Brumlik weist in diesem Zusammenhang darauf hin, daß Teile der Kultur der Einwanderer sehr wohl Eingang finden können in eine nationalstaatlich geprägte *common culture*, aber nur dann, wenn diese sich als »vielfältige, gebrochene, spannungsreiche und widersprüchliche nationale Kultur«[48] auslege. Brumlik betont das Integrationspotential und die Offenheit für neue ethnische, religiose und kollektivgeschichtliche Erfahrungsinhalte einer nationalen Kultur, die sich »kooperativ, partizipatorisch und sozialstaatlich konstituiert«.[49]

Die staatliche Form dürfe sich zudem nicht von einer ethnischen Herkunft her definieren.[50] Da die bundesrepublikanische Gesellschaft aber noch weit entfernt scheint von einem solchen Verständnis »nationaler Kultur«,[51] bleibt die Frage nach der Repräsentation und Anerkennung partikularer Geschichten ebenso wie die Frage nach der Teilhabe von Einwanderern an einer »übergeordneten Gesamtgesellschaft« (Weidenfeld) samt ihrer kollektiven Erinnerung in Deutschland hochaktuell.

---

46 Siehe Parekh 2000, S. 196.

47 Vgl. hierzu ebenda, S. 221 und S. 231. Parekh identifiziert zudem vornehmlich die politische Struktur als »übergeordneten Gesamtentwurf«, in den Einwanderer ihren Lebensentwurf integrieren müßten. Mit Jürgen Habermas gesprochen, handelt es sich also um eine Form des »Verfassungspatriotismus« (Habermas 1993, S. 175).

48 Brumlik 1999, S. 32.

49 Ebenda.

50 Ebenda.

51 Beispielhaft hierfür steht die von dem CDU-Politiker Friedrich Merz ausgelöste sogenannte Leitkulturdebatte in den Jahren 2000 und 2001. Siehe hierzu insbesondere auch Korn 2001.

Geschichtsbewußtseinsforschung

Das Geschichtsbewußtsein ist der traditionelle Forschungsgegenstand der Geschichtsdidaktik.[1] Auch in der kultursoziologischen und sozialpsychologischen Forschung[2] sowie in Arbeiten der psychologischen, pädagogischen und soziologischen Jugendforschung,[3] die sich mit den kulturellen, sozialen, religiösen und historisch-politischen Orientierungen junger Menschen befassen, spielt das Geschichtsbewußtsein eine Rolle. Gleichwohl wurde das Geschichtsbewußtsein zur Schlüsselkategorie der Geschichtsdidaktik, die sich seit Mitte der siebziger Jahre als eigenständige, auf diesen Gegenstand bezogene akademische Disziplin vor allem gegenüber der Geschichtswissenschaft behauptet.[4] Forschungsansätze und Methoden des »neuentdeckten Feldes« der Geschichtsbewußtseinsforschung haben sich von Anfang an im interdisziplinären Schnittfeld von Geschichtswissenschaft, Pädagogik, Psychologie und den systematischen Sozialwissenschaften bewegt.

Im folgenden möchte ich den Geschichtsbewußtseinsbegriff aus unterschiedlichen Perspektiven erläutern und näher bestimmen. Dazu sollen Operationalisierungsversuche des Geschichtsbewußtseins innerhalb verschiedener Strömungen der geschichtsdidaktischen Forschung dargestellt und eingeordnet sowie Definitionen und Analysekategorien des Geschichtsbewußtseins vorgestellt werden, die von heuristischem Wert für den Forschungsprozeß waren. Neben einem Rückblick in die Forschungsgeschichte unter besonderer Berücksichtigung der NS-Wirkungsforschung wird ein größerer theoretischer Rahmen abgesteckt und gezeigt, worin der Gewinn einer qualitativen, an der subjektiven Darstellung von Geschichte(n) interessierten Untersuchung des Geschichtsbewußtseins besteht.

---

1 Siehe hierzu etwa v. Borries 1991; Rüsen 1987b; Schörken 1972, 1977 und 1981.

2 Siehe hierzu etwa Elias 1990; Bude 1992; Rosenthal 1994.

3 Siehe hierzu etwa Wilberg 1995; Rommelspacher 1995; Inowlocki 2000.

4 Vgl. dazu Rohlfes 1971; Schörken 1972; Jeismann 1980. Zum Paradigmenwechsel in der Geschichtsdidaktik siehe auch: Jeismann 1980 und 1985; Rüsen 1987b und 1989.

Geschichtsbewußtsein und historische Sinnbildung

Ein Großteil der empirischen Forschung im Bereich des Geschichtsbewußtseins erfolgt auf der Grundlage quantitativer Erhebungs- und Auswertungsverfahren. Normative Konzeptionen des Geschichtsbewußtseins scheinen innerhalb der Geschichtsdidaktik zu überwiegen. Im Vordergrund stehen Gestalt und Entwicklung sowie Aufgabe und Wirkung von Geschichtsbewußtsein. Dabei geht es in der Regel um die Identifikation von Kategorien, die nähere Aussagen zur Konstitution des Geschichtsbewußtseins erlauben. Mittels standardisierter Fragebögen werden einzelne Kategorien in durch Zufallsstichproben gezogenen Populationen abgefragt und in repräsentative Ergebnisse überführt. Qualitative Forschung dient zumeist nur als Instrument zur Auslotung des Untersuchungsfeldes oder zur Identifikation relevanter Kategorien im Vorfeld der quantitativ angelegten Hauptuntersuchung.[5] Vereinfacht lassen sich die vorliegenden Untersuchungen zum Geschichtsbewußtsein in zwei divergierende analytische Zugänge unterteilen.[6] Der erste Zugang basiert auf eher normativen, am

5 Eindrucksvolles Beispiel für eine solche quantitative Untersuchung ist die 1996 von Magne Angvik und Bodo von Borries vorgelegte komparative Studie zum Geschichtsbewußtsein von Jugendlichen in Europa, Israel und den palästinensischen Autonomiegebieten: »Youth and History. A Comparative European Survey on Historical Consciousness and Political Attitudes Among Adolescents«. Die vorliegende Studie über Geschichtsbezüge von Migrantenjugendlichen in Deutschland kann sich an solch großangelegten repräsentativen statistischen Untersuchungen nicht messen. Es geht vielmehr darum, eine auf einem theoretischen Sample beruhende Auswahl an Geschichtsbezügen in Form von Einzelfallanalysen vorzustellen, die als qualitative Ergebnisse für sich stehen können und im Rahmen einer Typenbildung ebenfalls verallgemeinerungsfähige Aussagen über das untersuchte Feld befördern.

6 Zu den wesentlichen Forschungsschwerpunkten der empirischen Geschichtsbewußtseinsforschung gehören: Genese und Entwicklungslogik, Reifungs- und Sozialisationsabhängigkeit von Geschichtsbewußtsein, psychische, soziale und politische Nutzung (Instrumentalisierung) sowie die Thematisierung von bewußten und unbewußten Anteilen des Geschichtsbewußtseins, Narrativität und Fiktionalität ebenso wie kultur-

geschichtswissenschaftlichen Paradigma orientierten Konzeptionen des Geschichtsbewußtseins. Das empirische Erkenntnisinteresse zielt auf die Bestimmung und Abfragung bestimmter Kategorien des Geschichtsbewußtseins[7] sowie das Offenlegen von »trivialem Geschichtsbewußtsein«[8] und »historischem Bewußtsein im Alltag«.[9] Darunter verstehen die Autoren nichtwissenschaftliche Formen der Geschichtsaneignung. Der zweite analytische Zugang setzt auf einen hermeneutischen Umgang mit alltäglichen historischen Bezügen und orientiert sich an den Verfahren einer qualitativen Sozialforschung. Mittels interpretativer Verfahren sollen subjektive Deutungen von Geschichte erschlossen werden. Es geht um das Verstehen von »Geschichtsgeschichten«,[10] in denen der subjektive Aspekt der Aneignung von Geschichte durch Individuen zum Ausdruck kommt. Übereinstimmung besteht trotz unterschiedlicher Herangehensweisen in der Auffassung, daß Geschichte handlungsleitend für die persönliche, gesellschaftliche und politische Praxis von Menschen ist. Deren Orientierung an der Vergangenheit erfolgt nicht automatisch, etwa durch Präsenz und Darstellung von Geschichte im öffentlichen Raum, sondern muß in Auseinandersetzung mit Geschichte erst hergestellt werden – sozusagen in Transformationsprozessen, in denen die Geschichte im Zuge ihrer Aneignung durch Individuen und Gruppen in spezifischer Weise geformt wird.

Definitorische Erkundungen

Der Historiker Karl Ernst Jeismann sieht das Geschichtsbewußtsein als einen »inneren Zusammenhang von Vergangenheitsdeutung, Gegenwartsverständnis und Zukunftsperspektive«.[11] Für den Geschichtsdidaktiker Bodo von Borries ist Geschichtsbewußtsein »ein

---

oder nationsspezifische Ausprägungen des historischen Bewußtseins. Besonders die letzteren beiden Aspekte verweisen auch auf das Erkenntnisziel dieser Arbeit.

7 Vgl. hierzu S. 45 ff.

8 Schörken 1981.

9 v. Borries 1980a.

10 Vgl. Knigge 1988.

11 Jeismann 1985, S. 42.

komplexes Geflecht von gedeuteter Vergangenheit, wahrgenommener Gegenwart und erwarteter Zukunft«,[12] welches in seiner Form durch das Zusammenspiel von Wissen und Können, Wahrnehmen und Entscheiden, Affekt und Moral, Deutungen und Schlußfolgerungen, Zukunftsvorstellungen und Handlungskonsequenzen bestimmt wird.[13] Zentral ist die Annahme, daß Geschichtsbewußtsein nicht nur auf die Vergangenheit bezogen ist, sondern auch Vergangenheit, Gegenwart und Zukunft integriert. Trotzdem spielt die Vergangenheit eine entscheidende Rolle. Denn sie ist es, die erinnernd so vergegenwärtigt wird oder werden muß, daß gegenwärtige Lebensverhältnisse verstanden und Zukunftsentwürfe für die Lebenspraxis entworfen werden können. Der Bezug auf die Vergangenheit wird also durch die Erinnerungsarbeit hergestellt, die wiederum von Gegenwartsinteressen und Zukunftserwartungen beeinflußt ist. In der Erinnerung dominiert sogar häufig die Deutung über den historischen Tatsachengehalt.[14] Der Historiker und Kulturwissenschaftler Jörn Rüsen macht auf die enge Verknüpfung von Geschichtsbewußtsein und Erinnerung aufmerksam. Er bezeichnet deshalb die Erinnerungsarbeit als »Sinnbildung über Zeiterfahrung«.[15] Die praktische Orientierungsfunktion des Geschichtsbewußtseins liege in der Herausforderung, Vergangenheit, Gegenwart und Zukunft in einen Sinnzusammenhang zu bringen. Rüsen definiert das Geschichtsbewußtsein gleichsam als Inbegriff der geistigen Operationen, mit denen Menschen ihre Erfahrungen vom zeitlichen Wandel ihrer Welt und ihrer selbst so in Einklang bringen, daß sie ihre Lebenspraxis entsprechend auszurichten vermögen.[16] Auch Weidenfeld betrachtet Geschichtsbewußtsein als ein aus dem »Zusammenhang von Vergangenheitsdeutung, Gegenwartsverständnis und Zukunftsperspektive emergierendes Prägemuster, als Synopse der Zeitebenen Vergangenheit, Zukunft und Gegenwart«.[17] Ein solches Prägemuster kann verschiedene Funktionen erfüllen. Geschichtsbewußtsein kann zum Beispiel identitätsstiftende

12 v. Borries u. a. 1994, S. 13.

13 Ebenda.

14 Vgl. Rüsen 2001, S. 400.

15 Rüsen 1994, S. 64.

16 Vgl. Rüsen 1984, S. 49.

17 Weidenfeld 1987, S. 7.

Funktion haben. Dabei dominieren der selektive Zugriff auf historische Fakten sowie die instrumentelle, argumentative und legitimatorische Verwendung von bestimmten Geschichtsbildern. Geschichtsbewußtein kann ferner verstanden werden als »ein Element der Deutung der Gegenwart und der Selektion zwischen denkbaren Zukunftsperspektiven«.[18] Diese Bestimmung des Geschichtsbewußtseins als Determinante und Indikator für politisches Denken und Handeln unterstreicht seine gesellschaftliche Relevanz. Geschichtsbewußtsein ist zudem auf das engste mit der politischen Kultur einer Gesellschaft verbunden. Dies läßt sich sehr anschaulich anhand der Prozesse von Kontinuität und Wandel zeigen, die vom Geschichtsbewußtsein gleich einer Klammer zusammengehalten werden. Nach Weidenfeld funktioniert der Scharniercharakter des Geschichtsbewußtseins folgendermaßen:

»Geschichtlich erfahrbare Kontinuität und die damit verbundene Erkenntnis von Verhaltensregelmäßigkeit sind für eine Gesellschaft unverzichtbar. Jede Gesellschaft muß aber auch damit fertig werden, daß in der Kontinuität das Neue geschieht. [...] Diese schöpferische Verbindung von Altem und Neuem vollzieht sich in unserem Geschichtsbewußtsein. [...] Unser Geschichtsbewußtsein repräsentiert die Verknüpfung der Erfahrung der Vergangenheit mit dem Sorgehorizont der Gegenwart. Geschichtsbewußtsein ist immer also Resultat eines Interpretationsprozesses, in den sich das Denken der Gegenwart und die Erwartung der Zukunft mit einbringen. Unser Geschichtsbewußtsein kann geradezu als ein symbolhafter Ausschnitt für die Verbindung von Kontinuität und Wandel gelten, ohne die wohl keine Gesellschaft überlebensfähig ist.«[19]

Gerade die hervorgehobene Dimension des Geschichtsbewußtseins als Behältnis für Kontinuität und Wandel scheint mir für die Analyse des vorliegenden empirischen Materials zentral, weil sie die Frage der Traditionsbildung im Kontext von Tradierung, Übernahme oder aber Transformation von Geschichtskonstrukten zuspitzt. Kontinuität und Wandel verweisen zugleich auch auf die Bedeutung des Generationsverhältnisses für Prozesse der Traditionsbildung.[20]

---

18 Ebenda, S. 16.

19 Ebenda, S. 31.

20 Vgl. hierzu die Ausführungen in den Kapiteln »Ethnizität und Geschichte« sowie »Erinnerung und kollektives Gedächtnis«.

Fragt man nach der Beschaffenheit des Geschichtsbewußtseins, so sucht man nach den Kategorien, die dem historischen Denken zugrunde liegen. Historisches Bewußtsein und historisches Wissen können nämlich nicht gleichgesetzt werden. Mit dem Geschichtsdidaktiker Hans-Jürgen Pandel bin ich der Ansicht, daß die Entwicklung von Geschichtsbewußtsein aus biographischer Perspektive bedeutet, sich eine Grundorientierung anzueignen, unter der historisches Wissen aufgefaßt wird.[21] Auch setze ich als selbstverständlich voraus, daß das Geschichtsbewußtsein ein kulturelles und kein »natürliches« Phänomen ist. Es kann sich deshalb nur in dem Maße bilden, in dem historisches Bewußtsein in der Lebenswelt der Menschen anzutreffen ist. Insofern ist das Geschichtsbewußtsein von der kulturellen Repräsentation von Geschichte in der Alltagswelt abhängig, wie sie sich in vielen unterschiedlichen Sphären der Öffentlichkeit findet: in politischen Debatten, öffentlichen Diskussionen, Denk- und Mahnmalen, Museen, auf Reisen, im Geschichtsunterricht, in Familiengeschichten, Fernsehdokumentationen und Spielfilmen. Strenggenommen gibt es eigentlich kaum einen Ort, an dem man sich den kulturellen Repräsentationen von Geschichtsbewußtsein gänzlich entziehen könnte. Das Geschichtsbewußtsein des einzelnen steht deshalb immer im Verhältnis zu diesen Repräsentationen, ihren Produktionsbedingungen und Ausdrucksformen. Das heißt auch, daß es das Ergebnis der Auseinandersetzung mit diesen vorgefundenen Geschichtsbezügen darstellt und somit stets einen spezifisch lebensweltlichen Bezug aufweist. Unser Geschichtsbewußtsein bildet sich also im Wechsel- und Zusammenspiel repräsentierter Vergangenheitsdeutungen und der jeweils eigenen Zeiterfahrung und Zeitdeutung.

---

21 Vgl. Pandel 1991.

Dimensionen und Analysekategorien des Geschichtsbewußtseins

Im Zuge der Kontroverse um die Bestimmung des Begriffs Geschichtsbewußtsein schiebt sich immer wieder die Frage in den Vordergrund, ob dieses nun eine Bewußtseins-, Wissens- oder Erinnerungsleistung sei. Mit der These, daß keine der genannten Kategorien das Geschichtsbewußtsein hinreichend zu fassen vermag, hat Pandel die einzelnen Phänomene auf ihre jeweilige Bestimmungsrelevanz hin überprüft. Er kommt zu folgenden Ergebnissen:

Für den Bewußtseinsansatz[22] gilt, daß es forschungspragmatisch ausgesprochen schwierig ist, Geschichtsbewußtsein in irgendeiner Form zu messen. Man müßte dazu nämlich klären, wie sich Geschichtsbewußtsein beim einzelnen äußert und ob sich sein Verhalten tatsächlich daran orientiert. Weiterhin stellt sich die Frage, ob ein Mensch überhaupt weiß, daß er ein bestimmtes Geschichtsbewußtsein hat. Schließlich können Menschen Geschichtsbewußtsein besitzen, ohne sich dessen »bewußt« zu sein. Ähnlich einer grammatikalischen Regel muß es demnach auch als »vorbewußt« gefaßt werden, und wie diese kann es durch Reflexion über seine Strukturen, Prinzipien und Inhalte dem Individuum bewußtgemacht werden. Als alleiniges Bestimmungsmoment kann das »Bewußtsein« aber aufgrund der immanenten vorbewußten Dimensionen von Geschichtsbewußtsein nicht dienen.

Der Wissensbegriff erweist sich für die Bestimmung des Geschichtsbewußtseins als ähnlich problematisch.[23] Befürworter der These, daß Geschichtsbewußtsein vor allem eine Wissensleistung sei, setzen auf dessen quantitative Bestimmbarkeit. Es ist jedoch fraglich, ob zwei Individuen, die gleich viel geschichtliches Wissen besitzen, auch über das gleiche historische Bewußtsein verfügen. Die Quantität an (abrufbarem) historischem Faktenwissen sagt nicht notwendigerweise etwas über die Qualität, etwa das Maß an historischer Reflexivität im Geschichtsbewußtsein aus. Ebenso fraglich scheint, ob das Maß an geschichtlichem Wissen etwas über die verschiedenen sozio-

22 Vgl. Pandel 1988, S. 97 ff.

23 Ebenda, 98 ff.

kulturellen und epochenspezifischen Formen von Geschichtsbewußtsein aussagen kann. Dennoch spielt das Wissen für die Ausbildung von Geschichtsbewußtsein eine maßgebliche Rolle. Man könnte sagen, daß Geschichtsbewußtsein zwar über das Wissen gestiftet wird, nicht aber mit dessen Umfang identisch ist. Das historische Wissen stellt den Inhalt dar, der im Geschichtsbewußtsein mit einer bestimmten Form oder Struktur der Aneignung von Historie zusammenfällt. Diese Elemente der Aneignung von Geschichte, die Individuen oder auch Gesellschaften zur Ausbildung des Geschichtsbewußtseins benötigen, überdauern das historische Detailwissen in der Regel. So gesehen könnte man sogar von einer relativen Unabhängigkeit des Geschichtsbewußtseins vom historischen Wissen sprechen.

Das Geschichtsbewußtsein als Erinnerungsleistung zu betrachten würde bedeuten, daß Menschen sich auch an historische Ereignisse erinnern können, die nicht im zeitlichen Raum ihrer Biographie liegen.[24] Ereignisse, die vor der eigenen Lebensgeschichte liegen, können aber unmöglich Gegenstand des individuellen Erinnerungsaktes sein. Geschichte außerhalb unserer eigenen Lebensspanne ist nicht erfahrbar, sondern tradiert, also kulturell überliefert, und muß in vermittelter Form aufgenommen werden. Das Geschichtsbewußtsein enthält also zumeist sekundäre Erinnerungen. Es speist sich in der Regel aus zu Erzählungen geronnener tradierter, nicht unmittelbarer Erfahrung. Geschichtsbewußtsein basiert zu großen Teilen auf einem von den vorangegangenen Generationen »entliehenen Gedächtnis« (Halbwachs). Damit kann auch die Erinnerung nicht alleiniges Bestimmungsmoment des Geschichtsbewußtseins sein, wenngleich sie, etwa im Zusammenfallen von »großer« kollektiver Geschichte und »kleiner« individueller Lebensgeschichte, zentrale Bedeutung für die Konstitution des Geschichtsbewußtseins entfaltet.

Von Borries hat in seinen zahlreichen Arbeiten zum Geschichtsbewußtsein immer wieder nach dessen Funktion für das Individuum gefragt. Dabei geht er davon aus, daß Geschichte oder die spezifische Rezeption derselben der Befriedigung menschlicher Bedürfnisse dient.[25] Geschichte könne etwa das Bedürfnis nach Selbstvergewis-

24 Vgl. zu den folgenden Ausführungen Pandel 1988, S. 99.
25 Vgl. zu den folgenden Ausführungen v. Borries 1980a, S. 243 ff.

serung, Orientierung, Trost, Verherrlichung, Vorbild, Bestätigung, Rechtfertigung oder Traditionsübernahme befriedigen. Sie sei nachweisbar als Bedürfnis nach Kunstgenuß, nach Schönheit, Spannung, Abenteuer und Freizeiterholung. Geschichte könne darüber hinaus aber auch das Bedürfnis nach Triebabfuhr stillen. Als Beispiele nennt von Borries etwa projektives Ausagieren von Phantasien, Allmachts- und Unterwerfungswünsche, Sadomasochismus, Ersatzerotik, -krieg, -religion und -abenteuer. Schließlich sei Geschichtsinteresse auch der Wunsch nach Aufklärung in Form von rationaler Analyse, Verhaltensmöglichkeiten, Zukunftschancen, Informationsbedarf, Verstehen von Entwicklungen und Konflikten sowie dem Erlernen von Toleranz. Untersuchungen zum Geschichtsbewußtsein müssen diese Vielfalt und Komplexität berücksichtigen. Der Erziehungswissenschaftler Horst Rumpf macht auf ebendiese Vielschichtigkeit des Geschichtsbewußtseins aufmerksam, wenn er auf die Bedeutung der jeweils individuellen Persönlichkeitsstruktur für die Aneignung von Geschichte verweist:

»Was Menschen mit Geschichte anfangen, ist auch immer bestimmt durch das, was sie mit sich anfangen, woran sie leiden, worauf sie hoffen, was sie verschmähen und was sie erträumen. Ihr Drama bricht sich in ihrem Bild von Geschichte, und dieses Bild unterströmt, inspiriert, durchdringt jede Erkenntnis.«[26]

Ähnlich wie Rumpf resümiert auch von Borries, daß bei der Aneignung von Geschichte Geschichtsbedürfnis, Geschichtsverwendung und Geschichtsleistung eng miteinander verknüpft sind. Deshalb müsse man sich stets bewußtmachen, daß verschiedene Gruppen und Individuen sich Historie ganz unterschiedlich aneignen und gebrauchen, bis hin zur Abwesenheit von Geschichte oder minimalen »Schrumpfformen«.[27]

---

26 Rumpf 1988, S. 1.

27 v. Borries 1980a, S. 251.

Analysekategorien

In der Studie »Geschichtsbewußtsein im interkulturellen Vergleich«[28] finden sich eine Reihe von Kategorien zur Analyse des Geschichtsbewußtseins, deren nähere Betrachtung für die vorliegende Untersuchung hilfreich erscheint. Die Autoren unterscheiden insgesamt acht Analyseeinheiten: Epoche, Räume, Dimensionen, Identifikationen, Operationen, Topoi, Dynamik und Faktoren des Wandels,[29] von denen ich exemplarisch die Kategorien Dimensionen und Operationen skizzieren möchte, weil diese sich in besonderer Weise zur Erschließung der jeweiligen Sozialperspektive auf Geschichte eignen.

Dimensionen

In der Kategorie Dimensionen werden die Inhalte des Geschichtsbewußtseins in verschiedene Bereiche historischer Erfahrung unterteilt. Es gilt herauszufinden, welche Art von Geschichte die Befragten bevorzugen. Da die großen Bereiche von Wirtschafts-, Kultur-, Sozial-, Politik- und Mentalitätsgeschichte sich als zu grobmaschig erwiesen, nahmen die Autoren eine Aufschlüsselung in Unterkategorien vor, die ich im folgenden aufliste:[30]

(a) Alltag: Geschichte(n) des Alltagslebens, alltägliche Ereignisse, Beschreibungen des Alltags, das Leben »normaler Leute«, Mentalitätsgeschichte im Sinne der Geschichte verbreiteter Einstellungen und Deutungen, das Leben von »Durchschnittsmenschen« und ähnliches.

(b) Jugend: Interesse an Jugendfragen und -problemen, an der Situation der Jugend in verschiedenen Epochen beziehungsweise an allen historischen Phänomenen, in denen Jugendliche eine besondere Rolle spielen.

(c) Biographie: Interesse an historischen Figuren und Persönlichkeiten, ihrem Alltag, ihrem Charakter, ihren Taten und Motiven.

---

28 v. Borries u. a. 1994.

29 Ebenda, S. 88 ff.

30 Vgl. zu den folgenden Ausführungen ebenda, S. 99–102.

(d) Politik: Phänomene wie Theorien des Politischen, Ereignisse und Strukturen staatlichen Handelns, Verfassungsfragen, Phänomene von Herrschaft, Gewalt, Macht und deren Ausübung.

(e) Religion und Weltanschauung: Formen religiösen Lebens, religiöser Sinnstiftung, Phänomene der Weltdeutung und Sinngebung (auch säkularer Art).

(f) Identifikationen: Mit dieser Kategorie soll der Zusammenhang zwischen den inhaltlichen Orientierungen des Geschichtsbewußtseins und den subjektiven Deutungen der Befragten hergestellt werden. Es geht darum, die soziale Dimension zu erfassen, in der sich die Befragten auf bestimmte historische Inhalte beziehen. Das Spektrum kann von der eigenen Person bis zur gesamten Menschheit reichen:

Eigene Person: Hier gilt das Interesse der eigenen Biographie, der eigenen Sozialisation und Familiengeschichte und ähnlichem.

Eigene Gruppe: Hier artikuliert sich ein Interesse an der Geschichte oder der Entwicklung der »eigenen« sozialen Gruppe außerhalb der Familie. Dies ist etwa der Fall, wenn sich Jugendliche speziell für die Geschichte von Jugendlichen, Frauen für Frauen, Arbeiter für Arbeiter interessieren.

Eigene Region: Im Vordergrund steht der subjektive Bezug auf die Geschichte der »eigenen« Region (zum Beispiel: Landschaft, Ort, Bundesland). Es geht um regionale Identität.

Nation: Es liegt ein besonderes Interesse an der eigenen Nation vor.

Menschheit: Hier ist die Bezugsgruppe des historischen Interesses die ganze Menschheit (zum Beispiel: die Geschichte der Menschenrechte).

Operationen

Unter dem Begriff Operationen faßt von Borries subjektive Tätigkeiten, mit denen das Geschichtsbewußtsein seine Inhalte verarbeitet.[31] Diese Tätigkeiten reichen von der bloßen passiven Rezeption über konkrete Einmischung bis hin zu Situationen, in denen sich die Befragten selbst als Akteure in der Vergangenheit zur Geltung brin-

---

31 Vgl. zu den folgenden Ausführungen ebenda, S. 105.

gen. Sie umfassen emotionale, kognitive und normative Prozeduren des Umgang mit historischen Inhalten. Von Borries unterscheidet folgende Operationen: Beobachten, Wissen, Erfahren, Erklären, Schließen, Prognoseerfragen, Beratenwerden, Urteilen, Eingreifen, Vermitteln, Trauern, Ohnmächtigsein, Stolzsein, Rächen. Nach Bündelung der einzelnen Tätigkeiten des Geschichtsbewußtseins gelangt von Borries zur Unterscheidung zwischen passiven und aktiven Operationen. Als passiv werden all jene Operationen bezeichnet, die sich durch das Element der Zurückhaltung gegenüber dem historischen Sachverhalt auszeichnen, nämlich: Wissen, Erfahren und Erklären. Diesen passiven Operationen stehen die aktiven Operationen gegenüber, die durch Partizipation oder Anteilnahme der Subjekte charakterisiert sind. Als aktive Operationen werden genannt: Urteilen, Vermitteln, Eingreifen und Betroffensein.

Geschichtsbewußtsein als narratives Konstrukt

Der Historiker und Kulturwissenschaftler Jörn Rüsen behandelt in seinem Aufsatz *Strukturen historischer Sinnbildung* ausführlich das komplexe Zusammenspiel der Zeitebenen im Geschichtsbewußtsein. Dabei lautet seine zentrale These: Das Wissen über die Vergangenheit wird an die Orientierungsbedürfnisse der Gegenwart angepaßt. Durch diesen Aktualisierungsprozeß werden dann auch Zukunftserwartungen durch historische Erfahrungen abgestützt. Das erfahrungsgesättigte Wissen der Vergangenheit wird zur Deutung dessen mobilisiert, was gegenwärtig geschieht und was von der Zukunft zu erwarten ist. Das Geschichtsbewußtsein fungiert quasi als Scharnier für ein solches zeitliches Bedingungsgefüge. Nach Rüsen bringt die sich vollziehende Sinnbildung entlang den Zeitschienen eine historische Identität hervor, mittels deren sich der Mensch im zeitlichen Wandel seiner selbst und seiner Umwelt zu behaupten vermag.[32] Der erzähltheoretische Ansatz von Rüsen, der im größeren Kontext einer Geschichtswissenschaft zu sehen ist, die sich den alltagsweltlichen Phänomenen des Geschichtsbewußtseins zuwendet, soll im folgenden erläutert werden.

32 Rüsen 1987a, S. 57 ff.

Anliegen der narrativitätsorientierten Strömung innerhalb der Geschichtswissenschaft ist es, Instrumentarien und Kriterien zu identifizieren, mit deren Hilfe die unterschiedlichen Ausdrucksformen des trivialen und alltagsweltlichen Geschichtsbewußtseins von Individuen faßbar gemacht werden können. Rüsen hat ein erzähltheoretisch begründetes empirisches Modell zur Erfassung des Geschichtsbewußtseins entwickelt. In seiner Typologie des historischen Erzählens unterscheidet er zwischen vier verschiedenen elementaren Ausformungen der narrativen (historischen) Kompetenz. Als immer wiederkehrende Grundmuster des Erzählens beschreibt Rüsen das traditionale, das exemplarische, das kritische und das genetische Erzählen.[33] Dabei lautet seine Grundannahme, daß sich konkrete Manifestationen von Geschichtsbewußtsein mit Hilfe dieser typologischen Unterscheidungen und der Analyse des inneren Zusammenhangs einzelner Typen in ihrer Eigenart charakterisieren lassen. Er fragt zunächst nach der Orientierungsfunktion historischen Wissens. Welche Bedingungen müssen erfüllt sein, damit die menschliche Lebenspraxis als zeitlich orientiert gelten kann? Laut Rüsen sind die folgenden Faktoren maßgeblich für die Spezifik einer historischen Sinnbildung durch Erzählen: Zeiterfahrungsverarbeitung im Medium der historischen Erinnerung, Bildung einer Zeitverlaufsvorstellung (Kontinuität) und Identitätsbildungsfunktion. Entlang der Kategorien Erinnerung, Kontinuität, Identität, Kommunikation und Zeit möchte ich im folgenden die einzelnen Formen des Erzählens, die Rüsen als Formen historischer Sinnbildung zu Typen zusammenfaßt, grob skizzieren:[34]

Typ I: Traditionales Erzählen / traditionale Sinnbildung

Im traditionalen Erzählen greift die Erinnerung auf Ursprünge von Weltordnungen und Lebensformen zurück. Diese werden im Zuge historischer Sinnbildung zur Legitimierung bestehender Lebensformen herangezogen. Dabei wird Kontinuität als Dauer im Wandel begriffen, die Zeit als Sinn verewigt und Identität gestiftet durch Übernahme und Nachahmung vorgegebener Weltanschauungen und

33 Rüsen 1982.

34 Vgl. zu der folgenden Darstellung der Typen ebenda, S. 141 ff.

Deutungsmuster. Die damit einhergehende kommunikative Form ist die Affirmation (zum Beispiel: Ursprungsmythen, Stiftungsgeschichten, herrschaftslegitimierende Genealogien, Rückblicke in Jubiläen).

Typ II: Exemplarisches Erzählen / exemplarische Sinnbildung

Hier werden beispielhaft Fälle erinnert, die allgemeine Handlungsregeln (die Anwendungen von Verhaltensregeln) demonstrieren. Die Kontinuität kommt in der Annahme zum Ausdruck, daß eine überzeitliche Geltung von Handlungsregeln zeitlich verschiedene Lebensformen umgreift. Identität wird gestiftet durch Verallgemeinerungen von Zeiterfahrungen zu Verhaltensregeln (Regelkompetenz in Handlungssituationen). Die kommunikative Form ist hier die Argumentation beziehungsweise die Urteilskraft (zum Beispiel: Geschichten, die Vorbilder präsentieren, oder Geschichten, die eine Moral haben).

Typ III: Kritisches Erzählen / kritische Sinnbildung

Erinnert werden historische Geschehnisse (Abweichungen), die geltende historische Orientierungen in Frage stellen. Die Kontinuität wird markiert als Bruch oder Veränderung wirksamer Zeitverlaufsvorstellungen. Die Identität zeichnet sich hier durch Verneinung gegebener Deutungsmuster und Abweisung hergebrachter Lebensformen (Eigensinn) aus. Zeit wird als Sinn beurteilbar. Die Kommunikation nimmt die Form bewußten Vertretens eines Standpunktes gegen vorgegebene soziale Positionierungen an (zum Beispiel: Geschichten, die traditionale Legitimationen dadurch in Frage stellen, daß sie auf historische Erfahrungen verweisen, die den legitimierenden Kontinuitätsvorstellungen widersprechen, oder Geschichten, die eingefahrene historische Klischees widerlegen).

Typ IV: Genetisches Erzählen / genetische Sinnbildung

Die Erinnerung rekurriert auf Veränderungen (Transformationen), die von fremden und anderen in eigene Lebensformen führen. Kontinuität wird als Entwicklung begriffen, in der sich Lebensformen verändern; ihre Dauer ist dynamisch. In der Identität zeichnet sich die

Synthese von Dauer und Wandel in einem Bildungsprozeß (Individualisierung) ab. Kommuniziert wird diskursiv, indem unterschiedliche Standpunkte und Perspektiven aufeinander bezogen werden (zum Beispiel: Fortschrittsgeschichten oder Geschichten, die dem historischen Entwicklungsprinzip folgen).

Rüsen möchte seine vier Erzähltypen als (qualitative) Entwicklungsphasen des Geschichtsbewußtseins verstanden wissen, die allerdings nicht klar voneinander zu trennen sind. Die Übergänge der verschiedenen Erzählformen seien oft fließend, die historischen Sinnbildungsmuster mosaikhaft aus verschiedenen Erzählelementen zusammengesetzt. Dennoch, so Rüsens These, handle es sich um Entwicklungsstufen. Diese bildeten sich in komplexen Prozessen einer kontinuierlichen Verarbeitung historischer Erfahrungen zu identitätsbildenden Deutungsmustern des zeitlichen Wandels von Mensch und Welt sukzessive heraus.[35] Hinsichtlich der Operationalisierbarkeit führt Rüsen aus:

»Mit Hilfe dieser Typologie lassen sich konkrete empirische Befunde des historischen Erzählens in einzelne, für die jeweilige historische Sinnbildung maßgebliche Faktoren zerlegen, deren Verhältnis aufschlüsseln und dadurch die Besonderheit dieser Befunde begrifflich trennscharf zerlegen. Sie dient zugleich zu systematischen Vergleichen zwischen verschiedenen empirischen Befunden, und mit ihr können auch Perspektiven der historischen Entwicklung der Historiographie konstruiert werden.«[36]

Die Bildung von Geschichtsbewußtsein durch Erzählen kann auf diese Weise als historisches Lernen gedeutet werden. Der Lernprozeß äußert sich bei den Individuen in Form von narrativer Kompetenz. Das Geschichtsbewußtsein, welches in den verschiedenen Erzählformen der Individuen aufgehoben ist, wird erkennbar. Dennoch sei angemerkt, daß es sich hierbei nicht um empirisch ermittelte Erzähltypen handelt, sondern um eine analytische, normative Setzung durch den Forscher. Durch einen solchen Zugang läßt sich zwar ein breites Spektrum an geschichtsorientierten Artikulationsmöglichkeiten und historischen Sinnbildungsmustern ermitteln. Auch hilft die Hervorhebung seines narrativen Konstruktcharakters zweifelsohne dabei, die kom-

---

35 Vgl. Rüsen 1985, S. 44 ff.

36 Ebenda, S. 47.

plexen Figuren des Geschichtsbewußtseins einzelner Individuen, bestehend aus Erzählform, Kontinuitätsbehauptung, Identitätsartikulation und Zeitbeurteilung, zum empirischen Untersuchungsgegenstand zu machen. Die hypothetischen Konstrukte müssen jedoch durch das empirische Material erst belegt werden. Wenngleich Rüsens Vorschlag, das Geschichtsbewußtsein in Erzähltypen zu fassen, die Möglichkeiten einer qualitativen Geschichtsbewußtseinforschung auf ein neues Fundament stellt, schränkt die A-priori-Festlegung der narrativen Typen das Potential der Identifikation von Erzähltypen außerhalb oder jenseits der theoretisch gefaßten normativen Konzeptionen ein. Ebendiese (Selbst-)Beschränkung möchte die vorliegende Studie überwinden, indem sie bewußt auf die Ermittlung von empirisch begründeten Typen setzt.

Geschichtsbewußtseinsforschung und NS-Wirkungsforschung im Rückblick

Die ersten für die Geschichtsbewußtseinsforschung relevanten empirischen Arbeiten entstanden zu Beginn des 20. Jahrhunderts. Exemplarisch seien die Studien von Johannes Dück, »Das historische Interesse des Schülers« (1911), Kurt Sonntag, »Zum geschichtlichen Bewußtsein des Schülers« (1932) und Herbert Freudenthal, »Geschichte und Kind« (1933) genannt. Es ist der Verdienst der beiden letztgenannten Autoren, Geschichtsbewußtsein einerseits als Konstrukt von Deutungskompetenzen, andererseits als entwicklungspsychologisch strukturiertes Gebilde beschrieben zu haben. Untersuchungen mit dieser theoretischen Ausrichtung konnten während der Zeit des Nationalsozialismus in Deutschland nicht weiterentwickelt werden. Der erkenntnistheoretische Bewegungsraum der Geschichtsbewußtseinsforschung wurde extrem eingeschränkt. Im Vordergrund stand das Einschwören der deutschen Bevölkerung auf ein nationalistisch verzerrtes Geschichtsbild zum Zwecke »völkischer« Vergemeinschaftung. Die Definitionsmacht über das Geschichtsbild wurde ein zentrales ideologisches Instrument der Herrschaftssicherung des NS-Staates. Nach 1945 avancierte das Geschichtsbewußtsein zu einem besonderen Thema der geschichtstheoretischen Reflexion. Während eine verstärkte Selbstreflexion der Historiker nach 1945 vielerorts dazu führte, daß die historische Tradition des Faches wiederaufgegriffen wurde, knüpfte die geschichtsdidaktische Forschung an die reformpädagogischen Traditionen der zwanziger Jahre an. In der Literatur dominierten bis in die siebziger Jahre hinein zwei Forschungsrichtungen. Einerseits stößt man auf eine Vielzahl von Befragungen zum Geschichtsinteresse und Geschichtswissen von Kindern und Jugendlichen sowie Studien, die sich mit den entwicklungspsychologischen Strukturen des Geschichtsbewußtseins beschäftigen. Andererseits gibt es zahlreiche Untersuchungen, die sich auf die Evaluation und die Verbesserung des Geschichtsunterrichts konzentrieren.[37]

Erst Mitte der siebziger Jahre vollzieht sich ein lange überfälliger Paradigmenwechsel in der geschichtsdidaktischen Forschung, der sich auch auf die NS-Wirkungsforschung auswirkt.[38] Das Geschichtsbewußtsein avanciert zur zentralen Kategorie der Geschichtsdidaktik. Dennoch halten die fachwissenschaftlichen Kontroversen über das Geschichtsbewußtsein bis heute an. Die Suche nach theoretischen Konzeptionen und angemessenen empirischen Erhebungsmethoden scheint nicht abgeschlossen. Es findet eine Differenzierung einzelner Problemfelder innerhalb der geschichtsdidaktischen Forschung statt.

---

37 Vgl. hierzu die folgenden Studien: Raasch 1964; Cahnman 1965; Küppers 1966; Becker 1967; Teschner 1968; v. Friedeburg/Hübner 1970; Müller 1972; Wiesemüller 1972; Filser 1973; Marienfeld 1974; Anwander 1974; Fürnrohr/Kirchhoff 1976; Marz 1977; Wasmund 1977; Fina 1978.

38 Als einer der theoretischen Wegbereiter des Paradigmenwechsels in der Geschichtsbewußtseinsforschung gilt Karl Ernst Jeismann. Er beschreibt das Geschichtsbewußtsein als den mentalen Zusammenhang von Gegenwartsverständnis, Vergangenheitsdeutung und Zukunftserwartung. Indem er die drei Zeitebenen als verknüpfte Einheit betrachtet, gelingt es ihm, das Geschichtsbewußtsein in seiner zeitlichen Orientierungsfunktion im Bewußtseinshaushalt individueller und kollektiver Subjekte zu erfassen. Dieser Ansatz eröffnet für Jeismann den Blick auf die maßgeblichen Operationen historischen Denkens, die er mit den Begriffen Analyse, Sachurteil und Werturteil charakterisiert (vgl. Jeismann 1980, S. 179). Geschichtsbewußtsein erschöpft sich demnach in der Anwendung bestimmter kognitiver Fähigkeiten auf den historischen Gegenstand. Das sich hieraus ergebende Ziel für den Geschichtsunterricht ist die Veränderung des Geschichtsbewußtseins im Sinne einer gesteigerten Kompetenz der genannten Operationen.

Viele neuere Arbeiten, die in den achtziger und neunziger Jahren entstanden, konzentrieren sich auf die folgenden Schwerpunkte: (1) Wirksamkeit von experimentellen Unterrichtseinheiten und -formen,[39] (2) qualitative Interviews mit Kindern, Jugendlichen und Erwachsenen,[40] (3) Testen von Kenntnissen, Interessen und/oder Meinungen/Einstellungen,[41] (4) demoskopische Untersuchungen zu politisch sowie zeitgeschichtlich (und geschichtlich) relevanten Einstellungen der Bürger – auch im gesamtdeutschen und europäischen Vergleich,[42] (5) Untersuchungen zu Wert- und Politikvorstellungen von Jugendlichen,[43] (6) Explorationen von Dimensionen des Geschichtsbewußtseins.[44] Obgleich diese Übersicht keinesfalls alle Forschungsaktivitäten auf diesem Gebiet abdeckt, ermöglicht sie doch eine bessere Wahrnehmung des Untersuchungsfeldes. Eine Einzeldarstellung und Bewertung der genannten Untersuchungen kann hier nicht vorgenommen werden. Statt dessen möchte ich auf einige zentrale gesellschaftspolitische Entwicklungen und Ereignisse hinweisen, unter deren Einfluß die neuere Geschichtsbewußtseinsforschung immer wieder Anstöße bekommen hat und die ihren Niederschlag in der Verlagerung von Schwerpunkten innerhalb der NS-Wirkungsforschung fanden.

Zwecks Einordnung der Studie vor dem Hintergrund existierender Forschungen möchte ich im folgenden einige Beispiele für Untersuchungen nennen, die explizit auf die Erforschung des Geschichtsbewußtseins im Zusammenhang mit dem Nationalsozialis-

---

39 Siehe hierzu etwa Geißler 1981; Harnischfeger 1982; Jeismann 1987; Klose 1991.

40 Siehe hierzu etwa v. Borries 1988; El Darwich 1991; Pandel 1991a, 1991b und 1994; Noack 1994.

41 Siehe hierzu etwa Mierow 1991; Pohl 1994a und 1994b; Lohse 1992.

42 Siehe hierzu etwa Noelle-Neumann/Köcher 1987; Bauer/Niedermayer 1990; Weidenfeld/Korte 1991; Fuchs 1991; Weidenfeld/Lutz 1992; Wiegand 1992.

43 Siehe hierzu etwa Behnken 1991; Schubarth 1991a und 1991b; Lederer 1991; Jugendwerk der Deutschen Shell 1992; Rippl 1994; Heitmeyer 1992 und 1997.

44 Siehe hierzu etwa v. Borries 1982; Rüsen u. a. 1991; v. Borries 1992 und 1994; Angvik/v. Borries 1997.

mus eingehen. Als eine der ersten richtungsweisenden Studien in den sechziger Jahren kann die Forschungsarbeit »Zum Geschichtsbild der Jugend in Deutschland« (1964) eingestuft werden. Die von Ludwig von Friedeburg und Peter Hübner durchgeführte Untersuchung zeichnet das beunruhigende Bild einer für totalitäre Manipulation anfälligen Jugend. Als Hauptbefund arbeiten die Autoren das Profil eines »personalisierenden Geschichtsbildes« heraus.[45] Das Geschichtsbewußtsein als theoretisches Konzept erfährt jedoch aufgrund der Orientierung an methodischen Grundlagen von Einstellungsuntersuchungen keine besondere Beachtung. Ähnlich verhält es sich mit der Schülerbefragung zum Thema »Gewaltherrschaft und Nationalsozialismus« (1972) von Gerhard Wiesemüller. Auch dieser kommt zu bedrückenden Ergebnissen: Kontinuität antisemitischer Haltungen, personalisierendes Geschichtsbild und Verdrängungstendenzen gegenüber der NS-Geschichte.[46] Wiesemüller interessiert sich in erster Linie für die Wissensbestände beziehungsweise Wissenslücken bezogen auf die NS-Zeit. Die Deutungskompetenz der Jugendlichen im Verhältnis zur Geschichte berücksichtigt er ebenfalls nicht.

In den siebziger Jahren wird die bundesdeutsche Öffentlichkeit mehrfach von Defizitanalysen des Geschichtsbewußtseins erschüttert. Besondere Popularität erfährt die später mit der Bezeichnung »Boßmann-Schock« in die Schulgeschichte eingegangene Aufsatzsammlung »Was ich über Adolf Hitler gehört habe ... Folgen eines Tabus« (1977). Die von Dieter Boßmann zusammengestellten Auszüge aus Schüleraufsätzen dokumentieren – ähnlich wie die Studien von Friedeburgs und Hübners sowie Wiesemüllers – besorgniserregende Wissensdefizite, Vorurteilsstrukturen und skurrile Phantasien im Hinblick auf den Nationalsozialismus und die Person Adolf Hitler.[47]

In den achtziger Jahren stößt man auf zwei Phänomene, die die Forschungstätigkeit ganz wesentlich zu stimulieren schienen: die amerikanische Fernsehserie »Holocaust« und ihre Rezeption in der Bundesrepublik[48] sowie den bis heute nachwirkenden Historiker-

45 Vgl. v. Friedeburg/Hübner 1970, S. 51.

46 Vgl. Wiesemüller 1972, S. 81 und S. 195.

47 Vgl. Boßmann 1977.

48 Siehe hierzu etwa Tilmann 1980.

streit.[49] Der nächste große empirische Forschungsschub hinsichtlich des Geschichtsbewußtseins in Deutschland erfolgte erst wieder unmittelbar nach der deutschen Wiedervereinigung. Die gesellschaftlichen Veränderungen ließen die Auswirkungen der in Ost- und Westdeutschland unterschiedlichen politisch-historischen Sozialisation auf das jeweilige Geschichtsbild ins Blickfeld der Forschung rücken.[50] Anfang der neunziger Jahre tauchten als Reaktion auf den Anstieg rechtsextremistischer Orientierungen und fremdenfeindlicher Gewalt von Jugendlichen verstärkt Fragen nach »gelungener« beziehungsweise »mißlungener« Vergangenheitsbewältigung auf.[51] Zusätzlich hat es seit Mitte der achtziger Jahre bis heute immer wieder Ereignisse gegeben, die die »öffentliche Temperatur« des Geschichtsbewußteins hinsichtlich des Nationalsozialismus und seinen Nachwirkungen ansteigen ließen. Genannt seien hier die Schlagworte Bitburg (1985), Jenninger-Rede (1988), Goldhagen-Debatte (1996), Wehrmachtsausstellung (1997), Walser-Bubis-Debatte (1998), Holocaust-Mahnmal Berlin und Verhandlungen über Entschädigungszahlungen für ehemalige Zwangsarbeiter (1999/2001).

Im Zuge dieser gesellschaftlichen Debatten sind zahlreiche wissenschaftliche Arbeiten entstanden, die sich mit den individuellen und kollektiven psychosozialen Folgen von NS-Zeit und Holocaust beschäftigen. Pionierarbeit der NS-Wirkungsforschung ist und bleibt jedoch die von Alexander und Margarete Mitscherlich veröffentlichte deutsche Kollektivseelenanalyse »Von der Unfähigkeit zu trauern« (1968). Diese bildete den Anfangspunkt einer sich insbesondere in den achtziger und neunziger Jahren immer weiter ausdifferenzierenden Wirkungsforschung zum Nationalsozialismus. Aufgrund der lange

49 Der Historiker Ernst Nolte löste mit seinem in der Frankfurter Allgemeinen Zeitung 1986 erschienenen Artikel *Vergangenheit, die nicht vergehen will* nicht nur den Historikerstreit aus, sondern rief für den deutschen Kontext zugleich die Gegenwärtigkeit der Vergangenheit auf die Agenda der bundesdeutschen Öffentlichkeit (vgl. hierzu Kühnl 1987).

50 Vgl. Kleßmann 1993.

51 Vgl. Weidenfeld 1993; Heinemann/Schubarth 1992; Bude 1992; Jaschke 1994; v. Borries 1992 und 1993; Uffelmann 1993; Kowalsky/Schroeder 1994.

nachwirkenden komplexen familiären Verstrickungen kommen in diesen Studien meist qualitative, häufig psychoanalytisch und biographisch orientierte Forschungsansätze zum Zuge. Von besonderem Interesse für den theoretisch-empirischen Bezugsrahmen der vorliegenden Arbeit sind Untersuchungen zu den Nachwirkungen des Nationalsozialismus und des Holocaust auf die nachfolgenden Generationen. Ich möchte exemplarisch einige Studien nennen, die vornehmlich unter dem Begriff »intergenerationelle Tradierung« zu fassen sind und sich entlang den Kategorien »Opfer«, »Zuschauer«, »Mitläufer« und »Täter« bewegen oder vergleichend vorgehen. Eine vertiefende Diskussion der einzelnen Untersuchungen kann hier nicht vorgenommen werden. Die folgende Übersicht mit einer kurzen Erläuterung soll genügen:

a: die Opfer der nationalsozialistischen Verfolgung, die Überlebenden des Holocaust;[52]

b: die »zweite Generation«,[53] also die Kinder der Überlebenden und deren Kinder;[54]

---

52 Siehe etwa Bergmann/Jucovy 1982, Quindeau 1995.

53 In vielen Forschungsarbeiten zu den Nachwirkungen des Nationalsozialismus ist der Generationsbegriff relevant. Es wird über die »erste, zweite und dritte Generation« nach dem Holocaust gesprochen. Nicht selten verschwimmen dabei die Grenzen zwischen Opfern und Tätern. Deshalb sei hier noch einmal auf den begrifflichen Ursprung hingewiesen. Der Begriff von »der ersten Generation« bezeichnet die überlebenden Opfer des NS-Regimes, deren Familien und Angehörige im Holocaust ermordet wurden. Mit »erster Generation« sind also die Überlebenden gemeint, die die Generationsfolge quasi neu begründen mußten, weil die vorangegangenen Generationen ermordet wurden. Mit »zweiter und dritter Generation« sind die Kinder und Kindeskinder der Überlebenden gemeint. Die häufig praktizierte Übertragung dieser Generationenterminologie auf die »Tätergesellschaft« ist problematisch, weil es im Gegensatz zur oben genannten Gruppe eine familiale Kontinuität gibt. Deshalb ist auch die Gleichsetzung von »erster Generation Opfer« und »erster Generation Täter« falsch. Eine solche Analogie suggeriert einen Neubeginn – eine Stunde Null – auf der Seite der Tätergesellschaft, die es nicht gegeben hat, und dient nicht selten der Verschleierung der gesellschaftlichen und personellen Kontinuitäten des Nationalsozialismus.

54 Siehe etwa Hardtmann 1992; Rappaport 1992.

c: die Täter, Mitläufer und Zuschauer;[55]
d: die Kinder und Enkel der Täter, Mitläufer und Zuschauer;[56]
e: allgemeine und vergleichende Arbeiten.[57]

Die Untersuchungen zu den Opfern nationalsozialistischer Verfolgung (a, b) beschäftigen sich mit den psychischen Folgen des Erlebens von Verfolgung und Gewalt und fragen, wie die Überlebenden ihre Erfahrungen verarbeitet haben. Darüber hinaus wird untersucht, ob und wie sich die traumatischen Erfahrungen der Überlebenden auf deren Kinder – die »zweite Generation« – ausgewirkt haben.[58] Die Arbeiten, die sich mit der deutschen Zuschauer-, Mitläufer- und Tätergesellschaft und ihren Nachkommen befassen (c), gehen der Frage nach, wie und auf welche Weise sich familiäre Täterschaft und anderweitige Verwicklungen in das NS-Regime, Verbrechen und Kriegshandlungen, auf die psychische Verfassung der Kinder und Kindeskinder übertragen haben. In der Regel geht es darum, bestimmten Wahrnehmungsmustern, Argumentationsfiguren und Verhaltenswei-

---

55 Siehe etwa Mitscherlich/Mitscherlich 1968; Giordano 1987; Browning 1996.

56 Siehe hierzu Bar On 1990, 1993 und 1997; Bohleber 1990; Bude 1992; Eckstaedt 1992; Heimannsberg/Schmidt 1992; Gravenhorst 1993; Rosenthal 1992 und 1994; Brendler/Rexilius 1991; Rommelspacher 1995; Posner 1994; Roberts 1995; Kohlstruck 1997; Welzer 1997; Domansky/Welzer 1999 und Welzer 2002.

57 Siehe etwa Rosenthal 1997; Heinemann/Schubarth 1992; Hoffmann/Jesse 1993; Krondorfer 1995.

58 Der Traumabegriff erlebte in diesem Zusammenhang eine Konjunktur. Bezogen auf die Opfer nationalsozialistischer Verfolgung wird vornehmlich die Frage nach der Übertragbarkeit des Traumas auf die »zweite Generation« diskutiert. Gegen die im Zuge dieser Forschung entstandenen, häufig stigmatisierenden Charakter annehmenden Symptomfestlegungen wehrten sich die Kinder der Überlebenden häufig mit der Gründung von Betroffenengruppen, mit denen sie hofften, die Vergangenheit ihrer Eltern und die Auswirkungen dieser Vergangenheit auf ihr eigenes Leben selbst und produktiv im Erfahrungsaustausch mit anderen bearbeiten zu können. Schließlich entstanden auch Gruppen, in denen sich die Kinder der Opfer und die Kinder der Täter austauschten. Die bekannteste und erste dieser Gruppen, To Trust and Reflect, wurde von dem israelischen Psychologen Dan Bar On 1988 gegründet.

sen empirisch nachzuspüren, die für Nachgeborene aus spezifischen Verstrickungs- und Schuldzusammenhängen typisch erscheinen. Beispielsweise zeigt die Biographieforscherin Gabriele Rosenthal in ihrer vergleichend angelegten Studie »Der Holocaust im Leben von drei Generationen. Familien von Überlebenden der Shoah und von Nazitätern« (1997), daß der jeweilige Familienhintergrund und die Positionierung während der NS-Zeit – als Opfer, Täter, Mitläufer oder Zuschauer – in ganz unterschiedliche Auseinandersetzungsformen münden. Nicht selten sind diese begleitet von heftigen Affekten, Ängsten, Phantasien und sogar psychosomatischen Störungen, die im Leben der Betroffenen ungeahnte Wirkungsmacht entfalten können. Zudem werden generationsspezifische Verarbeitungsweisen der Geschichte untersucht. Die genannten Studien beziehen sich entsprechend ihrem Selbstverständnis – NS-Wirkungsforschung zu betreiben – immer auf die unmittelbaren Nachkommen der Opfer, Täter, Mitläufer und Zuschauer. Auch die vergleichenden Studien (d) gehen über diese Perspektive nicht hinaus. Dies erweist sich als Defizit, wenn es um das politisch-historische Selbstverständnis der Bundesrepublik als Einwanderungsgesellschaft gehen soll. Die vorliegende Studie untersucht deshalb, ob und wie sich die »Gegenwart der Vergangenheit« auf das Selbstbild und die Selbstpositionierung der in Deutschland lebenden jungen Migranten auswirkt, die entweder schon im Besitz der deutschen Staatsbürgerschaft oder im Begriff sind, diesen Status zu erwerben.

Methodologische Überlegungen zu einer Geschichtenhermeneutik

Nachdem der Begriff des Geschichtsbewußtseins in den vorangegangenen Ausführungen in seiner Vielschichtigkeit dargestellt wurde, möchte ich im folgenden die grundsätzliche Frage nach der Operationalisierbarkeit des Geschichtsbewußtseins vertiefen. Dabei wird der Versuch einer sinnvollen Verknüpfung eines phänomenologisch begründeten hermeneutischen Zugangs zum Geschichtsbewußtsein (Knigge) mit einer sozialwissenschaftlichen Theorie der Geschichtenhermeneutik (Vonderach) unternommen. Die erkenntnistheoretischen Grundannahmen dieser Ausführungen fließen schließlich in die gewählte narrativ orientierte beziehungsweise episodische Form der Datenerhebung ein und werden im Rahmen der *Grounded Theory* (Glaser/Strauss) in einen gegenstandsbezogenen Forschungszusammenhang gestellt.[59]

Wie bereits dargelegt, sind die methodischen Vorgehensweisen des *mainstream* in der Geschichtsbewußtseinsforschung eher quantitativ orientiert. Um den in der vorliegenden Studie vertretenen qualitativen Weg methodisch zu begründen, möchte ich meine Vorgehensweise in Anlehnung an die von dem Historiker und Psychoanalytiker Volkhard Knigge entwickelte hermeneutische Geschichtsbewußtseinsforschung erläutern.[60] Knigge setzt seine hermeneutische Methode den »herkömmlichen«, normativ orientierten Modellen der Geschichtsbewußtseinsforschung entgegen. Dabei richtet sich seine Hauptkritik gegen die in dieser Forschungsrichtung verbreitete Geringschätzung alltäglicher Formen des Geschichtsbewußtseins. Durch deren ausschließlich normative Orientierung, so Knigge, müsse sich das alltägliche Geschichtsbewußtsein notwendig als falsch, unzulänglich und defizitär erweisen. Knigge kritisiert, daß der Gehalt alltäglichen Geschichtsbewußtseins auf diese Weise verkannt werde. Die normativ orientierte Perspektive könne die Aneignungspraxis von Geschichte durch die Subjekte nicht in ihrer Komplexität erfassen. Konsequenz dieser Ausblendung alltäglicher Geschichtsaneignung – als »triviales Geschichtsbewußtsein« oder »Geschichtsgeschichten« beiseite geschoben – sei eine gravierende Diskrepanz zwischen normativen Konzeptionen des Geschichtsbewußtseins und der tatsächlichen Aneignungspraxis der Geschichte durch die Subjekte. Wenn Knigge einen hermeneutischen Zugang zum Geschichtsbewußtsein einklagt, geht es ihm eben um die Auseinandersetzung mit dieser Diskrepanz zwischen wissenschaftlichem und subjektivem, öffentlichem und privatem Geschichtsbewußtsein. Knigges methodischer Entwurf richtet sich bewußt gegen rein kognitive Zugänge zum Geschichtsbewußtsein. Er setzt statt dessen auf einen aneignungstheoretisch begründeten Ansatz, der der Unabdingbarkeit von Subjektivität für die Aneignung von Geschichte Rechnung

59 Siehe hierzu die Ausführungen unter S. 120 ff. und S. 126 ff.

60 Vgl. zu den folgenden Ausführungen Knigge 1987, S. 253 ff.

trägt.[61] Anhand von Fallbeispielen aus der schulischen und außerschulischen historisch-politischen Bildung führt Knigge unterschiedliche Umgangs- und Aneignungsformen von Geschichte vor. Überzeugend legt er in seinen hermeneutischen Analysen dar, daß hinter dem manifesten Sinn eines Geschichtsbildes ein latenter Sinn verborgen liegt, der einen subjektiven Wahrheitsgehalt für das Subjekt in sich trägt und deshalb nicht einfach übergangen werden darf.[62]

Freilich haben sich auch andere Geschichtsdidaktiker der Differenz zwischen den alltäglichen Formen historischen Bewußtseins und der normativen Setzung von Geschichtsbewußtsein zugewandt. Zu nennen sind hier vor allem Bodo von Borries und Rolf Schörken. In ihren Untersuchungen und theoretischen Überlegungen interessieren die Autoren allerdings vorwiegend Genese und Funktionen »wissenschaftsferner« und »arationaler« Aneignungen von Geschichte.[63] Deshalb erhalten die empirischen Befunde häufig das stigmatisierende Etikett »triviales Geschichtsbewußtsein«. Solche »Geschichtsgeschichten«, wie sie im Einflußbereich außerschulischer Geschichtsvermittlung mit ihren Lücken und Tabus entstehen, werden als fehlerhaftes Wissen, Vorurteile, falsche subjektive Prämissen und abstruse historische Vorstellungen abqualifiziert. Die geschichtsdidaktische Forschung, so Knigges Vorwurf, erachte es nicht als lohnenswert, diesen Geschichtsgeschichten analytisch näherzukommen.[64] Das Forschungsinteresse wird von der Analyse subjektiver Geschichtskonstruktionen auf die Frage nach den personalen und sozialen Funktionen und Bedürfnissen, die vom trivialen Geschichtsbewußtsein erfüllt werden, verschoben. Identifiziert werden zum Bei-

---

61 Ebenda.

62 Knigge analysiert zwei Beispiele: zunächst einen sich in der Klasse am Thema Judentum entzündenden Interaktionskonflikt zwischen einer Lehrerin und einer hartnäckig an ihren antisemitischen Vorurteilen festhaltenden Schülerin, sodann den Fall der Sonderschülerin Marie, die sich auf scheinbar abstruse Weise zur Euthanasie im Nationalsozialismus äußert, indem sie in ihrer Auseinandersetzung mit den nationalsozialistischen Verbrechen die Form des Märchens zur Darstellung wählt (vgl. Knigge 1992).

63 Vgl. etwa Schörken 1972 und 1981; v. Borries 1980a, 1982, 1988a und 1991.

64 Knigge 1987, S. 257 ff.

spiel »Entlastungs-, Prestige-, Stabilisierungs- und Rechtfertigungsfunktion«[65] sowie das »Bedürfnis nach Selbstverwirklichung, Kunstgenuß und unbewußter Triebabfuhr«.[66] Die vorgenommene Klassifizierung von Bedürfnissen und Funktionen, so Knigge, lenke zwar den Blick darauf, daß es Subjektstrebungen gibt, die durch Vergangenheitsmaterial angeregt werden und sich seiner bemächtigen, erkläre die vorgefundenen Objektivationen von Geschichtsaneignung jedoch nicht.[67] Für Knigge reicht es nicht aus, daß Geschichtsgeschichten durch Bedürfnis- und Funktionsmetaphern kategorisiert werden. Was hier zum Ausdruck komme, seien lediglich Wahrnehmungsweisen und Einordnungskategorien des zuschreibenden Forschers in Verbindung mit einzelnen Oberflächenphänomenen der Geschichtsgeschichten. Das Spezifische der Geschichtsaneignung einzelner Subjekte verschwinde auf diese Weise. Das Subjekt erscheine als kaum mehr als ein Resonanzboden für das, was es von anderen – Eltern, Peergroup, Medien – über Geschichte gehört (oder nicht gehört) habe. Übersehen werde, daß das Gehörte nicht einfach wiedergegeben, sondern von den Rezipienten auch gestaltet werden müsse. In dieser Gestaltungsarbeit äußere sich das Subjekt.

Knigge kritisiert, daß die normativ orientierte Geschichtsdidaktik Phantasien, Identifikationen, Einfälle, Emotionen, Erinnerungen und Übertragungen, die sich im Aneignungsprozeß bilden, ausgrenze.[68] Bezogen auf historische Lernprozesse in der Schule ergebe sich hieraus eine Einordnung von Geschichtsgeschichten als Störfaktoren

---

65 Schörken 1981b, S. 37.

66 v. Borries 1980a, S. 109.

67 Vgl. Knigge 1987, S. 256.

68 In diesem Zusammenhang attestiert Bergmann der historischen Bildung in der Schule ein großes Defizit, weil die gegenwärtig dominanten geschichtsdidaktischen Konzeptionen noch immer auf einen affirmativen Geschichtsunterricht hinausliefen. Die individuelle Lebensgeschichte des Schülers sowie seine vor- und außerschulische Aneignung von Geschichte und historischer Identität würden nach wie vor als Lernwiderstand und Störfaktor betrachtet. Die im Unterricht praktizierte Überwindung dieses Lernwiderstands entfremde die Schüler von ihren vorangegangenen Identifikationsbasen und beschädige damit auch das lernende Subjekt (Bergmann 2000, S. 95 ff.).

mittels Notengewalt. Die Lernenden reagierten aus Opportunitätsgründen mit dem Verschweigen ihrer Geschichtsgeschichten. Aus dieser Situation entstehe das Problem, daß die im schulischen Alltag unterdrückten Geschichtsgeschichten an anderer Stelle zum Ausdruck gebracht würden. Dann seien sie allerdings nicht mehr pädagogisch aufzufangen.[69] Man könnte hieraus schlußfolgern, daß das Verschweigen von Geschichtsgeschichten historisches Lernen sogar gefährdet, weil infolgedessen Geschichte dem Subjekt bedeutungsleer und gleichgültig bleibt und zu einer Form akkumulierten »toten« Wissens verkommt.

Knigge bleibt aber nicht bei einer Kritik der normativitätsorientierten Geschichtsbewußtseinsforschung stehen, sondern entwirft zugleich ein alternatives Modell. Er unterbreitet einen Vorschlag für einen hermeneutischen Zugriff auf das Geschichtsbewußtsein:

»Wenn wir den Zirkel ausgrenzender und tautologisierender Deutungen durchbrechen wollen, die Sinn nur jenseits der Artikulation des Subjekts finden und die auf diese Weise seine Ausgrenzung und Marginalisierung in einer Tiefenschicht festschreiben, dann müssen wir die Geschichtsgeschichten selbst zum Objekt unserer Aufmerksamkeit machen, und zwar erstens in ihrer Wortwörtlichkeit, zweitens nicht in ableitender oder interpretierender, sondern in verstehender Absicht. Wir dürfen sie nicht länger als bloße Repräsentationen, als für sich leere und bedeutungslose Verweise auf dritte Instanzen oder Faktoren betrachten, sondern wir müssen eine theoretische und praktische Haltung entwickeln, die in der Lage ist, die ›entgleisten Geschichtsgeschichten‹ beim Wort zu nehmen, ohne sie dort zu belassen. Wir riskieren die Vermutung, daß die Signifikanz ›entgleister Geschichtsgeschichten‹ sich nicht in der Oberflächenartikulation defizitären historischen Wissens erschöpft und daß das Subjekt mehr oder anderes artikuliert, als es scheinbar ausspricht.«[70]

Knigge fordert, die Geschichtsgeschichten ins Zentrum des Forschungsinteresses zu rücken. Nach seinem Verständnis basiert die Aneignung von Geschichte eben nicht auf der bloßen Weitergabe beziehungsweise Entgegennahme von (historischem) Wissen. Geschichte müsse von den Subjekten auch biographisch bearbeitet und

---

69 Knigge 1987, S. 257.
70 Ebenda, S. 258.

transformiert werden. Knigge untersucht das Verhältnis von Vergangenheitsmaterial und rezipierendem Subjekt. Er kommt zu dem Ergebnis, daß das vom Vergangenheitsmaterial Hervorgerufene weder immer offen zutage trete noch notwendigerweise quer zum Gegenstand liege. Es kann hinter dem historischen Stoff verschwinden oder aber auch in ihm aufgehen. Für Knigge ergibt sich hieraus, daß es sich beim Aneignungsprozeß von Geschichte um einen »Produktionsprozeß« handelt, der durch eine Doppelbewegung gekennzeichnet ist.

»Einerseits evoziert der historische Gegenstand etwas am Subjekt, beispielsweise Assoziationen, Erinnerungen und Querverbindungen, Gefühle und Körperzustände. Auf diese Weise vermittelt er Subjekteigenschaften oder setzt er Effekte am Subjekt, die auf sich selbst verweisen. [...] Andererseits zeigen die Beispiele, daß die Subjekte selbst sich in den historischen Stoff einbilden, etwa mit Vorerfahrungen, affektiven Prägungen und (unbewußten) Wünschen. Diese Tendenz im Subjekt nennen wir Geschichtsbegehren. [...] da die Doppelbewegung von Evozierung und Einbildung sich gleichzeitig und nicht nacheinander vollzieht, sind die Effekte, die der Gegenstand am Subjekt und die das Subjekt am Gegenstand hervorruft, ineinandergeschnitten bzw. ineinanderverschoben.«[71]

Eine solche Auffassung von Geschichtsaneignung impliziert, daß die Bedingungsfaktoren für Geschichtsbewußtsein, wie sie in der außerschulischen Lebenswelt auftauchen, als Produktivkräfte desselben zu verstehen sind. Als solche tragen sie zur Überdeterminierung des Geschichtsbewußtseins bei. Eine lebensweltlich bedingte Aneignung von Geschichte ist für Knigge nicht bloßer Zerrspiegel eines fachwissenschaftlich akzeptablen Geschichtsbewußtseins. Knigge argumentiert, daß die lebensweltlich bedingten Einflußfaktoren, über das Subjekt vermittelt, den Aneignungsprozeß von Historie entscheidend prägen. Das Subjekt könne deshalb nicht als »autonomer Verursacher« bestimmter Geschichtsbilder gesehen werden, denn es sei zugleich Objekt von »Vergangenheitsmaterial«. Die Geschichtsgeschichte »passiere« dem Subjekt, was darauf hindeute, daß die Aneignung häufig nicht intentional, bewußt und reflektiert geschehe.[72] Die Geschichtsgeschichte entsteht Knigge zufolge als Verhandlungspro-

---

71 Ebenda, S. 263.

72 Vgl. ebenda, S. 264.

dukt zwischen Subjekt und Gegenstand, in dem Bedeutungsebenen zum Zusammenspiel gebracht werden: Die erste Ebene ist die des Vergangenheitsmaterials selbst (Eigenschaften des Vergangenheitsmaterials). Die zweite umfaßt die Subjektausdrücke, die durch Momente des Gegenstandes evoziert worden sind und die nun (als Untertext) an diesen haften. Die dritte Signifikanzebene umschließt die Subjekteigenschaften und Prägungen. Dabei geht es um Subjektregungen, die die Aneignung von Geschichte (bewußt oder unbewußt) konturieren und die in das Vergangenheitsmaterial hineinprojiziert werden.[73] Zusammenfassend kann man sagen, daß Geschichtsgeschichten eine Verdichtung vielfältiger und komplexer Diskursfelder darstellen. Deshalb kann die Entschlüsselung oder Interpretation von Geschichtsgeschichten wichtiges Wissen über die Positionierungen der Subjekte im Verhältnis zur Vergangenheit bereitstellen. Es ist nämlich zu vermuten, daß »Störungen, Abweichungen und Entgleisungen« vom wissenschaftlich gesicherten historischen Wissen, die in Geschichtsgeschichten zum Ausdruck gebracht werden, für eine bedeutsame verstellte Wahrheit stehen. Für Knigge sind Geschichtsgeschichten deshalb wünschenswert. Ihre Abwesenheit begreift er dagegen als das Scheitern des Versuchs, eine Beziehung zwischen Subjekt und Vergangenheit herzustellen.[74] Über Geschichtsgeschichten zu verfügen bedeutet auch, eine »lebensweltliche Brücke« zur Vergangenheit schlagen zu können.[75] Nicht zuletzt fällt auch die Familiengeschichte als eine Art von »Herkunftswissen« in den Komplex der Geschichtsgeschichten. Die Soziologin Lena Inowlocki plädiert deshalb für eine gezielte Untersuchung dieses »Herkunftswissens« im Rahmen einer sozialwissenschaftlichen Jugendforschung:

»Wie Jugendliche sich auf die durch die Familie vermittelte Geschichtserfahrung beziehen, kann mit partikularisierenden oder aber universalisierenden

73 Vgl. ebenda, S. 264.

74 Vgl. Knigge 1988, S. 264 ff.

75 Brumlik arbeitet diese »lebensweltliche Brücke« als den zentralen Moment geschichtlichen Lernens heraus. Diesen Moment charakterisiert er als den Augenblick, in dem historische Informationen von den Lernenden in irgendeiner Weise in Verbindung mit ihrer gelebten Gegenwart gebracht werden (vgl. Brumlik 1991).

gesellschaftlichen Vorstellungen verbunden sein [...] Es scheint also sinnvoll, danach zu fragen, wie Jugendliche sich mit der Erfahrungsvermittlung ihrer Familie, mit Herkunftswissen auseinandersetzen, um zu verstehen, wie sie sich in einer pluralen Gesellschaft verorten.«[76]

Die Integration familiengeschichtlicher Aspekte sowie Knigges Verständnis von Geschichtsgeschichten erscheinen als sinnvolle Basis für die Aufbereitung meiner Fallstudien. Schließlich geht es mir in der Untersuchung von Geschichtskonstruktionen junger Migranten um die Bedeutung der subjektiven und damit jeweils spezifischen Aneignung von Geschichte.

Vom Verstricktsein in Geschichte und Geschichten

Im folgenden soll eine Methode lebensgeschichtlich orientierter qualitativer Sozialforschung vorgestellt werden, die Geschichten ganz bewußt ins Zentrum ihres analytischen Interesses stellt und damit Knigges erkenntnistheoretisches Fundament erweitert. Der Soziologe Gerd Vonderach (1997) entwickelte seine Geschichtenhermeneutik in Anlehnung an Wilhelm Schapps »In Geschichten verstrickt. Zum Sein von Mensch und Ding« (1953). Hier heißt es:

»Wir Menschen sind immer in Geschichten verstrickt. Zu jeder Geschichte gehört ein darin Verstrickter. Geschichte und In-Geschichte-Verstrickt-Sein gehören so eng zusammen, daß man beides vielleicht nicht einmal in Gedanken trennen kann. Die größten Werke der Menschheit haben Geschichten und Verstrickt-Sein in Geschichten zum Gegenstande. Wir brauchen nur einige Namen, wie Homer, die Bibel, Dante, Cervantes, Swift, Shakespeare, Goethe, Dostojewski zu nennen, und schon leuchtet eine unendliche Folge von Geschichten, in die Menschen verstrickt sind, vor uns auf. Wenden wir uns dann von den Werken dieser Dichter zu den Werken der Geschichtsschreiber, Herodot bis Mommsen oder zu den Lebensbeschreibungen, so sind auch diese angefüllt mit Geschichten, die nach Inhalt und Aufbau kaum unterschieden werden können von den Geschichten der Dichter. Wir wollen nicht behaupten, daß die Weltgeschichte, wenn es so etwas gibt, oder die Geschichte irgendeiner Nation oder eines Zeitalters nur aus Geschichten bestehe oder nur eine Aneinanderreihung von Geschichten sei, aber jedenfalls stehen Ein-

76 Inowlocki 2000b, S. 85.

zelgeschichten im engsten Zusammenhang mit der Weltgeschichte. Eine Weltgeschichte, die nicht als wesentlichen Ausgangspunkt Geschichten hätte, läßt sich kaum vorstellen.«[77]

Sehen wir darüber hinweg, daß es offenbar keine Dichterinnen und Historikerinnen gibt, lassen sich Schapps Gedankengang erkenntnistheoretische Aspekte abgewinnen, die für diese Arbeit fruchtbar gemacht werden können. Zu diesem Zweck skizziere ich Vonderachs methodologische Überlegungen zu einer Geschichtenhermeneutik.[78]

Vonderach geht mit Schapp davon aus, daß die Sinnzusammenhänge des menschlichen Lebens geschichtenförmig organisiert sind. Diese Geschichten haben eine doppelte Struktur: Einerseits bewahren sie und andererseits transformieren sie ihre Inhalte. Sie bewahren, indem sie Erlebtes in eine sinnhafte Struktur bringen. Sie schaffen aber auch Neues, weil sie das Potential besitzen, über das Bewahrende hinauszuweisen.[79] Die methodologische Schlußfolgerung, daß die beste Form, Geschichtsbewußtsein zu bergen, wohl das Gespräch ist, überrascht deshalb nicht. Nur in der Erzählung kann der geschichtenförmige Sinnzusammenhang der Lebensgeschichte und der Selbst- und Weltwahrnehmung eines Menschen seinen Ausdruck finden. Der Biographieforscher Hans Bahrdt unterstreicht: »Die Erzählung von Geschichten ist eine ursprüngliche Form des Nachdenkens über sich selbst, sowohl über das individuelle Selbst wie auch über das Kollektiv, mit dem sich ein Subjekt identifiziert.«[80] Der Zusammenhang der eigenen Lebensgeschichte stellt sich im Bewußtsein der Individuen als Folge und Verkettung von Geschichten dar, in die der einzelne nolens volens verstrickt ist. Verstricktsein bedeutet dabei, daß diese Geschichten einem widerfahren, ob man nun etwas dafür kann oder nicht.[81] Vonderach weist ausdrücklich darauf hin, daß Lebenslauf und erzählte Lebensgeschichte sowie erlebte Lebensgeschichte nicht dekkungsgleich sind. Die Biographie ist vielmehr als soziales Konstrukt zu begreifen, als Repräsentation der Lebensgeschichte. Nur diese wird dem Forschenden im Gespräch zugänglich. Die Aufgabe einer lebens-

---

77 Schapp 1953, S. 1.

78 Vgl. Vonderach 1997, S. 167 ff.

79 Vgl. Hildenbrand 1990, S. 3.

80 Bahrdt 1975, S. 14.

81 Vgl. Maurer 1981, S. 8.

geschichtlich orientierten Sozialforschung besteht Vonderach zufolge im Ringen um »eine stets nur ansatzweise gelingende interpretative Erfassung der Lebensgeschichte von Menschen als der zeitlichen Aufschichtung ihres gelebten, erfahrenen, erinnerten und im Gespräch ausschnitthaft und situationsbezogen berichteten Lebens«.[82] Wenden wir uns vor dem Hintergrund dieser Ausführungen wieder Schapps Lehre vom Verstricktsein des Menschen in Geschichten zu, so wird deutlich, wie gut sich seine Kernthese, daß wir ohne Geschichten nichts vom Menschen erfassen können, in eine lebensgeschichtlich orientierte qualitative Sozialforschung einfügt. Schapp bringt die Bedeutung von Geschichten, die er als »Urphänomene« beschreibt, wie folgt auf den Punkt:

»Das Wesentliche, was wir von den Menschen kennen, scheinen ihre Geschichten um sie zu sein. Durch die Geschichte kommen wir mit einem Selbst in Berührung. Der Mensch ist nicht der Mensch von Fleisch und Blut. An seiner Stelle drängt sich uns seine Geschichte auf.«[83]

Geschichten sind sowohl als Geschichten einzelner Individuen zu verstehen als auch als intersubjektive Gebilde, in die mehrere Menschen verstrickt sind, etwa Familiengeschichten. Sie können demnach sowohl gemeinschaftsstiftend als auch ab- und ausgrenzend wirken. Nach Schapp ergeben sich Identität und Gemeinschaftlichkeit von Menschen in den und durch die Geschichten, die sie über sich und andere erzählen. Deshalb sind Geschichten das Medium, durch das wir Zugang zur individuellen und kollektiven Identität von Menschen bekommen können.[84]

---

82 Vonderach 1997, S. 169.

83 Schapp 1953, S. 105.

84 Schapp macht auch darauf aufmerksam, daß das Verstehen einer erzählten Geschichte ein Mindestmaß an »Mitverstricktsein« auf der Seite des Zuhörenden voraussetzt. Der Hörer muß empfänglich sein für die Geschichten (Schapp 1976, S. 136 und 1965, S. 134). Es handelt sich hier zwar um eine Binsenweisheit der Kommunikationstheorie, unterstreicht aber noch einmal die Notwendigkeit des »Sicheinlassens« in der qualitativen Sozialforschung: ein Sicheinlassen auf das Feld, auf den Forschungsgegenstand und auf das Subjekt der Forschung (vgl. hierzu auch King 1992, S. 115–129).

Vonderach hebt noch einen weiteren zentralen Aspekt hervor. Von der Rückwärtsgewandtheit von Geschichten ausgehend macht er darauf aufmerksam, daß dies keineswegs bedeute, die Geschichten seien ausschließlich der Vergangenheit verhaftet. Er betont, daß Geschichten stets auch Zukunfts- und Entwicklungspotentiale enthalten.[85] In Geschichten wird also nicht nur Vergangenes rekonstruiert und transformiert, sondern es wird auch Gegenwart reflektiert und Zukunft entworfen. Deshalb ist auch das Geschichtsbewußtsein als Verbindungsstück dieser drei Zeitdimensionen in Geschichten aufgehoben. Mit Rüsen läßt sich dieser Aspekt auch identitätstheoretisch darstellen:

»Geschichtsbewußtsein vollzieht sich im Erzählen von Geschichten, und das geschieht in einem Kommunikationszusammenhang, in dem es um das Selbstverständnis der Beteiligten in zeitlicher Hinsicht, um ihre historische Identität geht. Geschichten sind geistige Gebilde, mit deren Hilfe sich Subjekte im Zeitverlauf einordnen, in ihm sich selbst behaupten können. Die Erinnerungsarbeit des Geschichtsbewußtseins ist also bestimmt vom Selbstbehauptungs- und Selbstdurchsetzungswillen seines Subjektes, das sich die Vergangenheit aneignet, um Gegenwart und Zukunft zu bestehen.«[86]

Die erkenntnisrelevanten theoretischen Schnittstellen von Erzählung und Geschichtsbewußtsein für die Konstitution des Selbst erfahren auch in Pandels Definition des Geschichtsbewußtseins als gesellschaftlichem Orientierungswissen besondere Aufmerksamkeit:

»Die Funktion des Geschichtsbewußtseins ist, sich durch das Erzählen und Verstehen von Geschichten eine Orientierung in der Zeit zu ermöglichen – sich mittels Geschichte Herkunfts- und Zukunftsfragen genauso zu beant-

85 Vonderach führt in diesem Zusammenhang aus: »Geschichten sind jeweils einmalige, konkrete und dynamische Gebilde, deren komplexe Strukturen sich in vorgegebenen Richtungen in einem irreversiblen Prozeß entfalten. Jede Geschichte hängt als offenes Gebilde mit anderen Geschichten zusammen und bildet mit ihnen einen Ereignis-, Handlungs- und Sinnzusammenhang. Die Geschichten besitzen Horizonte, in denen Vorgeschichten und Nachgeschichten auftauchen, und sie sind mannigfach mit Parallelgeschichten verbunden.« (Vonderach 1997, S. 170–171)

86 Rüsen 1994, S. 64.

worten, wie eine Verortung in der Gesellschaft vorzunehmen, d. h. mit dem Erzählen und Verstehen von Geschichte wird Identität gewonnen.«[87]

Für die Philosophin Seyla Benhabib ist es darüber hinaus vor allem die integrative Eigenschaft des Erzählens, die es bezogen auf die Auseinandersetzung mit der Vergangenheit so bedeutsam macht. Auch sie betont, daß durch die Formen der Reproduktion von Vergangenheit im Erzählen von Geschichten eine Standortbestimmung in der Gegenwart vorgenommen wird:

»Die Erzählstruktur der Handlung und der menschlichen Identität bedeutet, daß das kontinuierliche Wiedererzählen der Vergangenheit, ihre kontinuierliche Reintegration in die Geschichte der Gegenwart, ihre kontinuierliche Neubewertung, Bestätigung und Rekonfiguration ontologisches Bemühen dafür darstellen, welche Art von Wesen wir sind. Wenn das Dasein zeitlich ist, dann ist die Erzählung die Modalität, durch die Zeit erfahren wird. Selbst wenn der Traditionsstrang gebrochen ist, selbst wenn die Vergangenheit keine Autorität mehr hat, einfach weil sie gewesen ist, dann lebt sie doch noch in uns, und wir können gar nicht anders, als uns in Beziehung zu ihr zu setzen. Wer wir an einem bestimmten Punkt sind, wird durch die Erzählung, die Vergangenheit und Gegenwart eint, definiert.«[88]

Es ist ebendie hier beschriebene Unumgänglichkeit des Sich-in-Beziehung-Setzens zur Vergangenheit und die mit ihr verbundene Notwendigkeit zur Selbstverortung – zur Standortbestimmung oder Positionierung (Hall) – im gesellschaftlich-historischen Raum, die Geschichte(n) zu einem wesentlichen Bestimmungsmoment des Selbstverständnisses (Identität) sowie der Zugehörigkeit zu bestimmten Gruppen macht. Aus erkenntnistheoretischer und methodologischer Perspektive scheint es also naheliegend, den Geschichtsbezügen von Jugendlichen in den von ihnen erzählten Geschichten und Episoden nachzuspüren.[89] In diesen Geschichten oder Geschichtsgeschich-

---

87 Pandel 1991, S. 2.

88 Benhabib 1988, S. 169.

89 Auch von Borries fordert, Konzepte für die Geschichtsbewußtseinsforschung zu entwickeln, in denen durch die Art der Fragestellung narrative Konstrukte historischer Sinnbildung erhoben werden können: »Es käme also darauf an, die Fragen an die Probanden so zu formulieren, daß sie sich entweder mit narrativen Konstrukten auseinandersetzen müssen, die die typologische Reichweite der historischen Sinnbildung im wesentlichen

ten kommen nämlich sowohl Biographisierungsprozesse und lebensweltliche Verbindungen zur NS-Geschichte zum Ausdruck als auch diskursive »Verstrickungszusammenhänge«.

---

abdecken, oder aber solche narrativen Konstrukte möglichst differenziert selbst produzieren, also kleine Geschichten erzählen, an denen die zugrundeliegenden Deutungsmuster abgelesen werden können. Damit ist eine Richtung weiterer Forschung gegeben, der nachzugehen sich lohnen würde.« (v. Borries 1994, S. 202)

Ethnizität und Geschichte: Zum Verhältnis von ethnischer und historischer Identität

Im folgenden möchte ich die beiden Begriffe Ethnizität und Geschichte ausleuchten und in Beziehung zueinander setzen. Dabei sollen die Anschlußstellen von historischer und ethnischer Identitätskonstruktion unter einem stärker soziologischen Blickwinkel betrachtet werden. Ich möchte zu diesem Zweck einige Wesensmerkmale des Ethnizitätsbegriffs herausarbeiten, die mir im Kontext meiner Fragestellung nach der geschichtlichen Dimension von Ethnizität wichtig erscheinen.

Historisch-gesellschaftliche Formbestimmungen von Ethnizität

Der im angelsächsischen Raum breit diskutierte Begriff *ethnicity*[1] fand erst Anfang der achtziger Jahre Eingang in den deutschen Migrationsdiskurs. Im Zuge der Diskussionen um multikulturelle Gesellschaftsentwürfe avancierte Ethnizität auch in Deutschland zu einem Schlüsselbegriff.[2] Entlang den unterschiedlichen Vorstellungen von Multikulturalismus und Integration im Einwanderungskontext entzündeten sich zahlreiche akademische und politische Kontroversen über ethnische Identität und ethnische Gemeinschaften. Ethnische

---

1 Für den europäischen Kontext reichen die Wurzeln des Begriffs bis in die Geschichte der Nationalstaatenbildung des 19. Jahrhunderts. Dietrich und Radtke sprechen von Ethnizität als »begrifflicher und politischer Formierung der auf einem machtpolitisch begrenzten Territorium lebenden Bevölkerung« zu einer Nation bzw. zu einem Volk (Dietrich/Radtke 1990, S. 21). In den USA ist *ethnicity* spätestens seit der Studie »Beyond the Melting Pot« (1963) von Glazer und Moynihan zu einem Strukturmerkmal der amerikanischen Gesellschaft geworden. Die Untersuchung erschütterte den Glauben an den Schmelztiegel-Mythos nachhaltig, weil sie die Persistenz von Ethnizität über Generationen hinaus dokumentierte.

2 Siehe etwa Georgi 1999.

Differenz wurde als Strukturmerkmal von Einwanderungsgesellschaften im allgemeinen wie auch in ihrer spezifischen Ausprägung in der deutschen Immigrationsgesellschaft thematisiert.[3]

Vereinfacht ausgedrückt bezeichnet Ethnizität Selbst- und Fremdbilder von Gruppen. Diese gruppenbezogenen Selbstbilder entstehen im Verhältnis zu und in Abgrenzung von anderen Gruppen (signifikanten Anderen). Ethnizitätsbildung vollzieht sich zudem als Prozeß sozialer Konstruktion und ist von konkreten historisch-gesellschaftlichen Bedingungen abhängig. Diese bestimmen auch maßgeblich, um welche inhaltlichen Aspekte sich die jeweils spezifische Form von Ethnizität zentriert. Grundsätzlich weist Ethnizität je nach den Bedingungen, unter denen sie entsteht und gepflegt wird, ganz unterschiedliche inhaltliche Muster auf. Sie ist damit kontextspezifisch. Auf den Konstruktcharakter, die kontextspezifische Ausrichtung und die relative inhaltliche Offenheit von Ethnizität hat schon Max Weber hingewiesen:

»Wir wollen solche Menschengruppen, welche aufgrund von Ähnlichkeiten des äußeren Habitus oder der Sitte oder beider oder von Erinnerungen an Kolonisation und Wanderung einen subjektiven Glauben an eine Abstammungsgemeinschaft hegen, derart, daß dieser für die Propagierung von Gemeinschaft wichtig wird [...] ›ethnische‹ Gruppen nennen, ganz einerlei, ob eine Blutgemeinsamkeit objektiv vorliegt oder nicht.«[4]

Weber hebt die Bedeutung gemeinsamer Erinnerung an Vergangenes als einen wesentlichen Baustein für die Herausbildung eines ethnischen Bewußtseins hervor. Der Soziologe Friedrich Heckmann diffe-

---

3 Die Debatten können hier nicht ausführlich dargestellt werden. Es sei auf einige Arbeiten verwiesen, die sich eingehend und kritisch mit dem Begriff, seiner Geschichte sowie seiner wissenschaftlichen und öffentlichen Implementierung und ideologischen Instrumentalisierung befaßt haben: Apitzsch 1991, 1993, 1994b, 1996 und 1999; Bukow/Llaryola 1988; Dietrich/Radtke 1990; Glazer 1983; Goldberg 1994; Guibernau/Rex 1997; Gutman 1993; Heckmann 1991; Hutchinson/Smith 1996; Kymlicka 1995; Marger 1991; Meyer 1997; Radtke 1992; Sollors 1996; Steiner-Khamsi 1990; Taylor 1992; Walzer 1998; Waters 1990; Welsch 1994; Willett 1998 und Yeltman 1985.

4 Weber 1956, S. 307.

renziert diesen Merkmalsraum von Ethnizität weiter aus. Dabei nennt er:

»Soziokulturelle Gemeinsamkeiten, Gemeinsamkeiten geschichtlicher und aktueller Erfahrungen, Vorstellungen einer gemeinsamen Herkunft, eine auf Selbstbewußtsein und Fremdzuschreibung beruhende kollektive Identität, die eine Vorstellung ethnischer Grenzen einschließt, und ein Solidarbewußtsein.«[5]

Das Besondere an der Herausbildung von Ethnizität ist ihr Doppelcharakter, das heißt, die Eingrenzung der eigenen Gruppe und deren Abgrenzung von anderen Gruppen finden gleichzeitig statt. Es handelt sich zudem um eine wechselseitige Beziehung. Elemente der Ethnizitätsbildung werden sowohl »von innen« als auch »von außen« formuliert und entworfen. Daraus erwachsen zwei Ethnisierungsformen: die gruppenbezogene Selbstethnisierung und die Fremdethnisierung. Beide Ethnisierungsformen sind gleichermaßen relevant, wenn es darum geht, die jeweils spezifische Bedeutung von Ethnizität zu erfassen. Ethnizität kann nämlich ebenso Voraussetzung für Gruppensolidarität wie für Gruppendiskriminierung sein. Diese eher allgemeine und weitgefaßte Definition läßt sich durch eine Hinzuziehung des historischen Bezuges und spezifischen Kontextes verdichten. Der Soziologe Veit Bader etwa betont, daß es bei der Konstruktion ethnischer Gruppen »in jeweils spezifischer Weise um einen unterscheidbaren Namen, um einen Mythos gemeinsamer Ursprünge und Abstammung, um historische Überlieferungen, um ein historisches Gebiet oder die (vorgestellte) Verbindung hierzu, um eines oder mehrere Momente einer gemeinsamen Kultur (Sprache, Bräuche, Religion), um Gruppensolidarität und Gruppenidentität« gehe.[6] Aus diesem Glauben an gemeinsame Herkunft, Geschichte und Erfahrungen sowie Gemeinsamkeiten der Kultur entwickeln sich auch Solidargefühle, die zwischenmenschliche Beziehungen strukturieren und gruppenbildende Wirkung entfalten.[7] Für den Gegenstand der Geschichte als ethnischen Bezugspunkt läßt sich mit Heckmann (1991) darüber hinaus hervorheben,

5 Vgl. Heckmann 1991, S. 57 ff. Siehe auch Hutchinson/Smith 1996.
6 Bader 1995, S. 82.
7 Vgl. hierzu auch Bade 1994, S. 39.

»daß neben wirklichen gemeinsamen geschichtlichen Erfahrungen für ethnische Gruppen Vorstellungen einer gemeinsamen Herkunft von besonderer Bedeutung sind. Vorstellungen gemeinsamer Herkunft nehmen nicht nur die Form verwandtschaftlicher Beziehungen oder genealogischer Abstammungsgemeinschaften an, sondern auch die Formen eines gemeinsamen geschichtlichen Gruppenschicksals; hierbei handelt es sich um Deutungen, ›Konstruktionen‹, Mythen oder auch Erfindungen, deren Inhalte von gegenwärtigen Gruppenbedürfnissen bestimmt sind.«[8]

Heckmann unterstreicht die inhaltliche Abhängigkeit historischer Konstruktionen von gegenwärtigen Bedürfnissen und zukünftigen Interessen. Ausschlaggebend für die Selbstbeschreibung einer ethnischen Gruppe sei vor allem ein gemeinsamer geschichtlicher Bezug, dessen Profil durch gegenwärtige Gruppeninteressen und den Blick auf eine gemeinsame Zukunft bestimmt werde. Solche Geschichtsbezüge können entweder auf realen historischen Kollektiverfahrungen beruhen (etwa auf der Geschichte eines Genozids) und zum Bestandteil eines kollektiven Gedächtnisses[9] werden, oder sie beruhen auf Mythen (etwa Ursprungsmythen). Die faktische Geschichte spielt also bei der Herstellung ethnischer Bindung(en) nur bedingt eine Rolle. Ihre gemeinschaftsstiftende Funktion kann ebenso von einer historischen Fiktion ausgehen. Welche Geschichte(n) und/oder Fiktionen zum Zweck einer Ethnizitätskonstruktion ausgewählt und in welche Form sie gebracht werden, hängt entscheidend von den gesellschaftlichen Bedingungen ab, unter denen sich diese Konstruktionsprozesse vollziehen. Der Migrationsforscher Rudolf Leiprecht betont in diesem Zusammenhang die prinzipielle Offenheit von Ethnizität für historisch-gesellschaftliche Formbestimmungen. Je nach den unterschiedlichen historisch-gesellschaftlichen Verhältnissen und den spezifischen Positionen, von denen aus Ethnizität oder ethnische Gruppen konstruiert werden, treten ganz unterschiedliche inhaltliche Merkmale als Distinktionsprinzipien in den Vordergrund.[10]

Für die vorliegende Arbeit ist besonders die Frage wichtig, wie sich

8 Heckmann 1991, S. 56.

9 Der Begriff wird im Kapitel »Erinnerung und kollektives Gedächtnis« eingehend erläutert.

10 Vgl. Leiprecht 1997, S. 46 und 2001.

Ethnizität im Einwanderungskontext herausbildet oder wie sie geschaffen wird. In ihrer Studie »Eine Nation von Einwanderern: Ethnisches Bewußtsein und Integrationspolitik in den USA« (1986) kommt die Soziologin Donata Elschenbroich zu dem Ergebnis, daß ethnische Identitäten nicht bloße Importe aus den Herkunftsländern der Migranten sind, sondern daß sie sich im Gegenteil erst in der Auseinandersetzung mit dem vorgefundenen gesellschaftspolitischen und historisch-kulturellen »Mobiliar« des Aufnahmelandes herausbilden. Elschenbroich klassifiziert ethnische Identitäten, die Ausdruck der Zugehörigkeit zu ethnischen Gruppen sind, deshalb als »amerikanische Neubildungen«.[11] Ethnizität läßt sich demnach nicht auf den Status eines »überflüssigen Gepäckstücks« aus der Herkunftsgesellschaft reduzieren. Sie ist vielmehr ein Produkt der Einwanderungsgesellschaft selbst, das in der Gleichzeitigkeit, Wechselseitigkeit und Überlappung von traditionalen und modernen Lebensentwürfen entsteht. Hierin liegt zugleich das Potential für das Auftreten von kulturell »Neuem« und »Hybridem«. Die Soziologin Ursula Apitzsch bildet dieses Phänomen auf den Traditionsbegriff ab, wenn sie schreibt, Tradition sei in modernen Gesellschaften nur in der Gestalt von Traditionsfortbildung, Traditionsneubildung und kultureller Reflexivität denkbar. Darin sei auch eine Interferenz zwischen den Lebenswelten des »Fremden« und des »Einheimischen« notwendig enthalten.[12] Ethnizität kann also als eine Ausdrucksform von Traditionsbildung verstanden werden. Der amerikanische Soziologe Manning Nash kennzeichnet Tradition darüber hinaus als die bindende Kraft für die Bildung und Aufrechterhaltung ethnischer Gruppen:

»Tradition is the past of a culture, as the past is thought to have continuity, a presence, and a future. These features of tradition bestow upon the past a weight of authority, legitimacy, and rightness to cultural beliefs and practices. [...] Tradition, while chiefly concerned with the past and hence backward looking, has a forward future dimension. The preservation and continuity of tradition is enjoyed by its carriers. The social-psychological meaning of this forward orientation binds the individual fate of group members to the fate of the future of the group.«[13]

---

11 Elschenbroich 1986, S. 125.

12 Vgl. Apitzsch 1999, S. 10.

13 Nash 1996, S. 27.

Das Zitat unterstreicht die Nähe von Traditionsbildung und Geschichtsbewußtsein. Es sind die historischen und gesellschaftspolitischen Gegebenheiten, die ausschlaggebend dafür sind, ob und welche ethnischen Vorstellungen, Geschichts- und Abstammungsmythen hervorgebracht werden, welche und wessen Geschichte(n) überliefert, unterschlagen oder transformiert werden. Die sozialen Prozesse der Überlieferung beziehungsweise Tradierung bilden also neben dem Mechanismus der Ein- und Abgrenzung von anderen das Herzstück der gesellschaftlichen Konstruktion von Ethnizität.

Bezogen auf die deutsche Einwanderungsgesellschaft stellt sich die Frage, ob und inwiefern bestimmte historisch-gesellschaftliche Formbestimmungen von Ethnizität, wie etwa das Festhalten an einem ethnisch-national unterfütterten Vergangenheitsparadigma, zur systematischen Exklusion von Menschen nichtdeutscher Herkunft führen können. Durch die im Zuge der »Walser-Bubis-Debatte« erneut aufgekommene Rede vom »negativen deutschen Nationalismus« (Walser) sowie der deutschen Identität als einer durch »gemeinsame Abkunft aus schändlicher Zeit« (Dohnanyi) gestifteten erhält die Frage nach der Integration von Menschen nichtdeutscher Herkunft in diese deutsche Erinnerungsgemeinschaft besondere Brisanz. Durch eine nationalgeschichtliche Fixierung etwa auf den Nationalsozialismus, so wie sich dies in der »Walser-Bubis-Debatte« andeutete,[14] könnte ein »neues« ethnisch-deutsches Kollektiv mit exklusivem Charakter begründet werden. Auschwitz würde dann zur Stiftung einer historisch definierten, ethnisch-deutschen Identität »mißbraucht«. Auch der Kulturwissenschaftler Hanno Loewy weist auf dieses Dilemma der problematischen Verquickung von Erinnerung und Ethnizität hin, wenn er in seiner Analyse der Debatte um das zentrale Holocaust-Mahnmal in Berlin schreibt:

»Jeder Versuch, heute symbolisch im Namen der deutschen Nation an den Holocaust zu erinnern, bewegt sich in einem unauflösbaren, wahrhaft furchtbaren Widerspruch: zwischen der Notwendigkeit, an das ›Unaussprechliche‹ zu erinnern, es auszusprechen und der Unmöglichkeit, nationale Identität auf dieses Geschehen zu gründen, ohne das Projekt einer ethnischen Nation fortzusetzen oder zu zementieren.«[15]

---

14 Vgl. Apitzsch 2000.

15 Loewy 1999, S. 33.

Symbolische Ethnizität: Beispiel USA

Um die Schnittpunkte von ethnischer und historischer Identität deutlich herauszuarbeiten, möchte ich zunächst anhand eines Exkurses zur Ethnizität in den USA auf eine soziologische Perspektive hinweisen, die vor allem den symbolischen Aspekt von Ethnizität in den Mittelpunkt rückt. Soziologen, Historiker und Kulturwissenschaftler sind sich einig, daß ethnische Identität im Einwanderungsland USA – insbesondere im Vergleich zu Europa – tendenziell optional ist. In ihrer Studie »Ethnic Option. Choosing Identities in America« (1990) belegt die amerikanische Soziologin Mary Waters, daß dies zumindest für einen Großteil der Amerikaner der dritten und vierten Generation mit europäischem Hintergrund gilt. Waters untersucht die Bedeutung von Ethnizität am Beispiel europäischer Einwanderer, die seit mindestens zwei Generationen amerikanische Staatsbürger sind. Dabei geht es ihr um den Nachweis symbolischer Inanspruchnahme und Wirkungsweise von ethnischen Bezugsrahmen und Zeichensetzungen. Unter »symbolischer Ethnizität« versteht sie einen von den Subjekten selbst hergestellten symbolischen Bezug auf eine bestimmte Herkunft und spezifische Traditionen. Die von Waters aufbereiteten Ergebnisse veranschaulichen, von welchen Faktoren die Entscheidung für eine bestimmte ethnische Zugehörigkeit – insbesondere bei Individuen mit multiethnischem Hintergrund – abhängt. Waters zeigt, daß Entscheidungen über die Identifikation mit einer bestimmten ethnischen Bezugsgruppe oft willkürlich getroffen werden, wodurch der Konstruktcharakter ethnischer Identität offen zutage tritt. Dies geschieht allerdings immer auf der Grundlage der angenommenen »Bindestrich-Identität«, die sich aus einer kulturellen und einer politischen Identität zusammensetzt. Allen Einwanderern gemeinsam ist die amerikanische Identität, die mit Walzer als die politische gefaßt werden kann.[16] Hinzu kommt die ethnische oder kulturelle Identität, die als Herkunftsreferenz das Selbstverständnis einer *nation of immigrants* unterstreicht. Waters dokumentiert mit ihren Interviews, wie sich amerikanische Staatsbürger mit europäischem Einwanderungshintergrund auf ebendiesen beziehen, wenn sie über ihr kulturelles Selbst-

---

16 Siehe hierzu Walzer 1998, S. 45.

verständnis Auskunft geben. So kann sich ein Amerikaner mit einer italienischen Urgroßmutter und einem Großvater irischer Abstammung ganz bewußt entscheiden, ob er sich als Kenner der italienischen Küche verstehen oder lieber den irischen Nationalfeiertag St. Patrick's Day feiern will. Hinsichtlich der Authentizität des kulturellen Erbes betont Waters, daß es sich zumeist um außerordentlich »verwässerte« und im amerikanischen Kontext transformierte kulturelle Relikte handele, die sich in Folklore, Kulinarischem und Ausdrücken oder Sprichwörtern in der Fremdsprache erschöpften. Trotzdem betonen alle Interviewten der Studie ihre ethnische Identität und den Wunsch, auch ihren Kindern etwas über die familialen »Wurzeln« zu vermitteln.[17]

Waters wirft auch einen Blick auf das komplexe Zusammenspiel der Faktoren, die die Option auf eine bestimmte kulturelle Zugehörigkeit beeinflussen. Als markante Faktoren nennt sie: die Herkunft des Nachnamens, die Intensität der familiären Bindungen, die Partnerwahl, das Beziehungsumfeld, persönliche Affinitäten, gesellschaftliche Anerkennung und Wertschätzung des *ethnic background* oder auch die Positionierung in der Generationenreihe, je nachdem, wieviel Generationen die Einwanderung zurückliegt. Waters spricht von einer »symbolischen Ethnizität«, die sich mit dem Moment der Wahlfreiheit verbindet. Das bedeutet, daß ethnische Zugehörigkeit zwar als »Erbe« betrachtet wird; zugleich ist sie aber auch das Ergebnis einer persönlichen Entscheidung, weil man sich zu einer der biographisch verfügbaren Zugehörigkeiten bekennen kann, aber nicht muß. Zumeist bedeutet ein solches Bekenntnis, sich als einzigartig und doch als Teil einer nationalen Gemeinschaft fühlen zu können. Weder schränkt es die sozialen Lebenschancen in der amerikanischen Gesellschaft ein noch hat sie einen verpflichtenden Charakter. Das Individuum entscheidet selbst, ob und wann es die Traditionen eines bestimmten Erbes pflegen möchte. Die Wahrnehmung der ethnischen Zugehörigkeit schwankt also zwischen Gleichgültigkeit und der Pflege bestimmter Herkunftsatavismen (etwa traditioneller Feste) und wird in der Regel als Bereicherung erlebt. Im Alltag hat sie für das Individuum keine besondere Bedeutung. Es ist ebendiese Leichtig-

17 Vgl. Waters 1994, S. 205 ff.

keit, eine ethnische Rolle annehmen und ablegen zu können, die die symbolische Dimension von Ethnizität ausmacht. Dies gilt allerdings, wie auch Waters konstatiert, nicht für alle Minderheiten gleichermaßen. Die sogenannten *visible minorities*, die »sichtbaren Minderheiten«, besitzen nämlich in den USA weit weniger optionalen Spielraum. Waters weist darauf hin, daß symbolische Ethnizität hier schnell an die Grenzen der sozialen Realität phänotypisch markierter Minderheiten stoße. Denn während die ethnische Zugehörigkeit für weiße Amerikaner, zumindest aus der Mittelschicht, etwas Flexibles, Symbolisches und Freiwilliges sei, handele es sich für Amerikaner anderer Hautfarben oftmals um eine sie fixierende Zuschreibung.[18]

Für die amerikanische Gesellschaft gehören diese Fragen ins Zentrum gesellschaftspolitischer Auseinandersetzungen über Gleichberechtigung und Diskriminierung. Laut Waters wäre es wünschenswert, wenn symbolische Ethnizität in der Zukunft für alle Amerikaner zu einer verfügbaren Ressource würde. Eine leichtfertige Übertragung der Erfahrungen weißer auf andere ethnische Gruppen in den USA, etwa auf *Native Americans* und Afroamerikaner, kommt nicht in Betracht, da ethnische Identität hier oft mit gesellschaftlicher Benachteiligung, Diskriminierung und Rassismus aufgrund physischer Merkmale einhergeht. Hierbei wird deutlich, daß Menschen, wie Walzer (1998) formuliert, in »unfreiwillige Gemeinschaften« – *involuntary associations* – hineingeboren werden. Sie müssen sich zu dieser »unfreiwilligen« Zugehörigkeit verhalten: ob sie unter ihr leiden, sie zurückweisen, sich ihr gegenüber loyal geben oder sie sich zu eigen machen. In jedem Fall spielt die kulturelle und/oder ethnische »Mitgliedschaft«, die oftmals eben nicht optional ist, eine zentrale Rolle für die Herausbildung des Selbstverständnisses und der Selbstachtung von Menschen. Hierzu gehören auch die spezifische Gruppengeschichte und die sich daraus bestimmenden historischen Bezugsgruppen. Auch für den deutschen Einwanderungskontext stellen, wie ich im folgenden erörtern und in meinen Fallrekonstruktionen zeigen werde, sowohl »symbolische Ethnizität«[19] und Zuord-

18 Vgl. Waters 1990, S. 215 ff.
19 Waters 1990.

nungsoptionen als auch »unfreiwillige Gemeinschaften«[20] Orientierungsbegriffe in der Analyse der Formierung historischer Identitäten dar.

Schnittpunkte historischer und ethnischer Identität

Der in den vorangegangenen Ausführungen angeklungene Zusammenhang von historischer, kultureller und ethnischer Identität soll weiter vertieft werden. Der Historiker Klaus Bergmann nähert sich der historischen Identität sozialisationstheoretisch[21] und unterstreicht dabei die Bedeutung von symbolischer Interaktion:

»Subjekte werden in das historische Selbstverständnis ihrer Bezugspersonen und Bezugsgruppen hineingeboren. Es ist ihnen vorgegeben. Die Rezeption dieser historischen Identität vollzieht sich während des gesamten Sozialisationsprozesses in symbolischen Interaktionen über sozialspezifische Sprache und die in ihr gespeicherten historischen Erfahrungen und Deutungsmuster – die als bereits interpretierte Erfahrungen und Deutungsmuster nicht unbedingt realitätsangemessen sind. Der [...] gesamte Sozialisationsprozeß ist derart ein je und je sozialspezifischer Einfädelungsprozeß in eine randvoll mit Geschichte angefüllte Gesellschaft. In dieser Gesellschaft ist die bisherige Geschichte auf vielfältige Weise materiell und ideell, real und als utopischer Entwurf versammelt – eine Welt von historisch erarbeiteten Möglichkeiten und Bedürfnissen. Im Sozialisationsprozeß werden die Individuen so in diese in sich zerrissene, an historischen Erarbeitungen und Möglichkeiten in ungleicher Weise teilhabende Gesellschaft eingefädelt, daß die historische Umwelt ihnen ausschnitthaft und in einer bereits vorinterpretierten, gebrochenen Form zur Inwelt wird. Der zeitliche Standort im historischen Prozeß und die soziale Herkunft und Existenz bedingen wesentlich, welchen Anteil das Individuum an den geschichtlich erarbeiteten und erreichten Möglichkeiten hat, was es rezipiert und welche Identität unter Einschluß einer historischen Identität es für sich ausbildet.«[22]

---

20 Walzer 1998.

21 Vgl. hierzu auch die Ausführungen in Bergmann 2000, S. 94 ff.

22 Bergmann 1979, S. 50.

Mit der Feststellung, daß Menschen ihr historisches Selbstverständnis quasi in die Wiege gelegt sei, wird eine unüberwindbare Abstammungs- oder Herkunftsbezogenheit von Geschichtsbewußtsein behauptet; zumindest aber wird ein im »sozialspezifischen Einfädelungsprozeß«[23] vorgegebenes Repertoire an historischen Erfahrungen und Deutungsmustern, innerhalb dessen der einzelne sich eine Orientierung erarbeiten muß, vorausgesetzt. Das geschichtliche Selbstverständnis des Menschen wäre damit auf das engste mit seiner ethnischen Identität verknüpft.[24] In seiner Bestandsaufnahme empirischer Untersuchungen zum Geschichtsbewußtsein hebt Pandel in diesem Zusammenhang hervor, daß Geschichtsbewußtsein immer von der eigenen Gruppe her entworfen werde.[25] Auch von Borries bestätigt in seinen kulturvergleichenden Forschungen zum Geschichtsbewußtsein, daß Geschichte nur perspektivisch und damit kulturspezifisch wahrgenommen werden könne.[26] Pandel rekurriert in seinen Ausführungen auf den Identitätsbegriff.[27] Identität entspreche besonders im Zusammenhang mit Geschichtsbewußtsein der Fähigkeit, zu verschiedenen Gruppen »wir« sagen zu können. Dieses »Wir« impliziere zugleich die Abgrenzung von anderen, von einem »Ihr«. Wenn man die Konstruktion von »Wir«- und »Ihr«-Gruppen aus zeitlicher Perspektive betrachte, zeige sich, daß in der Regel auf vergangene Hand-

23 Ebenda.

24 Der Ethnopsychoanalytiker Mario Erdheim macht in seinem Aufsatz *Ethnische Identität in der multikulturellen Gesellschaft* auf ebendiese Verbindung aufmerksam, wenn er schreibt: »Erst die Zugehörigkeit zu einer bestimmten, mindestens aus drei Generationen bestehenden Gruppe mit einer gemeinsamen Kultur vermittelt [...] dem Individuum die Überzeugung und das Gefühl, Teil einer Geschichte zu sein, die sowohl in die Vergangenheit als auch in die Zukunft reicht. Dieses konkret erfahrene Geschichtsbewußtsein ist für das Individuum eines der wichtigsten Mittel, um sich gegen Manipulationen zu sichern, also gegen Versuche, es dazu zu bringen, unbewußt gegen seine eigenen Interessen zu handeln.« (Erdheim 1989, S. 101–102)

25 Pandel 1991, S. 13.

26 v. Borries 2000, S. 119 f.

27 Vgl. hierzu die Ausführungen im Kapitel »Dimensionen historischer Identität«.

lungen der Bezugsgruppe verwiesen werde, die das bevorzugte Identifikationsobjekt darstelle.[28] Die Auswahl historischer Bezugsgruppen als Identifikationsobjekte geschieht nicht ausschließlich auf der Grundlage des Wissens über die eigenen national- und sozialgeschichtlichen Vorfahren. Pandel unterstreicht, daß wir uns die Ahnen, auf die wir uns als historische Bezugsgruppe beziehen wollen, auch aussuchen, sie gewissermaßen adoptieren können. Allerdings unterliegt dieses »Ahnen-Adoptivverfahren« gewissen sozialisationsbedingten Einschränkungen. Die Auswahl muß nämlich im Kontext unserer tatsächlichen sozialen Zugehörigkeiten, etwa Nation, Sprachgemeinschaft, Kultur, Religion, Schicht und dergleichen getroffen werden.[29] Auch Pandel greift also die Herkunftsgebundenheit des Geschichtsbewußtseins auf, spricht allerdings nicht von einer Herkunftsdeterminiertheit, sondern eröffnet die Perspektive auf eine gewisse Wählbarkeit der Vorfahren; hierbei zeigen sich Parallelen zwischen Waters' *ethnic options* und den historischen Bezugsgruppen, mit denen eine Identifikation – quasi als *historical option* — angestrebt wird. Damit stärkt er die Position des Subjektes, welches die Option erhält, sich zu gegebenen oder »bewußt gewählten« Vorfahren in Beziehung zu setzen. Die jeweils hergestellte Beziehungsqualität zu einer historischen Bezugsgruppe kann Aufschluß über die gesellschaftliche Selbstpositionierung, die Zugehörigkeitswünsche und damit auch über das Geschichtsbewußtsein einer Person geben.

Zusammenfassend kann man sagen, daß sich das Verhältnis von historischer und ethnischer Identität als reziproke Konstruktion darstellt. Einerseits ist Geschichte respektive ein spezifischer historischer Bezug – eine Geschichtskonstruktion – zentrales Merkmal der Formbestimmung von Ethnizität. Das heißt, ethnische Identität ist immer auch historisch konnotiert. Andererseits wird das historische Material, der »Rohstoff Geschichte«, in Ethnisierungsprozessen ver- und bearbeitet und in eine bestimmte Form gebracht. Das bedeutet, daß historische Identität und der in ihr zum Ausdruck kommende Geschichtsbezug immer auch ein Produkt von Ethnisierungsprozessen sind. Die verbindenden Fragen sind die nach der Herkunft und dem

---

28 Vgl. Pandel 1991, S. 13 ff.
29 Ebenda.

Erbe sowohl von Individuen als auch von Gruppen. Sie werden, wie sich gezeigt hat, in der Regel aus einem Gegenwartsinteresse heraus und zumeist auch im Hinblick auf eine Zukunftserwartung gestellt. Dieses Gegenwartsinteresse in der Konstitution von historischer und ethnischer Identität ist für meine Untersuchung von Geschichtsbezügen in der deutschen Einwanderungsgesellschaft von außerordentlicher Bedeutung, da hier die Dimension der »Positionierung« (Hall) der befragten Jugendlichen in den Mittelpunkt der Interpretation rückt. Aufgeworfen wird dann nämlich die Frage, wie wählbar ethnische und historische Identitäten sind? Für die Rezeption von Geschichte im Migrationskontext lassen sich hieraus theoretisch mindestens drei Hypothesen über mögliche Formen der Geschichtsaneignung ableiten: (1) Es wird eine Perspektive entwickelt, die auf einer kulturspezifischen, auf das Herkunftsland bezogenen Wahrnehmung der Geschichte basiert. (2) Es werden aufgrund der Teilhabe an einer politisch-historischen Sozialisation in Deutschland Elemente deutscher Vergangenheits- und Erinnerungsdiskurse übernommen. (3) Es kommt zu einer Verschmelzung kulturspezifisch konturierter Geschichtsbilder. Dabei entsteht ein »synkretistisches« oder »hybrides« Geschichtsbewußtsein, welches aus unterschiedlichen kollektiven und biographischen Ressourcen schöpft. Ob sich diese Hypothesen in Auseinandersetzung mit dem empirischen Material bestätigen, ob sie sich als falsch erweisen oder ob sie weiter ausdifferenziert werden müssen, wird sich anhand der Fallanalysen zeigen, in denen die ethnischen und historischen Optionen von Jugendlichen aus Einwandererfamilien untersucht werden.

Erinnerung und kollektives Gedächtnis: Untersuchungsrelevante Aspekte der Gedächtnis- und Erinnerungstheorie

In seinem Grundlagenwerk »La mémoire collective« beschreibt der französische Soziologe Maurice Halbwachs das Phänomen des kollektiven Gedächtnisses, bezogen auf nationale Gruppen, wie folgt:

»Im Laufe meines Lebens ist die nationale Gruppe, der ich angehöre, der Schauplatz einer bestimmten Anzahl von Ereignissen gewesen, von denen ich behaupte, daß ich mich an sie erinnere, die ich jedoch nur aus den Zeitungen kenne oder durch die Zeugnisse jener, die unmittelbar in sie verwickelt gewesen sind. Sie nehmen im Gedächtnis der Nation einen bestimmten Raum ein. Aber ich habe ihnen nicht selbst beigewohnt. Wenn ich sie wieder aufleben lasse, bin ich genötigt, mich völlig auf das Gedächtnis der anderen zu verlassen, das hier nicht das meine ergänzt oder verstärkt, sondern das die alleinige Quelle dessen ist, was ich mir von ihnen vergegenwärtigen will. Ich kenne sie oft weder besser noch anders als jene frühen Ereignisse, die vor meiner Geburt stattgefunden haben. Ich trage einen Bestandteil historischer Erinnerungen in mir, den ich durch Unterhaltungen oder durch Lektüre bereichern kann. Dies jedoch ist ein entliehenes Gedächtnis und nicht das meine.« [1]

Halbwachs markiert hier das Zusammentreffen zweier für das Erinnern unentbehrlicher Faktoren: Er spricht einerseits vom *entliehenen Gedächtnis*, auf welches sich das Individuum, das nicht selbsterlebte Vergangenheit erinnert, gezwungenermaßen verlassen muß. Andererseits läßt er keinen Zweifel daran, daß das Individuum eine Auswahl an Vergangenheitsszenarien trifft, die es vergegenwärtigen will. Erinnerung hat damit auch eine intentionale Dimension. Sie konstituiert sich zum einen aus einem Archiv an gesellschaftlich genormten und im kollektiven Gedächtnis abgespeicherten und tradierten Vergangenheitsdeutungen; zum anderen basiert sie auf der jeweils spezifischen Komposition dieses Vergangenheitsrepertoires durch das Individuum. Wenn ich in der vorliegenden Studie von *Geschichtsbezügen*

1 Halbwachs 1991 [1925], S. 35.

spreche, ist dieser Begriff angereichert mit Befunden aus der Geschichtsbewußtseinsforschung, wie ich sie in den beiden Eingangskapiteln dargelegt habe. Darüber hinaus sind aber, wie ich in diesem Kapitel ausführen werde, Anleihen aus der Gedächtnis- und Erinnerungstheorie unverzichtbar, um die Formierungsdynamik von Geschichtsbezügen zu erklären. Schließlich greifen Jugendliche, wenn sie über ihre persönlichen Erfahrungen und Berührungen mit der Geschichte des Nationalsozialismus und des Holocaust sprechen, Erinnerungen und Bilder aus dem Archiv gesellschaftlicher Tradierungen über diese Vergangenheit auf, schöpfen also im Sinne von Halbwachs aus der Quelle eines »entliehenen Gedächtnisses«. Im folgenden sollen deshalb Konstitutionsbedingungen, Eigenschaften und Beschaffenheit dieser gesellschaftlich verfügbaren Vergangenheitsdeutungen gedächtnis- und erinnerungstheoretisch erschlossen werden. Zunächst werden die wesentlichen Merkmale kollektiver Erinnerung zusammengefaßt und für den Untersuchungsgegenstand erklärt. Hierzu gehört auch die Erkundung des Verhältnisses von individueller und kollektiver Erinnerung. Dann werden das kommunikative und das kulturelle Gedächtnis gegenübergestellt und im Hinblick auf ihren erkenntnistheoretischen Beitrag zur Konzeptualisierung der Aneignung kollektiver Gedächtnisse untersucht. Aufgrund der Fragestellung der Studie steht die Bedeutung von Erinnerung für die Zugehörigkeit zu verschiedenen Bezugsgruppen im Mittelpunkt der Ausführungen. Wenn sich Gruppen – und das soll hier gezeigt werden – über die Erinnerung an eine bestimmte Vergangenheit konstituieren, dann schwingen immer auch Dimensionen des Ein- und Ausschlusses durch Teilhabe oder Nichtteilhabe am kollektiven Gedächtnis mit. Ferner diskutiere ich in einem sozialisationstheoretischen Kontext auch die Frage nach der Vergemeinschaftung durch Erinnerung. Es soll herausgearbeitet werden, inwiefern Erinnerung Einfluß auf die Zugehörigkeitskonstruktionen von Individuen nimmt und damit identitätsstiftende Wirkung entfaltet.

Gedächtniskonzepte: Formen kollektiver Erinnerung

In »Das kulturelle Gedächtnis. Schrift, Erinnerung und Identität in frühen Hochkulturen« (1999) geht der Ägyptologe Jan Assmann der Frage nach, welche Rolle Erinnerung bei der Herausbildung kultureller Identitäten spielt. Dabei untersucht er am Beispiel dreier Mittelmeerkulturen des Altertums Formen kultureller Erinnerung. Obgleich die vorliegende Untersuchung einen gänzlich anderen historischen Ausgangs- und thematischen Schwerpunkt hat, sind die von Assmann erschlossenen Begriffskategorien aus der Erinnerungs- und Gedächtnistheorie hilfreich. Assmann beschäftigt sich in Anlehnung an Halbwachs mit der sozialen Konstruiertheit der Vergangenheit sowie mit den damit einhergehenden Gedächtnisphänomenen. Ich möchte eingangs einige der zentralen Überlegungen aus Halbwachs' Gedächtnistheorie skizzieren, um anschließend auf Assmanns Differenzierung der Formen des kollektiven Gedächtnisses und seine Untergliederung in ein kommunikatives und ein kulturelles Gedächtnis einzugehen. Der für meine Arbeit zentrale Begriff des Geschichtsbezuges gewinnt dabei schärfere Konturen.

Halbwachs geht von der Existenz eines Gruppengedächtnisses, also eines kollektiven Gedächtnisses, aus. Seine Arbeiten charakterisieren dieses als soziales Phänomen, mithin grundsätzlich als konstruiert. Das individuelle Gedächtnis kann nach Halbwachs ohne das kollektive Gedächtnis nicht existieren. Somit ist Erinnerung für ihn immer auch kollektive Erinnerung. Aufgrund der Wechselseitigkeit spricht der Historiker Frank R. Ankersmit von der durch Halbwachs begründeten »Theorie der Vergemeinschaftung der Erinnerung«,[2] die es dem Individuum ermögliche, sich an die historische Vergangenheit der Gesellschaft, von der es ein Teil ist, zu erinnern. Dieses Erinnern geschehe unabhängig von der Überlappung von historischem Ereignis und wirklichem individuellem Erleben. Ankersmit hebt hervor, daß Halbwachs' Theorie der Erinnerung die Grenzen zwischen individueller und kollektiver Vergangenheit durchlässig gemacht habe. Damit stützt Ankersmit das Argument, daß man auch etwas erinnern

2 Vgl. Halbwachs 1985 und 1991; Ankersmit 1996, S. 212.

kann, was dem eigenen biologischen Leben vorausgeht.[3] Sichergestellt wird dies durch sogenannte soziale Bezugsrahmen[4] des Gedächtnisses, die Organisationsprinzipien, innerhalb deren sich individuelles Erinnern bewegt. Das individuelle Erinnern kann nicht aus den Bezugsrahmen fallen. Halbwachs unterstreicht, daß es »außerhalb derjenigen Bezugsrahmen, deren sich die in der Gesellschaft lebenden Menschen bedienen, um ihre Erinnerungen zu fixieren und wiederzufinden«,[5] kein Gedächtnis gebe. Das kollektive Gedächtnis, markiert durch soziale Bezugsrahmen, stellt quasi die Matrix für das individuelle Gedächtnis dar. Letzteres bildet sich in Abhängigkeit von der Kommunikation mit anderen und der Zugehörigkeit zu sozialen Geflechten. Assmann stellt fest, daß der einzelne ohne solche Zugehörigkeit nicht in der Lage sei, seine inneren Bilder zu Erinnerungen zu formen. Er bezeichnet deshalb das Gedächtnis als einen »sozialen Ordnungsparameter, verstanden als ein Gebilde aus raum-zeitlichen Ordnungsrastern (oder Bezugsrahmen), die dem Individuum ermöglichen, inkohärente Erinnerungen zu ordnen und auf diese Weise mit Struktur und Kohärenz zu versehen«.[6] Der Prozeß des Sicherinnerns ist demnach ein ordnender Vorgang. Das Erinnern dient der Selbststrukturierung des Individuums.

Rekonstruktivität

Vergangenheit wird im Gedächtnis nicht als objektive Gegebenheit bewahrt. Es werden nur solche Aspekte einer Vergangenheit mit Bedeutung ausgestattet und perpetuiert, die eine Gesellschaft mit

---

3 Vgl. Ankersmit 1996, S. 212.

4 Assmann definiert diese Bezugsrahmen, die Halbwachs als *cadres sociaux* eingeführt hat, in Analogie zu der von Erving Goffman entwickelten Rahmenanalyse, in der es darum geht, sozial vorgeprägte Strukturen bzw. auch die Organisation von Alltagserfahrungen zu untersuchen (Goffman 1977). Assmann begreift Halbwachs' Theorie des Erinnerns von Alltagserfahrungen als Rahmenanalyse des Erinnerns. Danach sind Bezugsrahmen sozial vorgeprägte Strukturen und Organisationsprinzipien von Erinnerung (vgl. Assmann, J. 1999, S. 36).

5 Halbwachs 1985, S. 121.

6 Assmann, J. 1995, S. 59.

ihren jeweiligen sozialen Bezugsrahmen rekonstruieren kann oder will. Auf diese Weise wird die Vergangenheit durch die sich in der Zeit wandelnden Bezugsrahmen reorganisiert und transformiert. Das kollektive Gedächtnis ist auf Aushandlung und Bestätigung in sozialen Interaktionen angewiesen, durch die es erst hergestellt werden muß. Dabei wird die Vergangenheit rekonstruiert.[7] Der Politologe Peter Reichel hebt deshalb den stark gegenwartsbezogenen und utilitaristischen Charakter historischer Bezüge hervor, wenn er schreibt, daß Erinnern als »aktuelle Sinnproduktion im Zusammenhang jetzt wahrgenommener oder empfundener Handlungsnotwendigkeiten«[8] definiert werden müsse. Die Literaturwissenschaftlerin Aleida Assmann spitzt diese Beobachtung folgendermaßen zu:

»Das Gedächtnis operiert nicht in einem wertfreien Raum. Das Gedächtnis steht unter dem Druck von Absichten, Zielen, Wünschen und gelegentlich auch Pflichten. Gedächtnis heißt in der Regel nichts anderes als die Angewiesenheit der Gegenwart auf eine bestimmte Vergangenheit als Orientierungshilfe für die Zukunft.«[9]

Erst durch die Rekonstruktion ihrer Bedeutung in bezug auf die Gegenwart gewinnt die Vergangenheit Form und Gewicht. Das heißt auch, daß gegenwärtige Handlungen, Maßstäbe und Bewertungen in die Geschichte hineingetragen werden, und zwar häufig mit solcher Intensität, daß sie historische Eigentümlichkeiten überlagern. Reichel führt aus:

»Vergangenheit entsteht erst dadurch, daß sie erzählt, aufgeschrieben und dargestellt wird, ob in Denkmälern, Gedenktagen, Büchern oder wissenschaftlichen Arbeiten. Maßgeblich sind also die Motive und Modalitäten der Konstruktion. Durch sie werden Ereignisse und Personen als bedeutsam ausgewählt und ausgezeichnet, gewinnt Vergangenheit ihre jeweilige, gegenwartsbezogene Relevanz. Und insofern, als daß das sich erinnernde Individuum bzw. Gemeinwesen ›gegenwärtig(e) Vergangenheit‹ konstruiert, und dabei nach seiner Herkunft fragt und nach seinem Erbe, hat die Vergegenwärtigung des Vergangenen immer auch zugleich auf die Erzeugung, Bewah-

---

7 Vgl. ebenda, S. 59 ff.

8 Reichel 1995, S. 19.

9 Assmann, A. 1999, S. 72.

rung oder Veränderung individueller wie kollektiver Identität erheblichen Einfluß.«[10]

Für den Untersuchungsgegenstand der vorliegenden Arbeit ließe sich im Anschluß an Reichels Rekonstruktionsmodell hypothetisch formulieren: Wenn Jugendliche ihre Bezugspunkte zum Nationalsozialismus in episodischen Erzählungen offenlegen, greifen sie einerseits gesellschaftlich verfügbare Erinnerungen und Vergangenheitsdeutungen auf, andererseits sind sie durch Auswahl und Präsentation vergangener Ereignisse und Personen auch an der Rekonstruktion ebendieser Vergangenheit beteiligt. Dieser Prozeß der Rekonstruktion orientiert sich nach Halbwachs an der Bedeutung oder auch der Funktion, die eine Vergangenheit für die jeweilige Gegenwart einer Gruppe, eines Kollektivs, einer Gesellschaft hat. Ferner muß das kollektive Gedächtnis auch gepflegt werden:

»Das kollektive Gedächtnis [...] ist eine kontinuierliche Denkströmung – von einer Kontinuität, die nichts künstliches hat, da sie von der Vergangenheit nur das behält, was von ihr noch lebendig und fähig ist, im Bewußtsein der Gruppe, die es unterhält, fortzuleben.«[11]

Dieser Aspekt scheint mir im Hinblick auf die Untersuchung von Geschichtskonstruktionen in der Einwanderungsgesellschaft zentral. Schließlich ist zu fragen, inwiefern sich Migrantenjugendliche als Teil einer oder auch der Gruppe begreifen, die das kollektive Gedächtnis an den Nationalsozialismus zu unterhalten gewillt ist. Kann eine Vergangenheit für Menschen relevant werden, auch wenn sie nicht im Bewußtsein der »eigenen Gruppe« verortet ist? Kann man sich das kollektive Gedächtnis »anderer Gruppen« zu eigen machen? Wenn ja, wie geht ein solcher Aneignungsprozeß vor sich? Und an welche Bedingungen ist er geknüpft? Diesen Fragen möchte ich empirisch nachgehen.

---

10 Reichel 1995, S. 19.
11 Halbwachs 1991 [1925], S. 6.

Gedächtnis und Sozialisation

Gedächtnisbildung ist eng mit dem Prozeß der Sozialisation verbunden. Die Herausbildung des Gedächtnisses ist eingelassen in die jeweiligen gesellschaftlichen Bezugsrahmen von Erinnerung, die von den Sozialisanden auch verinnerlicht werden. Das individuelle Gedächtnis ist damit ein einzigartiger Ort der Verbindung und Überschneidung von Kollektivgedächtnissen. Das Individuum als Gedächtnis- und Erinnerungsträger unterliegt den Einschränkungen durch die Bezugsrahmen, innerhalb deren sich seine Erinnerungen bilden.[12] Assmann weist darauf hin, daß auch persönliche Erinnerung nur durch Kommunikation und Interaktion in sozialen Gruppen entstehen kann. Was Individuen erinnern, muß von anderen als bedeutsam bestätigt und zurückgespiegelt werden.[13] Unser Erleben orientiert und formt sich mit der Sicht auf signifikante Andere, die auch für bestimmte (normative) Erwartungshaltungen stehen und unseren Erinnerungen Bedeutsamkeit zuschreiben. Es liegt auf der Hand, daß der Geschichte des Nationalsozialismus und des Holocaust durch die deutsche Mehrheitsgesellschaft große Bedeutung für die kollektive und individuelle Identität zugeschrieben wird.[14] Das dokumentieren nicht zuletzt die anhaltenden konfliktreichen und emotional aufgeladenen öffentlichen Debatten über den Nationalsozialismus und seine Nachwirkungen. Welche Rolle diese eruptiven Momente des kollektiven Gedächtnisses in Deutschland für junge Migranten spielen, die sich mit dieser Geschichte auseinandersetzen, ob und wie sie auf die Signifikanz der NS-Geschichte und des Holocaust in der deutschen Gesellschaft reagieren, wird Gegenstand der Analyse des empirischen Materials sein. Den Hintergrund bildet die Annahme, daß die deutsche Mehrheitsgesellschaft und ihre Repräsentanten für junge Migranten zu signifikanten Anderen werden und auf diese Weise die Aneignung der NS-Geschichte beeinflussen.

---

12 Vgl. Assmann, J. 1999, S. 36.

13 Ebenda.

14 Vgl. Assmann, A./Frevert 1999.

Vergangenheit zwischen Erinnern und Vergessen

Halbwachs' Theorie des Erinnerns ist zugleich auch eine Theorie des Vergessens. Assmann folgert daraus, daß ein Mensch – ebenso eine Gesellschaft – nur das zu erinnern im Stande ist, was als Vergangenheit innerhalb der Bezugsrahmen einer jeweiligen Gegenwart rekonstruierbar ist. Vergessen wird das, was in einer solchen Gegenwart keinen Bezugsrahmen mehr hat. Mit anderen Worten: »Das individuelle Gedächtnis baut sich in einer bestimmten Person kraft ihrer Teilnahme an kommunikativen Prozessen«[15] auf. Mit Blick auf Einwanderungsgesellschaften läßt sich fragen, ob die Bezugsrahmen der jeweiligen Herkunftsgesellschaft(en) in der Aufnahmegesellschaft aufrechterhalten, transformiert oder neu erstellt werden. Können die ethnischen Gemeinschaften als Vermittler dieser Bezugsrahmen auftreten? Oder muß sich das kollektive Gedächtnis, an dem die Individuen der Gruppe im Herkunftsland teilhatten, zwangsläufig verflüchtigen, wenn der für den Erhalt notwendige soziale Bezugsrahmen wegfällt? Und schließlich: Wie »eng« müssen die sozialen Bezugsrahmen sein, um ein Gruppengedächtnis zu erhalten? In Hinblick auf die Vergangenheitsbezüge[16] lassen sich drei Hypothesen formulieren: Erstens könnte das Wegfallen des sozialen Bezugsrahmens bedeuten, daß es zu einer gewissen »Geschichtslosigkeit« kommt. Zweitens könnte man mutmaßen, daß die eingewanderten Gruppen durch Teilhabe am kollektiven Gedächtnis der Aufnahmegesellschaft auch teilhaben an der Konstruktion und Transformation dieses Gedächtnisses. Betrachtet man das individuelle Gedächtnis als Schnittstelle unterschiedlicher kollektiver Gedächtnisse, gibt es eine dritte

---

15 Assmann, J. 1999, S. 36.

16 Assmann nimmt an, daß Erinnerungskultur maßgeblich auf Formen der Bezugnahme auf Vergangenheit – Vergangenheitsbezüge – beruht. Zugespitzt formuliert er die These, daß Vergangenheit überhaupt erst dadurch entstehe, daß man auf sie Bezug nimmt. Um sich auf Vergangenheit beziehen zu können, muß diese zunächst als solche ins Bewußtsein rücken. Hierfür bedarf es nach Assmann zweier Voraussetzungen: Die Vergangenheit darf nicht völlig verschwunden sein, es muß noch Zeugnisse geben, und diese Zeugnisse müssen eine charakteristische Differenz zur Gegenwart aufweisen (vgl. Assmann, J. 1999, S. 31).

Option: durch die Veränderung des Bezugsrahmens im Migrationskontext – aber auch im Kontext von Einwanderungsgesellschaften ganz allgemein – könnten Elemente der kollektiven Gedächtnisse verschiedener Gruppen »neu« kombiniert werden. Dann entstünde ein neues kollektives Gedächtnis beziehungsweise neue kollektive Gedächtnisse.[17]

Das kulturelle und das kommunikative Gedächtnis

Im folgenden sollen die Begriffe des Gedächtnisses entlang der von Jan Assmann getroffenen Unterscheidung von kulturellem und kommunikativem Gedächtnis für den Forschungszusammenhang dieser Arbeit fruchtbar gemacht werden. Assmann unterscheidet zwei Gedächtnistypen: ein kulturelles Gedächtnis, welches vor allem durch seine kodifizierten Erinnerungsinhalte gekennzeichnet ist, und ein kommunikatives, gruppenbezogenes Gedächtnis, dessen Erhalt von seinen Trägern und kommunikativen Prozessen abhängig ist.

Das kulturelle Gedächtnis[18] richtet sich nach Assmann auf Fixpunkte in der entfernten Vergangenheit, die mit Erbe und Tradition

---

17 Die US-amerikanische Gesellschaft wäre hier Beispiel für ein klassisches Einwanderungsland, in dessen kollektives Gedächtnis sich im Zuge der Emanzipationsbewegungen (etwa der Bürgerrechtsbewegung) ethnische Minderheiten haben einschreiben können. Auf diese Weise wurden die kollektiven Gedächtnisse unterschiedlicher Gruppen (etwa die African-Americans, die Mexican-Americans, die Asian-Americans, die Native Americans etc.) in das kollektive Gedächtnis der USA integriert. Dies zeigt sich zum Beispiel an der sogenannten Kanondiskussion in den Bildungsinstitutionen der USA. Diese kommt einer fortlaufenden Verhandlung ethnischer, kultureller und historischer Traditionen gleich.

18 Es sei an dieser Stelle angemerkt, daß es für Halbwachs kein »kulturelles Gedächtnis« im Sinne Assmanns gibt. Halbwachs verweigert sich einer möglichen Normativität kollektiver Erinnerung. Normativität als Ausdruck struktureller Gewalt paßt nicht in Halbwachs' Konzeption eines auf Affektivität aufbauenden kollektiven Gedächtnisses. Nach Halbwachs sind es die affektiven Bindungen und Zugehörigkeitsgefühle, die Kultur durch gemeinsame Erinnerung zusammenhalten. Für Halbwachs sind es die Gefühle, die Erinnerungen konturieren, nicht normative Vorgaben (vgl. hierzu Assmann, J. 1995, S. 60).

zu tun haben. Deshalb erstarrt Vergangenheit zu symbolischen Figuren, um die herum sich Erinnerung bildet. Diese symbolischen Figuren nennt er Erinnerungsfiguren. Assmann führt Vätergeschichten, Exodus, Wüstenwanderung, Landnahme und Exil als Beispiele für solche Erinnerungsfiguren an.[19] Er weist auch darauf hin, daß der Unterschied zwischen Mythos und Geschichte sich aufhebe, weil für das kulturelle Gedächtnis nur die erinnerte Geschichte zähle, nicht die faktische. Im kulturellen Gedächtnis wird nach Assmann faktische Geschichte in erinnerte transformiert. Inhalt des kulturellen Gedächtnisses sind Ereignisse einer absoluten Vergangenheit oder einer mythischen Urgeschichte. Das kulturelle Gedächtnis muß zudem erst gestiftet werden. Dies geschieht dadurch, daß es sich an Objektivationen heftet und einen hohen Grad der Formalisierung annimmt (etwa im Zeremoniell oder Fest). Es ist aufgeladen mit traditioneller und symbolischer Kodierung und hat Inszenierungscharakter (Wort, Bild und Tanz). Die Träger des kulturellen Gedächtnisses sind spezialisiert.[20]

Das kommunikative Gedächtnis umfaßt im Gegensatz dazu Erinnerungen, die sich auf eine Vergangenheit, die nicht mehr als 80 bis 100 Jahre zurückliegt und sich in einen Zeithorizont von drei bis vier Generationen fassen läßt. Es handelt sich um Erinnerungen, die Menschen beispielsweise mit ihren Zeitgenossen teilen (etwa das Generationengedächtnis); Erinnerungen, die auf persönlich verbürgten und kommunizierten Erfahrungen beruhen oder auch Geschichtserfahrungen im Rahmen individueller Biographien. Die Formen, in denen diese Erinnerung kommuniziert wird, sind eher informell und wenig formalisiert. Mit anderen Gedächtnisformen teilt das kommunikative Gedächtnis die Eigenschaft, daß es sich nicht selbst zu erhalten vermag. Es bedarf der Aushandlung und Herstellung durch zwischenmenschliche Interaktionen im Alltag. Zu den Medien des kommunikativen Gedächtnisses gehören: die lebendige Erinnerung, Erfahrungen und »Hörensagen«. Die Träger des kommunikativen Gedächtnisses sind unspezifisch. Sie können zum Beispiel Zeitzeugen einer Erinnerungsgemeinschaft sein.[21]

---

19 Vgl. Assmann, J. 1999, S. 52.
20 Ebenda, S. 56.
21 Vgl. ebenda, S. 50 ff.

Die beiden Gedächtnisformen mit ihren jeweils spezifischen Funktionen lassen sich auch in einem Entwicklungsverhältnis abbilden. Dabei geht es um die Transformation kommunikativer, gelebter und in Zeitzeugen verkörperter Erinnerung in kulturelle, institutionell geformte und gestützte Erinnerung, daß heißt in kulturelle »Mnemotechnik«.[22] Lutz Niethammer bringt dieses Entwicklungsverhältnis von kommunikativem und kulturellem Gedächtnis noch präziser auf den Punkt, wenn er das kommunikative Gedächtnis als soziales Kurzzeitgedächtnis und das kulturelle Gedächtnis als soziales Langzeitgedächtnis bezeichnet.[23] Erinnerungselemente aus dem sozialen Kurzzeitgedächtnis können in das soziale Langzeitgedächtnis übernommen werden.

Folgt man den von Assmann eingeführten Unterscheidungskriterien, wird deutlich, daß es bei den zu rekonstruierenden Geschichtsbezügen junger Migranten wohl primär um die Dimensionen der Teilhabe am kommunikativen Gedächtnis geht. Wenn Jugendliche von ihren persönlichen Erfahrungen und alltagsweltlichen Berührungspunkten mit dem Nationalsozialismus erzählen, können die von ihnen gewählten Situationen und Formen der Präsentation ebenso wie die von ihnen mit besonderer Bedeutung versehenen Inhalte Auskunft darüber geben, inwiefern sie teilhaben an den deutschen Alltagsdiskursen über die Geschichte des Nationalsozialismus und des Holocaust in den Familien, in den Medien, in der Schule und in der politischen und kulturellen Öffentlichkeit. Durch die Partizipation an der (Re-)Konstruktion des kommunikativen Gedächtnisses der Aufnahmegesellschaft können die Jugendlichen nicht nur in die deutsche Erinnerungsgemeinschaft verstrickt werden, sondern auch eigene Akzente setzen. Langfristig haben sie damit auch Anteil an der Konstruktion des kulturellen Gedächtnisses.

---

22 Vgl. Assmann, J. 1991, S. 343.

23 Vgl. Niethammer 1995, S. 25.

Erinnerung und Gruppenbezug: Erinnern, um dazuzugehören

Halbwachs hat auch den wichtigen Begriff der Erinnerungsbilder geprägt. Dahinter steht die Vorstellung, daß Ideen und Wahrheiten im Erinnerungsprozeß versinnlicht werden müssen, um Gegenstand des Gedächtnisses zu werden. Deshalb müsse sich eine Wahrheit, um sich in der Erinnerung einer Gruppe festsetzen zu können, in der konkreten Form eines Ereignisses, einer Person oder eines Ortes darstellen.[24] Historische Ereignisse wiederum müssen sich mit der »Sinnfülle einer bedeutsamen Wahrheit« anreichern, um im Gruppengedächtnis zu überleben. Entschwindet die Dimension der Sinngebung, so kann das Ereignis bis zur Unkenntlichkeit verstellt werden oder ganz aus dem Gruppengedächtnis herausfallen. Halbwachs formuliert dieses Phänomen folgendermaßen:

> »Jede Persönlichkeit und jedes historische Faktum wird schon bei seinem Eintritt in dieses Gedächtnis in eine Lehre, einen Begriff, ein Symbol transportiert; es erhält einen Sinn, es wird zu einem Element des Ideensystems der Gesellschaft.«[25]

Assmann benutzt für diese Transportfunktion des Gedächtnisses den Begriff der Erinnerungsfiguren. Darunter versteht er »kulturell geformte, gesellschaftlich verbindliche Erinnerungsbilder«,[26] die sich sowohl auf ikonische als auch auf narrative Formen beziehen. Die besonderen Merkmale der Erinnerungsfiguren beinhalten einen Raum-, Zeit- und Gruppenbezug sowie die Rekonstruktivität als eigenes Verfahren. Für die theoretische Einbetung des empirischen Materials ist besonders das Merkmal Gruppenbezug von zentraler Bedeutung.

Erinnerung, wie ich bereits ausgeführt habe, ist immer auch ein kommunikativer Prozeß von Vergemeinschaftung. In der Geschichtsschreibung, aber auch in den alltäglichen Geschichtskonstruktionen der Menschen werden über geschichtliches Erinnern Zugehörigkeiten

---

24 Siehe Halbwachs 1985 [1925], S. 157.

25 Ebenda, S. 389.

26 Assmann, J. 1999, S. 38.

formuliert, reproduziert und stabilisiert. Allerdings geht Assmann noch einen Schritt über die bloße Vermittlung von Zugehörigkeit hinaus, indem er den verpflichtenden und normativen Charakter von Erinnerung hervorhebt:

»Das sich erinnernde Selbst ist der Ort, in den die Gesellschaft sich einschreibt mit ihren Ansprüchen und Verpflichtungen. Diesem Selbst hat der zum Mitmenschen erzogene Mensch treu zu bleiben, und indem er sich treu bleibt, steht er zu seinen Pflichten und bleibt der Gruppe treu. Das Gedächtnis braucht, wer sich verpflichten muß, wer sich bindet. Erinnerung vermittelt Zugehörigkeit, man erinnert sich, um dazugehören zu können, und diese Erinnerung hat verpflichtenden Charakter. Wir können sie daher normative Erinnerung nennen. Die normative Erinnerung vermittelt dem Einzelnen Identität und Zugehörigkeit.«[27]

Im Rekurs auf eine gemeinsame Vergangenheit werden nicht nur Zugehörigkeiten formuliert, sondern auch Vorstellungen von den »anderen« entworfen, von denen man sich als Erinnerungsgemeinschaft abgrenzt.[28] Der Rückgriff auf geteilte oder nicht geteilte historische Erinnerung ist zugleich ein Moment des Ein- und Ausschlusses. Assmann führt weiter aus, daß das Kollektivgedächtnis von den Trägern seiner Gruppe nicht beliebig auf andere übertragbar sei. Ferner werde durch Teilhabe am Kollektivgedächtnis (Gruppen-)Zugehörigkeit bezeugt.[29] Die Individuen werden durch gemeinsame Erinnerung und Teilhabe am Kollektivgedächtnis vergemeinschaftet. Dabei sind die Raum- und Zeitdimensionen untrennbar verwoben mit den jeweiligen gruppenspezifischen Kommunikationsformen. Diese sind Teil eines affektiv und wertbesetzten Lebenszusammenhangs, in dem sie als Orte von Bedeutung, Orte des Schicksals oder Lebensgeschichten auftauchen, die für das Selbstverständnis einer Gruppe relevant sind.[30] Die soziale Gruppe, die sich als Erinnerungsgemeinschaft konstituiert, bewahrt ihre Vergangenheit vor allem unter den Gesichtspunkten der Eigenart und der Dauer auf. Bei dem Selbstbild, das sie von sich erstellt, wird die Differenz nach außen betont, die nach innen

---

27 Assmann, J. 1995, S. 52.

28 Vgl. hierzu Rüsen 1997b, S. 59.

29 Siehe Assmann, J. 1998, S. 39.

30 Ebenda.

dagegen heruntergespielt.[31] Assmanns Gedächtnistheorie unterstellt, daß die Vergangenheit gebraucht wird, weil sie Zusammengehörigkeit vermittelt. Menschen erinnern, um dazuzugehören. Die Gruppe vergewissere sich in der Rekonstruktion von Vergangenheit ihrer kollektiven Zugehörigkeit, so wie der einzelne sich mit seiner Erinnerung seiner Zugehörigkeit zur Gruppe versichere.[32] Gemeinsame Erinnerungen wirken quasi als sozialer Kitt.

Wie Reichel darlegt, bildet sich Erinnerung auf vielfältige Weise ab: in Form von institutioneller Verarbeitung (Schule, Politik, Museen, Gedenkstätten), kulturellen Objektivationen (Denkmäler, Kunstwerke) und öffentlichen Debatten.[33]

Für die bundesdeutsche Gegenwart gilt, was die Abbildung von Erinnerung angeht: Wer heute in Deutschland aufwächst, kommt nicht umhin, sich auf irgendeine Weise mit dem Volkermord an den europäischen Juden, den Sinti und Roma und anderen verfolgten Gruppen während des Nationalsozialismus auseinanderzusetzen. Nationalsozialismus und Holocaust sind fester Bestandteil des schulischen Curriculums. Es gibt dazu Vorgaben und Empfehlungen für Lehrer und Lehrerinnen dieser Geschichte.[34] In der Regel besuchen Schüler im Laufe ihrer Schulzeit zumindest einmal ein ehemaliges Konzentrationslager oder eine Gedenkstätte. Viele nehmen an Projekttagen zum Thema oder »Spuren suchen« in ihrem lokalen Umfeld teil. Darüber hinaus wetteifert die Medienwelt um Aufmerksamkeit mit Produktionen, in denen die NS-Geschichte populärwissenschaftlich dargestellt wird. Eine Vielzahl an historischen Dokumentationen, biographischen und literarischen Verfilmungen und medial aufbereiteten Zusammenschnitten historischer Ereignisse aus der Zeit des Nationalsozialismus werden im Fernsehen ausgestrahlt. Nimmt man alle genannten Aspekte zusammen, kann man tatsächlich von einer Gegenwärtigkeit der Geschichte in Deutschland sprechen.[35]

Auch in Deutschland lebende junge Migranten werden ganz un-

---

31 Siehe Assmann, J. 1999, S. 40.

32 Ebenda, S. 59 f.

33 Vgl. Reichel 1997, S. 363.

34 Siehe hierzu Ehmann 2000.

35 Vgl. hierzu Assmann, A./Frevert 1999, S. 21.

abhängig von ihren eigenen Ambitionen und historisch-politischen Affinitäten auf vielfältige Weise mit der Geschichte des Nationalsozialismus und des Holocaust konfrontiert. Die Erkundung, wie sie diese Begegnungen mit unterschiedlichen Ausdrucksformen des kommunikativen und kulturellen Gedächtnisses in Deutschland verarbeiten und auf ihr eigenes Selbstverständnis – etwa als »neue« oder potentielle deutsche Staatsbürger – beziehen, ist Bestandteil vorliegender Studie. Kann das Sichbeziehen auf die NS-Zeit – besonders für Migranten – als zugehörigkeitsvermittelnd oder identitätsstiftend angenommen werden, und wenn ja, wie und in welchem Maße? Bezogen auf das Verhältnis zwischen affektiver und normativer Zugehörigkeit stellen sich des weiteren die Fragen: Wer möchte schon freiwillig zum Kollektiv der Mitläufer, Zuschauer und Täter beziehungsweise deren Nachkommen gehören? Inwiefern kann das historische Referenzsystem, verstanden als Bezugsrahmen des Aufnahmelandes Deutschland, für Migranten identitätsstiftend wirken? Zumal wenn es sich, wie Améry (1980) formuliert, um die Aneignung eines »negativen Eigentums« handelt? Wäre es nicht vorstellbar, daß die jüngste deutsche Geschichte die staatsbürgerschaftliche Integration von in Deutschland lebenden Migranten erschwert? Andererseits ist natürlich zu fragen, wieviel an gemeinsamer historischer Identifikation notwendig ist, um eine Gesellschaft zusammenzuhalten. Kann man von Einwanderern überhaupt erwarten, daß sie das historische Erbe ihres Aufnahmelandes antreten? Die vorliegende Studie fragt schließlich, ob und auf welche Weise sich Migrantenjugendliche in Deutschland zu einer deutschen Erinnerungsgemeinschaft (an den Nationalsozialismus) bekennen. Dabei sind folgende Aspekte zu erörtern: Bekennen sich Migrantenjugendliche zur deutschen Erinnerungsgemeinschaft, um dazuzugehören, oder haben sie andere Beweggründe? Wenn sich Migrantenjugendliche für eine Abgrenzung von der deutschen Erinnerungsgemeinschaft entscheiden, laufen sie dann Gefahr, von der Aufnahmegesellschaft als nicht dazugehörend ausgegrenzt zu werden? Riskieren sie, wenn sie Teil der deutschen Erinnerungsgemeinschaft werden, den Ausschluß aus der oder den Erinnerungsgemeinschaft(en) des Herkunftslandes? Oder haben sie an verschiedenen Erinnerungsgemeinschaften gleichzeitig teil?

Generation und Gedächtnis

Im Prozeß der Tradierung von Geschichte ist das Verhältnis von Generation und Gedächtnis signifikant und soll deshalb kurz erläutert werden. In meiner Untersuchung gehe ich davon aus, daß in Deutschland aufgewachsene Jugendliche gleichen Alters auch einen ähnlichen Umgang, ähnliche Haltungen und Urteile bezogen auf den Nationalsozialismus entwickeln müßten. Mit einem solchen Generationsverständnis könnte man erklären, warum Jugendliche unterschiedlicher Herkunft in der Auseinandersetzung mit dem Nationalsozialismus gemeinsame Themen identifizieren. Auch ließe sich mit Hilfe dieses Ansatzes die Bedeutung der Generationszugehörigkeit als ein zentrales Moment bei der Herausbildung historischer Identität aufzeigen. Diese Hypothese möchte ich mit dem Generationsansatz, wie er durch den Wissenssoziologen Karl Mannheim entwickelt wurde, theoretisch unterfüttern. Mannheim geht davon aus, daß aus dem Generationswechsel ein nicht geradlinig verlaufender Prozeß der Aneignung von Geschichte hervorgeht. Durch die Notwendigkeit des steten Übertragens und Tradierens des ererbten Kulturguts im Generationswechsel vollziehe sich auch eine Transformation des historischen Erbes selbst.[36]

Mannheim differenziert seinen Generationsansatz mit den Begriffen »Generationszusammenhang« und »Generationseinheit«. Durch die Zugehörigkeit zu einer Generation, zu einem Geburtenjahrgang befindet man sich in einem gemeinsamen soziohistorischen Raum. Daraus ergibt sich ein Generationszusammenhang, den Mannheim als ein loses Miteinander von Individuen begreift, aus dem sich aber zunächst noch keine konkrete Gruppe formiert. Die Generationseinheit hingegen hat vergemeinschaftenden Charakter. Mannheim argumentiert, daß die Jugend, die an derselben historisch-aktuellen Problematik orientiert ist, in einem Generationszusammenhang lebe. Diejenigen Gruppen aber, die innerhalb dieses Generationszusammenhangs dieselben historischen Erlebnisse in jeweils verschiedener Weise verarbeiten, stellen Generationseinheiten dar.[37] Hierauf auf-

36 Vgl. Mannheim 1981, S. 510.
37 Ebenda.

bauend könnte man die These formulieren, daß die Migrantenjugendlichen zwar einen Generationszusammenhang mit den Jugendlichen deutscher Herkunft bilden, aufgrund ihres durch Migration bedingten Erfahrungszusammenhangs aber eine eigene Generationseinheit formen. Über ein solches theoretisches Modell ließen sich einerseits spezifische Differenzen bezogen auf die Aneignung der Geschichte erklären, andererseits würden auch die gemeinsamen beziehungsweise geteilten Geschichtsbezüge faßbar.

Migrantenjugendliche zwischen moralischem und ethischem Erinnern

Der israelische Philosoph Avishai Margalit, der sich in seinen Arbeiten eingehend mit dem Verhältnis von Gedächtnis, Individuum und Gesellschaft befaßt, unterscheidet zwischen einem moralischen und einem ethischen Gedächtnis, einer moralischen und einer ethischen Form der Erinnerung.[38] Margalits moralische Erinnerung ist die Pflicht, alle Menschen aufgrund ihrer Zugehörigkeit zum Menschengeschlecht zu erinnern. Diese humane Verpflichtung bildet das Fundament der moralischen Erinnerungsgemeinschaft, der alle Menschen unabhängig von ihrer ethnischen Herkunft angehören. Die ethische Erinnerung hingegen, so Margalit, ist eine ethnisch definierte. Sie bezieht sich auf Menschen, mit denen man sich aufgrund von Erfahrungen oder Eigenschaften in Vergangenheit und Gegenwart (Familienbiographie, Gruppenschicksal, ethnische Zugehörigkeit zu einer Gemeinschaft) in besonderer Weise verbunden fühlt.[39] Damit widerspricht Margalit zum Teil der an anderer Stelle aufgestellten Behauptung einer prinzipiellen herkunftsunabhängigen Erwerbbarkeit von historischer Erinnerung.[40] Für Margalit wächst die ethische Erinnerung an die Vergangenheit einer bestimmten historischen Bezugsgruppe aus den Bindungen zu ebendiesem ethnischen Kollektiv. Neben diesem partikularistischen Erinnerungsmodell eröffnet Mar-

38 Siehe hierzu Margalit 1999, S. 115.

39 Vgl. ebenda, S. 106–118.

40 Vgl. hierzu die Ausführungen im vorangegangenen Kapitel, S. 84 ff.

galit mit seinem Begriff der moralischen Erinnerung aber zugleich eine universelle Dimension der Erinnerung, die er als Verpflichtung des Menschen gegenüber dem Menschen sieht. An dieser Erinnerungsgemeinschaft können alle teilhaben.

Für das Erinnern an den Nationalsozialismus in einer deutschen Einwanderungsgesellschaft bedeutet Margalits Unterscheidung, daß sich mehrere Erinnerungsgemeinschaften etablieren: solche der von der NS-Geschichte unmittelbar beziehungsweise durch ethnische Herkunft Betroffenen (etwa die Nachkommen der Täter und Opfer) und solche von Menschen, die keinen persönlichen oder kollektivgeschichtlichen Anteil am Nationalsozialismus haben, die aber dennoch eine Verpflichtung als Mensch wahrnehmen, an die nationalsozialistischen Verbrechen gegen die Menschlichkeit und die Opfer zu erinnern. Folgende Fragen drängen sich hier auf: Kann man selbst bestimmen, zu welcher Gemeinschaft man gehören will, oder wird man in eine mit Erinnerung gefüllte Gemeinschaft samt ihrer »historischen Hypothek« hineingeboren?[41] Kann man sich aus solchen ethnischen, nationalen oder religiösen Gemeinschaften lösen und andere Zugehörigkeiten wählen?[42]

Margalit verwendet den Begriff der Lebensoption. Gemeint ist damit, daß etwa für Individuen, die katholisch erzogen wurden, der Katholizismus immer eine Lebensoption bleibe, wohingegen ein Leben nach den Geboten des Islam für jemanden, der aus einem katholischen Milieu stamme, weniger vorstellbar sei.[43] Mit dem Begriff der Lebensoption verweist Margalit auf Handlungsalternativen, die sich einem aufgrund bestimmter Zugehörigkeiten stellen oder auch nicht. Es sei jedoch ein Irrtum, so Margalit, anzunehmen, daß jede sich bietende Möglichkeit eines Menschen auch eine Lebensoption darstelle. Von einer solchen könne nur dann die Rede sein, wenn sie mit gruppenspezifischen Erinnerungen, Assoziationen und Wissen angereichert sei. Margalit fragt weiter, warum einige Alternativen Lebensoptionen und andere nur Gedankenspiele sind, und kommt zu dem Schluß, daß dies mit der Geschichte, in die wir hineingeboren

41 Vgl. Bergmann 1979 und 2000.
42 Vgl. Appiah 1996; Walzer 1998.
43 Siehe Margalit 1999, S. 116.

werden, zusammenhänge. Zwar komme es vor, daß ein katholisch erzogener Mensch sich vom Katholizismus abwende und frage, ob die katholische Kirche tatsächlich eine Lebensoption für ihn darstelle, gerade in der Ablehnung und Abgrenzung von der katholischen Glaubensgemeinschaft sei aber noch ein Moment der Zugehörigkeit enthalten.[44] Margalit resümiert, daß selbst in der Leugnung oder Negation der Zugehörigkeit und der Herkunft noch ein Bekenntnis zu diesen stecke. Er betont die Schwierigkeit, sich aus primären Zugehörigkeiten zu lösen, da man umgeben sei von einem Assoziationsfeld aus Sprache, Geschichten, Gefühlen, die auf das engste mit der Herkunft verbunden seien. Für die vorliegende Studie stellt sich die Frage, ob die »Wahl« der nationalen Zugehörigkeiten und ihrer Erinnerungsgemeinschaft im Sinne von Margalit als Lebensoption verstanden werden kann. In einem Interview der Zeitschrift *Babylon* führt Margalit zur Frage der Lebensoptionen aus:

»Ja, zum Beispiel deutsch zu sein, ist eine Lebensoption für einen, der hier geboren ist. Es bleibt auch dann eine Option, wenn man Widerstand leistet gegen bestimmte Weisen, deutsch zu sein, auch wenn man sich, auf welche Weise auch immer, von den Deutschen distanziert. Wie immer man negativ zur deutschen Nation eingestellt ist, es zeigt sich noch in dem, was man bekämpft, daß es eine Lebensoption für einen ist. Als einer, der hier [in Deutschland] aufgewachsen ist, setzt man sich anders mit der deutschen Geschichte als zum Beispiel mit der dänischen Geschichte auseinander. Nur mit der deutschen Geschichte hat man zu kämpfen. Das Feld der Assoziationen und emotionalen Reaktionen bezieht sich auf die deutsche Lebensoption und auf keine andere Nation. Deutscher sein zu können bleibt, ob man es will oder nicht, als Lebensoption wichtig, auch wenn man dagegen optiert. Die Alternative ›drinnen oder draußen‹, ›zugehörig oder nicht‹ ist falsch gestellt, wenn es um nationale Zugehörigkeit geht. Einen Friseur kann man ohne Mühe wechseln, eine Nation nicht. Sie ist kein Club [...] Die wichtige Frage ist, auf welche Lebensoptionen legt einen die Herkunft fest. Daran schließt sich die Frage, welche Verpflichtungen dieses Festgelegt-Sein nach sich zieht. Genau diese Unmöglichkeit, Lebensoptionen zu wählen, übersehen die Postmodernen mit ihrer Auffassung der Konstruktion sozialer Verhältnisse.«[45]

44 Ebenda.
45 Ebenda.

Wie sieht es mit der Zugehörigkeit und damit mit den Lebensoptionen von jungen Migranten in Deutschland aus? Können sie wählen, zu welchem Kollektiv sie gehören wollen? Verfügen sie durch das Aufwachsen in zwei nationalkulturellen Kontexten über mehr Lebensoptionen, als monokulturell »deutsch« sozialisierte Jugendliche? Welche Lebensoptionen haben sie bezogen auf das historische Erbe des Nationalsozialismus? In jedem Falle könnte man vermuten, daß die Annahme oder Ablehnung dieses Teils der Kollektivgeschichte der Gesellschaft, in die die jungen Migranten meist hineingeboren sind, eine Lebensoption für sie darstellt. Sie können die Geschichte gleichgültig als nicht die ihre verwerfen, sich energisch von ihr lossagen oder sich bereitwillig den Nachwirkungen dieser Geschichte und der hieraus erwachsenden politischen Verantwortung als Deutsche stellen. Wie auch immer sie mit dieser Geschichte umgehen, sie müssen sich durch die Tatsache, daß sie in Deutschland leben und sich zumeist auch als Mitglieder der deutschen Gesellschaft verstehen, zum Nationalsozialismus und zum Holocaust in Beziehung setzen.

Methodische Anlage der Studie und Dokumentation des Forschungsprozesses

Datenerhebung

Die Daten wurden durch offene narrativ orientierte[1] beziehungsweise episodische Interviews erhoben, die Themen wurden im Gespräch entwickelt, wobei ich darauf achtete, durch die Fragetechnik möglichst viele Erzählungen zu generieren. Im Zeitraum von 1997 bis 1999 führte ich insgesamt 55 Interviews. Befragt wurden Jugendliche mit unterschiedlichem Migrationshintergrund, west- und ostdeutsche Jugendliche.[2] Die interviewten Jugendlichen waren zwischen 15 und 20 Jahre alt und besuchten unterschiedliche Schulformen. Die Kontaktaufnahme erfolgte in der Regel durch Hospitationen im Geschichtsunterricht oder durch die Lehrkräfte. Das untersuchte Gesamtsample setzte sich aus 32 Interviews zusammen.[3]

Die Teilnahme an einem Interview war freiwillig. Dadurch war gewährleistet, daß sich die befragten Jugendlichen vom Thema angesprochen gefühlt haben. Bewußt läßt die Studie den Indifferenztypus – also jene Jugendlichen, die Nationalsozialismus und Holocaust desinteressiert gegenüberstehen – außer acht, weil es ausschließlich um diejenigen Jugendlichen geht, die sich der Thematik bewußt zuwenden und eine Auseinandersetzung mit der NS-Geschichte suchen.

Die erzählgenerierende Eingangsfrage lautete zumeist: Kannst du dich noch erinnern, wann du dem Nationalsozialismus oder dem Holocaust zum ersten Mal begegnet bist? Kannst du dich an Berührungspunkte mit dem Thema erinnern, an Situationen, in denen das

---

1 Vgl. Schütze 1987 und 1989a.

2 Die Interviews mit Jugendlichen ethnisch deutscher Herkunft wurden für die vorliegende Studie nur als Kontrollgruppe genutzt. Deshalb tauchen sie auch nicht als Fallrekonstruktionen auf. Fallstudien zu den Geschichtskonstrukten Jugendlicher deutscher Herkunft können in der vergleichend angelegten »Pilotstudie« zu dieser Untersuchung nachgelesen werden (Georgi 1995).

3 Alle Namen der Interviewten sind anonymisiert. Die Orte sind geändert.

Thema für dich wichtig geworden ist? Während der Interviews war es notwendig, die Jugendlichen wiederholt dazu anzuregen, von Situationen, Ereignissen und Begebenheiten zu erzählen, die sie im Hinblick auf die Fragestellung als bedeutsam erachteten.

Interviewmethode: Biographisch orientiert

Die in dieser Studie praktizierte Interviewtechnik schöpft aus unterschiedlichen methodologischen Ressourcen. Diese Vorgehensweise korrespondiert mit dem problemzentrierten Interview, welches in der Literatur als ein Verfahren ausgewiesen wird, in dem verschiedene Fragetechniken und Methoden kombiniert beziehungsweise integriert werden. Hier finden sich Aspekte des qualitativen Interviews, der Fallanalyse, der biographischen Methode, des Gruppeninterviews und der Inhaltsanalyse.[4] Durch ein solches multiperspektivisches Vorgehen wird einerseits ein Abtasten des Problemfeldes durch Fragen ermöglicht, andererseits werden die Untersuchten zu einer Problementwicklung in Form der »Selbst- und Verhältnisreflexion« angeregt.[5] Die biographische Orientierung der Interviews bezieht sich auf die Theorie des narrativen Interviews, wie sie der Soziologe Fritz Schütze entwickelt hat.[6] Es wurden allerdings keine biographisch-narrativen Interviews im Schützeschen Sinne[7] geführt, wenngleich ich großen Wert auf die erzählten Textteile, die Situationserzählungen[8] – verstanden als Episoden – gelegt habe. Deshalb waren

---

4 Vgl. Witzel 1982, S. 230.

5 Vgl. ebenda, S. 77 ff.

6 Vgl. Schütze 1981, 1984, 1987, 1989a und 1989b.

7 Gemeint ist hier die Dreiteilung des narrativen Interviews in einen Hauptteil, einen narrativen Nachfrageteil und einen argumentativen Nachfrageteil (vgl. Schütze 1987 und 1989a).

8 In diesem Zusammenhang möchte ich noch einen für die Durchführung der Interviews wichtigen Aspekt der bereits erläuterten Geschichtenhermeneutik hervorheben. Dieser zielt darauf ab, den Begriff der Situation als Element der Erzählung von Geschichten einzuführen. Menschen erleben Welt in Situationen. Wenn Geschichten erzählt werden, entwickeln diese sich zumeist entlang einzelner Situationen oder Situationsfolgen: »Wie ein Mensch Situationen aufnimmt, hängt von den Geschichten ab, in denen er

die Interviews auch nur bedingt nach der biographischen Methode auswertbar.[9] Das rein narrative Interview, das die Fähigkeit zur Selbststeuerung des Interviewablaufs und die Selbststrukturierung der Themen durch die Jugendlichen voraussetzt, erwies sich in der Altersgruppe der Befragten als äußerst schwierig und abhängig von der jeweiligen narrativen Kompetenz. Deshalb hielt ich an der Strategie eines offenen Interviews fest. In diesem konnte alles, was die Jugendlichen bewegte, zur Sprache kommen. Zugleich lenkte ich durch mein Nachfragen auf den in der Untersuchung interessierenden Problembereich Nationalsozialismus und Holocaust hin, auf dem der Schwerpunkt des Gesprächs liegen sollte. Der zweite Einwand gegen ein rein narrativ-biographieanalytisches Vorgehen hängt mit der Generationszugehörigkeit der Jugendlichen zusammen. Der Untersuchungsgegenstand – NS-Geschichte – ist nicht innerhalb der erlebten Geschichte der Jugendlichen angesiedelt. Was sie über diese Zeit wissen, stammt aus familiär und gesellschaftlich vermittelten, individuell aufbereiteten Vergangenheitsdeutungen. Nun ging es mir aber, wie ich bereits dargelegt habe, nicht um das Abfragen wissenschaftlich gestützten und überprüfbaren historischen Wissens, sondern um eine Untersuchung der Dimensionen des Alltagswissens und um die von den Jugendlichen selbst hergestellten lebensweltlichen Verbindungen zu dieser Geschichte durch historische Sinnbildungen und Deutungsleistungen. Weil anzunehmen war, daß Nationalsozialismus und Holocaust in der Lebenswelt der meisten Jugendlichen eine

---

sie erfährt oder in die er sie einordnet. Mit einer Situation wird er konfrontiert, insofern er in eine Geschichte verstrickt ist, als deren gegenwärtiger Ausschnitt die jeweilige Situation erscheint. Die Vergegenwärtigung einer vergangenen Situation etwa in einer Erzählung, in einem Gespräch erfolgt im Rahmen einer neuen, in der aktuellen Situation bedeutsamen Geschichte und wird vom Hörer im Rahmen der *Vorgriffe* seiner eigenen Geschichtskonstellation *aufgenommen.*« (Vonderach 1997, S. 172)

9 Im biographieanalytischen Vorgehen nach Schütze sind Erhebungs- und Auswertungsverfahren eng miteinander verknüpft. Die im narrativen Interview generierten Erzählungen werden einer Auswertung unterzogen, in der die analytische Trennung von Erzählungen, Beschreibungen und Argumentationen im Interviewtext einen wesentlichen Interpretationsschlüssel darstellt (vgl. hierzu Schütze 1981, 1984 und 1989a).

vergleichsweise untergeordnete Rolle spielen, erschien es notwendig, sie durch gezielte Fragen dazu zu bewegen, sich auf das Problemfeld einzulassen. Zum Beispiel stellte ich die Frage nach dem Besuch eines ehemaligen Konzentrationslagers und den dort gesammelten Eindrücken und Erfahrungen. Dabei blieb es den Jugendlichen selbst überlassen, ob sie die Frageimpulse aufgreifen und ausführen wollten. Auf der Grundlage zahlreicher Feldbeobachtungen im Geschichtsunterricht an verschiedenen Schulen sowie Preinterviews mit Jugendlichen kristallisierten sich Themenbereiche und Fragefelder heraus, die ich in den Interviews gezielt ansprach: Familie (Familiengeschichte, Migrationsgeschichte), Erfahrungen mit der Thematik in Schule und Unterricht, Gedenkstättenfahrten, Begegnungen mit Zeitzeugen, Peergroup-Erfahrungen, Bedeutung der Geschichte für die Gegenwart. Besonderer Wert wurde auf erzählgenerierende Fragen gelegt, die das Erzählen von Geschichten, Episoden und Situationen im Zusammenhang mit dem Untersuchungsgegenstand stimulieren sollten. Auf diese Weise war einerseits gewährleistet, daß auch die mit nur wenig narrativer Kompetenz ausgestatteten Schüler und Schülerinnen erzählen konnten; andererseits trugen die Fragen auch zu einer thematischen Konzentration bei. In den episodischen Erzählungen – die in ihrem Umfang mit biographischen Interviews nicht vergleichbar sind – kommen biographische Aspekte des Erzählers zum Vorschein, die für die Interpretation der Daten von großem Wert sind.[10] Insofern verfolge ich einen biographieorientierten Ansatz.

Arbeitsbündnisse

Spätestens seit den Überlegungen Wilhelm Diltheys[11] *Die Entstehung der Hermeneutik* (1900) läßt sich die Frage nach dem Verstehen als erkenntnistheoretisches Verfahren der Geisteswissenschaften von der

---

10 Vgl. hierzu v. Borries 1994, S. 202.

11 Dilthey hat die zentrale Schwierigkeit aller Auslegungskunst auf die schlichte Formel des hermeneutischen Zirkels gebracht: »Aus den einzelnen Worten und deren Verbindungen soll das Ganze eines Werkes verstanden werden, und doch setzt das volle Verständnis des einzelnen schon das des Ganzen voraus. Dieser Zirkel wiederholt sich in dem Verhältnis

Agenda all jener empirisch Forschenden, die ihre Erkenntnis über hermeneutische Interpretationsverfahren zu erlangen suchen, nicht mehr wegdenken.[12] Dabei reicht der bloße Verweis auf sozialwissenschaftliches Verstehen als Kunstlehre, die dazu dienen soll, gesellschaftliche Wirklichkeit angemessen, stimmig, zuverlässig, gültig und überprüfbar zu rekonstruieren, nicht aus. Deshalb möchte ich einige ausgewählte theoretische Aspekte des Verstehensbegriffs für meinen Forschungszusammenhang aufgreifen und die hieraus gewonnenen Einsichten in konkrete Erläuterungen zu Theorie und Praxis der in die vorliegende Studie eingegangenen Arbeitsbündnisse[13] einfließen lassen.

Ein wichtiger Moment des Verstehens allgemein und damit auch des sozialwissenschaftlichen Verstehens ist die Einbettung von Verstehensprozessen in Sprache.[14] Ohne sprachlichen Ausdruck und Kommunikation ist kein Verstehen möglich. Das Verstehen ist also an den Telos der sprachlichen Verständigung gekoppelt, welcher Gewißheitsfragen an dialogische Prozeduren wie Anerkennen, Zustimmen, Bekennen und wechselseitige Perspektivübernahme sowie an Aushandlungsprozesse zwischen den Gesprächspartnern bindet. Aus diesem Zusammenhang ergibt sich auch Gadamers Hinweis, daß sowohl das Objekt der Forschung als auch das erkennende Subjekt durch die Sprache und gemeinsame Verortung im historischen Raum aufeinander verweisen. Deshalb gehört für Gadamer das Verstehen zum Sein dessen, was verstanden wird.[15] Interpretation ist dann auch nicht bloß

---

des einzelnen Werkes zu Geistesart und Entwicklung seines Urhebers, und er kehrt ebenso zurück im Verhältnis dieses Einzelwerkes zu seiner Literaturgattung.« (Dilthey 1974, S. 330)

12 Hingewiesen sei hier auf die wissenschaftlichen Diskurse um den Verstehensbegriff in der geisteswissenschaftlichen Hermeneutik (Schleiermacher, Dilthey, Gadamer u. a.) bzw. auch die Debatten um das interpretative Paradigma in den modernen Sozialwissenschaften (Simmel, Weber, Mead, Schütz u. a.) bis hin zur »postmodernen« und selbstreflexiven Anthropologie, wie sie etwa durch James Cliffords Kritik am ethnographischen Fremdverstehen repräsentiert wird.

13 Zum Begriff siehe Steinert 1998 und Resch 1998.

14 Vgl. Gadamer 1993, S. 426.

15 Vgl. ebenda, S. 434.

ein zum Verstehen hinzukommender Akt, sondern Verstehen ist immer auch Auslegung. Daher ist Auslegung die explizite Form des Verstehens. Verstehen ist in diesem Kontext auch beschreibbar als Anwendung des zu verstehenden Textes auf die gegenwärtige Situation des Interpreten. Das, was verstanden wird, ist vom Standort des Interpreten nicht unabhängig. Man könnte auch sagen, die Bedeutung der Texte entsteht erst in der Interaktion. Gadamer macht darauf aufmerksam, »daß der Erkennende mit dem, was sich ihm als sinnvoll zeigt und aufschließt, auf unauflösbare Weise zusammengehört«.[16] Kurz: Keine Erkenntnis ohne erkennendes Subjekt. Da dieses unauflöslich Teil des Forschungsprozesses und damit auch der Forschungsergebnisse ist, gilt es, die Arbeitsbündnisse in einem reflexiven Prozeß transparent zu machen. Die Forschungssituation wird dabei als besonderes Interaktionsverhältnis verstanden, in dem die Definition der Situation zwischen Forscher und Erforschtem ausgehandelt wird. Dieser Prozeß und das Ergebnis der Verhandlungen wirken sich zugleich auf das Erzählte aus. Das heißt, der Kontext des Erzählens und Schreibens wie auch der des Lesens und Interpretierens ist keine Randerscheinung, der das Erzählte beeinflußt, sondern zentraler Aspekt der Konstitution desselben.[17] In der Forschungssituation wird also auch etwas hervorgebracht, was ohne diesen unter Umständen nicht zur Geltung gekommen wäre. Dies zu reflektieren gehört zweifelsohne zu den schwierigsten und am seltensten eingelösten Anforderungen an eine kritische Sozialforschung. Zunächst geht es nämlich darum, sich die Bandbreite von Arbeitsbündnissen ins Bewußtsein zu rufen, die Einfluß auf die Interaktion zwischen Forscher und Beforschten haben könnten. Hierzu gehören kulturelle, institutionelle, situative, interpersonelle und idiosynkratische Aspekte, die, wenn man sie als konstitutive Elemente der Beziehung zwischen Forscher und Erforschten reflektiert, Aufschluß über hegemoniale Wissensbestände und Verhaltensregeln geben und Rückschlüsse auf die gesellschaftlichen Strukturen und Konflikte erlauben.[18] Arbeitsbündnisse werden hier verstanden als »die Regeln, die vom organisatorischen, institutionellen,

16 Ebenda, S. 435.
17 Vgl. Resch 1998, S. 53.
18 Vgl. ebenda, S. 57 ff.

gesellschaftlichen Rahmen der Interaktion und von den Beteiligten vorgegeben, vorausgesetzt und ausgehandelt werden«.[19] Im folgenden möchte ich nun – keineswegs mit dem Anspruch auf Vollständigkeit, aber doch mit dem Anspruch der Selbstreflexivität hinsichtlich meiner Forschungsarbeit – auf einige der mir relevant erscheinenden Arbeitsbündnisse hinweisen.

Aspekte des interpersonellen Arbeitsbündnisses[20]

Die Gespräche mit den Jugendlichen waren für mich eine sehr wertvolle Erfahrung. Ich war neugierig auf die Personen und ihre Biographien. Besonders interessierten mich die Migrationsgeschichten. Ich warb um das Vertrauen der Jugendlichen, indem ich vor und nach dem Interview auch etwas Persönliches von mir erzählte, etwa eine Anekdote über das frühe Aufstehen, über die man gemeinsam lachen konnte. Oft fragten mich die Jugendlichen auch nach meinem Studium und sonstigen Interessen. Manchmal gingen die Gespräche auch in Richtung Berufsberatung. Eine junge Frau der Jahrgangsstufe 12, die mich eingehend zum Sinn und Zweck der Sozialwissenschaften befragt hatte, studiert heute Soziologie. Als wir uns später einmal durch Zufall begegneten, erkundigte sie sich interessiert nach dem Stand meiner Dissertation. Es scheint, als könnten noch so kurze Forschungsbeziehungen, die in der Regel eine Interviewlänge nicht überdauern, nachhaltige Wirkung für die involvierten Personen entfalten. Für mich selbst kann ich sagen, daß die geführten Gespräche – im ganzen mehr als 60 Stunden – mir Innenansichten und Begegnungen ermöglicht haben, zu denen ich sonst keinen Zugang gehabt hätte. In diesem Kontakt liegt aus meiner Sicht auch der besondere Reiz und das persönliche Gewinnpotential der qualitativen Sozialforschung. Die zum Teil sehr intensiven Erfahrungen haben zweifelsohne meine Perspektive und das Schreiben über die Jugendlichen beeinflußt. Deshalb war mir besonders daran gelegen, den Individuen auch im Sinne einer verstehenden Soziologie gerecht zu werden.

---

19 Steinert 1998, S. 70.

20 Dieses Verhältnis wird im empirischen Teil auch durch die den Fallrekonstruktionen vorangestellten Beschreibungen der Interviewsituation dokumentiert.

Mit dem Großteil der Interviewten entwickelte sich während des Gesprächs eine Atmosphäre der Sympathie und des Vertrauens. Dies zeigte sich vor allem daran, daß viele der Interviewpartner auch nach Beendigung des Interviews noch blieben und sich mit mir unterhielten. Manchmal sind wir sogar noch einen Kaffee trinken gegangen. Einmal suchte mich eine Schülerin zwei Tage nach dem Interview zu Hause auf, um etwas nachzutragen, das sie während des Interviews nicht zur Sprache gebracht hatte. Mit einigen der Jugendlichen telefonierte ich nach dem Gespräch, um Fragen, die offengeblieben waren, zu klären. In der Regel begegnete man mir mit großer Kooperationsbereitschaft. Offenbar fühlten sich viele der Schüler und Schülerinnen durch mein Interesse an ihrer Person stimuliert. Viele brachten dies auch dadurch zum Ausdruck, daß sie mir überschwenglich für das Gespräch dankten und mich wissen ließen, es sei eine »tolle Erfahrung« für sie gewesen. Eine Schülerin etwa, die eingangs immer wieder betonte, daß sie eigentlich nicht wisse, was sie mir erzählen solle, zeigte sich am Ende des Gesprächs überrascht und konstatierte: »Ich hätte nie gedacht, daß ich soviel zu sagen habe. Und ich hätte auch nie gedacht, daß sich ein anderer Mensch so für mich interessiert.« Ein Schüler bemerkte: »Ich konnte mal so alles rauslassen. Alles, was mich auch bedrückt.« Insofern schien es manchmal, als hätten die Gespräche für einige der Jugendlichen quasi therapeutische Wirkung gehabt. Natürlich gab es aber auch Jugendliche, die mir mit Mißtrauen begegneten, besonders dann, wenn sie schon einmal in irgendeiner Weise mit »Interviews« zu tun hatten, etwa im Zusammenhang mit der Polizei, Sozialämtern oder Ausländerbehörden. Es dauerte eine Weile, bis sie mir abnahmen, daß ich die Informationen, die ich auf Band aufzeichnete, keinem Dritten zur Verfügung stellen würde, auch nicht ihren Lehrern. Dennoch merkt man diesen Interviews die Vorbehalte an, etwa durch Rückfragen wie: »Warum wollen Sie wissen, wie alt meine Brüder sind?«, oder: »Weshalb soll ich Ihnen erzählen, was mein Vater arbeitet?« In einigen dieser Interviews war es mühsam, ein Vertrauensverhältnis aufzubauen. Die überwiegende Zahl der Jugendlichen war jedoch sehr aufgeschlossen, was wohl auch daran lag, daß sie sich freiwillig zum Interview entschlossen hatten. Den meisten bereitete auch die Technik – das mitgebrachte Aufnahmegerät – keine Probleme, im Gegenteil schien dies für einige die Attraktivität des Gesprächs sogar zu steigern. Damit war zumindest in zwei Fällen die

Hoffnung verbunden, daß man sich bei Gelegenheit vielleicht im Radio würde hören können. Viele der Jugendlichen spekulierten offenkundig darauf, daß ihre »Stimme« mittels der durch mich herzustellenden wissenschaftlichen Öffentlichkeit auch die deutsche Mehrheitsgesellschaft erreichen würde. Insofern wurde mir als Repräsentantin von Wissenschaft und Mehrheitsgesellschaft von diesen Jugendlichen direkt oder indirekt auch der Auftrag erteilt, ihren Stimmen Gehör zu verschaffen.

Als Repräsentantin von Wissenschaft und Mehrheitsgesellschaft sowie als Repräsentantin von deren Geschichte war ich für die Jugendlichen aber auch ein normatives Gegenüber der Dominanzkultur. Deshalb scheint es mir unerläßlich, die Bedeutung der Forscherin für die Aushandlung und Auslegung der ermittelten Geschichtskonstrukte offenzulegen. Es geht mir im Sinne Gadamers nämlich auch darum, kenntlich zu machen, »daß das Verstehen zum Sein dessen gehört, was verstanden wird«. Den Forschungsprozeß habe ich deshalb nicht nur als ein komplexes Zusammenspiel der Positionierungen beider Dialogpartner verstanden, sondern auch als Raum, in dem neue Positionierungen hervorgebracht worden sind. In diesem Zusammenhang ist die Vermutung angebracht, daß sich die Jugendlichen anstrengten, in dem gesetzten thematischen Rahmen Aussagen zu treffen, die den Erwartungshaltungen des deutschen Gegenübers entsprachen und damit die Anerkennung als Deutsche nicht ethnisch deutscher Herkunft sicherstellen könnten.

Besonders deutlich schien mir dies in der Frage zum Ausdruck zu kommen, ob man aus der Geschichte lernen könne. Natürlich wurde diese Frage in keinem Interview negativ beantwortet. Im Gegenteil provozierte gerade diese Frage – in der das »man« als allgemeiner Platzhalter sicher appellative Wirkung entfaltete – in der Regel ein ganzes Set an konventionellen und normativen Floskeln, wie etwa, daß sich die Geschichte nicht wiederholen dürfe, daß »den Anfängen zu wehren« und Toleranz das Gebot der Stunde sei und dergleichen. Nur in wenigen Fällen war diese Frage Anlaß für eine tatsächliche Reflexion, was denn aus einer solchen Geschichte zu lernen sei. Ebenso muß wohl die Frage nach der Relevanz der NS-Geschichte für die eigene Gegenwart junger Migranten in Deutschland rückblickend als erkenntnisbestimmender Impuls gewertet werden, da diese Frage wohl erst der Auslöser war, darüber nachzudenken. Die Einschätzung, daß die NS-Vergangenheit relevantes gesellschaftliches Orientierungswissen für Migrantenjugendliche in der deutschen Einwanderungsgesellschaft darstellt, ist aber nicht nur auf der Grundlage der Analyse dieser Frage entstanden, so daß die vorgebrachte kritische Selbsteinschränkung den Befund nicht verwässert. Die Beispiele zeigen, daß die spezifische Interaktionssituation wesentlich zur Produktion des empirischen Materials sowie zu den Interpretationen beigetragen hat. Schließlich ist einzuräumen, daß auch die von mir praktizierte narrative Interviewmethode keine Garantie für eine objektive Datengenerierung darstellt. Denn auch wenn man sich bemüht, Erzählungen »bloß« anzuregen und zuzuhören, läßt sich die Rolle des Interviewers nicht neutralisieren.

Aspekte des institutionellen Arbeitsbündnisses

Die Mehrzahl der Interviews wurde in der Schule geführt. Es wäre schwierig gewesen, außerhalb des institutionellen Kontextes Jugendliche zu finden, die sich mit der für die Studie relevanten Thematik befassen. Aus forschungspragmatischen Gründen bot die Schule den unproblematischsten Zugang zum Feld, wenngleich auch hier ein hohes Maß an Überzeugungsarbeit zu leisten und administrative Hindernisse zu überwinden waren. Ich mußte an allen Schulen eine formale Erlaubnis durch die Schulleitung einholen sowie die Fachkonferenz Geschichte und die zuständigen Lehrkräfte von Sinn und Zweck meines Forschungsvorhabens überzeugen; ein Prozeß, der einige Zeit in Anspruch nahm und nicht immer von Erfolg gekrönt war. Vereinzelt wurden Zweifel an der Notwendigkeit meiner Studie geäußert. Hierfür schien mir ein allgemeines Unbehagen im Umgang mit NS-Geschichte und Holocaust verantwortlich zu sein. Ich habe aber auch sehr positive Erfahrungen gemacht. Schließlich ist es der Kooperationsbereitschaft und Unterstützung durch engagierte Lehrer und Lehrerinnen zu verdanken, daß die vorliegende Studie überhaupt im gegebenen Umfang durchgeführt werden konnte.

Die Schule als Hauptort der Aufzeichnung der Interviews hatte auch einen gewissen negativen Einfluß auf den Gesprächsrahmen. Trotz der Freiwilligkeit der Teilnahme ließ sich nicht vermeiden, daß mein Projekt von den Jugendlichen dem institutionellen Kontext Schule – und damit auch dem Kontext Kontrolle, Prüfung, Leistungsselektion – zugeordnet wurde. Ich mußte immer wieder deutlich machen, daß es mir in der Befragung nicht um das Abfragen und Beurteilen von historischem Faktenwissen ging. Hinzu kam, daß der Kontakt zu den Schülern in vielen Fällen durch die Lehrkraft hergestellt wurde. Dies erwies sich insofern als problematisch, als sich Schüler dadurch auch unter Druck gesetzt fühlten, bestimmte Erwartungshaltungen ihrer Lehrer zu erfüllen. Manchen Jugendlichen war zumindest anfänglich anzumerken, daß sie nun, da sie von ihren Lehrern für ein Gespräch ausgewählt worden waren, diese nicht enttäuschen wollten. Deshalb zog ich es vor, die potentiellen Interviewkandidaten selbst im Rahmen von Unterrichtshospitationen zu identifizieren. Natürlich produzierte auch diese Vorgehensweise einen bestimmten Erfüllungsdruck. Immerhin fühlten sich die Jugendlichen, die von mir persönlich angesprochen wurden, »auserwählt«, was wiederum verpflichtenden Charakter hatte.

Als weiteres offenbar institutionelles beziehungsweise strukturelles Problem stellte sich die Rekrutierung von Interviewpartnern aus der Hauptschule dar. Das schien vornehmlich darauf zurückzuführen zu sein, daß meine Bedingung für die Teilnahme an einem Interview eine vorangegangene schulische Beschäftigung mit dem Nationalsozialismus war. In vielen Hauptschulklassen, bei denen ich anfragte, war dieser Geschichtsabschnitt (noch) kein Thema. Die meisten Schüler und Schülerinnen, mit denen ich ins Gespräch kam, begegneten dem Holocaust erst in der neunten oder zehnten Klasse. Aber auch in der Realschule schien die Intensität der Beschäftigung mit dem Thema mehr vom persönlichen Engagement der Lehrkraft als von den Rahmenrichtlinien abhängig.

Aspekte des kulturellen Arbeitsbündnisses

In einigen Interviews fällt auf, daß die Jugendlichen sich veranlaßt sahen, mich auf kulturelle Besonderheiten, Regeln und religiöse Gesetze ihrer Herkunftskultur hinzuweisen oder zu erklären, um welche Art der kulturellen oder religiösen Praxis es sich handele und wie diese mit Blick auf ein Leben in einer deutschen Einwanderungsgesellschaft einzuordnen sei. Dies zeigt, daß ich als deutsches Gegenüber wahrgenommen wurde. Die Jugendlichen gingen deshalb davon aus, die Interviewerin müsse den kulturellen und religiösen Ausdrucksformen von Migranten in Deutschland weitgehend ignorant gegenüberstehen, was wohl ihre Erfahrung mit der deutschen Aufnahmegesellschaft widerspiegelt. So wurden mir beispielsweise ohne Nachfrage die fünf Säulen des Koran,[21] die Bedeutung der Kurdenfrage[22] sowie das Verhältnis von Muslimen und Juden[23] erläutert.

Aspekte des situativen Arbeitsbündnisses
Die Aspekte des jeweils situativen Arbeitsbündnisses habe ich im empirischen Teil den Interviews unter der Überschrift »Kontaktaufnahme und Interviewsituation« vorangestellt. Zur besseren Lesbarkeit habe ich dort die Interviewsituationen, die ich nach den Interviews in Interaktionsprotokollen niedergeschrieben oder direkt im Anschluß an das Interview selbst auf Band gesprochen habe, sehr kurz und pointiert zusammengefaßt. Ich habe aber die besonderen Auffälligkeiten und Irritationen mit in den Interpretationsprozeß hineingenommen und entsprechend ausgewiesen. Hierzu gehörten beispielsweise: verfrühter Abbruch des Interviews, verursacht durch äußerliche Einflüsse (zum Beispiel Pausengong), oder auch unvorhergesehene Störungen durch Dritte.

Typenbildung

Die Theoriebildung folgte dem Prinzip der *Grounded Theory.* Ich möchte deshalb ihre wesentlichen Grundannahmen kurz darstellen. Die beiden amerikanischen Soziologen Barney Glaser und Anselm Strauss begründeten Ende der sechziger Jahre die *Grounded Theory*, die gegenstandsbezogene Theoriebildung. Dabei handelt es sich weniger um eine Methode als um einen »Forschungsstil« im Umgang mit qualitativem Datenmaterial.[24] Ein erkenntnistheoretischer Pfeiler der *Grounded Theory* ist die Annahme einer Kontinuität von alltagsweltlichem und wissenschaftlichem Denken. Das Alltagswissen

21 Vgl. Interview mit Fatima.
22 Vgl. Interviews mit Muhrat und Turgut.
23 Vgl. Interview mit Fatima.
24 Glaser und Strauss haben diesen spezifischen Forschungsstil im Rahmen einer Feldstudie über den Umgang von Klinikpersonal mit sterbenden Menschen entwickelt (Glaser/Strauss 1967). Siehe hierzu auch Strauss 1994, S. 30.

von Forschern und Beforschten wird bewußt als unverzichtbare Ressource des wissenschaftlichen Erkenntnisprozesses betrachtet. Die *Grounded Theory* propagiert deshalb eine relative Offenheit sozialwissenschaftlicher Begriffsbildung und trägt der Begrenztheit und Prozeßhaftigkeit sozialer Wirklichkeit Rechnung. Dem Prinzip der Offenheit entsprechend wird auf die Formulierung von Hypothesen verzichtet.[25] Darüber hinaus wird sozialwissenschaftliche Interpretation als »Kunstlehre« aufgefaßt, womit der konstruktive und kreative Charakter von Wissenschaft hervorgehoben wird. Den Ausgangspunkt dieser Herangehensweise bildet die Überzeugung, daß Theorien in Daten gründen sollten, das heißt Theorien sollten in Auseinandersetzung mit dem Untersuchungsgegenstand beziehungsweise dem Untersuchungsfeld entdeckt und generiert werden. Man kann deshalb von abduktivem Vorgehen sprechen.[26]

Die *Grounded Theory* basiert auf einer systematischen und gezielten Auswahl und Untersuchung verschiedener Fälle und Vergleichsgruppen.[27] Im Zentrum steht die Bildung eines theoretisch begründeten Samples. Ziel einer solchen qualitativen Stichprobe ist es, eine möglichst große Varianz im Feld auszumachen. Dabei ist die *Grounded Theory* charakterisiert durch die Gleichzeitigkeit von Datensammlung und Analyse. Das bedeutet, daß Entscheidungen über Auswahl und Zusammensetzung des empirischen Materials noch im Prozeß der Datenerhebung und Auswertung gefällt werden.[28] Beim theoretischen *sampling* werden Fälle beziehungsweise Untersuchungseinheiten miteinander verglichen, die eine oder mehrere für die Forschungsfragen relevante Kategorien gemeinsam haben und hinsichtlich theoretisch bedeutsamer Merkmale entweder signifikante Unterschiede oder große Ähnlichkeiten aufweisen.[29] Glaser und Strauss sprechen hierbei von minimalem respektive maximalem Vergleich von Unterschieden.[30] Die Minimierung von Unterschieden dient dazu, ähnliche Daten zu einem bestimmten Komplex zu identi-

25 Vgl. Hoffmann-Riem 1980, S. 343.

26 Vgl. hierzu Peirce 1991 und Krüger 1997, S. 207.

27 Siehe hierzu Strauss 1994, S. 50 ff.

28 Vgl. Krüger 1997, S. 208.

29 Vgl. Kelle/Kluge 1999, S. 45.

30 Glaser/Strauss, 1967.

fizieren und dadurch deren theoretische Relevanz zu bestätigen. Die Maximierung hingegen dient der Abbildung der Heterogenität und der Varianz im Untersuchungsfeld. Von großer Bedeutung ist in diesem Zusammenhang, daß die Kategorien der Maximierung und Minimierung nicht fixiert sind, sondern im Forschungsprozeß selbst gefunden und adaptiert werden müssen. Die Suche nach Untersuchungseinheiten wird also zu jedem Zeitpunkt des Forschungsprozesses von der entstehenden Theorie angeleitet. Trotz der Prozeßorientierung sind vor der Erhebung der Daten einige Festlegungen zu treffen: (1) Bestimmung der relevanten Merkmale für die Fallauswahl, (2) die Merkmalsausprägungen selbst, (3) die Größe des qualitativen Samples. Um diese Aspekte bestimmen zu können, bedarf es theoretischer Vorüberlegungen und einigen Vorwissens über den Untersuchungsgegenstand.

Für das konkrete analytische Vorgehen bedeutet das, sich zuerst auf den Einzelfall zu konzentrieren, der als eigene Falleinheit analysiert wird. Daraus ergibt sich dann quasi ein sukzessives Auswahlverfahren, bei welchem aus der Analyse der ersten Fälle die Kriterien für die Auswahl der folgenden Fälle destilliert werden. Der nächste Auswertungsschritt ist die Fallkontrastierung. Zum analysierten Einzelfall wird gezielt ein kontrastiver oder ein sehr ähnlicher Fall gesucht. Durch das Gegenüberstellen von kontrastiven und ähnlichen Fällen, dem minimalen und maximalen Vergleich,[31] lassen sich Gemeinsamkeiten und Unterschiede herausarbeiten. Nach diesem Prinzip werden so lange gezielt abweichende und ähnliche Fälle untersucht, bis die Theorie über das Feld gesättigt ist, sich mithin keine neuen Varianten mehr ergeben und empirisch begründete Typen gebildet werden können.[32] Von Typen kann dann gesprochen werden, wenn die bestimmten Gruppen zugrundeliegenden inhaltlichen Sinnzusammenhänge rekonstruiert werden können. Will man von der Einzelfallanalyse zur Typenbildung gelangen, erscheint also eine Orientierung an folgenden drei Arbeitsschritten für die Datenaufbereitung sinnvoll:

---

31 Vgl. hierzu auch Ute Gerhardts Konzept zur fallvergleichenden Kontrastierung, 1991, S. 32 ff.

32 Vgl. Strauss/Corbin 1996, S. 159.

(1) Erarbeitung relevanter Vergleichsdimensionen. Erarbeitung und Definition von Merkmalen beziehungsweise Kriterien, mit deren Hilfe Ähnlichkeiten und Unterschiede zwischen den Untersuchungseinheiten sichtbar gemacht werden können.

(2) Gruppierung der Fälle und Analyse empirischer Regelmäßigkeiten. Durch Fallkontrastierung werden Fälle, die einer Merkmalskombination zugeordnet worden sind, mit anderen verglichen und entsprechend empirischer Regelmäßigkeiten entlang der definierten Vergleichsdimensionen gruppiert.

(3) Analyse inhaltlicher Sinnzusammenhänge und Charakterisierung der gebildeten Typen.[33]

Typologien entstehen demnach aus der Kombination von Merkmalen und Kategorien. Kelle und Kluge formulieren das folgendermaßen:

»Die Typologie soll auf der *Ebene der Typen* maximal ›intern‹ homogen sein, auf der *Ebene der Typologie* jedoch maximal ›extern‹ heterogen. Es müssen also Kategorien und deren Subkategorien erarbeitet und definiert werden, mit deren Hilfe die im Untersuchungsfeld tatsächlich bestehenden Ähnlichkeiten (interne Homogenität) und Unterschiede (externe Heterogenität) zwischen den Untersuchungselementen (Personen, Gruppen, Verhaltensweisen, Normen, Städte, Organisationen etc.) möglichst exakt beschrieben und anhand derer die ermittelten Gruppen und Typen schließlich charakterisiert werden können.«[34]

Die vorliegende Studie basiert auf einer empirisch begründeten Typenbildung. Die gebildeten Typen sind deshalb keine rein abstrakten Konstruktionen, sondern entsprechen real verfügbaren Strategien beziehungsweise Verarbeitungsformen junger Migranten im Umgang mit der NS-Geschichte. Die Evidenz der Typen generiert sich aus den Fallanalysen (Einzelfallrekonstruktionen und kontrastiven Vergleichen). Dabei gehe ich davon aus, daß, obwohl der einzelne Typus anhand seiner Merkmalskombinationen beschrieben werden kann, es gerade das Charakteristikum von Typen ist, daß ihre Elemente nicht über alle den Typus kennzeichnenden Merkmalsausprägungen verfügen.[35] Das

---

33 Vgl. Kluge 1999, S. 81.

34 Kelle/Kluge 1999, S. 83.

35 Vgl. Kluge 1999, S. 85.

bedeutet, daß ein Untersuchungselement einem Typus nicht einfach zugeordnet werden kann. Es steht dem Typus höchstens nahe.[36]

Im Prozeß der Typenbildung auf der Grundlage der *Grounded Theory* habe ich mich an der Bildung von empirisch begründeten Idealtypen[37] orientiert. Mit dem amerikanischen Soziologen Howard Becker ließe sich in diesem Zusammenhang auch von *constructed types* sprechen: »The constructed type is a conscious, planned selection, combination, and accentuation of the empirically given.«[38]

Mit der Betonung der empirischen Fundierung der Typenbildung möchte ich mich deutlich von einem Verständnis des Idealtypus als »klassifikatorischem Typus«[39] abgrenzen. Der Idealtypus wird nicht als reine theoretische Konstruktion unter bloßer illustrativer Einbeziehung des Empirischen verstanden. Vielmehr gehe ich von einem fließenden Verhältnis von Real- und Idealtypen aus. Udo Kuckartz hebt hervor, daß es sich beim Idealtypus nicht um eine artifizielle Klassifikation handele, sondern daß auch dieser auf empirischen Beobachtungen basiere. Zwar könne man von einer gewissen »Kompositionsleistung« des Forschers sprechen. Diese sei aber weder »willkürlich noch wirklichkeitsfern«.[40] Auch der Idealtypus basiert auf empirischen Regelmäßigkeiten, Kausal- und Sinnadäquanz. Neuere Untersuchungen zur empirisch begründeten Typenbildung, die den Nachweis der Notwendigkeit einer Verbindung von Theorie und Empirie in einer abduktiven Vorgehensweise führen, machen auf ebendiese »weichen Grenzen« zwischen Real- und Idealtypen aufmerksam, die eher in einem Ergänzungszusammenhang als in Konkurrenz zueinander gesehen werden können. Kluge weist darauf hin, daß eine strikte Trennung zwischen Real- und Idealtypen wenig sinnvoll sei, wenn es um eine möglichst umfassende Erkenntnis sozialer Realität gehe, da sowohl Real- als auch Idealtypen gleichermaßen empirische und heuristische Anteile aufweisen.[41] In diesem Sinne las-

36 Vgl. ebenda, S. 33.

37 Vgl. ebenda, S. 75 ff. und Gerhardt 1985 und 1986.

38 Becker 1968, S. 123.

39 Wienhold 1988, S. 798.

40 Kuckartz 1988, S. 203.

41 Vgl. Kluge 1999, S. 71 und S. 77.

sen sich Typen auch als »Bindeglied zwischen Empirie und Theorie«[42] beschreiben. Kluge schlägt deshalb einen Auswertungsprozeß vor, in dem die Bildung von Real- und Idealtypen auf sich ergänzende Weise zusammengebracht werden:

»Zunächst wird der Merkmalsraum (aufgrund theoretischer Überlegungen sowie empirischer Analysen) durch die Auswahl relevanter Merkmale und ihrer Merkmalsausprägungen definiert. Um Typen zu ermitteln, wird dieser Merkmalsraum sowohl aufgrund der empirischen Verteilung der Untersuchungselemente als auch auf der Basis theoretischer Überlegungen reduziert. Für eine Reduktion des Merkmalsraumes genügt es also nicht, daß einige Untersuchungselemente nah beieinander liegen. Ihre Zusammenlegung sollte vielmehr, wenn auch zunächst hypothetisch, sinnvoll erscheinen. Die ermittelten Merkmalskorrelationen *verweisen* auf die Sinnzusammenhänge der einzelnen Typen, denen durch eine *erneute* Analyse des Datenmaterials nachgegangen werden kann. Abschließend können die gebildeten Typen sowie die ermittelten Zusammenhänge z. B. idealtypisch gefaßt werden. Die gebildeten Typen weisen also sowohl empirische als auch heuristische Anteile auf, wobei das ein oder andere überwiegen kann.«[43]

Die Hervorhebung einer erneuten Analyse des Datenmaterials auf der Grundlage erster empirisch beziehungsweise theoretisch begründeter Konstrukte markiert die Nähe zwischen Kluges Auswertungskonzept und den zuvor erläuterten Prinzipien der gegenstandsbezogenen Theoriebildung. Auch hier wird der Erkenntnisprozeß im Wechsel- und Zusammenspiel von Datenanalyse sowie Bildung und Prüfung empirisch generierter Hypothesen vorangetrieben. Zudem können die Eigenarten der Fälle durch die Konfrontation mit dem Idealtypus besonders gut sichtbar gemacht werden. So werden in den Zusammenfassungen und den Kommentaren zu den Fallanalysen (vgl. das Kapitel »Exemplarische Fallanalysen«) stets auch Bezüge zu den empirisch gebildeten Idealtypen hergestellt. Ich bin mir bei diesem Vorgehen der Gefahr bewußt, daß eine starke Zuspitzung bei den Idealtypen dazu führen kann, daß nicht nur die Unterschiede zwischen dem Individuum und seinem Idealtypus, sondern auch zwischen den einzelnen Fällen größer erscheinen, als sie tatsächlich sind.

---

42 Honer 1993, S. 112.

43 Kluge 1999, S. 78.

Dennoch orientiere ich mich in meiner Aufbereitung des empirischen Materials an diesem Auswertungsmodell, welches eine aus meiner Sicht produktive Ergänzung von Real- und Idealtypen ermöglicht. Ich möchte die von mir gebildeten Typen als Schnittstellen zwischen Real- und Idealtypen begreifen, mit deren Hilfe sich Verarbeitungsweisen und Strategien junger Migranten im Umgang mit der NS-Geschichte und dem Holocaust beschreiben lassen. Bei diesen Verarbeitungsweisen und Strategien handelt es sich um Versuche, die Geschichte der Aufnahmegesellschaft als gesellschaftliche Anforderung aufzugreifen und biographisch anschlußfähig zu machen.

Begründung des theoretischen Samples und Auswertung des empirischen Materials

Zu Beginn der Untersuchung war die Auswahl der Interviewpartner eher zufällig, da ich vor den Interviews – abgesehen von einigen Eindrücken, die ich während der Hospitation im Unterricht hatte sammeln können – keine oder nur wenig Informationen über die Jugendlichen besaß. Das heißt, daß ich am Anfang der Untersuchung explorativ vorgehen mußte. Das Auswahlprinzip konzentrierte sich zunächst auf lediglich zwei Merkmale: (1) Es sollte ein Migrationshintergrund vorliegen, wobei mir an einer Vielfalt der national-kulturellen Herkunftskontexte gelegen war. (2) Die Jugendlichen sollten sich vor dem Interview bereits in irgendeiner Form mit dem Nationalsozialismus und dem Holocaust befaßt haben.[44] Je nach der Komplexität und Intensität dieses Prozesses waren die Jugendlichen dann auch in der Lage, lebensweltliche und biographische Bezüge zu dieser Geschichte und ihren Nachwirkungen herzustellen.

Nach etwa 35 Interviews schien das zu untersuchende Feld weitgehend abgesteckt. Es zeichneten sich ähnliche Argumentationsmuster und Bezugnahmen ab, die eine gewisse Sättigung des Feldes andeu-

44 Hier orientierte ich mich an den Rahmenrichtlinien für das Fach Geschichte, nach denen der Nationalsozialismus als Unterrichtsthema in der 8. bzw. 9. Jahrgangsstufe zum ersten Mal thematisiert wird (vgl. hierzu Ehmann 2000).

teten. Aus den Interviews, die in Ausschnitten in verschiedenen themenbezogenen Kolloquien und Arbeitstreffen einer Interpretationsgruppe diskutiert wurden, kristallisierten sich also bald die Fälle heraus, die sich im Sinne von Glaser und Strauss (1967) für minimale beziehungsweise maximale Vergleiche eigneten. Es konnten in diesem Prozeß aber auch noch fehlende Fälle identifiziert werden, wie beispielsweise die bikulturell beziehungsweise binational aufgewachsenen Jugendlichen. Gezielt suchte ich dann nach solchen Jugendlichen, um die Lücke im Sample zu schließen. Auch stieß ich auf die Gruppe der jüdischen Migranten aus der ehemaligen Sowjetunion und aus Osteuropa. Mit diesen führte ich nochmals gezielt Interviews, dem Prinzip einer bewußten und kriteriengesteuerten Fallauswahl folgend.

Die Interviewdauer variierte zwischen 30 und 90 Minuten. Zum Teil war ihre Länge durch den 45-Minuten-Takt der Schulstunden bestimmt, wobei die überwiegende Zahl der interviewten Schüler das Gespräch bereitwillig auch in die folgenden Schulpausen oder Freistunden hinein fortsetzte. Die meisten Interviews führte ich in der Schule, einige in Einrichtungen der außerschulischen Jugendbildung, einige wenige in meinem Büro an der Universität, zwei bei den Interviewpartnern zu Hause und eines in meiner Wohnung. Von den insgesamt 55 durchgeführten Interviews transkribierte ich 32. Von diesen wählte ich 18 für die Feinanalyse aus. Die Auswahlkriterien hierfür waren: (a) die Gewichtung der Auseinandersetzung mit der NS-Zeit und dem Holocaust im Interview und (b) die Spezifik des jeweiligen Migrationshintergrunds zugunsten einer Abbildung von Heterogenität. Folgende Unterscheidung wurde getroffen:

(1) Jugendliche, die im Kontext der Arbeitsmigration ihrer Eltern nach Deutschland gekommen sind und aus Ländern stammen, die auf besondere Weise in den Zweiten Weltkrieg verstrickt waren, etwa als Opfer der deutschen Besatzungsmacht oder als Kollaborateure;

(2) Jugendliche, deren Eltern als Arbeitsmigranten in die Bundesrepublik gekommen sind (zumeist sind die Jugendlichen in Deutschland geboren und aufgewachsen);

(3) Jugendliche aus bikulturellen Familien;

(4) Jugendliche, die mit ihren Eltern als politische Flüchtlinge (Asylsuchende) in die Bundesrepublik gekommen sind; und

(5) Jugendliche, die als Kontingentflüchtlinge nach Deutschland gekommen sind.

Diese formale Einteilung der Untersuchungsgruppen nach dem Migrationshintergrund veranlaßte mich zunächst, der Hypothese einer gruppenspezifischen, auf den nationalen beziehungsweise kulturellen Hintergrund bezogenen Aneignung der NS-Vergangenheit nachzugehen. Diese Annahme erwies sich nach den ersten empirischen Befunden jedoch als fragwürdig. Nur in ganz wenigen Fällen zeichnete sich eine national-kulturelle oder auch gruppenbezogene Spezifik im Umgang mit dem Nationalsozialismus und dem Holocaust ab. In der Regel zeigten sich die national-kulturellen Merkmale als von anderen überlagert; dies oftmals in einer Komplexität, die eine Gruppenspezifik in Frage stellte. Diese Perspektive ermöglichte dann auch eine kriteriengeleitete Fallauswahl, bei der ein national-kulturell verengter Zugang zum Forschungsfeld durch eine differenziertere Merkmalskomposition ersetzt wurde. Dieser Punkt wird in den folgenden Falldarstellungen und der Typenbildung noch klarer herausgearbeitet und erläutert.

Im Zentrum der vorliegenden Studie steht eine lebensweltliche und biographische Einbettung der erhobenen Daten beziehungsweise der Versuch eines hermeneutisch-verstehenden Umgangs mit den Geschichtskonstruktionen, wie ihn Knigge vertritt. Obgleich meine Ausführungen dies deutlich gemacht haben, sei in Abgrenzung von anderen Verfahren angemerkt, daß es sich nicht um eine repräsentative Erhebung etwa im Sinne einer Einstellungsuntersuchung handelt. Von einer Orientierung an statistischer Repräsentativität wird bei der hier praktizierten qualitativen Stichprobenziehung durch theoretisches *sampling* abgesehen. Dagegen wird davon ausgegangen, daß die Heterogenität des Gegenstandsbereichs durch die gezielte Auswahl von Fällen wesentlich besser abgebildet werden kann als durch die quantitative Erhebung der Verteilung spezifischer Merkmale in einer untersuchten Population.

Im konkreten Vorgehen bei der Auswertung des empirischen Materials wurden die transkribierten Interviews zunächst chronologisch mit prägnanten, die jeweilige Interviewpassage am besten charakterisierenden Teilüberschriften versehen. Im selben Arbeitsdurchgang wurden, dem Prinzip der Analyse narrativer Interviews nach Schütze folgend, erzählende, deskriptive und argumentative Textpassagen voneinander getrennt respektive im Zusammenspiel analysiert. Dies diente zum einen der Erarbeitung der Selbstpräsentation des/der

Interviewten. Zum anderen ließen sich an solchen Übergängen oder Brüchen in Erzählungen häufig bedeutsame Besonderheiten aufzeigen, beispielsweise wenn eine Erzählung plötzlich abbrach, weil der Erzähler sich für etwas rechtfertigen zu müssen glaubte. Gleichzeitig wurden Memos geschrieben und sodann mit Informationen aus den unmittelbar nach den Interviews angefertigten Interaktionsprotokollen angereichert. Dann wurden die sich thematisch ergänzenden Textpassagen aus der Interviewchronologie gelöst und unter bestimmten, zum Teil dem Text entnommenen Überschriften in thematischen Sequenzen zusammengezogen. Auch dieser Schritt der thematischen Sequenzierung erfolgte bei gleichzeitigem Memoschreiben und Kodieren. Es schälten sich Vergleichsdimensionen wie etwa Zugehörigkeit, Migrationsprofil (Aufenthaltsdauer in der Bundesrepublik, Beziehungen zum »Heimatland«) oder Erfahrungen mit Rassismus in der deutschen Aufnahmegesellschaft heraus, auf deren Grundlage dann Beziehungen zu anderen Fällen hergestellt wurden. Auf die Erarbeitung von relevanten Vergleichsdimensionen folgte die Gruppierung der Fälle und schließlich die Analyse von empirischen Regelmäßigkeiten, die den Übergang von der Dimensionalisierung zur Typenbildung markierte.

Exemplarische Fallanalysen

Farhad: »Ich bin mit dem Nationalsozialismus zusammengewachsen.«

Kontaktaufnahme und Interviewsituation

Zum Zeitpunkt des Interviews ist Farhad 18 Jahre alt und besucht die zwölfte Klasse des Gymnasiums einer deutschen Großstadt. Ich lerne ihn während einer Hospitation im Geschichtsunterricht kennen. Er fällt mir durch engagierte Beteiligung am Unterricht auf. Nach der Stunde spreche ich ihn an. Wir vereinbaren einen Interviewtermin. Das Interview findet einige Tage später nach der Schule in einem leerstehenden Klassenzimmer statt. Als er den Raum betritt, scherzt er, daß er sich ein wenig verspätet habe, weil sein Lehrer ihn immer so »zulabert«. Er ist lässig gekleidet: khakifarbene Hose, weißes Army-T-Shirt und Turnschuhe, deren Schnürsenkel lose baumeln. Am Handgelenk blitzt eine goldene, für sein Alter ungewöhnlich biedere Uhr. Seine lockigen schwarzen Haare hat er zu einem Pferdeschwanz nach hinten gebunden. Er gibt sich aufgeschlossen und entspannt, fordert mich forsch auf »loszulegen«.

Biographische Skizze und Migrationshintergrund

Farhad ist im Iran geboren. Als er anderthalb Jahre alt ist, flüchten seine Eltern aus Angst vor Verfolgung unmittelbar nach Ausbruch der »iranischen Revolution« nach Deutschland. Der Vater war für die Regierung von Schah Reza Pahlewi tätig, die Mutter arbeitete als Geschichtslehrerin. Farhad hat zwei ältere Geschwister im Alter von 27 und 28 Jahren. Die Familie des Vaters lebt noch im Iran. Farhad selbst ist noch nie dort gewesen. Die Familie der Mutter hat den Iran verlassen und lebt in Schweden, Deutschland und den USA. Die Eltern Farhads sind seit 1989 geschieden. Die Mutter lebt seit 1990 mit einem neuen Lebenspartner zusammen, der deutscher Herkunft ist. Farhad strebt die deutsche Staatsbürgerschaft an.

Eröffnungssequenz des Interviews

Farhad beginnt mit dem Hinweis, daß ihn das Thema Nationalsozialismus schon immer interessiert und er sich sein historisches Wissen in Eigeninitiative angeeignet habe.

»Also das kam davon / also ich weiß nicht, ich hab' mich schon von klein auf [...] damit beschäftigt, also Bücher, Filme halt darüber. Immer wenn's was gab mit Nationalsozialismus im Fernsehen, hab' ich mir das halt angeguckt, vor allem, weil ich das so interessant fand, wie die Leute halt auch zu der Zeit dahintergestanden haben. Weil, das hat mich halt / na ja, ich hab' mir halt gedacht, na ja, das war ein böser Mensch, so wie man's halt als Kind beigebracht bekommen hat. Warum waren die alle hinter ihm her? Warum haben sie ihn so unterstützt? Und so nach und nach habe ich mich vorgearbeitet über Dokumentationen über die Zeit, mit Büchern und alles, was mit dem Zweiten Weltkrieg zu tun hat. Hab' da halt vorgearbeitet, obwohl das Interesse eigentlich erst beim Krieg lag, also ab '39 halt. Und ich erst später, also zurückgegangen bin, also, wie das alles angefangen hat, daß es soweit kommen konnte.«

Farhad stößt in seiner Auseinandersetzung mit dem Thema auf einen Widerspruch, der seine Neugier weckt. Ihn interessiert, weshalb so viele Menschen Hitler unterstützt haben, da er doch offensichtlich ein »böser Mensch« war. Farhad vermutet, daß Hitler entweder gar nicht so »böse« war oder dieses »Böse« doch von großer Anziehungskraft gewesen sein muß. Angeregt durch diese Fragestellung, beginnt Farhad mit einer vor allem kognitiv orientierten Vertiefung der Thematik (Bücher, Dokumentationen und ähnliches). Sein primäres Interesse gilt dem Zweiten Weltkrieg, und er unterscheidet zwischen den Ereignissen des Krieges, des Nationalsozialismus und des Holocaust. Wie eine Forschertätigkeit beschreibt er seine Beschäftigung mit dem Thema, zu dem er sich Stück für Stück systematisch »vorarbeitete«. Es fällt auf, daß Farhad ein besonderes Interesse an Militärfragen hat:

»Also, das kam davon / also ich weiß nicht, ich hab' mich schon von klein auf [...] damit beschäftigt, also Bücher, Filme halt darüber. Immer wenn's was gab mit Nationalsozialismus im Fernsehen, hab' ich mir das halt angeguckt. Alles, was ich kriegen konnte zu der Zeit. Also, erst mal halt, das Militärische halt, die Vorgehensweisen, und dann bin ich, glaub' ich, mal irgendwann auf die Judenvernichtung getroffen, halt mit Auschwitz und so. [...] der Zusammenhang war halt mit dem Krieg. Weil ich ein Junge bin, halt so kriegsinteressiert bin, halt wie gekämpft wurde und so, und erst später [...] bin ich erst auf die Juden gekommen *(wird leiser)*. Und hab' auch immer mal meine Eltern gefragt, und die wußten halt nicht sehr viel hier über die Zeit. Und in der Nachbarschaft haben viele alte Leute gelebt, und ich hab' mich halt mit denen gut verstanden. Und die ham mir auch immer so von der Zeit erzählt [...] danach, als sich dann meine Eltern ham scheiden lassen / und dann der Freund meiner Mutter, der ist Deutscher, und der hat das ja miterlebt als kleines Kind – die Bombenangriffe auf Frankfurt. Und hab' ihn auch immer gefragt. Er hat ja auch noch seine Eltern gehabt damals, und durch ihn bin ich auch mehr mit dem Nationalsozialismus zusammengewachsen. Wie er erzählt hat, wie er das als kleines Kind erlebt hat, wie seine Eltern da gelebt haben und so. Und durch ihn bin ich dann auch noch mal mehr mit dem zusammengewachsen, mit dem Nationalsozialismus. [...] Also, er hat es miterlebt, seine Eltern ham's miterlebt. Der Vater war auch im Krieg, in Rußland, an der Ostfront. Und die ham das hier in Frankfurt sogar miterlebt.«

Es läßt sich bereits vermuten, daß Farhad bestrebt ist, die Kriegsereignisse aus dem Verbrechens- und Schuldzusammenhang herauszunehmen. Auffällig ist in seiner Erzählung die Bedeutung der familienbiographischen Dimension für seine Aneignung des Themas. Von den leiblichen Eltern, die aus dem Iran stammen, kann er naturgemäß nur wenig über die Zeit des Nationalsozialismus in Deutschland erfahren. Aus den Erzählungen der älteren deutschen Nachbarn kann er lokalgeschichtliche Informationen aus erster Hand schöpfen. Als einen Wendepunkt in der Auseinandersetzung benennt Farhad die Scheidung seiner Eltern und das Zusammenleben mit dem neuen, deutschen Freund seiner Mutter, der den Nationalsozialismus und den Krieg als Kind miterlebt hat. Über dessen Erzählungen und die Erzählungen seiner Eltern – Farhads deutschen »Stiefgroßeltern« – erhält er Einblicke in persönliche Motive, das Alltagsleben im Nationalsozialismus, das Erleben des Krieges und der Bombenangriffe vor Ort. In der Feststellung, daß die Stiefgroßeltern die NS-Zeit »sogar in Frankfurt miterlebten«, verbinden sich die historischen Ereignisse mit der Zeitzeugenschaft der Großeltern und Farhads Selbstverständnis als Frankfurter. In der gleich zweimal verwendeten und in diesem Zusammenhang eher befremdlich klingenden Aussage Farhads, daß er auf diese Weise mit dem Nationalsozialismus »zusammengewachsen« sei, drückt sich eine kaum stärker formulierbare Verbundenheit mit der deutschen Geschichte aus. Diese speist sich offenbar daraus, daß die deutsche Familie ihn durch ihre Erinnerungen einbindet, ihm ein familienbiographisches beziehungsweise kollektivgeschichtliches Identifikationsangebot macht, welches Farhads Bedürfnis nach Zugehörigkeit entgegenzukommen scheint. Die Stiefgroßeltern als Repräsentanten der Bezugsgruppe ihrer Geschichte werden auch zu Farhads Bezugsgruppe.

»Erwähnen, daß es auch gute Deutsche gab«

Interessant ist gerade in diesem Zusammenhang die folgende Sequenz aus dem Interview, in der sich Farhad kritisch zum Geschichtsunterricht äußert:

»Also, was mal fehlt, ist erwähnen, daß es auch Deutsche gab, die nicht so waren. Weil, wie zum Beispiel, ich hab' nie – was mich immer gewundert hat – nie was über Schindler gehört, Oskar Schindler. Und wo ich den Film gesehen hab', was er also vollbracht hat, also daß er zwölfhundert Menschen gerettet hat und daß man über solche Leute überhaupt nix erfährt. [...] Halt auch deutsche Offiziere oder halt Leute, die sich geweigert haben, sagen wir mal nur zehn Juden zu erschießen oder da mitzumachen, daß über die hier total wenig berichtet wird. [...] Das, find' ich, sollte viel mehr gemacht werden. Weil bei manchen Ausländern hab' ich erlebt, daß sich hier ein ganz großes Vorurteil aufbaut gegenüber den Deutschen.«

Es wird rasch deutlich, daß Farhad auf der Suche nach den »guten Deutschen« ist. Er sucht nach Entlastungszeugen und positiven Vorbildern in der Geschichte, an denen sich die Menschen auch heute orientieren könnten. Es geht ihm aber auch darum, das negative Deutschlandbild im Ausland auf diese Weise etwas »auszubessern«. Schließlich meint Farhad, das beschworene Widerstandspotential von »damals« in die Jetztzeit übertragen zu können. Dadurch eröffnet sich ihm eine Handlungsperspektive: Man müsse nicht einfach mitlaufen. Hierfür gebe es Beispiele aus der Geschichte, sogar aus einer Zeit, in der alle mitzulaufen schienen. Wenn das Nichtmitmachen unter den repressiven Verhältnissen des nationalsozialistischen Deutschland möglich war, dann scheint sich für Farhad daraus für die Zukunft abzuleiten, daß Widerstand grundsätzlich möglich ist. Man könnte seine Fokussierung auf den Widerstand als den Wunsch nach einer »besseren« oder »guten« deutschen Gesellschaft deuten. Farhad möchte zu dieser Gemeinschaft gehören, deshalb wünscht er sich ein positiveres Bild von dem Land, dessen Staatsbürgerschaft er annehmen möchte.

Im folgenden Abschnitt geht Farhad auf sein Aufwachsen in Deutschland ein und betont seine hieraus resultierende Vertrautheit mit »Regeln«. Dabei macht er seine »Verwurzelung« in Deutschland, auch bezogen auf die deutsche Geschichte, deutlich.

»Ich bin hier mit diesen Regeln aufgewachsen und fühl' mich auch darin wohl. [...] Und zu meiner Heimat hab' ich halt die Verbindung nur über meine Eltern, über meine Großeltern. Die können mir Sachen erzählen, wie's da war, und das war's dann auch. [...] Ich war noch nie dort, im Iran. [...] Natürlich haben mir meine Eltern über den Iran erzählt, wie es damals war, wie es jetzt ist. Ich hab' mich damit auch beschäftigt. Aber ich hab' mich größtenteils intensiver mit der deutschen Geschichte befaßt, weil's natürlich hier auch mehr über die deutsche Geschichte gibt als über die iranische Geschichte zum Beispiel. Aber mein Interesse liegt mehr hier, weil hier eben hier ist, weiß ich auch nicht warum.«

Die Tatsache, daß sein historisches Wissen über das Heimatland der Eltern im Vergleich zu seinem Wissen über deutsche Geschichte eher mager ausfällt, erklärt sich Farhad rational mit der Feststellung, daß in Deutschland schließlich primär deutsche Geschichte unterrichtet werde. Darüber hinaus konstatiert er einen affektiven Moment, den er nicht erklären kann: Er interessiere sich eben mehr für »hier«, sprich: Deutschland, wo er aufgewachsen ist und zur Schule geht. Aus dieser Perspektive scheint es nur naheliegend, daß er sich mehr für die historische Genese des »Hier« interessiert als für das »Dort« und die »iranische Revolution«, die ausschlaggebend für die Emigration seiner Eltern war. Was die Eltern Heimat nennen, ist für Farhad fremd. Es fällt ihm deshalb außerordentlich schwer, einen lebensweltlichen Bezug zur iranischen Geschichte und seiner Familienbiographie herzustellen. Das Wissen über die dortigen Ereignisse bleibt für ihn abstrakt. Ziehen wir als Kontrast die Beschreibung seiner geschichtlichen Verbundenheit in der Schilderung des Verhältnisses zu den deutschen Stiefgroßeltern und seinem Stiefvater heran, so wird deutlich, daß es hier den Zeitzeugen, die den Zweiten Weltkrieg in Frankfurt erlebt haben, gelingt, eine Brücke zur Vergangenheit zu schlagen. In den Erzählungen des Stiefvaters und der Großeltern wird die Geschichte für Farhad »lebendig«. Dabei scheint es wichtig zu sein, daß er die Orte kennt, von denen sie berichten. Anders als der ihm unbekannte Iran erfährt die durch die Deutschen zugänglich gemachte Alltags- und Lokalgeschichte eine für ihn offenbar faszinierende lebensweltliche Konkretisierung.

»Jetzt machen die so was schon wieder ...«

In der folgenden Sequenz drängen sich Farhad Parallelen zwischen der nationalsozialistischen Vergangenheit und der Ausländerfeindlichkeit im Gegenwartsdeutschland auf:

»[...] zu den Zeitpunkten, als die Ausländerfeindlichkeit hier so groß geworden ist, Rostock, Mölln, wo das alles kurz nacheinander kam. Da hab' ich mir schon überlegt: Also, jetzt hatten die schon den Nationalsozialismus, hatten das alles gehabt, jetzt machen die so was schon wieder. Was geht denn jetzt ab? Sozusagen. Ich hab' halt auch schon Angst gehabt, daß es wahrscheinlich / vielleicht immer so bleiben würde. Aber dann hab' ich natürlich auch immer mit Leuten halt / wie hier in meiner Klasse zum Beispiel / da sieht man ja ganz gute Beispiele, also Leute, die sich total davon distanzieren, und daß man nicht alle in einen Topf werfen sollte, daß wird einem dadurch halt auch bewußt. Ich hab' ja auch Freunde, die sagen, wir ham was gegen die und die Ausländer, was ja auch verständlich ist. Weil es gibt ja wirklich Ausländer *(lacht)*, die halt sich hier wirklich aufführen wie sonstwas. Das schadet natürlich dem Ganzen. Daß es natürlich die Gruppen gibt und die Gruppen. Daß natürlich nicht alle Deutschen damals dieses Denken geführt haben, das kommt einem auch dann zum Bewußtsein.«

Trotz der Bedrohung durch ausländerfeindliche Ausschreitungen ist Farhad um einen differenzierten Blick bemüht. Auch hier paßt seine eigene im Zusammenhang mit dem deutschen Widerstand formulierte Theorie des »guten Deutschen«. Seine Ausführungen zur gegenwärtigen Lage in Deutschland gehen direkt in einen Gedanken zur deutschen Geschichte über. Die Deutschen werden entlastet, wenn Farhad darauf hinweist, daß nicht alle von ihnen die Diktatur unterstützt hätten. Aus dem menschlichen Verhalten in der Vergangenheit (unter Extrembedingungen) lassen sich für Farhad quasi die menschlichen Verhaltenspotentiale der Gegenwart (unter Normalbedingungen) herleiten.

Farhads Formulierung, er könne es verstehen, wenn Deutsche Antipathien gegen solche Ausländer hegten, die »sich hier wirklich aufführen«, deutet darauf hin, daß er selbst diskursive Versatzstücke der Ausgrenzung Fremder in Deutschland übernimmt. Der Ausländer wird lediglich als Gast mit vorübergehendem Aufenthalt gesehen. Nur wenn er nicht gegen die Regeln verstößt, wird er dauerhaft akzeptiert. Wenn Farhad argumentiert, daß einige Ausländer »dem Ganzen« schaden, könnte man den Eindruck gewinnen, er habe die in der deutschen Gesellschaft verbreitete Spaltung in »nützliche« und »unnütze« Ausländer verinnerlicht. In seiner Argumentationslogik folgt er der Losung: Der gute Ausländer benimmt sich anständig – eben wie ein Gast –, der schlechte mißbraucht das Gastrecht und kann deshalb ohne weiteres ausgeschlossen werden.

Bezüge zum Nahostkonflikt

In der folgenden Sequenz erläutert Farhad, worin aus seiner Sicht die heutige Problematik des Holocaust liegt. Überraschenderweise bezieht er sich nicht auf Deutschland, sondern verortet die Nachwirkungen des Nationalsozialismus unmittelbar im Nahostkonflikt:

»Ich verbinde das immer noch mit / das schweift halt aus in Konflikten, die jetzt herrschen in Israel und Palästina. Darum, darum find ich's halt interessant, was damals passiert ist, mit den Juden zum Beispiel, und was jetzt wieder dort passiert in Palästina. Damit verbinde ich das meistens. Also, so Zusammenhänge, warum die sich jetzt ungefähr genauso zu den Palästinensern verhalten, wie sich jetzt die Nationalsozialisten zu denen verhalten haben.«

Mit dem Vorwurf, daß die einstigen Opfer selbst zu Tätern würden, nimmt er eine Argumentationsfigur auf, die man auch im deutschen Diskurs über die israelische Politik und palästinensische Autonomiebestrebungen findet. Rosenthal erklärt diese Figur als »Täter-Opfer-Inversion« – als »Kanalisierung des Antisemitismus in den Antizionismus«.[1] Dieser manifestiere sich in der Behauptung, daß die ehemaligen Opfer des Nationalsozialismus Täter geworden seien. Damit, so Rosenthal, werde die Schuld auf die Opfer verschoben. Auch im Zusammenhang mit der Frage, ob man aus der Geschichte lernen könne, greift Farhad dieses Argumentationsschema auf. Er

1 Vgl. Rosenthal 1997, S. 349.

sagt, es sei wichtig, aus der eigenen individuellen oder kollektiven Leidensgeschichte zu lernen, niemals Täter zu werden. Diese Forderung adressiert er interessanterweise nicht an die deutsche Gesellschaft, sondern an Israel und das Judentum allgemein. Farhad lenkt den Blick von Deutschland nach Israel, indem er die deutsche Bewältigung der NS-Vergangenheit mit dem israelisch-palästinensischen Konflikt in Zusammenhang bringt. Er vergleicht die israelische Politik gegenüber den Palästinensern mit der Rassenpolitik der Nationalsozialisten. Diese argumentativen Verknüpfungen finden sich in der folgenden Sequenz, in der sich Farhad auch zu seinem Verhältnis zum Judentum äußert. Farhad positioniert sich als muslimisches Gegenüber und begründet darüber auch seine Parteinahme für die Palästinenser im Nahostkonflikt:

»Also zum Judentum. Also, von meiner Religion her wurde ich nie von meinen Eltern / also wie es im Nahen Osten bei vielen Moslems vielleicht üblich war, daß die Juden schlecht sind oder so, nie dazu hergeleitet. Also wir praktizieren den Islam auch nicht zu Hause. Wir sind nicht so strenggläubige Moslems. Wir machen das auch net so. Und trotzdem – ehm, was mich halt immer ärgert, ist, daß die Opfer des Holocaust sozusagen dasselbe mit den Palästinensern machen, so in gewissem Sinne. Daß es auch bei denen Lager gibt, wo Palästinenser zusammengetrieben werden. Also die Palästinenser leben ja sozusagen auch in Ghettos. Ich mein', sie dürfen / sie können ausgesperrt werden, wenn halt irgendwas ist / kommen dann aus ihren Gebieten nicht raus / und daß die da halt auch mehr oder weniger unterdrückt werden. [...] eine Zeitlang hab' ich mich ziemlich über die Juden halt aufgeregt, daß sie das halt / daß sie halt genauso umgehen mit denen, wie vor 50 Jahren mit ihnen selber umgegangen worden ist. Und das hat mich halt sehr aufgeregt, daß vor allem die, die die Opfer waren, daß die vor allem daraus hätten lernen müssen. Und daß es immer, wie in jedem Land fanatische Leute gibt, die sagen: Ja, weg mit den Arabern und so weiter halt. Und ich hätt' halt nicht gedacht, daß das gerade dort / also ich hab' manchmal das Gefühl, als würden sie dort eine Art Rache verüben für das, was ihnen angetan wurde. Halt nur mit Leuten, die wirklich nix dafür können, was mit denen halt hier im Zweiten Weltkrieg passiert ist. Und dann hör' ich immer von Leuten, daß dort eine hohe antideutsche Stimmung ist. Verständlich ja – bei älteren Leuten, die das halt überlebt haben. Aber daß die das halt den Jugendlichen weitergeben und so und daß das nie abgebaut wird. Irgendwann muß das ja wohl / man darf es nicht vergessen, aber man sollte nicht den neuen Generationen das noch nachhängen, was da passiert ist.«

Interessant ist, daß Farhad sich zunächst von muslimischen Antisemiten abgrenzt und seine säkulare Erziehung betont. Dennoch scheint sich ein vor diesem Hintergrund entstandenes Verständnis des Nahostkonfliktes durchzusetzen mit den ehemaligen Opfern als Täter. Dabei hätten doch gerade die Juden als ehemalige Opfer ihrer eigenen Repressions- und Leidensgeschichte lernen müssen, meint Farhad – und attestiert den Lagern und Ghettos, in denen die palästinensische Bevölkerung lebt, sowie der Verhängung von Ausgangssperren Ähnlichkeiten mit den Unterdrückungsmethoden der Nazis. Farhad vervollständigt seine Deutung der politischen Verhältnisse im Nahen Osten mit der Vermutung, daß die Opfer des Nationalsozialismus sich nun quasi stellvertretend an den Palästinensern rächen würden. Wenn er eine solche Figur der »Schuldverschiebung auf die Opfer«[2] argumentativ einsetzt, ist zu fragen, wozu ihm diese Betrachtungsweise dient. Es läßt sich vermuten, daß er aufgrund einer panarabischen Solidarität, obgleich er selbst persischer Herkunft ist, Stellung für die Palästinenser bezieht, indem er diese zu »Opfern« und die Israelis zu »Tätern« erklärt. Die Konzentration auf den Nahostkonflikt dient ihm hier auch dazu, Deutschland zu entlasten. Schließlich setzt er am Ende seiner Rede mit dem Hinweis »man sollte nicht den neuen Generationen das noch nachhängen, was da passiert ist« deutlich ein Zeichen, daß er bereit ist, mit der Geschichte abzuschließen.

Rechtsradikalismus, Sündenbocktheorie und Judenhaß

Auch im folgenden Kommentar drängt sich für Farhad ein Vergleich auf: Er vergleicht die Situation der jüdischen Bevölkerung als »Sündenbock« während des Nationalsozialismus mit der Lage der ausländischen Bevölkerung im heutigen Deutschland. Dabei enthistorisiert er die Ereignisse und stutzt die Geschichte auf den Gegenwartsvergleich zurecht:

»[...] die Deutschen, sagen wir mal, die jetzt rechtsradikal sind. Daß die meistens dieselben Argumente bringen wie damals die Leute, also damals die Nationalsozialisten: Ja, die Juden haben uns die Arbeitsplätze weggenommen und jetzt nehmen uns die Ausländer die Arbeitsplätze weg. Weil die sind an

---

2 Ebenda.

unserem ganzen Elend schuld und halt die Befürchtung, also so im Hintergedanken, so im Unterbewußtsein die Befürchtung, daß es wieder so hochkommen könnte, dieser ganze Haß und alles, daß es wieder soweit kommt, wie es schon mal war, also vor 50 Jahren. Darüber mach' ich mir Gedanken, weil: Ich muß ja hier in Deutschland leben und ich meine, wenn ich jetzt sage / Ich leb' jetzt schon seit fast 17 Jahren hier in Deutschland. Und ich fühl' mich hier wohler, als ich mich in meiner Heimat jemals wohl fühlen würde. Und das würde die Rechtsradikalen ja nicht interessieren, weil sie so was nicht begreifen.«

Die ernüchternde Feststellung, daß Rechtsradikale sein Bleiberecht und sein »Deutschsein« nie akzeptieren würden, wirkt auch auf seine Einschätzung des Erwerbs der deutschen Staatsbürgerschaft:

»Ja, ich würde gerne die deutsche [Staatsbürgerschaft] beantragen. Ja, kein Problem halt. Nur, sagen wir mal, jetzt bei den rechten Leuten würde das auch keinen Unterschied machen, ob ich jetzt deutsche Staatsbürgerschaft hab' oder die iranische. Sagen wir mal: Ich bin schwarzhaarig, etwas bräunlicher gefärbt und *(lacht)* also Ausländer. [...] Also das kam eher mehr dazu / mir halt das Leben hier zu erleichtern halt in gewissen Punkten, halt Arbeitserlaubnis und halt wählen würde ich auch ganz gern, mitbestimmen. Und jetzt durch das ganze Europa, wenn man da noch die deutsche Staatsbürgerschaft hat, diese Reisemöglichkeit, die man da hat. Weil ich brauch' immer noch für einige Länder hier in Europa ein Visum oder auch für andere Länder außerhalb Europas. Und das würde ich gern mal alles wegmachen. Und da ich sowieso wahrscheinlich hierbleiben werde *(lacht kurz).* Was soll man mit der iranischen Staatsbürgerschaft?«

Farhad führt pragmatische Gründe für den Erwerb der Staatsbürgerschaft ins Feld. Hinzu kommt, daß er keinen Sinn in der iranischen Staatsbürgerschaft mehr sieht, weil er nicht beabsichtigt, dort zu leben. Seine vorherige Aussage, daß er sich »hier wohler fühle als im Iran«, den er an anderer Stelle anbrachte, wiederholt er nicht; statt dessen weist er noch einmal darauf hin, daß ihn auch ein deutscher Paß nicht vor rassistischen Übergriffen schützen könne, da seine phänotypische Erscheinung ihn immer als »Ausländer« markiere.

Familiengeschichte der deutschen Stiefgroßeltern

In der folgenden Sequenz habe ich Farhad nach der Begegnung mit Zeitzeugen gefragt. In seiner Antwort greift er auf die familienbiographischen Informationen aus seiner deutschen Stieffamilie zurück:

»Diese älteren Leute [...] wenn es darum ging, um die Zeit, ham die immer gesagt: Es war 'ne schwere Zeit. [...] Der Vater war im Rußlandkrieg. [...] Er war vorher in Dänemark stationiert, und was ich halt interessant fand, das hat er mir erzählt, daß sein Vater damals gedacht hat, Deutschland wird den Krieg gewinnen. Das war halt für die klar. Die waren in Dänemark stationiert, und das ging alles überall voran, und ja Deutschland wird den Krieg gewinnen und halt nicht in diesem nationalistischen Denken halt so, es ist halt Krieg, und wir haben recht, und wir werden den Krieg gewinnen. So jetzt aus unserer Sicht sieht man natürlich alles anders. Deutschland war im Unrecht. Aber damals die Leute, würde ich mal sagen, daß die meisten das im Recht empfunden haben, wie jetzt die eigenen deutschen Gebiete wieder reinzuholen, daß die anderen Länder aggressiv gehandelt haben, gut, wahrscheinlich wegen der Propaganda, daß das halt alles normal war.«

Farhad versucht, die Perspektive des Stiefgroßvaters als Soldat der deutschen Wehrmacht in Dänemark nachzuvollziehen. Zwar sei Deutschland in seiner Expansionspolitik im Unrecht gewesen, im Kontext der damaligen Zeit sei es aber »normal« gewesen, an die Rechtmäßigkeit der eigenen Politik und den Sieg zu glauben und entsprechend zu denken und zu handeln. Farhad räumt aber auch der Propaganda eine wichtige Rolle bei der Herstellung dieser »Normalität« während des Krieges ein. Die Normalität des nationalsozialistischen Alltags beschäftigt Farhad das gesamte Interview hindurch. Das zeigen auch seine folgenden Ausführungen über das Thema Mitläufer, das gerade im Unterricht behandelt wird:

»[...] Wir reden ja jetzt über die Mitläufer halt und im Nationalsozialismus. Und das find' ich mal wieder interessant, daß mal Alltagsleben geschildert wird, wie die Leute da gedacht haben, wie sie da gelebt haben. Weil ich denk' mir halt für jetzt: Jetzt sagen wir, der Nationalsozialismus war falsch. Aber damals fanden es ja die Leute richtig. Für die war ja alles perfekt. Ich meine, sagen wir mal, Deutschland stand wieder gut auf den Beinen. Und warum sollen sie das schlecht finden? Jetzt ist es nicht schwer, darüber zu urteilen: Das war schlecht und so. Aber damals fanden es die Leute ja normal.«

Farhad ist an Alltagsgeschichte interessiert. Bemerkenswert ist dabei seine Ausrichtung an der Tätergesellschaft. Er sucht nach »Innenansichten«, möchte wissen, wie die Menschen damals gedacht, gefühlt und gehandelt haben. Dabei stellt er retrospektiv den Habitus der moralischen Überlegenheit der Nachgeborenen in Frage. Er plädiert dafür, die Umstände der Zeit mitzudenken und nicht vorschnell aus der Sicht heutigen Wissens zu urteilen. Man könne den Nationalsozialismus aus heutiger Sicht zwar verurteilen, im damaligen Zeitkontext sei ein solches Urteil aber unmöglich gewesen. Schließlich sei »ja alles perfekt« gewesen. Deutschland habe »gut auf den Beinen« gestanden. Was in dieser Redewendung noch einmal offen zutage tritt, ist Farhads Versuch, zwischen einem »guten« Nationalsozialismus, der wirtschaftliche Prosperität brachte, und einem »schlechten«, der zu Terror und Vernichtung führte, zu unterscheiden. Mit dem Herausschälen des »guten Nationalsozialismus« vollzieht Farhad eine im deutschen Nachkriegsdiskurs häufig gepflegte Spaltung im Umgang mit dieser Geschichte: Indem Entschuldigungsgründe angeführt werden, läßt sich die Leidensgeschichte der Opfer abspalten. Auch klammert Farhads Behauptung, alles sei »perfekt« gewesen, die Frage aus, für wen eigentlich alles »perfekt« war. Diese Argumentationsfigur scheint sich einzuordnen in die Mythen des »guten Nationalsozialismus«, die retrospektiv meist über den Autobahnbau, die Vollbeschäftigung oder andere wirtschaftliche und kulturelle Erfolge sowie bestimmte Vorstellungen von »Recht und Ordnung« konstruiert werden.[3] Daß Farhad diese Perspektive einnimmt, scheint darauf hinzudeuten, daß der Austausch mit den älteren deutschen Nachbarn und den Stiefgroßeltern seine Geschichtsaneignung nachhaltig beeinflußt hat. Man könnte hier in der Tat von der Übernahme der beschriebenen Geschichtskonstrukte sprechen. Farhad ist in die deutsche Erinnerungsgemeinschaft verstrickt. Immer wieder streicht er heraus, daß sein Interesse an der Thematik zunächst ausschließlich durch eine Beschäftigung mit dem Zweiten Weltkrieg motiviert gewesen sei, daß ihn vor allem das Militärische fasziniert habe. Man kann sich bei seiner Rede der Vorstellung eines »sauberen Kriegs«[4] kaum entziehen. Einen Bruch erfährt

---

3 Vgl. die Befunde von Rosenthal zu »Mythenbildungen« im deutschen Nachkriegsdiskurs, 1997, S. 25.

4 Vgl. hierzu auch Rosenthals Befunde, 1997, S. 25 ff.

dieses Bild des »sauberen Kriegs« für Farhad aber nicht etwa durch die Verbrechen der deutschen Wehrmacht und die Judenvernichtung, sondern durch die Bombardements der Alliierten auf deutsche Städte. Die folgende Sequenz zeigt, wie stark Farhad bereits in deutsche Geschichtsgeschichten über den Nationalsozialismus und seine Folgen verstrickt ist und in welchem Maße er Anteil an den »Opfernarrativen« der Täter, Mitläufer und Zuschauer hat:

»Das Militärische, die Vorgehensweisen, also zum Beispiel der S-Feldzug, wie da vorgegangen wurde, wie angegriffen wurde. [...] Krieg hat mich früher immer interessiert, also wer wen angegriffen hat, wer wem den Krieg erklärt hat. [...] Also, was mich immer so gestört hat, das waren die Bombenkriege. Also, das mit dem Bombardement auf Dresden halt. Was ich halt [...] als total sinnlos bezeichnen würde. Und wenn ich mal 'ne Möglichkeit hätte, dann wär' das einzige, was ich an der Geschichte verhindern würde, wäre diesen Angriff auf Dresden zu unterbinden oder zu verhindern. Weil der Angriff auf Dresden drei Monate vor Kriegsende, das war ein bescheuerter Angriff sozusagen, obwohl die anderen Städte wurden auch sinnlos angegriffen [...] Aber ist halt 'ne blöde Methode. Und bei Dresden ham halt die Alliierten gewußt, daß es 'ne Stadt ist, wo halt viele Flüchtlinge sind. Es sind ja auch sehr viele Menschen kurz vor Kriegsende ums Leben gekommen. Also, das hat mich immer sehr geärgert, wenn ich darüber was gelesen hab'.«

Daß er ausgerechnet die Bombardierung Dresdens als das singuläre Ereignis des Zweiten Weltkriegs anführt, das er verhindern würde, bestätigt die These der Verstrickung Farhads in den deutschen »Wir-waren-alle-Opfer«-Diskurs. Er nimmt Teil an der Konstruktion einer ganz bestimmten historischen Erinnerung und einem kollektiven Gedächtnis, welches die Ursachen des Kriegs und die eigene schuldhafte Verstrickung in das nationalsozialistische Unrechtssystem ausblendet und den Großteil der Opfer der Terrorherrschaft entthematisiert.[5]

Farhads Interesse am Nationalsozialismus ist umfassend, vor allem aber alltagsorientiert, und überschreitet die Grenzen des Klassenzimmers. Er sagt, daß er neben der Schule andere Gelegenheiten vermisse, über Themen der Geschichte und der Politik zu diskutieren. Einzig der Lebensgefährte seiner Mutter biete sich hierzu an. Mit diesem

5 Vgl. hierzu auch Rosenthal 1998, S. 345 ff.

scheint er einen intensiven Austausch über die NS-Vergangenheit zu pflegen:

»Mit dem Freund meiner Mutter zum Beispiel, mit dem kann ich mich so richtig darüber unterhalten. Mit dem ist es auch richtig interessant. [...] Zum Beispiel hat er mir von dem großen Bombenangriff auf Frankfurt erzählt, wie er das halt als kleines Kind mitbekommen hat. Oder wenn's um die Judenvernichtung geht, daß er [...] er meint halt, daß die Eltern halt zu ihm gesagt haben, sie hätten nicht soviel gewußt. Ich mein', man kann ja nie wissen, was die Leute damals gewußt haben und was sie nicht gewußt haben, weil das wurde ja wirklich im Versteckten abgehandelt. Die Leute sind halt verschwunden, aber da hat sich auch keiner drum Gedanken gemacht. Die wurden halt alle in den Osten gebracht, wo sie halt, sagen wir mal, in Sicherheit sind oder so. Und wir reden halt so oft über Politik und so.«

Die Positionen der beteiligten Akteure verschwimmen, vermeintlich historische Feststellungen, Familienüberlieferungen des Stiefvaters und Farhads eigene Gedanken verschmelzen. Dabei fällt auf, wie unkritisch Farhad mit den ihm angebotenen Vergangenheitsdeutungen, die zum Teil eher Gerüchtecharakter haben, umgeht. Vermutlich macht die enge familiäre Bindung an die deutsche Familie, besonders an seinen deutschen Stiefvater, es Farhad unmöglich, stärker nachzufragen. Vor diesem Hintergrund ist es auch nachvollziehbar, daß er dazu tendiert, den Mythos, man habe nichts von dem Judenmord gewußt, aufrechtzuerhalten.

Auf die Frage, welche Bedeutung er denn der Begegnung mit Zeitzeugen beimesse, äußert sich Farhad ausschließlich zu den Zeitzeugen der Täter-, Zuschauer- und Mitläufergesellschaft. Farhad ist bemüht, die Sozialperspektive der Täter beziehungsweise ihrer Nachkommen nachzuvollziehen:

»Wenn jetzt jemand direkt was mit der Judenvernichtung zu tun hatte, kann ich schon verstehen, daß er das nicht so direkt erwähnen will. Und jetzt, wie gesagt, bei mir zu Hause halt / der war halt noch ein kleines Kind damals / wenn ich ihn halt frage, ob er sich an einige Sachen noch erinnern kann, antwortet er mir halt. Ich würd' halt sagen, wenn es noch damals Kinder waren, die das erlebt haben und die halt jetzt älter geworden sind und darüber berichten, daß die das halt viel anders gesehen hatten, also so wie mit Kinderaugen, die sich dazu noch keine eigene Meinung gebildet haben können. Und die sehen das ja so, wie sie es wahrnehmen, also basteln nicht irgendwas dazu oder lassen nicht irgendwas weg.«

Interessant ist, daß Farhad seinem Stiefvater als Zeitzeugen die Eigenschaft eines naiven, unbefangenen und vor allem ehrlichen und authentischen Beobachters zuschreibt. Der Stiefvater stellt deshalb für Farhad den glaubwürdigsten Informanten dar. Zugleich ließe sich an dieser Stelle vermuten, daß Farhad sich sehr stark mit den Kindheitserfahrungen des Stiefvaters identifiziert. Auch Farhad war noch klein, sah die Welt mit Kinderaugen, als seine Eltern aus ihrer Heimat vertrieben wurden. Die unbewußte Parallele, die sich in seinem Erleben andeutet, besteht darin, als Kind bestimmten, unbegreiflichen politischen Ereignissen ausgesetzt gewesen zu sein, die das Leben massiv beeinflußten. In der Identifikation mit der Kriegskindbiographie des Stiefvaters manifestiert sich menschliche Nähe. Man könnte sagen, daß die Geschichte hier quasi zur Beziehungsstifterin wird. Der Stiefvater wird zum »signifikanten Anderen« für Farhad, der sich in seiner Auseinandersetzung mit der NS-Geschichte in dem von der Stieffamilie vorgegebenen Erinnerungsrahmen bewegt.

Deutsche Jugendliche und der Nationalsozialismus

Im folgenden Abschnitt nimmt Farhad seine deutschen Altersgenossen in Schutz. Dabei geht es ihm um den Umgang mit der historischen Hypothek des Nationalsozialismus, den Dimensionen von Schuld und Verantwortung:

»Also, ich finde überhaupt, daß jetzt die Deutschen, also die deutschen Jugendlichen hier, nicht so mit der Verantwortung runtergedrückt werden sollten. *(Mit verstellter Stimme)* Ja, ihr seid verantwortlich für das, was damals passiert ist. Weil die können ja wirklich nix dafür, weil ich find, das ist etwas bescheuert, um jetzt das mal so auszudrücken. [...] Ja, doch, das mitentscheiden, daß es in Zukunft bessergeht. Doch, in dem Sinn glaub' ich, daß ich da auch was machen kann. *(Lacht)* Ja, jetzt im kleinen Sinne. Hab' ich doch, wohl schon eine Mitverantwortung. Wenn ich dann Deutscher bin und da mitentscheiden darf, sozusagen ... hab' ich schon eine Mitverantwortung, *(leise)* denk' ich schon.«

Zunächst solidarisiert sich Farhad mit seiner Generation. Es ist ihm ein Bedürfnis, seine Mitschüler zu entlasten. Er schließt sich hier aber nicht in die Gruppe ein. Mit der Formulierung »die können nix dafür« distanziert er sich zugleich. Er nimmt seine Altersgenossen zwar in Schutz, verortet sie aber eindeutig als die »Anderen« – als Teil des deutschen Kollektivs eben. Durch diese Distanzierung scheint Farhad sich in seinem Engagement als Anwalt der durch die historische Last »runtergedrückten« deutschen Jugendlichen in besonderer Weise zu legitimieren. Da er sich selbst nicht als Teil der Gruppe, sondern als neutrales Gegenüber positioniert, das gleichsam aus einer Position der »fernen Nähe« ein objektives Urteil fällen darf, kann man ihm auch keine Befangenheit unterstellen. Gleichzeitig reproduziert Farhad den Argumentationsstrang eines weitverbreiteten deutschen Diskurses über die Nachwirkungen des Nationalsozialismus, indem die Deutschen als Opfer einer »Meinungspolizei« erscheinen, die, wie der Schriftsteller Martin Walser es nannte, unter der sogenannten »Auschwitz-Moralkeule« zu leiden hätten.[6] Die Tatsache, daß Farhad den Nationalsozialismus nicht als *sein* historisches Erbe betrachtet, hält ihn nicht davon ab, sich zu politischer Verantwortung zu bekennen. Auch als er erneut die Weitergabe der Geschichte anspricht, schwingt er sich wieder zum Anwalt der Deutschen auf, die er gegen Schuldzuweisungen zu verteidigen sucht.

»Also, daß die Geschichte weitergegeben wird, das halt ich für wichtig, aber nicht, daß denen, sagen wir mal, Schuldgefühle eingeredet werden. Du bist auch schuld und so, hast dafür Verantwortung. [...] von hier habe ich jetzt keine Beispiele, aber vom Ausland her, würde ich eher sagen, hab' ich eher das Gefühl, daß den jetzt lebenden Deutschen auch eine Schuld gegeben wird – große Schuld, was ich halt nicht ziemlich sinnvoll finde.«

Wie einige seiner deutschen Altersgenossen vertritt Farhad die Ansicht, daß den Deutschen Schuld »eingeredet« werde. Deutschland wird als Objekt der »Geschichtsschreibung der Sieger« dargestellt. Die dialogische Darstellungsform verweist auf die Lebendigkeit dieser Argumentation, die auch in Farhads lebensweltlichem Bezug zur NS-Geschichte eine Rolle zu spielen scheint. Sein Engagement in der Sache legt zwei Vermutungen hinsichtlich seiner persönlichen Motivation nahe: Möglicherweise möchte er für seine deutsche Stieffamilie sprechen, die er nicht belastet sehen will. Darüber hinaus mag es ihm perspektivisch unangenehm erscheinen – schließlich strebt er die

6 Vgl. Rede von Martin Walser anläßlich der Verleihung des Friedenspreises des Deutschen Buchhandels in der Frankfurter Paulskirche 1998.

deutsche Staatsbürgerschaft an –, selbst Teil einer mit solch negativen Stereotypen und historischer Last behafteten Gemeinschaft zu werden. Letztere Hypothese scheint sich in der Folgesequenz zu erhärten. Farhad beschreibt hier seine Begegnung mit negativen Deutschlandbildern im Ausland:

»Wenn ich verreise im Ausland, dann wenn ich sage: Ja, ich bin halt Iraner, lebe aber in Deutschland, dann fragen die schon: Wurdest du mal angemacht wegen deiner Haarfarbe oder weil du Ausländer bist? Die ham schon ein ganz anderes Bild von Deutschland. Ja, durch die Medien, was sie halt davon erfahren. Sagen wir mal, die wissen im Ausland auch nicht, sagen wir mal, daß es nicht alle Deutschen sind. Sie können sich das wahrscheinlich denken, aber was da vermittelt wird, ist ja so ja: Die Deutschen haben wieder / was weiß ich / ein Haus angezündet, Asylantenheim angezündet. Muß man sie halt erst mal beruhigen und sagen: Nee, nee, bei uns ist alles klar. Also wir werden nicht auf der Straße dumm angeguckt und so. Sind halt vereinzelte Sachen, die da vorkommen.«

Farhad sieht sich immer wieder genötigt, Position für Deutschland zu ergreifen. Er sieht sich der Defensive gegenüber den negativen Deutschlandbildern. Seine Aussage »bei uns ist alles klar« läßt offen, ob er das »uns« auf das deutsche Kollektiv bezieht und sich dazuzählt oder ob er sich mit »uns« der Gruppe zuordnet, die potentiell von Rassismus betroffen ist.

Auch in der Auseinandersetzung mit historischen und aktuellen Debatten über die Nachwirkungen des Nationalsozialismus, etwa den Thesen des amerikanischen Historikers Daniel Jonah Goldhagen, gerät Farhad in die Verteidigerrolle für Deutschland:

»Ich hab' mal in einem Buch gelesen, also da ging es um den 9. November 1938, in der Reichskristallnacht, da hat irgend jemand geschrieben, daß die Deutschen faschistisch veranlagt wären. Das war auch wieder was, was mich sehr aufgeregt hat. *(Erregt, holt tief Luft)* Oder dieser Daniel Goldhagen, daß der den Deutschen die Kollektivschuld wieder gibt, daß sozusagen den Deutschen eingeredet wird, also geschrieben wird, daß die Deutschen schon mal faschistisch sind und es wahrscheinlich immer bleiben werden. Also, das halt ich schon mal, also für Dummgeschwätz halt ich das, das ist wirklich Mist, was da geredet wird.«

Farhad wehrt sich gegen die stigmatisierenden Fremdzuschreibungen durch Historiker und andere Wissenschaftler. Seine Erregung beim

Sprechen über solche Vorwürfe, die er als üble Verleumdungen wahrnimmt, zeigt, wie stark er betroffen ist, und könnte darauf hinweisen, in welch großem Maße er sich mit dem deutschen Kollektiv identifiziert. Farhad kämpft offenbar um ein unbeschädigtes Deutschlandbild. Wenn er im folgenden eine eher universalistische Perspektive hinsichtlich der Vermittlung der NS-Geschichte entwickelt und andere Länder ins Visier nimmt, so geschieht dies vermutlich auch in der Absicht, den von ihm als unerträglich empfundenen, auf Deutschland konzentrierten Blick zu dezentrieren, indem er auf aktuelle Beispiele von Völkermord verweist. Gefragt, ob er die Kenntnis der NS-Geschichte als relevant ansehe, antwortet er:

»Also, wichtig find' ich es schon. Also, nicht nur für Deutschland, auch für andere Länder. Weil, ich wett', in anderen Ländern wird das nicht so stark behandelt, wie in den Vereinigten Staaten / wird's vielleicht mal angeschnitten / oder ostasiatische Länder, kann ich mir nicht vorstellen oder im Nahen Osten, daß das überhaupt ganz stark behandelt wird. Und vor allem in so Regionen ist das ja auch wichtig, was da passiert ist, daß man einfach mal drauf achtet. Weil das kann in jedem Land passieren. Und ich mein', es gibt ja immer noch Länder, wo Diktatoren regieren, wo Minderheiten unterdrückt werden. Vielleicht ist es noch nicht so ausgeartet, daß Minderheiten jetzt einfach ausgerottet werden. Aber gerade jetzt in Jugoslawien, Ex-Jugoslawien ist das beste Beispiel dafür. Systematische Ausrottung von / also gegenseitiges Ausrotten. Also die rotten die aus und die anderen / also rotten sich gegenseitig aus. Und das sollte halt nicht mehr passieren.«

Es ist Farhad besonders wichtig, darauf aufmerksam zu machen, daß politischer Fanatismus, Rassismus und Genozid nicht als rein historische Phänomene zu begreifen sind. Er betont die aktuelle Relevanz, das Potential der Unmenschlichkeit, die mögliche Wiederholung von Auschwitz: Der Massenmord konnte geschehen und kann damit geschehen. Als Beweis zieht Farhad den Bürgerkrieg und die damit vielerorts einhergehenden »ethnischen Säuberungen« im ehemaligen Jugoslawien heran. Er formuliert den Anspruch, daß alle Nationen aus der deutschen Geschichte lernen sollten. Dabei macht er die »Verhinderung einer Wiederholung von Auschwitz« zu einer Menschheitsaufgabe. Die Frage der Schuld beschäftigt Farhad aber auch noch auf einer anderen Ebene. Er thematisiert den Schuldzusammenhang entlang den sozialen Rollen von Tätern, Zuschauern und Mitläufern:

»Jetzt die Holocaust-Geschichte, was da für mich schwierig war, also, daß es halt Menschen gab, die das, sagen wir mal, mit Freude verübt haben das alles, oder es halt mit Freude beobachtet haben, wie das so abläuft. Ich mein', es gibt natürlich Menschen, die, sagen wir mal, die halt die Züge hingefahren haben. Ich weiß nicht, ob ich denen jetzt 'ne Mitschuld daran geben soll oder nicht. Sind sie jetzt mitschuldig? Haben sie überhaupt gewußt, was sie da getan haben? War ja doch nur ihre Arbeit? Und wenn sie es gewußt haben, was hätten sie tun sollen? Hätten sie sagen sollen: Nein? Wären sie selber erschossen worden. Ich meine, sagen wir mal, ein einzelner hätte da nicht viel machen können. Hätte sich der Lokführer geweigert, wäre er erschossen worden, wäre ein neuer Lokführer gekommen. Vielleicht sogar einer, dem es Spaß gemacht hätte, jetzt, der das bewußt gemacht hätte. Das sind so Sachen, wo ich nicht weiß, tragen die auch 'ne Schuld, oder mußten sie es machen, um sich selbst zu schützen. Da komm ich manchmal in Zwiespalt.«

Farhad konstruiert hier ein moralisches Dilemma. Dabei spielt er hypothetisch unterschiedliche Handlungsoptionen beziehungsweise Entscheidungsvarianten des Lokomotivführers durch und stellt die Frage nach individueller Schuld, die er nach ausführlichem Abwägen nicht beantworten kann. Seine Beurteilungskriterien für Schuld und Mitschuld geraten angesichts der extremen Umstände ins Wanken. Am Ende steht für ihn ein Zwiespalt, der auf das Aushalten der in der Situation angelegten Ambivalenz verweist. Deutlich wird, daß ihn diese Fragen ernsthaft beschäftigen. Die Mitläuferepisode transportiert gleichsam auch ein dominantes Geschichtskonstrukt der Tätergesellschaft: den Mythos vom Befehlsnotstand, verbunden mit der Behauptung, daß die Verweigerung einer mit dem Völkermord in Zusammenhang stehenden Tätigkeit mit dem Tod bestraft worden wäre.[7]

Plädoyer für die Deutschen

Es ist Farhad nochmals ein Anliegen, eine Lanze für die aus seiner Sicht mit Schuldgefühlen und schlechtem Gewissen bestraften Deut-

7 Neuere Forschungen haben den sogenannten Befehlsnotstand zumindest relativiert, wenn nicht als Mythos entlarvt, da bisher kein Beispiel gefunden werden konnte, das diesen Sachverhalt empirisch stützt (vgl. Browning 1996).

schen zu brechen, sie vom Vorwurf der »Kollektivschuld«[8] zu befreien. Sehr emphatisch verteidigt er die Deutschen gegenüber vermeintlichen Anschuldigungen aus dem Ausland.

»Ja, was mir halt noch wichtig wär, is', daß man nicht so auf den Deutschen rumhacken soll, mit der Geschichte. Daß denen immer so diese Schuldgefühle, so vom Ausland her immer so gesagt wird *(betont)*: Ihr seid dran schuld. Und man soll's nicht vergessen, aber mich regt's schon manchmal auf, wenn Leute über Deutsche herziehen, also: Ihr wart dran schuld! Weil die jetzige Generation kann nichts dafür. Sie kann's nur besser machen.«

An solchen Äußerungen wird ein hohes Maß an Solidarität mit Deutschland, besonders aber mit den jungen Deutschen seiner Generation, deutlich. Wenn Farhad vor allem die jetzige Generation von Schuld freispricht und die Maxime formuliert, »es besser machen zu wollen«, handelt er als Anwalt der jungen Generation – seiner Peergroup –, mit der er sich identifiziert. Seine Herkunft fällt dabei nicht als zugehörigkeitsstiftend ins Gewicht. Zugehörigkeit ergibt sich für Farhad vielmehr aus der Altersgruppe. Er sieht sich als Teil der jungen deutschen Generation.

Zusammenfassung und Kommentar

Im Interview mit Farhad nimmt das Thema der Rehabilitierung Deutschlands und der Deutschen sehr schnell eine herausragende Stellung ein. Farhad macht sich zum Anwalt der – aus seiner Sicht – unter der Last der nationalsozialistischen Vergangenheit leidenden Deutschen. Sein besonderes Engagement gilt dabei den jungen Deutschen, die er glaubt, gegen stigmatisierende Zuschreibungen verteidigen zu müssen. Seine Identifikation mit Deutschland zeigt sich besonders bei Auslandsreisen, wo Farhad sich mit negativen Deutschlandbildern konfrontiert sieht, die er zu relativieren versucht, indem er sich für eine differenzierte Sichtweise stark macht. In

8 Aleida Assmann zeichnet in ihrem neuen Buch »Geschichtsvergessenheit – Geschichtsversessenheit« Ursprung, Funktion und Wirkung der Kollektivschuldthese in Deutschland nach (Assmann/Frevert 1999, S. 83 f.).

seiner Auseinandersetzung mit der Geschichte des Nationalsozialismus und des Holocaust sowie der Nachwirkungen fällt auf, daß sich Farhad ausschließlich der historischen Bezugsgruppe der Täter, Mitläufer und Zuschauer zuwendet. Seine Beschäftigung mit diesen erfolgt vor allem über deren Erfahrungen während des Zweiten Weltkriegs. In seiner ersten Begegnung mit dem Krieg spielte, wie er hervorhebt, die rassistische nationalsozialistische Vernichtungspolitik keine Rolle. An mehreren Stellen im Interview tritt bei der Unterscheidung zwischen Krieg und Holocaust zugleich eine Aufspaltung des Nationalsozialismus zutage, denn Farhads Ausführungen zielen zweifelsohne darauf ab, dem Nationalsozialismus auch »gute Seiten« abzugewinnen. Von diesen trennt er Terror, Verfolgung und Vernichtung ab.[9] Seine Empathie gilt den vom Nationalsozialismus »geblendeten« Deutschen und ihrem Leben unter diktatorischen Verhältnissen als Opfer des NS-Regimes. Zwar stellt auch er, wie einige der anderen Jugendlichen dieses Samples, eine Analogie zwischen der Ausländerfeindlichkeit und dem Judenhaß während des Nationalsozialismus her, doch führt ihn dies nicht zu einem ausgeprägten Interesse an dem Schicksal und der Kollektivgeschichte der Verfolgten. Vielmehr ist er auf der Suche nach den »guten« Deutschen. So macht er auf Oskar Schindler und den konservativen Widerstand aufmerksam, von dem viel zuwenig berichtet werde. Er wünscht sich eine stärkere Beschäftigung mit den deutschen Helfern und Rettern, an denen man sich doch orientieren könne. Gleichzeitig scheint es, als wolle sich Farhad auf diese Weise selbst versichern, daß die Deutschen nicht alle rassistisch, antisemitisch und faschistoid waren oder sind. Auch wenn ihn der Rechtsextremismus im Deutschland der Gegenwart sehr beunruhigt, weil er ihn zu historischen Entwicklungen im Nationalsozialismus in Beziehung setzt, kann er nicht umhin, sich und anderen immer wieder zu versichern, daß es sich bei der heutigen Ausländerfeindlichkeit nur um ein vorübergehendes Phänomen handele, welches nur von einer kleinen Minderheit der Deutschen getragen werde.

---

9 Inowlocki identifiziert ein ähnliches Muster in ihren Fallanalysen zu rechtsextremistischen Jugendlichen. Vgl. Inowlocki 2000a, S. 162 ff. und Inowlocki 2000b, S. 74 ff.

Seine Auseinandersetzung mit der Tätergesellschaft und ihren Nachkommen scheint massiv durch die deutsche Stieffamilie geprägt. Besonders mit seinem deutschen Stiefvater, der eine wichtige Identifikationsfigur und zugleich den glaubwürdigsten Zeitzeugen für ihn darstellt, pflegt Farhad einen intensiven politischen Austausch über den Zweiten Weltkrieg. Es ist daher anzunehmen, daß Farhads Geschichtskonstruktionen stark durch die Perspektiven des Stiefvaters beeinflußt sind. Wenn Farhad davon berichtet, wie er durch den deutschen Familienteil mit der Geschichte des Nationalsozialismus »zusammengewachsen« sei, wird seine Verbundenheit mit dieser Familie ebenso sichtbar wie die geschichtliche Verstrickung – vor allem in den von Farhad reproduzierten Geschichtsbildern aus den deutschen Diskursen der Zuschauer-, Mitläufer- und Tätergesellschaft.[10] Farhad wünscht sich ein Zusammenwachsen mit der deutschen Familie und den Deutschen. Vor diesem Hintergrund wird die »gemeinsame Erinnerung« und die Auseinandersetzung mit der NS-Geschichte für Farhad zu einer Art »Bewährungsprobe« als Deutscher. Als nicht unmittelbar Verstrickter, als sich Einfühlender und Verstehender nimmt er die Rolle des »ausländischen« Experten ein, der die Deutschen aus der Position des »Unbelasteten« vor weiteren Fehltritten schützen möchte. Durch sein Zusammenwachsen mit ihnen und ihrer Geschichte trägt er zu einem Heilungs- und Normalisierungsprozeß bei. Wie stark seine Identifikation mit dem deutschen Kollektiv ist und wie wenig er sich mit der Seite der Verfolgten beschäftigt, dokumentieren seine Äußerungen zur Nahostpolitik: Er vergleicht die Lager der Nazis mit den israelischen Lagern für Palästinenser und entrüstet sich darüber, daß die ehemaligen Opfer des Nationalsozialismus heute selbst zu Tätern würden.

Die Beschäftigung mit der deutschen Geschichte wird also zu einem Instrument von Selbstverortung und Legitimitätssteigerung in der deutschen Gesellschaft. Über die Auseinandersetzung mit der Geschichte, die durch das Hinzutreten eines deutschen Elternteils mit familienbiographischen Erzählungen angereichert wird, konstruiert Farhad durch eine bewußte Teilhabe an der gemeinsamen Erinnerung

---

10 Vgl. hierzu auch die Befunde zum intergenerationellen Dialog über Nationalsozialismus und Antisemitismus in Rosenthal 1997, S. 345 ff.

seine Zugehörigkeit zum deutschen Kollektiv. Es scheint davon auszugehen, daß die intensive Beschäftigung mit der Thematik ihn zu einem vollwertigen Mitglied dieser Gesellschaft werden läßt. Seine Bereitschaft, sich dem Thema zuzuwenden, ist demnach verbunden mit dem Wunsch nach Zugehörigkeit.

Bülent: »Ich kann mich für Dinge interessieren, für die sich jugendliche Deutsche auch interessieren.«

Kontaktaufnahme und Interviewsituation

Bülent ist der einzige Jugendliche aus seiner Klasse, der freiwillig an einer Gedenkstättenfahrt nach Theresienstadt teilgenommen hat, die in den Herbstferien stattfand. Ich stelle den Kontakt über die die Fahrt begleitenden Pädagogen her und vereinbare telefonisch einen Termin. Bülent erklärt sich spontan zum Interview bereit. Ich treffe ihn während der Weihnachtsferien 1998 in einer freien Einrichtung der außerschulischen Jugendbildung. Er ist ein großgewachsener Junge mit dunklen Haaren und Augen, einem runden, freundlichen Gesicht. Er trägt eine schwarze Jeans und eine schwarze Lederjacke. Er macht einen sehr souveränen und aufgeschlossenen Eindruck. Abgesehen von einigen Anfangsschwierigkeiten, kommt Bülent schnell ins Reden und erzählt sehr frei, was ihn im Zusammenhang mit der NS-Zeit bewegt. Das Interview dauert über eine Stunde und hätte vermutlich länger gedauert, wenn Bülent nicht von einem Freund abgeholt worden wäre.

Biographische Skizze und Migrationshintergrund

Bülent ist zum Zeitpunkt des Interviews 16 Jahre alt und besucht die zehnte Klasse einer Realschule. Er ist deutscher Staatsbürger. Seine Mutter ist türkischer Herkunft, aber bereits in Deutschland geboren. Sie arbeitet als Verwaltungsangestellte. Der Vater ist Türke und kam als junger Arbeitsmigrant mit 16 Jahren gemeinsam mit seinem älteren Onkel in die BRD. Er ist heute erfolgreicher Busunternehmer. Die

Eltern sind seit sechs Jahren geschieden. Seit fünf Jahren hat Bülent einen deutschen Stiefvater, der eine Schreinerwerkstatt betreibt. Bülent hat zwei jüngere Halbgeschwister (drei und zwei Jahre) aus der zweiten Ehe seiner Mutter. Seinen leiblichen Vater sieht er nur einmal im Monat. Das Verhältnis beschreibt er als wenig intensiv. In seiner Freizeit treibt Bülent viel Sport. Er spielt Fußball in einem Verein. Als Berufswunsch gibt er Kaufmann an.

Eröffnungssequenz des Interviews

Auf die Frage, wie er dazu gekommen sei, sich mit dem Thema Nationalsozialismus zu beschäftigen, antwortet Bülent:

»Ja, wie soll ich sagen, viel durch die Medien, aber auch durch die Schule. Da wird ja auch immer so von geredet – halt blablabla – auch wegen den ausländischen Kindern, daß die halt anders wären als die Deutschen, daß die sich dafür nicht viel interessieren würden. Ich weiß nicht, viele Ausländer werden so angesehen wie richtige Ausländer. Zum Beispiel ich: Ich bin hier zum Beispiel geboren und aufgewachsen. Ich sprech' die Sprache besser als meine. Und ich mein', für mich ist da kein Unterschied. Ich kann mich für Dinge interessieren, für die sich jugendliche Deutsche auch interessieren. Zum Beispiel: Es gibt viele deutsche Jugendliche, die überhaupt keine Ahnung haben von deutscher Geschichte [...]. Das interessiert die Leute eigentlich gar nicht. Die sind der Meinung: Ausländer ist Ausländer und deutsch ist deutsch. Und ob man hier geboren ist, ist egal.«

Bülent stellt gleich zu Beginn Deutsche und Ausländer einander gegenüber und nimmt dabei eine defensive Haltung ein. Aus seiner Sicht hat er sich längst als Deutscher qualifiziert. Er wehrt sich dagegen, der Kategorie »Ausländer« zugeordnet zu werden, und fordert ein differenziertes Bild ein. Das Thema der Selbst- beziehungsweise Fremdzuschreibung zieht sich wie ein roter Faden durch das gesamte Interview und greift auf die geschichtsrelevanten Themen über. Bülent befindet sich offenbar in einer Krise, was die Auseinandersetzung mit sich selbst und seinen Zugehörigkeiten angeht. Er kämpft um eine Mehrfachidentität, deren Möglichkeit durch die Verbreitung nationalkultureller Denkweisen blockiert wird. Der Umgang mit der Geschichte des Nationalsozialismus wird dabei zu einem Austragungsort dieses Konflikts um das Dazugehören. Bülent fühlt sich berechtigt, an vermeintlich »deutsch« besetzten Themen in gleicher

Weise teilzuhaben wie die als »deutsch« kategorisierten Jugendlichen. Dies zeigt sich auch in folgender Sequenz:

»[...] wir waren ja jetzt in der Fahrt nach Theresienstadt, da haben wir viel davon geredet. Also, das kam von der Schule aus. Da hat ein Lehrer von mir gefragt, wer halt interessiert daran ist, an so was teilzunehmen. Da war ich halt der einzige aus unserer Klasse. Die anderen hat es eigentlich nicht so interessiert. [...] Halt, wie gesagt, fünfzig Prozent Deutsche in der Klasse, und ich war der einzige Ausländer sozusagen, der sich dafür interessiert hat. [...] Theresienstadt an sich war sehr interessant. Die Gegend vor allem. [...] Und wie die Leute gelitten haben. [...] unter welchen Umständen die da gelebt haben oder leben mußten. Und Frau Stern, sie hat uns auch viel darüber erzählt, wie es dort war, was die machen mußten. Also, das fand ich / also da war eine Schülerin und die hat sie gefragt, ob es da auch normale Tage gegeben hätte. Und das fand ich sehr wichtig, als die Frau Stern gesagt hat, daß es in der ganzen Zeit – in den ganzen zwei Jahren, in denen sie dort war, für sie keinen einzigen Tag gegeben hat, der normal war. Das ist eigentlich das schlimmste. Das schlimmste ist, wenn man nicht normal sein kann *(Senken der Stimme).*«

Das Leben und Überleben im ständigen Ausnahmezustand, in der »Anormalität« des Konzentrationslagers, erscheint Bülent rückblikkend, wie er sagt, als »das schlimmste«. In Hinblick auf seine vorausgegangenen und folgenden Äußerungen läßt sich hier vermuten, daß Bülent diese Szene erinnert, weil sie seinen eigenen Wunsch, in Deutschland als »ganz normal« betrachtet zu werden, in verlagerter Form spiegelt. Denn in seinen Eingangsausführungen beansprucht er einen gesellschaftlichen Status, der nicht legitimationsbedürftig ist. Er hebt hervor, daß er »normal« sein und nicht als Ausländer ausgegrenzt oder exotisiert werden wolle. Vor dem Hintergrund seiner eigenen Identitätsproblematik scheint ihn die Vorstellung, über einen langen Zeitraum der totalen Fremdbestimmung und Willkürherrschaft in einem Konzentrationslager ausgeliefert zu sein, besonders zu bewegen.

Im Anschluß berichtet Bülent über die Zusammensetzung der Gruppe, in der sich eine vielschichtige Gruppendynamik entwickelte. Bülent fühlte sich in der Gruppe isoliert. Dies lag zum einen daran, daß er der einzige »ausländische« Teilnehmer war, zum anderen, daß es nur einen weiteren männlichen Teilnehmer gab, mit dem er sich allerdings nicht verstand. Hinzu kommt, daß sich die Gruppe aus Schülerinnen und Schülern unterschiedlicher Schulformen und Altersstufen zusammensetzte, was offensichtlich nur schwer zu überbrückende altersmäßige und intellektuelle Unterschiede zur Folge hatte:

»Ja, ich war der einzige Ausländer sozusagen. Die anderen waren alle Deutsche. Da war noch 'ne Halbfilipina, aber die hatte nichts mit dem Ausland zu tun. Ihr Vater ist auch Deutscher, und sie spricht keine andere Sprache. Aber ich konnte mich mit der Gruppe nicht so verstehen. Also, der größte Teil davon waren ja Mädchen. Da war noch ein einziger Junge dabei. Ich konnte mich mit denen nicht so unterhalten. Okay, die waren auch älter als ich. Aber trotzdem, auch mit dem anderen deutschen Jungen. Ich mein', ich hab' viele deutsche Freunde, aber die waren irgendwie nicht zugänglich. Die waren alle unter sich, und das fand ich halt net so gut. Zum Glück hatte ich zwei Mitschülerinnen aus der Parallelklasse noch dabei. Wir ham uns dann so angefreundet. Aber mit den anderen erst nach vier Tagen. Ich sag' mal so, viele ausländische Mitbürger sind zugänglicher als manche Deutsche. Also ich verallgemeinere jetzt mal, aber bei den meisten ist es halt so. Da hat man da schon manchmal Schwierigkeiten, gerade als Ausländer. Ich meine, auch viele Jugendliche werden damit konfrontiert: Ausländer, Ausländer. Und die können nicht / also, wenn man alleine ist, kann man nicht zu den anderen so hingehen. Ich weiß nicht. Das kann man nicht beschreiben. Ist ein bißchen komisch halt.«

Bülent legt nicht nur seine Integrationsschwierigkeiten in der Gruppe offen, sondern liefert auch eine kulturalistische Erklärung dafür. Seine Kontaktschwierigkeiten mit der Gruppe deutet er als Mentalitätsproblem: Die Deutschen seien eben nicht so zugänglich wie die Ausländer. Schließlich gesteht er, anfänglich auch Angst gehabt zu haben, direkt auf die Gruppe zuzugehen, weil es ihm als einzigem Repräsentanten einer Minderheit schwergefallen sei. Bülent ist vorsichtig, will sich nicht der Gefahr aussetzen, als Ausländer diffamiert zu werden. Schließlich schildert er eine Konfliktsituation, die sich vor Ort zugetragen hat, eine Situation, die zunächst zu einer geschlechtsspezifischen Deutung verleitet, die vor dem Hintergrund der Selbst- und Fremdzuschreibung zu historischen Bezugsgruppen aber eine andere Bedeutung gewinnt:

»Konflikte gab es eigentlich nicht. Von den Mädchen halt. Die haben ja viel geweint und alles. Die hat das ganz schön mitgenommen. Also, mir ging's / mir war's da nicht zum Weinen zumute, sondern es war für mich halt so 'ne Erfahrung, wie's da so war. Natürlich ist es traurig, ich mein', ich würde ja auch nicht gerne so leben, aber / na ja, und als ich da gesagt hab': Warum weint ihr denn eigentlich? Ihr müßt nicht drüber weinen, denkt drüber nach. Da kam schon wieder dieses: Eh, du als Ausländer, du hast doch keine Ahnung.«

Die Mädchen grenzen Bülent nicht nur aus, sondern sprechen ihm auch die Fähigkeit ab, sich adäquat mit dieser Geschichte auseinandersetzen und sich einfühlen zu können. Sosehr sich Bülent auch um die Aneignung der Geschichte bemüht, Anerkennung scheint ihm dies auf der Seite seiner deutschen Mitschülerinnen nicht einzubringen. Im Gegenteil: Sie machen ihm klar, daß er nicht »dazugehört« und daher auch keine Trauer empfinden könne. In Bülents Darstellung präsentieren sich die jungen Frauen so, als könnten nur sie als unmittelbare Nachkommen der Täter-, Mitläufer- und Zuschauergesellschaft ein angemessenes »Mitgefühl« für die Opfer des Nationalsozialismus entwickeln. Bülent fühlt sich aus der von den Mädchen konstruierten »Erinnerungsgemeinschaft« ausgeschlossen. Für ihn wird diese Vergemeinschaftung zum schmerzhaften Exklusionsmechanismus. Der Satz »Eh, du als Ausländer, du hast doch keine Ahnung« verletzt ihn, denn er unterstellt, daß Bülent die Nachwirkungen der Judenvernichtung nicht nachvollziehen könne. Für Bülent belegt diese Äußerung, daß seine Auseinandersetzung mit dem Nationalsozialismus von der deutschen Gruppe nicht anerkannt wird. Ihm wird eine Sonderstellung zugewiesen, wodurch er sich wieder als nicht »normal« fühlen muß. Darauf reagiert Bülent mit heftiger Wut und mit Ohnmachtsgefühlen:

»Und das is' ein Punkt gewesen, wo ich mich aufgeregt hab', weil ich kann das nicht akzeptieren. *(Erregt gestikulierend)* Erstens: Ich durfte nicht hierherkommen. Ich bin hier geboren. Zweitens: Ich hab den deutschen Paß. Drittens: Ich sprech' die Sprache perfekt. Viertens: Ich sag' weder: Ach du Deutscher, ach du Italiener, weder irgend etwas. Ich beleidige niemand. [...] Ich fühl' mich hier nicht als Ausländer. Irgendwo bin ich auch ein Deutscher, aber irgendwo auch türkisch. Ich bin beides.«

Bülent lenkt immer wieder auf Situationen, in denen er sich als in Deutschland lebender Jugendlicher türkischer Herkunft legitimieren muß. Dabei pocht er auf seinen Anspruch, in Deutschland so selbstverständlich zu leben wie Deutsche. Er nennt Faktoren, von denen er glaubt, daß sie als Integrationsqualifikation zu werten sind: hier geboren zu sein, die deutsche Sprache zu beherrschen und den deutschen Paß zu besitzen. Die eingeforderte Normalität zeigt sich hier auch als

Wunsch nach Anerkennung eines »dritten Ortes«, einer Zwischenposition, einer offenbar noch nicht existenten gesellschaftlichen Kategorie, die Bikulturalität gleichwertig zuläßt.

Aus der Geschichte lernen

Gefragt, ob er glaube, daß man aus der Geschichte lernen kann, antwortet Bülent:

»Ja, auf jeden Fall. Also, ich weiß nicht, daß man die Mitmenschen mehr respektieren muß, auf jeden Fall. Also man sollte andere Menschen eigentlich nicht schlecht behandeln. Also, ich weiß nicht, also wenn man jetzt mal drüber nachdenkt, das sind ja auch Menschen gewesen. Die einen Menschen haben den anderen Menschen was Schlimmes angetan. [...] Da wird man irgendwie halt nachdenklicher. Das ist, wie wenn ich jetzt zum Beispiel, wenn zwei eine Auseinandersetzung haben, und der andere ist schwächer, und der andere ist stärker, dann tut man dem Schwächeren weh. Und der Schwächere kann sich nicht wehren. Dann denkt man schon nach so, also ich – man wird nachdenklicher.«

Auffällig ist, daß Bülent selten von Deutschen und Juden oder anderen verfolgten Gruppen des Naziregimes spricht. Er spricht fast durchgehend von Menschen, die anderen Menschen Gewalt antun, und Menschen, die unter anderen Menschen leiden müssen. Die Menschheit ist hier undifferenziert seine historische Bezugsgruppe. Er entwickelt eine eher universalistisch geprägte Haltung, die durch die moralische Forderung, Schwächeren kein Leid zuzufügen, gekennzeichnet ist. Diese Forderung münzt er sogar auf eine konkrete Konfliktsituation zweier Personen um und resümiert, daß die Auseinandersetzung mit der NS-Geschichte zur Selbstreflexion anrege.

Auf die Frage, ob sich Bülent nach dem Besuch von Theresienstadt vorstellen könnte, ein weiteres ehemaliges Konzentrationslager zu besuchen, antwortet er energisch:

»Auf jeden Fall. Nach Auschwitz würde ich zum Beispiel gerne mal gehen, weil das soll ja das schlimmste gewesen sein von allen. Das hat die Sarah Stern auch gesagt. Die war als erstes in Auschwitz, und dann kam sie nach Theresienstadt. Und Theresienstadt soll ja für sie wie ein Paradies gewesen sein, weil sie eben von Auschwitz kam. Da würde ich gern noch mal hinfahren. Das muß bestimmt interessant sein. Also, wer einmal dort war / also bevor mein

Lehrer jetzt gekommen ist und uns angeboten hat, da wär' ich auch nie auf die Idee gekommen. Da hätte ich gesagt: Ach, uninteressant. Aber als ich dann hierher [gemeint ist eine Gedenkstätteneinrichtung für Jugendliche] gekommen bin und mir das Ganze angehört hab', dann war es schon anders, auch mit den Kindern und alles. Und als ich dann gehört hab': Sarah Stern, die hat es überlebt. Fand ich mutig, daß sie mitgefahren ist. Und deswegen, also wer einmal da war, möchte bestimmt noch einmal hingehen, zu anderen Konzentrationslagern, ob es da schlimmer aussieht, ob es da besser aussieht, unter welchen Bedingungen die Menschen dort leben mußten.«

In Bülents Wunsch, auch das ehemalige Konzentrations- und Vernichtungslager Auschwitz zu besuchen, scheint eine gewisse Faszination für Gewalt und Grausamkeit mitzuschwingen – Auschwitz sei ja »das schlimmste von allen«. Gleichzeitig scheint der Besuch von Theresienstadt ein echtes Interesse bei ihm in Gang gebracht zu haben. Er betont, daß ihm ohne diesen Besuch eine Ebene der Auseinandersetzung vorenthalten geblieben wäre. Seine Fragen an die Geschichte sind offenbar noch nicht hinreichend beantwortet, im Gegenteil scheint die Beschäftigung mit den Ereignissen am Ort des Geschehens selbst, wie er wiederholt deutlich macht, seine Neugier und seinen Wissensdurst geweckt zu haben.

Zur Legitimation der Teilnahme an der Gedenkstättenfahrt

Ich frage Bülent, ob und wie seine Familie auf seine Entscheidung, Theresienstadt im Rahmen einer Gedenkstättenfahrt zu besuchen, reagiert hat. Seine Antwort lautet:

»Also, ich muß sagen, ich hab' einen deutschen Stiefvater, und meine Familie ist halt ›fifty-fifty‹, also deutsch-türkisch. Und ehm also: Die einen fanden es sehr interessant. Und die anderen, sag ich mal jetzt – meine türkische Oma, Opa –, die haben davon keine Ahnung. Also, die wußten schon und die ham sich auch alles angehört, was ich so erlebt hab', und die ham sich auch den Film, der über unseren Besuch gemacht wurde, angeguckt. Die ham sich das auch angeguckt im Fernsehen und die fanden das auch o. k., daß ich was darüber gelernt hab'. Und die Deutschen, die waren ja total begeistert. Aber dann haben sie so gesagt: Die meisten Ausländer würden das nicht tun. Aber das ist Quatsch. Ich mein', in meiner Klasse, die ganzen Deutschen, warum ham die das nicht gemacht, das frag' ich mich.«

Bülent umschreibt seinen deutsch-türkischen Familienhintergrund locker als »fifty-fifty« und unterstreicht damit sein bikulturelles Selbstverständnis. Beide Familien heißen seine Auseinandersetzung mit der deutschen Geschichte offenbar gut, die deutsche Umgebung scheint ihm Respekt und Anerkennung (»total begeistert«) für sein Engagement zu zollen. Allerdings mißfällt ihm die Äußerung von deutscher Seite, daß er eine Ausnahme unter den Ausländern sei und diese sich »normalerweise« nicht für die deutsche Geschichte interessierten. Dies bestreitet Bülent und weist darauf hin, daß auch der größte Teil der deutschen Mitschüler nicht an der Fahrt interessiert gewesen sei. Er scheint keinen notwendigen Zusammenhang zwischen Herkunft der Vorfahren und historischem Interesse zu sehen. Seine Teilnahme an der Fahrt sei nach den gleichen Maßstäben zu bewerten wie die Teilnahme der »deutschen« Mitreisenden. Er interpretiert das übermäßige Lob der Deutschen als Ausgrenzungsakt: Indem sie ihn zur positiven Ausnahme, quasi zum Vorzeigeausländer erklären, ziehen sie eine deutliche Trennlinie zwischen Deutschen und Migranten.

Bereits im Vorfeld seiner Teilnahme an der Gedenkstättenfahrt hat seine Entscheidung, als einziger ausländischer Jugendlicher seiner Klasse an der Fahrt teilzunehmen, anscheinend für Irritationen gesorgt. Bülent erzählt, wie seine (deutschen) Mitschüler reagiert haben:

»Am Anfang ham se gesagt: Was willst du eigentlich dort. Fahr doch lieber in die Türkei, blablabla. Ich mein', in die Türkei kann ich jedes Jahr fahren, aber das ist halt 'ne einmalige Sache. [...] Und das würd' ich auch immer wieder tun.«

Bülent ist enttäuscht darüber, daß ihm seine Mitschüler das Interesse absprechen und ihn dadurch als nicht dazugehörig klassifizieren. Sein Versuch, sich die Geschichte des Nationalsozialismus anzueignen, wird durch die nationalhistorische Zuschreibung seiner Mitschüler sanktioniert. Der Verweis auf die Türkei soll ihn dort kulturell und historisch verorten. Die Mitschüler machen ihn zu einem Anderen. Sie weisen ihn zurück, obwohl er ihnen auf diesem Wege doch eigentlich näherkommen wollte. In seiner Beteuerung, daß er wieder an einer solchen Fahrt teilnehmen würde, mischen sich Trotz und Verzweiflung.

Familiengeschichte der deutschen Stiefgroßeltern

Auf die Frage, ob Bülent mit den deutschen Stiefgroßeltern über die Geschichte des Nationalsozialismus gesprochen habe, platzt es geradezu aus Bülent heraus:

»Ja, immer. Überhaupt auch so vom Christlichen her. Die erzählen mir auch alles. Und meinen Stiefvater, den hab' ich auch schon, seit ich acht bin, und ich seh' den auch als meinen Vater. Er ist für mich mehr Vater als mein leiblicher Vater sozusagen. Und dadurch hab' ich auch viel mit den Deutschen zu tun. Das ist vielleicht auch, warum ich besser Deutsch kann. Ich mein', ich seh' es bei vielen Ausländischen. Die haben halt zwei marokkanische Eltern und die halt bei ihren Eltern aufwachsen. Die gucken dann halt immer türkisches Fernsehen. Bei uns ist das nicht so gewesen. Bei uns gibt es türkisch und deutsch. Meine Mutter guckt immer deutsch, und zu Hause wird auch oft Deutsch gesprochen. Halt nur ich sprech' mit meinen Geschwistern Türkisch, damit die es auch lernen, weil es von Vorteil ist, wenn man zwei Sprachen kann. Und von der *family* her, also mit meinen deutschen Großeltern. Die ham mir auch viel erzählt [...] überhaupt, wie es damals so war. Mein Stiefgroßvater, der hat das ja auch miterlebt. Der hat damals in Breslau gewohnt, gelebt, und die mußten dort auch flüchten. Er ist zwar kein Jude, aber wegen dem Krieg halt. Und da hat er mir auch erzählt, wie das damals alles abgelaufen ist und alles. Vorteilhaft find ich das, weil ich hab' da viel erfahren. Weil meine türkische Oma könnt mir das Ganze nicht erzählen, weil die hat ja damit nichts zu tun gehabt. Die ist ja erst 1969 hergekommen, [...] also wie's damals im Krieg war. Also von meinem Stiefgroßvater, wie die damals geflüchtet sind und wie die acht Tage lang nicht geschlafen hatten. Und wo der Vater, der Vater war auch halt Soldat, Pilot, daß der halt verletzt war und abgestürzt ist und dann gestorben wäre, und dann war er doch am Leben. Der hätte einen Bauchschuß bekommen, und davon hab' ich viel erfahren. Und so Sachen, zum Beispiel, daß das Krankenhaus, wo er war, in Schutt und Asche gelegt worden ist. So was halt. Wie die die toten Menschen an den Straßenseiten gesehen haben. Also, das find' ich schon schlimm. [...] Aber ich mein', das kann man nicht vergessen.«

Diese Sequenz zeigt, daß Bülent offensichtlich eine enge Beziehung zu den deutschen Stiefgroßeltern hat, die ihm über ihre eigenen und innerfamiliär tradierte Kriegserlebnisse berichtet haben. Bülent schätzt die Möglichkeit, auf diese Weise etwas über die deutsche Geschichte erfahren zu können. Er gerät in den Sog der deutschen Erinnerungsgemeinschaft, gibt sich mitfühlend und betroffen. Einerseits ist seine Empathie bemerkenswert, andererseits verhindert die Nähe zu den Zeitzeugen aus der Familie eine mögliche kritische Distanz. Die tatsächliche Teilhabe der deutschen Familie am Nationalsozialismus bleibt unklar. Am Beispiel seines Stiefgroßvaters, der Kriegsverletzungen erlitt, klassifiziert Bülent seine deutsche Familie als Kriegsopfer. Auf eine mögliche schuldhafte Verstrickung in das NS-Regime geht er nicht ein. Erst in einer späteren Interviewsequenz – als es um die Frage geht, welche Perspektive auf die Geschichte ihn besonders interessiere – stellt Bülent fiktive Fragen an den deutschen Familienteil, die direkt zu stellen er sich scheut. Nach der Bedeutung der spezifischen Perspektiven auf die Geschichte, also der jeweiligen Sicht von Tätern beziehungsweise Opfern, gefragt, führt Bülent aus:

»Man muß beide kennen. Viele Soldaten mußten ja gegen ihren Willen gehen. Das würde mich auch interessieren. Ich weiß nicht, ob es Dokumentationen davon gibt. Ich mein', von meinem Stiefvater der Vater. Ich weiß nicht, ob der das wollte, oder ob der das nicht wollte. Habe ich auch nicht gefragt. So was traue ich mich nicht zu fragen, weil das kann jemand zu nah gehen vielleicht. Weil ich würd' auch nicht sagen: ›Ja, mein Vater wollte das machen.‹ Also, ich mein', manche Sachen sind halt zu intim.«

Bülent vertritt zwar die Ansicht, beide Perspektiven kennen zu müssen, bezieht sich in seinen Ausführungen aber ausschließlich auf die potentielle Täterseite: Er fragt nach der Bereitschaft deutscher Soldaten zum Wehrdienst und mutmaßt, daß viele Soldaten gegen ihren Willen in den Krieg ziehen mußten. Schließlich verdichtet er seine allgemeine Überlegung auf den konkreten Fall seines Stiefgroßvaters: Er habe Hemmungen, diesen auf seine Soldatenzeit anzusprechen, das Thema sei »zu intim«. Der Gedanke, die Familienmitglieder in eine peinliche Situation zu bringen, ist ihm offenbar unangenehm. Was Bülent hier ausspricht, findet sich auch in einigen Interviews mit Jugendlichen deutscher Herkunft. Auch sie charakterisieren die Zeit des Nationalsozialismus als Tabuthema in ihren Familien und äußern die Angst, ihre Großeltern mit tiefer dringenden oder moralisch orientierten Fragen bezüglich ihrer Verstrickung in das nationalsozialistische Unrechtssystem zu verletzen. In diesem Sinne korrespondiert Bülents Verhalten mit dem in vielen deutschen Familien beobachtbaren Vermeiden potentiell unangenehmer Fragen hinsichtlich der NS-Vergangenheit.[11] Dennoch gibt es für Bülent viele offene Fragen. Folgende Aussage markiert seine Selbstverortung in der deutschen Gesellschaft:

»Aber ich würd' gern mal wissen, wieso die das überhaupt gemacht haben. Ich mein', manche Leute, also der Hitler ist ja eigentlich Ausländer, also Österreicher. Ein Österreicher kommt, hält Sprachen, kriegt die deutsche Staatsbürgerschaft, und dann macht er als Politiker was / also die Leute, in dieser Zeit, die müssen ja alle nicht richtig im Kopf gewesen sein, daß die alle auf ihn hören. Die ham ja auf ihn gehört. Ansonsten wäre er ja nicht so weit gegangen oder so weit gekommen. Deswegen würde ich gern mal wissen, was die Soldaten darüber empfunden haben und überhaupt die ganzen Leute. Weil, wenn alle Soldaten dagegen gewesen wären, hätte auch Hitler nichts machen können.«

Bülents Blick auf die Geschichte wird hier von seiner Selbstpositionierung in Deutschland eingeholt. Hitler wird als »Ausländer«, der die deutsche Staatsbürgerschaft annimmt, bezeichnet. Bülent schneidet einen für seine eigene Biographie relevanten Aspekt der Geschichte heraus, der bei ihm auf große Irritation stößt: Hitlers vermeintlicher Ausländerstatus. Innerhalb der durch seine persönlichen Erfahrungen gefilterten Rekonstruktion des historischen Sachverhalts gibt Bülent den Wunsch zu erkennen, die Motivation der Hitlerwähler und Anhänger zu ergründen. Vor dem Hintergrund seiner Ausgrenzungserfahrung und der gegenwärtigen Ausländerfeindlichkeit in Deutschland fällt es ihm schwer zu verstehen, daß die Deutschen ausgerechnet einem »Ausländer« so bereitwillig ins Verderben gefolgt sein sollen. Dieser Zweifel manifestiert sich in seiner Feststellung: »die müssen ja alle nicht richtig im Kopf gewesen sein«. Obwohl es ihn interessiert, aus welchen Beweggründen die Soldaten Teil der nationalsozialistischen Gewaltmaschinerie wurden und warum sie nicht opponierten, stellt er diese Fragen in seiner deutschen Familie nicht.

---

11 Vgl. hierzu Brendler/Rexilius 1991; Roberts 1995; Bohleber 1990; Rommelspacher 1995; Georgi 1995; Welzer u. a. 1997; Domansky/Welzer 1999; Welzer u. a. 2002.

Bikulturelles Selbstverständnis und nationale Erwartungshaltungen

Bülent antwortet auf die Nachfrage, was er denn genau mit der Klassifizierung seiner Familie als »fifty-fifty« gemeint habe:

»Ja, ich krieg' das schon gut zusammen. Aber da gibt es manchmal so Situationen. Zum Beispiel die Mutter von 'nem Freund von mir. Ich bin halt gut mit ihm befreundet, also er ist mein bester Freund. Er ist auch ein Deutscher. Und ich bin halt so der zweite Sohn im Haus bei denen und, ehm, zum Beispiel: Wenn jetzt Deutschland im Fußballspiel gegen die Türkei spielt. Ich bin riesiger Fußballfan. Und da bin ich natürlich für die Türkei. Vom Herzen her bin ich für die Türkei, weil, wie gesagt, die Leute in der Türkei, die sind zugänglicher, also die haben mehr Herz. Nicht alle, aber die meisten. [...] Also, in der Türkei ist es ja so: Wenn jetzt ein Unfall passieren würde, dann / also, ich bin niemand, der vorbeiläuft, also ich helfe gerne / und die anderen gucken einfach nur zu oder laufen vorbei, also die meisten. Und dort ist es halt nicht so. Das kann man schwer beschreiben. Das Verhältnis dort ist irgendwie anders. Das ist viel freudiger.«

Obwohl Bülent zunächst behauptet, die Bikulturalität stelle kein Problem dar, veranschaulicht er anhand der Fußball-Loyalität seine Gespaltenheit. Er unternimmt sogar den Versuch, diese Entscheidung rational zu begründen, und argumentiert mit einer Mentalitätsdifferenz. Die Menschen in der Türkei seien emotional zugänglicher, und diese Eigenschaft rufe seine Sympathie und Loyalität hervor. Aufschlußreich ist die Antwort auf die sich anschließende Frage, ob er sich in der Türkei als Türke akzeptiert sehe:

»Wenn ich ehrlich sein soll: nein. Wenn ich dort bin, ist es schon so / also manchmal ist es auch so. Also, ich versteh' die Sprache sehr gut. Aber manchmal versteh' ich ein paar Sachen nicht. Da sind halt so intellektuelle Wörter, und das begreift man dann nicht so. Gut, es gibt Leute, wo die Eltern nur Türkisch sprechen, aber die können dafür Deutsch nicht so gut und gehen nach der Schule auch noch in den Türkischkurs. Da bin ich auch nie hingegangen. Hab' ich nie nötig gehabt. Und die sprechen dann halt perfekt Türkisch, also richtig perfekt. Und die verstehen alles. Man muß sich irgendwie auch anders anpassen. Also, wenn ich jetzt in der Türkei bin und die fragen mich, ob ich Schwein esse. Früher hab' ich Schwein gegessen, und da hab' ich gesagt: Ja. *(betont)* Und dann: Ja, du bist kein Türke, du bist kein Moslem. Das ist der Punkt gewesen, wo ich nachgedacht hab'. Wieso sagen die das? Wieso sagen die das? Dann so mit elf hab' ich aufgehört, Schwein zu essen, bis auf Thüringer Bratwürstchen. Die esse ich so gern. Das muß ich zugeben. Es ist halt schwer. Und wenn ich dort draußen rumlaufe und was kauf', die fragen sofort, woher kommst du, aus Deutschland? Das merken die, ich weiß auch nicht warum.«

Bülent sieht ganz deutlich, daß man ihn in der Türkei als »Deutsch-Türken« identifiziert. Auch gesteht er, manchmal Verständigungsprobleme in der türkischen Sprache zu haben, obwohl er sich zuvor als »perfekt zweisprachig« bezeichnet hat. Einem gewissen kulturell-religiösen Anpassungsdruck hat er sich nicht entziehen können (Schweinefleischverzehr). Er scheint zu fürchten, sonst aus der türkischen respektive muslimischen Gemeinschaft des Herkunftslandes ausgeschlossen zu werden. Der Textausschnitt läßt vermuten, daß Bülent in einem recht liberalen religiösen oder auch säkularen Milieu aufgewachsen ist. Vor diesem Hintergrund ist es um so interessanter, daß er durch die partielle Einhaltung religiöser Essensvorschriften sein Türkischsein zumindest symbolisch zu manifestieren sucht.[12] Bülent hat offenbar erkannt, daß die Anerkennung durch die jeweilige national-kulturelle Gruppe (die Deutschen oder die Türken) auch eine Frage der Perfomativität darstellt. Deshalb versucht er an symbolischen Markierungen festzuhalten.

In der folgenden Interviewsequenz ringt Bülent mit Selbst- und Fremdzuschreibungen. In diesem Prozeß wird sichtbar, wie schwierig es ist, ein bikulturelles Selbstverständnis zu haben und zu behaupten.

»I: Du wehrst dich dagegen, als Ausländer betrachtet zu werden.
B: Ja, in meiner Schule zum Beispiel. Ich hab' da auch schon viel gemacht, weil ich mach' Zeitung an der Schule und da war auch mal jemand von der regionalen Zeitung in unserer Schule: Multikulti an unserer Schule. Hab' ich halt mitgemacht. Ich bin der erste, der immer gefragt wird eigentlich. Ich weiß nicht. Unser Rektor gleich so: Ja, Bülent, wie ist das denn so als Ausländer in Deutschland? Wie fühlt man sich? Toll, was soll ich da sagen. Ich fühl' mich hier nicht als Ausländer. Das ist meine Heimat. Ich bin hier geboren. Ich lebe hier. Und ich bin auch ein Deutscher. Also irgendwo bin ich ein Deutscher, aber irgendwo auch türkisch. Ich bin beides. Ich kann halt zwei Sprachen. Das

12 Vgl. den Begriff der »symbolischen Ethnizität« bei Waters im Kapitel »Ethnizität und Geschichte«.

war's für mich eigentlich. Ich mein', mit meinem Land hab' ich eigentlich fast nichts zu tun. Ich bin da so einen Monat im Jahr, und das war's dann auch.«

Die geschilderte Episode dokumentiert noch einmal sehr eindringlich, wie Bülent durch die Zuschreibung »Ausländer« immer wieder an den Rand der deutschen Gesellschaft gedrängt wird, der er sich zugehörig fühlt: Er soll sich als Repräsentant der Gruppe der Ausländer gegenüber den Journalisten äußern. Bülent setzt dem übergestülpten Entwurf sein eigenes Selbstverständnis entgegen. In der Formulierung »Ich bin beides« manifestiert sich noch einmal die Behauptung einer bikulturellen Identität, die weder das eine noch das andere, sondern etwas nicht konkret Bestimmbares aus beidem darstellt. Bülent pocht auf seine kulturelle Doppelkompetenz, allerdings nicht ohne zu betonen, daß Deutschland seine Heimat sei. Er wehrt sich gegen die seinem Selbstverständnis widersprechende, undifferenzierte Subsumption seiner Person unter die Kategorie »Ausländer«, die er als schmerzhaft ausgrenzend erlebt. Allerdings zeigt seine Bezugnahme auf die Türkei als »mein Land« innere Widersprüche, mit denen Bülent ringt. Darin scheinen sich sowohl Internalisierungen des Zugeschriebenen als auch die Suche nach »Wurzeln« anzudeuten.

Bezüge zum Herkunftsland

Im folgenden reagiert Bülent auf die Frage, ob er sich auch mal mit der Geschichte der Türkei befaßt habe:

»Mein Vater, mit dem hab' ich drüber gesprochen, und ich hab' halt auch viel gefragt. Also von der Türkei, die ganze Geschichte und so. Das weiß ich schon. Zum Beispiel die Türkei ist letztes Jahr 75 Jahre alt geworden und wie die Fahne entstanden ist und alles mögliche. Die ganze Sache mit Kemal Atatürk zum Beispiel. Das weiß ich halt alles. Aber das wissen zum Beispiel manche nicht, die sogar in der Türkei leben. Oder, ich mein', viele Deutsche wissen ja auch nicht, wie es in ihrem Land damals so war. Ich kann sogar noch über das Osmanische Reich was erzählen. Und die anderen können das halt nicht, auch Deutsche nicht. Zum Beispiel jetzt sag' ich Deutsche, aber das ist eigentlich verkehrt, weil an dem Punkt muß man das sagen. Aber ich betrachte mich ja selbst auch als Deutscher. [...] Die Mutter meines Freundes, die hat zu mir mal gesagt: Du bist jetzt ein Ausländer, du bist ein Gast für mich. Wenn du morgen den deutschen Paß hast, dann bist du für mich ein Deutscher. Toll. Was machen wir jetzt mit jemandem, der von der Türkei käme, genauso alt wie ich, kein Wort Deutsch – kriegt der 'nen deutschen Paß, und dann ist er auch ein Deutscher. Für mich nicht. Für mich ist jemand, der mein Alter ist und erst seit sechs Jahren hier lebt, der ist für mich kein Deutscher. Der ist für mich ein richtiger Türke, also kein Mischling oder so. Ich seh' mich eher als Mischling, weil ich hier geboren bin. Ich bin hier aufgewachsen, und ich hab' die Kultur auch ein bißchen in meinem Blut. Also, ich hab' zwei Kulturen, und die haben nur eine, und das merkt man dann auch.«

Bülent entwirft in seinen Überlegungen zur nationalen Identität stets eine »dritte« Perspektive. Er spricht als türkisch-deutscher Jugendlicher über die »Deutschen« und die »Türken«. Dabei sucht er Kriterien, um die »richtigen« Deutschen von den »Mischlingen« zu unterscheiden. Die Ebenen zwischen Selbst- und Fremdzuschreibung verschwimmen, er selbst bezeichnet sich als Mischling, von seiner Umwelt wird er aber »Ausländer« (in Deutschland) und »Deutscher« (in der Türkei) genannt. Aufenthaltsdauer und Sprachkompetenz werden für ihn zu Identitätsindikatoren und begründen nationale Zugehörigkeit stärker als Paßdokumente. Bülent hat sich aus seiner Sicht längst als »Deutscher« qualifiziert, für sich selbst fordert er aber mit der Bezeichnung »Mischling« eine Differenzierung ein. Diese Selbstbezeichnung dient ihm zu einer weiteren Legitimationssteigerung: Er habe durch sein Aufwachsen in Deutschland schließlich auch »etwas von der Kultur im Blut«. Gleichzeitig läßt er keinen Zweifel an seiner kulturellen Doppelkompetenz, wenn er hervorhebt, daß er dennoch »zwei Kulturen« habe. Besonders deutlich wird dies an seinen von einem gewissen Stolz erfüllten Ausführungen über seine Kenntnisse türkischer Geschichte. Das Interview wird fortgesetzt:

»I: Wenn du sagst: ich habe zwei Kulturen. Hast du auch zwei Geschichten – also meinst du, daß du für beide Geschichtsteile verantwortlich bist? Trägst du sozusagen die Lasten beider Geschichten?
B: Ich sag' mal: Ich hab' gar keine Last. Ich glaub auch nicht, daß irgendein deutscher Bürger eine Last hat, der heute lebt. Also, ich mein', ich spreche mal jetzt als Deutscher. Wir können für damals, für das, was da passiert ist, nichts. Dafür können nur die Leute was, die so dumm waren und auf Adolf Hitler gehört haben, schwachsinnig waren. Es gab ja auch viele Leute, die das nicht wollten. Die wurden ja nicht gefragt. Also, wir können dafür eigentlich nichts.

Und wenn jetzt irgend jemand im Ausland sagt: Eh – die Deutschen, schaut mal. Dann sind die für mich nicht intellektuell und auch nicht intelligent, weil wir können für damals nichts. Also, das sind die Leute, die damals was gemacht haben, denen sollte man die Schuld in die Schuhe schieben, nicht uns.«

Bülent reagiert aus einer defensiven Position, was er damit erklärt, daß er »jetzt mal als Deutscher« spreche. Er weist jegliche Schuld für die nachgeborene Generation, zu der er sich zählt und für die er in diesem Moment zu sprechen beansprucht, zurück und fügt den Hinweis an, daß nicht alle Deutschen Nationalsozialisten gewesen seien. Zudem verurteilt er die – aus seiner Sicht – vom »Ausland« auf Deutschland projizierte Schuld. Bülents abwehrende Haltung nimmt durch die Verwendung des Personalpronomens »wir« zugleich eine persönliche und eine kollektive Dimension an. Seine heftige Reaktion auf eine imaginierte Verurteilung äußert sich in gleicher Weise wie bei vielen Jugendlichen aus ethnisch-deutschen Familien: mit starker Abwehr, einer Überempfindlichkeit gegenüber dem Begriff der Schuld und der Unterstellung, man werde vom »Ausland« auch als Nachkomme der Tätergesellschaft verurteilt oder für schuldig erklärt.[13] Interessant ist in diesem Zusammenhang auch die folgende Passage, in der es um die Frage von historischer Last und Schuld geht. Bülent beobachtet hier an sich selbst ein kurioses Moment nationaler Selbstzuschreibung:

»Als wir in Tschechien waren, das war eigentlich das einzige Mal, wo ich als Deutscher angesehen worden bin. Also, da hab' ich mich als rein Deutscher gesehen. Da hab' ich den Türken in mir vergessen, weil da war es was anderes. [...] Da kam ich mir schon so schlecht auch vor, weil die Deutschen da so Schlimmes verbrochen haben. Das sind solche Momente, wo man drüber nachdenkt und wo man auch ein bißchen Schuldgefühl kriegt. Da hab' ich mich echt als Deutscher angesehen, also als ein Gast in einem Land, der nicht gern gesehen wird.«

Bülent macht erstmals die Erfahrung, als Teil des deutschen Kollektivs gesehen zu werden. Für die tschechische Bevölkerung, der Bülent begegnet, gibt es keinen Unterschied zwischen ihm und seinen Mit-

13 Vgl. Brendler 1991; Georgi 1995; Rommelspacher 1995; Rosenthal 1997.

schülern. Die Wahrnehmung, die aus der nationalen Differenz zu den Tschechen resultiert, läßt ihn den »Türken in sich«, wie er sagt, »vergessen«. Diese Erfahrung des Dazugehörens löst prompt ein diffuses Unbehagen und ein Gefühl von Schuld und Scham aus. Die Wortwahl »rein Deutscher« gibt seinem in Tschechien erlebten Identitätsgefühl Emphase. Wenn er zuvor sein Deutschsein mit der Kategorie »Mischling« klassifiziert hat, bringt ihn die Schilderung seiner Erfahrung im osteuropäischen Ausland dazu, sich als »rein Deutscher« zu bezeichnen. Und obgleich er eine Schuldzuweisung an die deutschen Zeitgenossen zurückweist, bekundet er, im Moment der Wahrnehmung als »rein Deutscher« Schuldgefühle verspürt und sich als Mitglied eines unbeliebten Kollektivs erlebt zu haben. Während er seiner Selbstwahrnehmung als »rein Deutscher« eine temporäre Qualität zuschreibt, geben Äußerungen wie »Wir können dafür nichts« zu erkennen, daß Bülent sich als Teil der deutschen Gesellschaft positioniert. In seiner Sprache und in seinen Ausführungen behauptet er wiederholt seine Zugehörigkeit zur deutschen Bezugsgruppe.[14]

Nationalsozialismus in der Schule

Ich frage Bülent, wie er als Geschichtslehrer Jugendlichen den Nationalsozialismus nahebringen würde.

»Indem man sich damit beschäftigt, also Videos zeigt und darüber liest. Also, das muß ich jetzt noch mal sagen: Nachdem ich von Theresienstadt zurückgekommen bin, ehm, also jemand, die hier dabei war, die hat mir von einem Mädchen erzählt, die mit zwölf Jahren mit ihrer Mutter im Konzentrationslager war. Die Kinder konnten da ja nicht arbeiten, die wurden da vergast. Und die Mutter hat sie dann halt so aufgepäppelt, daß sie arbeiten konnte. Ich weiß jetzt nicht, wo das war. Das habe ich dann halt in der Klasse vorgetragen, und die ham sich auch das Video angeguckt. Und jetzt interessiert sich jeder in der Klasse dafür. Und wir ham jetzt auch das Buch gekauft, und jetzt werden wir anfangen es zu lesen, von Shoshana Rabinowitz, dem Mädchen,

14 Dies unterscheidet ihn von Farhad, der eher eine Distanz aufrechterhält und in die Rolle des Anwalts der Deutschen – vor allem der jungen Deutschen – schlüpft. Bülent hingegen macht sich ein deutsches »Wir« zu eigen. Er spricht, zumindest momentan, nicht für die Deutschen, sondern auch als Deutscher.

was dann aufgepäppelt worden ist. Da interessiert sich jetzt jeder dafür, und dank mir, sag' ich mal jetzt. Ich hab' auch in der Schülerzeitung einen Bericht darüber geschrieben. Dank mir interessieren sich alle jetzt dafür. Die Lehrer, die tun halt nichts dafür. Über die Juden haben wir eine Woche mal gesprochen, und das war vor zwei Jahren. Und das war nur: Judenghetto, das und das. Also, da kann man sich nicht dafür interessieren, wenn man gar nicht richtig informiert wird. Und es gibt viele Themen: Also wir haben uns jetzt mit Theresienstadt beschäftigt, aber wir haben auch über Buchenwald, Sachsenhausen und Auschwitz gesprochen. Und diese Namen hatte ich vorher nie gehört.«

Bülent gibt sich hier die Rolle des Geschichtsvermittlers. An der Darstellung seines Engagements in der Sache zeigt sich, daß er trotz vorangegangener Beteuerungen der Schuldlosigkeit seiner Generation eine Verantwortung für das Erinnern an die Geschichte übernimmt. Während es dem Lehrer nicht gelungen sei, die Mitschüler zu motivieren, habe er dies vollbracht. Durch das Hervorheben seiner aktiven Rolle in der Verarbeitung und Bearbeitung der NS-Geschichte gibt er zu erkennen, daß er teilhat am kommunikativen Gedächtnis der Deutschen.

Analogien: Damals die Juden – heute die Türken

In der folgenden Sequenz denkt Bülent über die Aktualität der Geschichte in seiner Gegenwart nach:

»I: Wie ist denn das für dich mit der Geschichte – gibt es da auch eine Brücke für dich in die Gegenwart? Siehst du im Hier und Jetzt Dinge, die an diese Geschichte erinnern?
B: Ich weiß nicht, jetzt also: damals die Juden und die Deutschen zum Beispiel. Ich mein', ich sag' mal, damals war ja die Welt gegen die Juden. Sag ich mal jetzt so, weil es hat ja auch ziemlich lang gedauert, bis die Juden befreit worden sind. Aber jetzt irgendwie, wenn ich von vielen Politikern höre, oder jetzt im Fernsehen, die letzte Zeit jetzt: die Türken, die Türken, die Türken, die Türken. [...] Überhaupt, die ganzen Türken sind halt hier zuviel, die ganzen Läden hier und überhaupt. Die machen irgendwie die gleichen Fehler wie damals. Weil damals, o. k. es ist was anderes jetzt mit den Türken und mit den Juden. Aber jetzt überall wird nur Türken gesagt, nur Türken. Ich mein', man soll – wenn jetzt neue Leute kommen von Frankreich oder Deutschland in die Türkei gehen würden. Das sind für mich Ausländer, aber wenn dann deren Kinder dort geboren werden und dort aufwachsen, das sind dann für mich

keine Ausländer mehr. Das sind dann für mich Türken. Heutzutage, da werden die Türken, ich weiß nicht. Da kommt man sich echt vor. Also in der Schule auch so: Ihr Türken, ihr seid ja schon überall. Also, ein Lehrer hat das mal gesagt. Und also so aus Spaß, aber mit ernstem Hintergrund. Also, da kommt man sich blöd vor. Das sind Momente, da kommt man sich nicht mehr vor als Deutsch-Türke, da kommt man sich nur als Türke vor. [...] Es gibt auch 1,5 Millionen Jugoslawen. Na und. Aber es wird immer gesagt: die Türken und nicht die Jugoslawen. Das ärgert mich.«

Bülent macht hier deutlich, daß die Geschichte und ihre Vermittlung für ihn auch einen Gegenwartsbezug haben, der über die Identitätskonstruktion hinausgeht. Er entdeckt eine Ähnlichkeit zwischen der Situation von Juden im Nazideutschland und von Türken im Deutschland der Gegenwart, die ihn zu einer Analogiebildung führt. In der heutigen deutschen Öffentlichkeit würden ähnliche Argumente gegen die Türken vorgebracht wie seinerzeit gegen die jüdische Bevölkerung. Sein auffälliges Wiederholen von »die Türken« läßt sich verstehen als Umdeutung einer nationalen Beschreibung in eine abwertende, ausgrenzende und schimpfwortähnliche Bezeichnung. Bülent führt hier quasi vor, wie die deutsche Aufnahmegesellschaft seinem »Herkunftsland« eine pejorative Bedeutung gibt. Der Vergleich mit der zahlenmäßigen Präsenz der in Deutschland lebenden Jugoslawen dient ihm dazu, seiner Frage, warum ausgerechnet nur über die Türken – ähnlich wie über die Juden im Nazideutschland – »schlecht« gesprochen werde, besonderen Nachdruck zu verleihen. Die Formulierung »Da kommt man sich nur noch als Türke vor« belegt, daß er die ausgrenzende Konnotation selber verinnerlicht hat.

Perspektiven auf den türkisch-kurdischen Konflikt

Interessant für Bülents historisch-politische Bezüge sind die folgenden Interviewpassagen. Obwohl er sich an anderer Stelle für eine differenzierte Betrachtungsweise einsetzt, gerät er beim Thema Kurden selbst in den Sog nationalistischer Stereotype:

»Ich mein', gegen die Kurden hab' ich eigentlich gar nichts. Die sind nämlich auch Türken. Das sind keine Kurden. Das ist kein Land. Das ist eigentlich gar nichts. Das sind nur Bergtürken, sag' ich mal. Die Kurden sind Bergtürken. Türken, die auf den Bergen leben. Und da ham sich halt ein paar Leute zusammengemacht und weil sie Hochhäuser haben wollten und alles modern haben wollten. Und das haben sie nicht bekommen, und dann haben sie die PKK gegründet, neue Flagge gemacht. [...] Viele in Deutschland sagen zum Beispiel: Wir können das nicht mehr rückgängig machen, was damals mit den Juden passiert ist. Und dann sagen die mir: Ihr könnt das mit der PKK, was ihr denen antut, auch nicht mehr rückgängig machen. Das sind Leute, die haben einfach keine Ahnung. Also, ich weiß, was da abgeht. Die wollen Land für sich haben. Also, von der Türkei wollen sie Land haben, damit sie sich eine eigene Existenz gründen können. Wenn jemand so zu Deutschland kommt: also deutsche Leute. Zum Beispiel die Ostdeutschen, die plötzlich sagen: Wir haben jetzt 'ne eigene Flagge und wir wollen jetzt das ganze Land für uns haben und ein eigener Staat werden. Und was würde Deutschland machen? Es würde denen den Vogel zeigen. Und wenn die genug Geld haben für Waffen, wenn Österreich denen helfen würde und so mit Waffen und Geld und wenn die dann einen Krieg anfangen mit Deutschland, dann würde Deutschland auch einen Krieg mit denen führen. Das ist in der Türkei genauso. [...] Warum sollen wir einfach ein Stück Land abgeben? Die sind doch auch Türken. Ich mein', das merkt man jetzt auch: Von 54 islamischen Ländern ist die Türkei das modernste, beste und reichste. Und was ist rundherum los: Hier ist Afghanistan. Hier ist Pakistan und blabla. Und alle helfen den Kurden.«

Auf den Kurdenkonflikt angesprochen, scheint sich der »Türke« in Bülent zu Wort zu melden. Sehr engagiert zeichnet er zunächst die Konfliktgeschichte aus seiner Sicht nach, deren argumentative Logik darin besteht, die Kurden zu Türken zu erklären und ihnen damit jeden Anspruch auf Autonomieforderungen a priori zu entziehen. Interessant ist nun, wie Bülent versucht, den Konflikt in den deutschen Kontext zu übertragen. Zunächst empört er sich über den von Deutschen gezogenen Vergleich beziehungsweise den Rat, mit der PKK nicht den gleichen Fehler zu machen wie Deutschland mit der Ermordung der Juden. Bülent sucht solche Kommentare dadurch zu entkräften, daß er den Deutschen zunächst die Kompetenz abspricht, in dieser Sache überhaupt urteilen zu können. Dann entwirft er, deutlich an den deutschen Adressaten gerichtet, eine fiktive deutsch-deutsche Analogie zum Kurdenproblem. Wenn Bülent in diesem Zusammenhang durch Superlative hervorhebt, daß die Türkei das fortschrittlichste islamische Land sei, wird eine durchaus ethnozentrisch, nationalistisch motivierte Argumentation sichtbar, die auch Ausdruck in einem »Wir« findet, das sich hier auf das türkische Kollektiv bezieht. Die historisch-politische Bezugsgruppe, in die sich Bülent stellt, entspringt der offiziellen Narration des türkischen Staates, der die Kurden kriminalisiert und als Terroristen verfolgt. In seiner politischen Einschätzung der PKK wird deutlich, wie wenig Verständnis er für den Unabhängigkeitskampf der Kurden hat:

»Also, dazu muß ich sagen: Die PKK, das sind für mich keine Kurden mehr. Das ist PKK, das ist eine Organisation – das sind Terroristen. Und die Kurden sind keine Kurden für mich, das sind Türken. Das ist etwas, was aus dem Nichts gemacht worden ist. Ich weiß nicht, wer damit angefangen hat, aber die sind nichts anderes als Türken, die auf den Bergen leben. Ich mein', man sagt ja auch Ossis in Deutschland. Bergtürken sind wie Ossis, nur in der Türkei.«

Auffällig ist, wie distanzlos Bülent den türkisch-kurdischen Konflikt betrachtet. Darüber hinaus versucht er, seinem deutschen Gegenüber die Situation über einen dem deutschen Kontext entlehnten Vergleich zu illustrieren (Kurden gleich Ostdeutsche). Mit erregter Stimme führt er weiter aus:

»Aber in Deutschland wird gesagt, die machen mit den Leute Schlechtes, die tun den Leuten Schlechtes an. Das stimmt nicht, also wir *(betont)* tun niemandem etwas Schlechtes an. Wir tun niemand was Schlechtes an. Die wehren sich nur. Die Türkei hätte viel mehr Geld für Hotels blablabla, wenn sie nicht nur für Waffen investieren müßten. Rund um die ganze Türkei sind ja nur Feinde da sozusagen. Also, Griechenland, Zypern und so, die geben denen alle Geld, damit sie sich finanzieren können.«

Bülent schlüpft an dieser Stelle wieder in ein türkisches »Wir«. Für einen Moment übernimmt er die Rolle eines Repräsentanten der Türken und identifiziert sich mit diesen als historischer Bezugsgruppe. Bülents an anderer Stelle erkennbares Einfühlungsvermögen bleibt in bezug auf die Kurdenfrage aus. Die Vehemenz, mit der er gegen die Interessen der Kurden argumentiert, ist bemerkenswert. Was die moralische Kompetenz Bülents angeht, so scheint diese kontext- und betroffenheitsabhängig zu sein. Während er hochsensibel mit dem Nationalsozialismus und seinen Nachwirkungen in Deutschland umgeht, überträgt er die in diesem Zusammenhang entwickelte moralische Urteilskraft nicht auf die »interethnischen Konflikte« in der Türkei.

Am Ende des Interviews kommt Bülent wieder auf den Toleranzgedanken und das Lernen aus der Geschichte zurück:

»Ganz wichtig finde ich, daß man sich mit allen Kulturen, also Juden, Moslems, Orthodoxe, beschäftigen sollte. Weil es ist gut, wenn man viel weiß, dann kann man Vorurteile abbauen. Und ganz besonders soll man sich mit den Juden beschäftigen, weil da kann man viel lernen, und das verändert einen auch irgendwie, wenn man das Ganze mitbekommen hat, wenn man weiß, was da passiert ist. [...] Man wird nachdenklicher. Auch zu den Mitmenschen, man wird vielleicht ein bißchen netter. Ich weiß nicht. Auf jeden Fall sollte man sich weiter damit beschäftigen. [...] Also, ich will auf jeden Fall noch nach Auschwitz und nach Buchenwald gehen. Und auch das Tagebuch der Anne Frank will ich noch lesen und Verschiedenes. Also, wenn man mehr weiß, dann möchte man auch noch mehr wissen.«

Bülent wirkt hochmotiviert, an der NS-Thematik weiterzuarbeiten, erklärt dies sogar zu seinem persönlichen Projekt, indem er das Gespräch mit einer Aufzählung von Zukunftsplänen beendet.

Zusammenfassung und Kommentar

Das Thema, das sich im Gespräch mit Bülent als dominant erweist, ist das Ringen um Anerkennung seiner bikulturellen türkisch-deutschen Identität. Dieser Wunsch wird ihm, das zeigen die geschilderten Episoden aus seinem Alltag, von der Mehrheitsgesellschaft bisher versagt. Er wünscht sich, seine kulturelle Doppelkompetenz konfliktfrei und anerkannt leben zu können. Bülent wechselt zwischen Selbst- und Fremdzuschreibungen hin und her, spricht als »Deutscher«, als »Türke« und als »Mischling«. Eine solche Multiperspektivität wäre sicherlich identitätstheoretisch begrüßenswert, wenn die Bedingungen ihrer Herausbildung nicht so problematisch wären, weil durch Nichtanerkennung und Diskriminierung erschwert. Es ist auffällig, daß Bülent häufig aus einer defensiven Haltung heraus spricht, so als müsse er sich für sein Leben in Deutschland kontinuierlich legitimieren. In diesem Zusammenhang beklagt er auch die gegen die Türken gerichtete Ausländerfeindlichkeit in Deutschland, die er in Analogie zum Antisemitismus im Nazideutschland interpretiert. Die Auseinandersetzung mit der Geschichte des Nationalsozialismus wird zu einem zentralen Gegenstand in seinem Kampf um Anerkennung als Deutscher – als gehe er davon aus, daß er sich durch eine intensive Beschäftigung mit der Thematik, durch Teilhabe bis hin zum Empfinden von Schuldgefühlen, »als Deutscher« qualifizieren könne. Die

Resonanz auf seine Bemühungen in Sachen Aufarbeitung der NS-Geschichte entspricht jedoch nicht seinen Erwartungen. Im Gegenteil wird er von seinen deutschen Mitschülern eher zurückgewiesen, so als sei solches Engagement fehl am Platz. Man tritt ihm mit Skepsis, Zynismus und Ablehnung entgegen und verortet ihn unmißverständlich im Herkunftsland seiner Eltern. Bülent dagegen versucht sich als Deutscher zu positionieren: Er bezieht sich in seinen Ausführungen emphatisch auf die Kriegserfahrungen der deutschen Stiefgroßeltern, die er vor allem als Opfer des Zweiten Weltkriegs sieht. Er läßt sich in ihre Geschichten verstricken, interessiert sich primär für das Schicksal und die Dilemmata der Täter, Mitläufer und Zuschauer. Konkrete Nachfragen zur möglichen Teilhabe der Großeltern am Unrechtssystem vermeidet er. In diesen Sequenzen des Interviews identifiziert sich Bülent zweifelsohne mit der historischen Bezugsgruppe der Deutschen. Er übernimmt bestimmte Geschichtskonstrukte, wie etwa den »Opferdiskurs« oder den »Befehlsnotstand«. Bemerkenswert ist der Perspektivenwechsel hinsichtlich der historischen Bezugsgruppe, als die Kurdenfrage thematisiert wird. Während er sich in der Auseinandersetzung mit Theresienstadt und den ihn überkommenden Schuldgefühlen als »rein Deutscher« fühlt, meldet sich beim Sprechen über die Kurdenfrage der »Türke« in ihm zu Wort. Seine wiederholt behauptete Position als »Mischling« gerät dabei in Vergessenheit. Hat Bülent kurz zuvor noch mit universalistischem Gestus auf die Gleichheit aller Menschen und den Respekt vor anderen Religionen und Kulturen hingewiesen, schlägt seine Argumentation in Sachen Kurden völlig in türkisch-nationalistisch aufgeladene Ideologie um. Hier wird deutlich, welchen Einfluß Ethnizität auf die politisch-historischen Konstruktionen hat. Während das Bekenntnis zur Verantwortung für die deutsche Geschichte für Bülent trotz seiner familiären Verstrikkung durch den deutschen Familienteil optional bleibt, scheint er sich im türkisch-kurdischen Konflikt dem Sog nationalkultureller Stereotype, Mythen und Geschichtsbilder nicht entziehen zu können. Seine historische Bezugsgruppe ist hier zumindest momentan die türkische. Abschließend ist festzustellen, daß sowohl die moralische Urteilsfähigkeit als auch die Bezugnahme auf eine historische Gruppe bei Bülent stark situativen Charakter haben und in hohem Maße vom Kontext und seiner persönlichen Betroffenheit hinsichtlich der jeweils verhandelten historisch-politischen Ereignisse abhängen.

Kontrastiver Vergleich: Bülent und Farhad

Am kontrastiven Vergleich der vorangegangenen Fallrekonstruktionen von Bülent und Farhad möchte ich das konkrete Vorgehen bei der Typenbildung exemplarisch vorführen. In beiden Fällen stoßen wir in der Rekonstruktion auf einen ähnlichen Geschichtsbezug. Dabei zeichnet sich eine Motivationsstruktur ab, die den Aneignungsprozeß der NS-Geschichte maßgeblich zu steuern scheint: Bülent und Farhad kämpfen um Anerkennung durch die deutsche Mehrheitsgesellschaft. Die Beschäftigung mit der deutschen Geschichte wird dabei offenbar zu einer Strategie der Selbstverortung und Legitimitätssteigerung in der deutschen Gesellschaft. Über die Auseinandersetzung mit der Geschichte, die durch das Hinzutreten eines deutschen Stiefelternteils und familienbiographische Erzählungen angereichert wird, konstruieren sie durch eine bewußte Teilhabe an der »kollektiven« Erinnerung ihre Zugehörigkeit. Während es Farhad gelingt, über die enge Beziehung zum Stiefvater und den Stiefgroßeltern, die Träger des kommunikativen Gedächtnisses des deutschen Täter-, Zuschauer- und Mitläuferkollektivs sind, mit dem Nationalsozialismus, wie er es ausdrückt, »zusammenzuwachsen«, kämpft Bülent um Anerkennung seines Engagements für ein Lernen über und aus Auschwitz. Dabei wünscht er sich, daß man sein Engagement honoriert, indem man ihn nicht mehr als »Ausländer« kategorisiert und ausgrenzt. Er wehrt sich dagegen, in Sachen »Vergangenheitsbewältigung« eine Ausnahme zu sein. Vielmehr wünscht er sich, daß sein Interesse an der Geschichte als »normal« eingestuft wird.

Beide Jugendliche beziehen sich zumindest zeitweise auf die Deutschen als historische Bezugsgruppe und »adoptieren« damit quasi deutsche Vorfahren. Dadurch wird die Beschäftigung mit der Geschichte des Nationalsozialismus zur Bedingung adäquater Teilhabe an der deutschen Erinnerungsgemeinschaft. Die Analyse der von Bülent und Farhad entwickelten Erinnerungsfiguren und die Art und Weise, wie sie mit dem Nationalsozialismus und den Erinnerungen an die Zeit umgehen, zeigen, daß sie tatsächlich teilhaben am kommunikativen Gedächtnis der Aufnahmegesellschaft. Ihre Bereitschaft, sich dem Thema zuzuwenden, ist dabei in hohem Maße von ihrem Wunsch nach Zugehörigkeit getragen. Es überrascht deshalb nicht, wenn gerade negative Erfahrungen, bezogen auf die Geschichte der »Wahlheimat« Deutschland, zu Schlüsselszenen nationalkultureller Identifikation mit derselben werden: Angesichts der von Bülent geschilderten Begegnungen in Tschechien läßt sich provokant feststellen, daß sich das historische Erbe des Nationalsozialismus – zumindest in solchen Momenten – tendenziell positiv auf das Integrationsverhalten auswirkt. Denn negative Fremdzuschreibungen an die Deutschen werden von Bülent und Farhad mit Loyalität und Solidarität beantwortet. Die Jugendlichen fühlen sich als indirekt Betroffene in besonderer Weise qualifiziert, sozusagen aus einer Position der distanzierten Nähe, als inländische Ausländer oder auch ausländische Inländer für Deutschland und die Deutschen Partei zu ergreifen, sie zu verteidigen, in Schutz zu nehmen und Solidarität zu üben.

Über die Aneignung der Geschichte des Holocaust und die Auseinandersetzung mit dem Nationalsozialismus wird Zugehörigkeit zur deutschen Gesellschaft verhandelt. Zuweilen scheint es, als müßten sich die jungen Migranten durch ihre intensive Beschäftigung mit dem Nationalsozialismus als »Deutsche« beweisen. Die Vergangenheitsbewältigung wird quasi zum Eintrittsbillett in die deutsche Gesellschaft. Dabei ist auffällig, daß es nicht so sehr die nationalkulturelle Herkunft ist, die die Umgangsweise mit der NS-Geschichte prägt, sondern vielmehr die Zugehörigkeit zu einer Minderheit in der deutschen Mehrheitsgesellschaft. Ausschlaggebend ist die Fremdzuschreibung »Ausländer« und der häufig hiermit einhergehende Zwang, seine Identität in der Marginalität ausbilden zu müssen. In den beiden dargestellten Fällen geraten die Kategorien »deutsch«, »türkisch«, »iranisch« und »ausländisch« in den Sog eines Authentizitäts- und Legitimitätsdiskurses entlang der Frage: Wer hat das Recht, sich die NS-Geschichte auf welche Art und Weise zu eigen zu machen? Ebenso zeigt die Bereitschaft, sich dieser Geschichte zu nähern, daß die Jugendlichen die zentrale Bedeutung der nationalsozialistischen Vergangenheit für das Selbstverständnis der Deutschen erkannt haben. Sie wissen, wie wichtig diese Vergangenheit im öffentlichen wie im privaten, familialen historischen Bewußtsein der Deutschen ist. Dieses Wissen um die mentale Verfaßtheit und die gesellschaftspolitischen Paradigmen der Aufnahmegesellschaft entfalten für Bülent und Farhad appellativen Charakter. So kommen sie zu der Losung: Wer ein »richtiger« Deutscher sein will, der muß sich auch auf irgendeine Weise mit dem Nationalsozialismus und dem Holocaust befassen.

Darüber hinaus scheint die Generationsspezifik im Umgang mit der NS-Geschichte aufschlußreich. Deutlich wird ein gemeinsames gesellschaftliches Zukunftsprojekt mit der jungen deutschen Generation, zu der sich Bülent und Farhad selbst zählen. Das »Wir«, das sie aussprechen, enthält weniger eine nationalkulturelle Färbung als einen Generationsbezug.[15] Ebenso wie ihre jungen »rein deutschen« Altersgenossen fragen sie: Was können wir tun, um aus der Geschichte zu lernen? Die Jugendlichen bedienen sich dabei eines »deutschen Wir«. Es ist das Wir der als »unbelastet« und »unschuldig« geltenden jungen Generation, deren historisch-politische Verantwortung für die nationalsozialistischen Verbrechen in der Zukunft liegt. Weil es aber trotz der Vergemeinschaftung über Zukunftsaufgaben Unbehagen auslöst, dabei in die Fußstapfen der ehemaligen Täter-, Mitläufer- und Zuschauergesellschaft treten zu müssen, arbeiten die Jugendlichen gleichzeitig an einer »Rehabilitierung« des Deutschlandbildes. Offenbar gibt es den Wunsch, die Gesellschaft, der sie sich zugehörig fühlen, auch ein Stück »besser« zu machen. Die Perspektive ist dabei eine doppelte: Gegenüber Repräsentanten der Herkunftsländer muß die Wahlheimat Deutschland wegen der NS-Vergangenheit nicht selten verteidigt werden. Gegenüber den Repräsentanten der deutschen Aufnahme- und Mehrheitsgesellschaft scheint die Übernahme des »negativen historischen Erbes« (Améry) einem Zugehörigkeitsbekenntnis gleichzukommen. In beiden Fällen wird die NS-Geschichte als gesellschaftliches Orientierungswissen identitätskonkret.

15 Vgl. Mannheim 1964.

Fatima: »Es geht mich an, weil es Menschen waren.«

Kontakt und Interviewsituation

Fatima ist zum Zeitpunkt des Interviews 20 Jahre alt und besucht die 13. Klasse des Oberstufengymnasiums einer großstädtischen Gesamtschule. Den Kontakt zu ihr stelle ich über ihre Gemeinschaftskundelehrerin her. Fatima macht einen selbstbewußten und aufgeschlossenen Eindruck. Sie ist ein großes, attraktives Mädchen, trägt eine schwarze Jeans, ein langärmeliges schwarzes Jeanshemd und ein schwarzes Kopftuch, welches von einer Sicherheitsnadel eng am Kopf gehalten wird. Sie möchte nach dem Abitur die Fächer Deutsch, Mathematik und islamische Religion für das Lehramt studieren. Sie schränkt ihren Berufswunsch mit dem Hinweis ein, daß sich Deutschland noch immer schwertue, eine Lehrerin mit Kopftuch zu akzeptieren. In ihrer Freizeit arbeitet sie mehrmals wöchentlich nach der Schule in einem Supermarkt, liest Bücher über den Islam und geht mit Freunden aus. Das Interview findet nach dem Unterricht in einem Klassenzimmer ihrer Schule statt.

Biographische Skizze und Migrationshintergrund

Fatima ist in Marokko geboren und kommt im Alter von einem Jahr gemeinsam mit ihrer Mutter nach Deutschland. Sie ist also in der Bundesrepublik aufgewachsen und besitzt die deutsche Staatsbürgerschaft. Ihr Vater kam bereits 1968 als »Gastarbeiter« ins Land. Er arbeitet seit über 20 Jahren als Wagenpfleger bei der Polizei. Fatimas Mutter ist Hausfrau. Die Eltern haben sich in Marokko kennengelernt und geheiratet. Zuerst hatte der Vater wegen der besseren Betreuungs- und Ausbildungsmöglichkeiten nur den gehörlosen Bruder nach Deutschland nachgeholt. Da er auf Dauer allein die Versorgung des Jungen nicht sicherstellen konnte, holte er seine Frau und die jüngste Tochter Fatima nach. Fatima hat noch sieben Geschwister, die in Marokko geboren und größtenteils auch aufgewachsen sind. Mittlerweile leben fast alle in Deutschland. Allerdings haben nur zwei auch ihre Berufsausbildung in Deutschland gemacht.

Die älteste Schwester ist 40. Danach folgen vier weitere Geschwister im Alter von 34, 33, 31, 30 und ein Zwillingspaar von 25 Jahren. Fatima betont die Größe ihrer Familie in Marokko, ihre Großmutter habe zwölf Kinder gehabt. Die Kinder hätten heute selbst Nachwuchs, und dieser wiederum habe auch schon wieder viele Kinder. Alle zwei Jahre statte man der Familie im Dorf einen Besuch ab. Religion spielt in Fatimas Selbstverständnis eine große Rolle, obwohl sie aus einer eher liberalen muslimischen Familie zu kommen scheint. Sie gibt an, daß sie nach den Gesetzen des Islam zu leben bemüht ist, wenngleich das in Deutschland nicht immer leicht sei, da es viele Vorurteile gegen Muslime gebe.

Eröffnungssequenz: Erster Zugang zum Nationalsozialismus

Auf die Frage, wann ihr das Thema Nationalsozialismus oder auch Holocaust bisher begegnet ist und die Aufforderung, entsprechende Situationen zu schildern, erzählt Fatima:

»Also, ganz am Anfang war das schon in der Grundschule, in der vierten Klasse. Da hat uns unser Lehrer Anne Frank vorgestellt. Also so ein bißchen vorgelesen. Und dann in der Schule, in der neunten Klasse haben wir dann das Buch richtig selbst gelesen. Und ich hab' dann auch den Film geguckt. Und das war schon sehr traurig. Oder auch diese Reportagen und ›Die Welle‹[16] hab' ich gelesen. Und da hab' ich eher so den Eindruck bekommen. Und sonst vielleicht in den Nachrichten oder bei irgendwelchen Veranstaltungen. Aber eigentlich nur durch Filme und Bücher. Zum Beispiel diesen ›Schindlers Liste‹ von Steven Spielberg. Na ja, und das war's dann eigentlich. Mich hat das schon immer interessiert. Ich hab' dann auch immer im *Spiegel* oder auch, wenn im *Focus* irgendein Artikel darüber war. Das hab' ich dann auch gelesen. Und am meisten hab' ich mich gefragt, wie konnte das Volk eigentlich das alles zulassen.«

Abgesehen von der schulischen Vermittlung durch Lektüre hatte Fatima also hauptsächlich mediale Begegnungen mit der Thematik. Die Fragestellung im letzten Satz rückt für sie ins Zentrum ihrer per-

16 »Die Welle« von Morton Rhue gehört zu einem der Standardwerke, die zum Thema Nationalsozialismus in der Schule gelesen werden.

sönlichen Auseinandersetzung mit der Geschichte des Nationalsozialismus: Sie fragt sich, wie »das Volk« den Holocaust geschehen lassen konnte. Es ist die Rolle der deutschen Mitläufer und Zuschauer während der Nazizeit, die sie während des gesamten Interviews beschäftigen wird.

Fatima macht sodann darauf aufmerksam, daß die Beschäftigung mit dem Antisemitismus vor dem Hintergrund des Judenbildes in ihrer Familie eine besondere Bedeutung annehme. Sie erzählt, daß dieses Bild gespalten sei, da es sich aus sehr gegensätzlichen schulisch und familiär vermittelten Informationen zusammensetze:

»Also, das ist so: In der Schule, da lerne ich eher ein anderes Bild von den Juden. Und zu Hause, ich mein', ich bin Moslem, da lern' ich eher was anderes, und ich hör' auch anderes über die Juden. Zum Beispiel: mit Jerusalem und Palästina, die Kämpfe. Das hör' ich eher von zu Hause. Und von der Schule dann eher Hitler und Nationalsozialismus. Da sind also zwei Bilder, die in meinem Kopf entstehen.«

Auch an anderer Stelle geht sie noch mal auf diese unterschiedlichen Judenbilder ein:

»Ja, wenn da jetzt was im Fernsehen kommt über die Israelis und die Palästinenser. Da entsteht schon ein anderes Bild. Also, die Juden als die Leute, die die Moslems nicht wollen. Oder auch, daß die Juden den Palästinensern ihr Land weggenommen haben. Das ist dann eher das Bild.«

Solidarität mit der palästinensischen Bevölkerung und Vorbehalte oder Ablehnung gegenüber Israel scheinen die zentralen Elemente der zu Hause geführten Diskussionen über Juden zu sein. Allerdings distanziert sich Fatima von ihrer Familie, indem sie ihre durch die Sozialisation als Muslima geprägte Perspektive auf das Judentum und den Holocaust kritisch reflektiert.

»Ja, also ich komm' aus Marokko. [...] Und ich bin hier mit einem Jahr hergekommen. Also, ich bin hier aufgewachsen. Also ich bin hier heimisch. Also ich lern' hier auch diese Kultur und wie die Leute hier denken und halt auch diese Judengeschichte. Ich mein', ich hab' den Vorteil, weil ich jetzt nicht sagen kann: ich fühl' mich schuldig oder so, weil ich jetzt keine Deutsche bin. Und ich mein', vielleicht ham Deutsche eher damit zu kämpfen als ich. Ich mein', ich kann besser Abstand davon nehmen. Ich kann es nicht besser beurteilen, aber irgendwie von meiner Sicht, und das ist dann wieder 'ne andere.

Weil die ist auch nicht so wie die von anderen Moslems hier. Viele sehen nur die Juden in Jerusalem und die israelischen Streitkräfte. Und ich seh' die Juden eher mit dem, was im Nationalsozialismus passiert ist.«

Für Fatima besteht die Herausforderung offensichtlich darin, sich eine »eigene« Perspektive in der Auseinandersetzung mit einem »deutschen« (Holocaust) und einem »muslimischen« Judenbild (arabisch-jüdischer Konflikt) zu erarbeiten. Dabei versucht sie, sich in einer dichotomen Sichtweise zu positionieren: Auf der familiären Seite erscheinen die Juden als Besatzer und Aggressoren im Nahen Osten, auf der schulischen und »deutschen« Seite als die wehrlosen Opfer nationalsozialistischer Verfolgung. Sie grenzt sich aber sowohl von der deutschen Erinnerungsgemeinschaft – insbesondere der Schulddimension – als auch von der israelkritischen Haltung ihrer Familie ab. Fatima betont, daß sie durch ihre Kenntnis der Geschichte des Holocaust über eine auf den Nahostkonflikt verengte Sicht auf die Juden hinausgehen könne. Sie wendet sich mit großem Interesse dem Schicksal der jüdischen Minderheit während des Nationalsozialismus in Deutschland zu. Dennoch scheint es, als übernehme Fatima tendenziell die in Deutschland weitverbreitete und durch den Schulunterricht häufig begünstigte Verquickung von Judenbild und Holocaust. Diese problematische Reduktion und die Ausblendung anderer Facetten jüdischen Lebens in Deutschland und anderswo führen häufig dazu, Juden ausschließlich als Opfer des Holocaust wahrzunehmen. So spielt dann weder die Geschichte jüdischen Lebens vor noch die Gegenwart jüdischen Lebens nach dem Holocaust eine nennenswerte Rolle. Juden werden entweder nur als »historisches« Opfer des Nationalsozialismus oder als Platzhalter für das Opfersein an sich betrachtet.

Schuld, Verantwortung und Staatsbürgerschaft

In der folgenden Passage beschreibt Fatima, inwiefern sie die deutsche Staatsbürgerschaft, die sie angenommen hat, mit der Geschichte des Nationalsozialismus, dessen Nachwirkungen und der Notwendigkeit der Auseinandersetzung mit den durch Deutsche verübten Greueltaten verbindet. Fatima beruft sich hier erneut auf ihre Herkunft, die sie in diesem Zusammenhang als Entlastungsmoment sieht. Sie räumt aber ein, Kultur und Geschichte des Landes, in dem sie aufgewachsen ist, angenommen zu haben. Hieraus resultiere für sie die Pflicht, sich mit der deutschen Geschichte auseinanderzusetzen. Fatima analysiert darüber hinaus, wie deutsche Schüler mit der Geschichte des Nationalsozialismus umgehen. Bei diesen beobachtet sie Übersättigungserscheinungen, Lustlosigkeit und Verweigerung gegenüber der Thematik; Symptome, die sie an sich nicht entdecken kann:

»Ich hab' ja die deutsche Staatsbürgerschaft. Und da ist das für mich so: auseinandersetzen: Ja. Aber schuld haben? Kann natürlich nicht sein. Ich habe zwar die Staatsbürgerschaft angenommen und auch die Kultur und die Geschichte. Aber halt, ich bin nicht so wie einige Leute in meiner Klasse. Die ham irgendwie das Thema satt, weil sie sagen: Jedesmal heißt es Juden, Juden, Vernichtung, dies und jenes. Schuldfrage und so. Aber das ist bei mir halt nicht so. Ich will darüber reden. Ich mach' auch niemandem einen Vorwurf, aber ich will darüber reden, ob die Leute damals etwas gemacht haben könnten. Und ich hab' dann auch irgendwo Angst. Ich mein', vielleicht ist die Angst übertrieben. Aber ich denke manchmal, daß es vielleicht wieder passieren könnte. Oder daß die Rechtsradikalen irgendwelche Anschläge machen oder so. Dann denk' ich so, daß die Leute vielleicht immer noch so denken. Nur wenige, aber es sind noch genug da, so daß man es nicht verdrängen sollte. Man sollte darüber frei sprechen. Und auch die Deutschen und auch die dritte Generation sollte sich damit befassen. Jetzt nicht sagen: Mein Großvater war dabei, und ich sollte mich jetzt auch schlecht dafür fühlen oder Schuldgefühle haben. Aber halt zu wissen, daß es passiert ist und daß man es nicht verdrängen und nicht vergessen darf. Ich mein, andere Länder haben genauso Schlimmes getan, zum Beispiel Amerika mit den Schwarzen oder so, aber es geht darum, es zu verarbeiten und immer wieder darauf aufmerksam zu machen. Das finde ich schon wichtig.«

Neben dem abschließenden Vergleich zwischen der Sklavengeschichte in den USA und dem Holocaust, vielleicht in der Absicht, Deutschland als alleiniges »Täterland« aus dem Blickfeld zu rücken, thematisiert Fatima ihr Mißtrauen gegenüber der deutschen Gesellschaft. Sie vermutet verborgene Kontinuitäten – »daß die Leute vielleicht immer noch so denken«. Auch kristallisiert sich in dieser Sequenz das eingangs beschriebene Interesse an den historischen Akteuren noch einmal heraus. Fatima besteht darauf, etwas über das Verhalten der Menschen während des Nationalsozialismus zu erfahren. Dabei gilt ihre Motivation vor allem der Frage, »ob die Leute damals etwas gemacht haben könnten«. Sie will wissen, welche Möglichkeiten des Widerstands und des zivilen Ungehorsams es während der nationalsozialistischen Diktatur gab. Ihr Interesse scheint von dem Wunsch geleitet, tatsächlich aus der Geschichte zu lernen, was heute an Zivilcourage möglich wäre.

Analogiebildungen: Juden und Ausländer

An folgender Sequenz läßt sich nachvollziehen, daß sich Fatimas Interesse am Nationalsozialismus und am Holocaust vornehmlich aus zwei Quellen speist: zum einen aus ihrem Wunsch, aus den Versäumnissen und Verfehlungen der Vergangenheit zu lernen und eine entsprechende Handlungspraxis für ihr politisches und soziales Leben abzuleiten; zum anderen ist ihre Motivation von ihrer persönlichen Situation geprägt. Als Angehörige einer in Deutschland lebenden muslimischen Minderheit positioniert sie sich auf der Matrix der Geschichte der jüdischen Minderheit in Deutschland als potentiell bedrohte Bürgerin in einem ausländerfeindlichen Gegenwartsdeutschland.

»I: Du hast eben gesagt ›von den Fehlern gelernt‹. Glaubst du, daß man aus der Geschichte – speziell der Geschichte des Nationalsozialismus – etwas lernen kann?
F: Find' ich schon. Zum Beispiel, daß man kritisch sein soll, nicht alles glauben soll, auch den Politikern. Zum Beispiel, wie sich die Leute einfach auf den verlassen haben. Sondern einfach kritisch an die Sache rangehen. Immer fragen, was meint er denn eigentlich damit? Fragen: Werden hier die Menschenrechte beachtet? Ich mein', der Hitler hat ja schon in seinem Buch ›Mein Kampf‹, das war 1924 schon, als er das geschrieben hat. Da hat er ja genau geschrieben, was er eigentlich von den Juden gehalten hat. Und daß die Leute dann später gesagt haben: Wir wußten nicht, was passiert ist. Das kann ja wohl nicht stimmen. Ich weiß nicht, vielleicht haben es ja nicht alle gelesen, aber zumindest hat es jeder gekauft gehabt. Und wer das gelesen hat, da stand es schon drinne. Und dann hat man das zugelassen, hat geglaubt, der ist gut, der bringt uns Arbeit und Essen. Aber man sollte immer wissen, daß man andere Menschen achten und respektieren sollte. Egal, welche Nation, und vor allem egal, welche Religion eine Person hat. Darauf sollte man achten, und das ist auch aus der Geschichte zu lernen. Und wenn einige aus unserer Klasse sagen: Ich hab' keine Lust, das noch mal zu hören, wir hatten das doch schon durchgekaut. Ich mein', manchmal sag' ich mir auch, mein Gott, jetzt geht es schon wieder um Hitler und die Juden. Jedesmal geht es um Juden, aber ich mein', für mich geht das nicht nur speziell auf Juden, sondern auch auf Ausländer.

Deshalb finde ich es auch immer wieder interessant. Ich mein', ich vergleich' das dann immer. Und deshalb darf man es nicht vergessen. Man muß es immer wiederholen, weil es gibt Leute, die vergessen das einfach.
I: Wie vergleichst du das, die Juden und die Ausländer?
F: Es heißt ja immer: erst mal die Deutschen. Also zum Beispiel bei der Arbeitsstelle, Wohnungsamt oder so. Erst mal die Deutschen, die ham erst mal das Vorrecht, und dann kommen die Ausländer. Ich mein', das kann man nicht so direkt vergleichen, aber irgendwie schon. Es entsteht so ein Bild wie damals: Die Deutschen mögen die Ausländer nicht. Manchmal sag' ich mir: Nein, das stimmt nicht, aber das Gefühl ist immer da, daß man mißtrauisch ist und daß man Angst hat als Ausländer in Deutschland. Wie damals die Juden Angst haben mußten vor den Deutschen. Ich mein, es gibt Leute, die sagen: Nein, das kann nie sein: Ausländer raus und so. Aber die Parolen von den Neonazis, die sagen, Ausländer raus! Früher hieß es: Juden raus! Heute heißt es: Ausländer raus! Es geht also nicht mehr speziell gegen die Juden, sondern die Ausländer sind auch betroffen. Und da muß man schon Parallelen ziehen.«

Es wird deutlich, daß Fatima die Geschichte der nationalsozialistischen Judenverfolgung vor dem Hintergrund ihrer Erfahrungen mit Diskriminierung und Ausländerfeindlichkeit in Deutschland rezipiert. Mit dem Vergleich der Parolen »Juden raus« und »Ausländer raus«, bringt sie ihre Befürchtung zum Ausdruck, daß die Geschichte sich wiederholen könnte. Fatima deutet die für sie spürbare Ablehnung von Ausländern in Deutschland als Indikator für eine solche Wiederholung. Dieses Mißtrauen gegenüber der deutschen Gesellschaft basiert offensichtlich auch auf dem ausgeprägten Bewußtsein, inmitten von ehemaligen Nationalsozialisten und ihren Nachkommen zu leben, wie es die folgende Sequenz andeutet:

»Wenn ich ältere Leute sehe, beobachte ich die. Ich denk' darüber nach: Was haben die wohl getan? Haben die jemand verraten? Ich hab' ja gesagt, daß ich ›Nach Mitternacht‹ gelesen habe. Und da stand ja auch, daß jeder jeden verraten hat. Da war die Gestapo, und da sind Leute gekommen, die haben jeden verraten. Da war keine Menschlichkeit mehr da, keine Brüderlichkeit. Und wenn ich solche Leute angucke, frage ich mich: Wie waren die zu der Zeit? Aber sie zu fragen, hab' ich meistens Angst. Muß ich ehrlich sagen. Ich hab' noch nie jemand von der Seite gefragt: Wie haben Sie das gesehen? Ich hatte dann auch Angst, daß sie sich angegriffen fühlen. Und ich seh' auch die älteren Leute, die immer sagen / Neulich war da in der U-Bahn vor uns eine Schlägerei. Man wußte gar nicht, wer schuld war. Und der alte Mann neben mir hat gleich gesagt: Unser armes Deutschland. Also gegen die Ausländer.

Ich mein', ich bin Deutsche, aber von der äußeren Erscheinung sieht es nicht so aus. Hab' ich ihn auch nur angeguckt, bis er weggeguckt hat. Ich hab' aber nichts gesagt. Das ist schon verletzend.«

Fatima denkt über die psychische Verfassung der Mitläufer nach. Denunziation und Mangel an Solidarität mit den vom NS-Regime Verfolgten beschäftigen sie dabei am meisten. Die eher allgemeinen Aussagen über das Verhalten der Deutschen während des Nationalsozialismus (Verrat) verknüpft sie mit der kurzen Schilderung der Situation in der U-Bahn. Es empört sie, daß der Mann aus ihrer Sicht grundlos Ausländer für die Schlägerei verantwortlich macht. Hinter der Verknüpfung der beiden Szenen könnte die Vermutung stecken, die Mentalität der Deutschen habe sich nicht grundlegend geändert. Diese Annahme verdichtet sich auch in anderen Interviewausschnitten. Fatima bleibt aufgrund ihres Wissens um die historische Erfahrung des Nationalsozialismus und ihrem Erleben von Rassismus in der Gegenwart skeptisch, ob sie sich in Bedrohungssituationen auf die Deutschen verlassen kann.

Antisemitismus und Zeitzeugen

Fatima setzt sich in der nachfolgenden Sequenz intensiv mit dem Antisemitismus in Deutschland vor der Machtübernahme durch die Nationalsozialisten auseinander. Dabei distanziert sie sich von der ansonsten unter Schülern sehr verbreiteten Haltung, ausschließlich Hitler für den Antisemitismus verantwortlich zu machen.[17] Fatimas Blick fällt immer wieder auf die »gewöhnlichen Deutschen« und ihre Teilhabe am nationalsozialistischen Unrechtssystem sowie den tiefsitzenden deutschen Judenhaß:

»Wir ham so ein Buch gelesen von Heinrich Mann, ›Der Untertan‹. Und das war zwar vor dem Ersten Weltkrieg, aber das Gefühl, die Juden zu hassen, war auch schon da. Also, irgendwie auch jetzt diese Untertanenmentalität, die war auch schon da. Und da frag' ich mich auch: Es heißt in einigen Büchern, der Hitler hatte schuld. Aber der Hitler war zu der Zeit gar nicht da, aber das Gefühl, der Haß gegen die Juden war schon da. Und dann, daß man dem Kai-

---

17 Vgl. hierzu die im Kapitel »Geschichtsbewußtseinsforschung« dargestellten Studien zum Geschichtsbewußtsein von Jugendlichen.

ser Wilhelm so untertänig war. Und dann frag' ich mich: Waren die Deutschen von Anfang an so? Hat der Hitler das nur hochgespitzt oder dazu gebracht, daß die Leute dann irgendwie frei ihre Gefühle äußern konnten? Aber dieses Gefühl war schon von Anfang an da. Ich war schon irritiert, weil ich hab' immer gedacht, der Hitler hätte die Leute dahin gebracht, daß sie so gedacht haben. Aber wenn man dann mal andere Bücher liest, die schon vor Hitler da waren, dann merkt man schon, daß dieser Judenhaß schon vorher da war.«

Heinrich Manns Roman bringt Fatima zu dem Schluß, der Antisemitismus habe nicht erst mit Hitlers Machtübernahme begonnen, sondern sei schon vorher dagewesen. Immer wieder führen ihre Überlegungen zurück zu den Anfängen und den Fragen nach den Ursachen und Mechanismen der Etablierung des nationalsozialistischen Unrechtssystems.

»Ja, für mich war die Frage, wie es passieren konnte. Ich meine, in Deutsch lese ich jetzt auch wieder ein Buch, ›Nach Mitternacht‹, und noch viele Bücher. Und da steht immer, daß die Deutschen Bescheid wußten. Und daß man da einfach so leben konnte und wußte, daß die Juden jeden Tag verschleppt wurden in Konzentrationslager, oder auch Leute, die gegen Hitler waren. Daß es die Leute einfach trotzdem zugelassen haben. Das find' ich schon kraß. Also mich interessiert, wie es so entstehen konnte und wie es passiert ist und überhaupt, warum Menschen andere Menschen verachten und zulassen, daß man sie umbringt. Da hatten wir auch oft Zeitzeugen im Unterricht. Und da hab' ich immer gefragt, ob sie glauben, daß die Deutschen immer noch so sind, oder ob sie sich geändert haben [...]. Mich interessiert, ob sie immer noch Angst haben oder ob sie immer noch glauben, daß es die Deutschen vielleicht wieder machen könnten, zum Beispiel auch mit den Ausländern und so.«

Die jüdischen Zeitzeugen, denen Fatima im Unterricht begegnet, dienen ihr als eine Art Seismograph für drohendes Unrecht, aber auch als Garanten dafür, daß sich ähnliches in Deutschland nicht mehr ereignen kann. Fatima schreibt diesen Zeitzeugen große Autorität und Urteilskraft bezogen auf die deutsche Gesellschaft zu. Von ihnen erhofft sie sich eine ehrliche Prognose auch für ihre eigene Zukunft in Deutschland. Darüber hinaus schlägt sie wiederum den Bogen vom Konkreten zum Universalistischen: Auf der Grundlage einschlägiger Lektüre unterstellt sie den Deutschen, daß sie vom Holocaust gewußt haben müssen, und schließt die Frage an, wie man trotzdem habe zuschauen können. Im nächsten Schritt verläßt sie den Kontext der

NS-Geschichte und bekundet ihr allgemeines Interesse an der Frage, warum Menschen andere Menschen verachten und Greueltaten gegen diese verüben oder geschehen lassen. Sie stellt Beobachtungen an, die über die konkreten historischen Ereignisse und Akteure hinausweisen auf Menschheitsfragen von Gegenwart und Zukunft.

Deutscher Paß und Demokratieverständnis

Fatima macht im folgenden Absatz deutlich, welchen Gewinn sie in der deutschen Staatsbürgerschaft sieht. Dabei kommt insbesondere in der Gegenüberstellung von Deutschland mit den monarchistischen Herrschaftsformen im Herkunftsland Marokko ein ausgeprägtes Bedürfnis nach demokratischen Lebensformen zum Ausdruck:

»Ich mein', o. k., ich hab' den deutschen Paß und ich leb' hier, und ich kann mir auch gar nicht vorstellen, in meinem Land zu leben, weil dort gibt es noch nicht mal so eine Demokratie wie hier. Und ich möchte frei sagen, was ich fühle und was ich denke und einfach diese Sachen kritisch behandeln. Und nicht einfach, wie der König bei uns: Der hat recht. Das, was er macht, ist Fakt. Ich möchte einfach meine freie Meinung sagen, und das kann ich in meinem Land nicht. Das kann ich eher hier. Ich kann nur hier eigentlich leben. Das merke ich auch, wenn ich nach Marokko fahre. Da will ich nach drei Wochen wieder zurück.«

Fatima spricht zwar von »meinem Land« und sagt »bei uns«, was eine gewisse Identifikation mit Marokko andeutet. Doch davon distanziert sie sich gleich wieder mit ihrem Bedürfnis nach freier Meinungsäußerung, die nur in Deutschland gewährleistet sei. Nach ihrem Interesse an Marokko und marokkanischer Geschichte gefragt, begibt sich Fatima argumentativ sofort auf die Ebene religiöser Identität. In ihrem Weltentwurf ist die nationale Identität der religiösen Identität untergeordnet. Gemeinsamkeit von Menschen stellt sich für Fatima über religiöse Haltung und Praxis her, nicht über Staatsbürgerschaft oder Patriotismus:

»[...] für mich ist es ja auch nicht so wichtig, aus welchem Land man kommt. O. k., es ist schon wichtig, daß ich aus Marokko komme. Aber es ist nicht so, daß ich mich hinstelle und sage: Ich bin stolze Marokkanerin. Das ist bei mir nicht so. Ich seh' mich als Muslime wie viele andere Moslems. Da ist es einfach so: Wir haben was gemeinsam. Wir sind alle Moslems. Da ist es nicht so wichtig, welche Nationalität man hat, finde ich. Und da interessiert mich speziell Marokko gar nicht. Eher so Islam. Da les' ich viel drüber. Saudi-Arabien oder die Geschichte von Propheten. Das interessiert mich mehr als die Geschichte von Marokko als Land.«

Fatimas religiöser Gruppenbezug und ihr daraus erwachsendes Interesse an Weltgeschichte läßt sich einerseits als Resultat ihrer Migrationssituation deuten: Durch die Migration hat sie den Bezug zur »alten« Nationalität verloren; andererseits bietet die deutsche Aufnahmegesellschaft aber kein adäquates kollektives oder nationales Identifikationsangebot, so daß die herkunftsunabhängige Vergemeinschaftung unter dem religiösen Dach des Islam als Option weitaus realistischer und attraktiver erscheint. Diese Option offeriert eine Zwischenposition, die Distanz zur »Herkunft« wie auch zur neuen »Heimat« ermöglicht. Über die religiöse Gemeinschaft der Muslime konstruiert Fatima sich eine post- oder transnationale »Heimat«.

Zwischen Selbstverständnis und Fremdzuschreibung

Im folgenden beschreibt Fatima die Mechanismen der Fremdzuschreibung bei ihren Besuchen in Marokko und in ihrem Alltag in Deutschland:

»Also, dort bin ich nicht so ganz Marokkanerin, weil es heißt da immer: die Deutsche. Und hier ist es halt: die Ausländerin. Ich mein', ich hab' den deutschen Paß. Eigentlich bin ich Deutsche. Und das ist, also, man merkt das voll. Ich arbeite in einem Supermarkt. Und meine Arbeitskollegin hat gesagt: Ich möchte schon die Namen von den Ausländern kennen. Da hab' ich auch gedacht: Eigentlich hab' ich den deutschen Paß. Ich soll mich als Deutsche fühlen. Die Deutschen sagen ja auch: Du hast die Staatsbürgerschaft. Du sollst auch sagen: Ich bin Deutsche. Deutsche Kultur annehmen. Aber trotzdem hat sie gesagt: die Ausländernamen. Man wird also weiterhin als Ausländer gesehen. Es ist dann schwer zu sagen: Ich fühl mich hier als Deutsche, weil die anderen alle sagen: Du bist Ausländerin.«

Fatima erfährt die starren ethnischen Zuschreibungen als einschränkend und verletzend. Es bleibt kein Raum zur kulturellen Selbstbestimmung, zur Formulierung des eigenen Selbstverständnisses oder zur Akkulturation. Der fatale Mechanismus der fortdauernden Nichtanerkennung als Deutsche trotz der deutschen Staatsbürgerschaft wirkt sich zweifelsohne auf das Selbstbewußtsein und die Selbstpositionierung Fatimas in der deutschen Gesellschaft aus. Die von der Mehrheitsgesellschaft ausgeübte kulturelle und ethnische Definitionsmacht ist so massiv, daß Fatima dem kaum etwas entgegensetzen kann. Sie akzeptiert die Tatsache, daß sie Ausländerin bleibt. Dennoch steht für sie außer Frage, daß ihr zukünftiger Lebensmittelpunkt in Deutschland liegen wird.

»I: Könntest du dir vorstellen, in Marokko zu leben?
F: Nee, ich weiß nicht, ich wollte das nicht. Eigentlich ist es nicht so wichtig, daß ich Marokkanerin bin. Auf der anderen Seite wollte ich doch nicht so ganz meine Nationalität verlieren. Und mein Vater hat gesagt: Mach das lieber, den deutschen Paß beantragen. Du bist hier aufgewachsen, und du willst bestimmt nicht mehr zurück. Und auch, daß man mehr Chancen hat hier, zum Beispiel auch mit dem Beruf. Es heißt ja immer: erst mal die Deutschen und dann die Ausländer. Auch bei der Wohnung. Meine Schwester, die war letztens beim Wohnungsamt. Ham se sie gefragt: Ham Sie die deutsche Staatsbürgerschaft. Hat sie ›Ja‹ gesagt. Ham sie gesagt: Dann wird es nicht so viele Komplikationen geben. Also, das merkt man voll. Hat mein Vater gesagt: Mach das mal lieber. Alle meine Geschwister haben auch die deutsche Staatsbürgerschaft. Nur meine Eltern halt nicht.«

Wiewohl die deutsche Staatsbürgerschaft hier für Fatima vornehmlich unter dem Vorzeichen von beruflichen und sozialen Nutzerwägungen steht, wird an anderer Stelle deutlich, daß sie sich sehr wohl selber als Deutsche sieht, da sie in Deutschland aufgewachsen ist. Vor dem Hintergrund der traurigen Einsicht, daß man in Deutschland mit einem ausländischen Paß benachteiligt und diskriminiert wird, sieht sie sich offenbar gezwungen, ihre deutsche Staatsbürgerschaft mit pragmatischen Beweggründen zu legitimieren. Ein »zweckfreies« Deutschsein scheint sie sich nicht zuzugestehen, da ihr in der deutschen Gesellschaft immer wieder zu erkennen gegeben wird, daß sie nicht dazugehört. Diese Exklusion scheint sie internalisiert zu haben.

Muslimischer Hintergrund und die biographische Bedeutung von Religion

Fatima betont, wie wichtig die Religion für ihr Leben ist. Sie orientiert sich streng an den fünf Säulen des Islam und besucht regelmäßig eine Moschee, in der ausschließlich Arabisch gesprochen wird und viele der Besucher aus afrikanischen und arabischen Ländern stammen. Auch habe sie sich selbst, berichtet sie, gegen den Rat der Eltern die Pflicht auferlegt, das Kopftuch zu tragen. Besonders deutlich wird ihre Selbstpositionierung bei der Überlegung, ob die religiöse Orientierung des potentiellen künftigen Ehemannes eine Rolle spiele. Dabei fällt nicht nur ihre post- beziehungsweise transnationale Orientierung auf, sondern auch ihre Abgrenzung gegenüber dem Judentum, das sie als mit ihrer Religion unvereinbar charakterisiert:

»[...] es wäre schon wichtig, daß er Moslem ist. Die Nationalität wäre mir egal. Meinen Eltern wäre es, glaub' ich, nicht egal. Aber mir wäre nur wichtig, daß er Moslem ist, weil zum Beispiel der jüdische Glaube, der paßt einfach nicht zu uns Moslems. Die Juden und die Moslems stehen sich nicht so ganz nah. Also mir persönlich macht es nicht so viel aus, aber andere Religion, das heißt auch andere Sitten, wie zum Beispiel bei uns fünfmal am Tag beten und Ramadan und so. Wenn der andere das dann nicht macht. Ich hab' da schon 'ne andere Ansicht. Ich diskutiere ja viel in meiner Klasse mit den Mädchen. Auch mit den Jungs. Und da merke ich immer, daß die den Islam gar nicht so akzeptieren. Die sehen das als Mischmasch, so 'ne Mischung zwischen Judentum und Christentum. So sehen die das nämlich meistens. Und das ist schon hart. Also Freunde habe ich jede Menge, aber so als Ehegatten, mit dem ich mein Leben lang verbringen möchte. Das ist schwer. [...] Ich halte mich an die fünf Säulen halt. Die erste ist halt nur an Gott zu glauben und keinen anderen und daß Mohammed halt der Prophet ist, auch der letzte Prophet ist. Und das zweite ist halt zu beten, fünfmal am Tag, und zu fasten, und den Armen Geld geben. Und als letztes einmal nach Mekka fahren. [...] Also mein Vater sagt halt, ich soll mir Zeit lassen zum Beispiel mit dem Beten. Es gibt einen Bruder, der hat erst mit 25 angefangen zu beten. Mein Vater macht da nicht so Druck. Oder auch mit dem Kopftuchtragen. Da macht er auch keinen Druck.«

Religion dient Fatima nicht nur zur Sinnstiftung und transnationaler Heimatbildung, die gleichzeitig Positionierung und Gruppenbezug ist. Sie betont, daß Religion ihr »Lebensinhalt« sei. Die Konflikte, die sich daraus für sie in der deutschen Gesellschaft ergeben, schildert sie am Beispiel der mit nichtmuslimischen Schülern ausgetragenen Kontroversen über den Islam. Dabei beklagt sie ganz allgemein die mangelnde Akzeptanz ihres Glaubens in der deutschen Gesellschaft. Das Verbot, während ihrer Arbeitszeit in einem Supermarkt ein Kopftuch zu tragen, führt sie als Beleg für diesen Eindruck an:

»Seit der elften Klasse trage ich mein Kopftuch. Ich weiß nicht, also meine Religion ist auch mein Lebensinhalt, und ich leb' auch danach. Also, was im Koran steht. Ich versuche, mich danach zu richten und alles zu tun. Es gibt mir Sinn. [...] Mein Vater war jetzt nicht dagegen, daß ich Kopftuch trage, aber er hat gemeint: Das ist jetzt hier schwer in Deutschland. Und das hab' ich auch gemerkt jetzt. An die Arbeitsstelle mit Kopftuch zu kommen. Das wird nicht akzeptiert. Ich arbeite zum Beispiel im HL, und da darf ich kein Kopftuch tragen. Und da zieh' ich das auch aus im HL. Und mein Vater hat gemeint, der guckt sehr viel Nachrichten und so, und der ist immer auf dem aktuellsten Stand, und der hat gemeint, daß es ziemlich schwierig wär', in Deutschland anerkannt zu werden als Muslime in Deutschland mit Kopftuch und alles. [...] Aber, ich weiß nicht, ich fühl' mich dabei nicht so wohl. Wenn ich Muslime bin, dann gehört das für mich dazu.
I: Und du hast negative Erfahrungen gemacht?
F: Ich hab' erst gedacht: Nee, jetzt hab' ich es angezogen, und für die im HL auf der Arbeitsstelle soll ich es ausziehen? Aber mein Vater hat gesagt: Es ist eigentlich nicht so schlimm, wenn ich jetzt zu meiner Arbeitsstelle gehe und mein Kopftuch ausziehe, weil die Absicht ist ja nicht, daß ich mich zurecht- oder schönmachen möchte, sondern halt einfach, daß ich arbeite und wegen dem Geld. Da ist es nicht so schlimm. Also, wenn ich zur Arbeitsstelle gehe, ziehe ich es aus, und wenn ich zurückgehe, ziehe ich es wieder an.«

Da Religion in Fatimas Leben einen hohen Stellenwert einnimmt, kann das Gefühl, ihren Glauben nicht angemessen ausüben zu können, durchaus als gravierend und problematisch, ja als verletzend gewertet werden. Das Verbot, im Supermarkt das Kopftuch zu tragen, löst bei Fatima Unbehagen aus. Erst die Aussprache mit ihrem Vater und das pragmatische Argument der ökonomischen Notwendigkeit führt zu einem Kompromiß zwischen ihrer religiösen Überzeugung und der Erwartung der deutschen Mehrheitsgesellschaft.

Perspektivübernahme und Angst

Fatima spricht über die Angstgefühle, die Steven Spielbergs Film »Schindlers Liste« bei ihr ausgelöst hat:

»I: Du hast ›Schindlers Liste‹ angesprochen. Kannst du dich noch erinnern, wie du das wahrgenommen hast?
F: Angsteinflößend.
I: Inwiefern?
F: Ich weiß nicht, ich versuche mich zu distanzieren irgendwo, und dann ist

da doch dieses Gefühl da, jetzt nicht schuldig, sondern eher so die Opferseite halt. Ich frag' mich, ob das wieder passieren könnte. Ob vielleicht alle plötzlich nach einem / und alles tun, was der sagt. Ich weiß nicht, also, vielleicht weil, ich versetze mich einfach in deren Lage. Man kann Gefühle nicht so beschreiben. Man weiß dann nicht genau, warum man Angst hat. Es ist nicht so, daß ich mich davon distanzieren kann, sagen kann: Das waren mal die Juden. Das waren mal die Deutschen. Es geht mich nichts an. Es geht mich eben an, weil es Menschen waren. Und es kann immer so etwas passieren, mit anderen Menschen.«

Einerseits übernimmt Fatima die Perspektive der jüdischen Opfer und versetzt sich in deren Lage. Zugleich empfindet sie selbst Angst und die Ungewißheit, ob sich die Geschichte wiederholen könnte. Fatima entwickelt aber auch eine universalistische Perspektive und bezieht sich explizit auf die historische Bezugsgruppe »Menschheit«: »Es geht mich eben an, weil es Menschen waren.« Mit dem identifikatorischen Konstrukt »Menschheit« überwindet Fatima den Konflikt, sich innerhalb einer ethnisch unterfütterten Genealogie der Opfer einerseits und der Mitläufer und Täter andererseits positionieren zu müssen. Die Selbstverpflichtung zur politischen Verantwortung leitet sich für Fatima aus dem Menschsein ab. Damit entledigt sie sich quasi aller nationalkultureller und ethnischer Kriterien der Zuschreibung und Legitimierung von Erinnerungsgemeinschaften und verschreibt sich einer übergeordneten »moralischen Form der Erinnerung« (Margalit): der Erinnerung als Mensch an Menschen, die gemordet haben oder gemordet worden sind. Fatima übergeht auf diese Weise den Gegensatz zwischen der Erinnerung an die Opfer und die Täter beziehungsweise die Erinnerung der Opfer und der Täter. Als Mensch kann sie sich, unabhängig von ihrer Herkunft, ihrer neuen Staatsbürgerschaft oder ihrer Religion an beide Seiten erinnern: das Verbrochene und das Erlittene, die Verbrecher und die Opfer der Verbrechen. Damit scheint Fatima für sich einen Weg gefunden zu haben, die Dilemmata und Fallstricke der »geteilten Erinnerung«[18] an den Nationalsozialismus und den Holocaust in Deutschland zu vermeiden. Es ist ihre postethnische beziehungsweise transnationale Orientierung, die sich aus ihrem Status als

---

18 Korn 1999.

Migrantin herleitet und die Fatima eine solche Selbstpositionierung in der Distanz ermöglicht. Im Nachgang zur oben zitierten Passage betont Fatima die Notwendigkeit der Erinnerung und unterstreicht ihre Sorge über ein schnelles Vergessen. Auch hier bezieht sie sich einerseits auf die Deutschen und die Erinnerung an den Holocaust. Andererseits spricht sie von der allgemeinen Neigung »des Menschen«, zu rasch zu vergessen. Auch grenzt sich Fatima aufgrund ihres Interesses an der Geschichte des Nationalsozialismus abermals von ihren deutschen Mitschülern ab, denen sie »Übersättigungserscheinungen« zuschreibt, während sie selber von »der Geschichte nicht genug kriegen kann«:

»Man darf es nicht verdrängen, sondern man muß damit klarkommen, es immer vor den Augen haben. Jetzt war zum Beispiel der 27. Januar, der Nationalfeiertag. Und einige haben gemeint, daß man an dem Tag was macht und andere haben gesagt, daß es schon viel zuviel in den Medien ist. Man hat genug. Man ist übersättigt. All so was. Ich finde, daß man von der Geschichte nicht genug kriegen kann. Es war, glaub' ich, Thomas Mann, der gesagt hat, daß Menschen nach einem halben Jahr alles schon wieder vergessen haben. Die Menschen vergessen viel zu schnell. Es sollte daran erinnert werden. Und jetzt zum Beispiel im Jahre 2000. Darüber habe ich nachgedacht, daß man sagen könnte dann: Es war im letzten Jahrhundert. Es ist ja immer noch in diesem Jahrhundert passiert, Erster Weltkrieg, Zweiter Weltkrieg, alles in diesem Jahrhundert. Daß man dann sagt: Es war im letzten Jahrhundert. Es hat mit uns nicht mehr zu tun.«

Verarbeitung der NS-Geschichte

In der folgenden Sequenz antwortet Fatima auf die Frage nach ihren Vorstellungen von einem zeitgemäßen Geschichtsunterricht. Dabei kristallisiert sich der Wunsch heraus, mehr über den Widerstand gegen die Nationalsozialisten in Deutschland zu erfahren beziehungsweise diesen im Unterricht intensiver zu behandeln. Getragen scheint dieses Bedürfnis von der Sehnsucht nach den »besseren« und menschlichen Deutschen in Geschichte und Gegenwart:

»Und man muß beide Seiten kennen. Es gibt ja zum Beispiel auch Leute, die gegen den Nationalsozialismus waren, zum Beispiel ›Die weiße Rose‹, daß man den Schülern nicht nur zeigt: Das sind die Opfer und das sind die Nationalsozialisten, die das zugelassen haben. Sondern einfach beide Seiten. Das sind die, die dagegen waren, und das sind die, die es gemacht haben.«

Fatima beschäftigt sich intensiv mit den Facetten der Verarbeitung der NS-Geschichte. Dabei macht sie keinen Hehl aus ihrem Anspruch, daß die Deutschen ihr historisches Vermächtnis verarbeiten und annehmen müßten. Hierzu gehört für Fatima auch eine Auseinandersetzung mit der eigenen Familiengeschichte beziehungsweise der Rolle der Großeltern während des Nationalsozialismus. Zugleich klingt die Erwartung an, daß ihre deutschen Altersgenossen zu ihrem »historischen Erbe« stehen und verantwortungsvoll mit ihm umgehen müssen.

»I: Wenn du jetzt so 'ne Art Botschaft formulieren könntest im Zusammenhang mit der Auseinandersetzung über den Nationalsozialismus in Deutschland: Was ist deine Botschaft?
F: Ich weiß nicht, daß die Menschen halt diese Geschichte auch verarbeiten und nicht vergessen.
I: Und verarbeiten heißt was für dich?
F: Verarbeiten ist, daß man sich es einfach bewußtmacht, daß die Großeltern, daß die dabei waren. Daß die das so verarbeiten, daß sie sagen: Es stimmt. Wir waren dabei. Wir bekennen uns dazu. Aber wir sind jetzt die neue Generation. Wir denken anders, und wir werden auch versuchen, es anders zu richten. Wir werden es nicht mehr zulassen. Das ist für mich verarbeiten, daß sie dann nicht sagen, wir haben damit nichts zu tun. Das waren mal unsere Großeltern oder so. Daß man einfach sagt: Ja, wir waren es. Es sich einfach selber gestehen. Vorm Spiegel stehen und sagen: Ich bin nicht so, aber ich bin mir schon bewußt, was meine Großeltern gemacht haben.«

In der Abschlußsequenz des Interviews fordert Fatima mehr Toleranz auf seiten der deutschen Mehrheitsgesellschaft und hinterfragt die Geltung der im Grundgesetz garantierten Glaubensfreiheit. Anhand der Schilderung einer Auseinandersetzung mit einem Gemeinschaftskundelehrer entfaltet Fatima darüber hinaus eine Kritik an der Hegemonie des Christentums in Deutschland, die etwa in Parteinamen zum Ausdruck gebracht werde:

»Toleranz ist wichtig. Man sagt immer: Toleranz, Toleranz, Toleranz. Aber das ist gar nicht so. In der Schule oder so, da ist es schon wichtig. Aber so in der Arbeitsstelle oder so, da ist es nicht so. In Geschäften werden Schwarze nicht eingestellt. Oder zum Beispiel ich mit Kopftuch. Ich mein', im Grundgesetz steht, jeder darf seine Religion frei ausüben. Aber letztens hat mir zum

Beispiel ein Lehrer gesagt: Religion und Öffentlichkeit soll man trennen. Keine Ahnung, aber irgendwie meinte er, daß man das trennen sollte. Zum Beispiel in der Regierung, in der Politik, da sollte man es trennen, aber trotzdem gibt es die Partei, die heißt Christlich-Demokratische Partei. Da heißt es Christlich-Demokratische Partei. Und was heißt, in der Politik sollte man es trennen. Das ist doch gar nicht getrennt, wenn es Christlich-Demokratisch heißt.«

Fatima weist ihrem laizistisch argumentierendem Lehrer nach, daß die deutsche Gesellschaft in der Einordnung und Bewertung religiöser Überzeugungen doppelte Standards setze und selbst »partikularistisch« sei. Sobald der Islam etwa in Form von Fatimas Kopftuch in den öffentlichen Raum trete, werde dies als Problem diskutiert. Eine Partei dagegen, die sich ihre christliche Orientierung in den Parteinamen schreibe, habe keine Legitimationsprobleme.

Zusammenfassung und Kommentar

Fatima präsentiert sich als selbstbewußte junge Frau muslimischer Glaubenszugehörigkeit, für deren Leben die Religion eine große Bedeutung hat. Hierzu gehört der regelmäßige Besuch der Moschee, das Tragen des Kopftuchs und der unbedingte Wunsch, einen muslimischen Mann zu heiraten. Die religiöse Zugehörigkeit steht dabei für Fatima über jeder Form nationalstaatlicher Verbundenheit. Ihre Überlegungen zur Staatsbürgerschaft im Spannungsfeld von Herkunfts- und Aufnahmeland sind deshalb durch ein hohes Maß an Reflexivität geprägt. Man könnte von einer »postnationalen Orientierung« (Apitzsch 1996) oder auch »postethnischen Orientierung« (Hollinger 1995) sprechen. Gleichzeitig bekennt sich Fatima aber zur deutschen Staatsbürgerschaft und unterstreicht ihren Wunsch, Verantwortung für die Geschichte zu übernehmen. Gebrochen wird ihre Auseinandersetzung mit dem Nationalsozialismus in Deutschland durch ihr »gespaltenes« Bild vom Judentum, welches sich aus zwei Perspektiven zusammensetzt: dem in ihrer Familie gezeichneten Bild des Juden als Aggressor im Nahen Osten und dem in der deutschen Schule vermittelten Bild des Juden als Opfer des Holocaust. Fatima gibt an, tendenziell die »deutsche« Perspektive auf das Judentum übernommen zu haben. Von der Schuldfrage grenzt sie sich allerdings deutlich ab. Mit Blick auf die Tätergesellschaft dominiert für Fatima vor allem die Frage, warum die Deutschen zu- beziehungsweise weggeschaut haben. Sie fragt sich, ob Ausgrenzung und Gewalt gegen Ausländer heute nicht auf ähnliche Zustimmung in der Bevölkerung stoßen könnten. Wiederholt drängt sich ihr der Vergleich zwischen Juden und Ausländern auf. Dies entspringt einer Angst vor rassistischen Übergriffen, die Fatima im Interview immer wieder thematisiert. Ihre Wahrnehmung des Nationalsozialismus ist also einerseits geprägt von einer realen Angst, im Gegenwartsdeutschland von den Deutschen in Situationen von Bedrohung und Gefahr »verlassen« zu werden, trotz Staatsbürgerstatus nicht dazuzugehören. In diesem Zusammenhang entwirft sie auch das vergleichende Szenario von den ehemals antisemitischen und heute rassistischen Deutschen. Fatima positioniert sich als Angehörige einer potentiell verfolgten Minderheit und rückt damit dicht an die historische Bezugsgruppe der Opfer nationalsozialistischer Verfolgung heran.

Im Vergleich zwischen Deutschland und dem Herkunftsland Marokko stellt Fatima demokratische Grundwerte wie etwa die Meinungsfreiheit als Kriterium für Lebensqualität heraus. Da sie diese in Deutschland besser verwirklicht sieht als in Marokko, schließt sie eine »Rückkehr« aus. Eine starke demokratische Werteorientierung macht sich in vielen Passagen des Interviews bemerkbar. Fatima wird nicht müde, im Zusammenhang mit dem Nationalsozialismus auch die Themen Rassismus und Ausländerfeindlichkeit als universelle Probleme zu thematisieren. Dabei spricht sie nicht nur aus der Position der »Ausländerin« mit deutschem Paß, sondern als »Mensch«. Ihr Erkenntnisinteresse ist geleitet von allgemeinen, universalistisch motivierten Fragen nach der »Banalität des Bösen« und dem Wesen des Menschen: Da es schließlich Menschen gewesen seien, die anderen Menschen »Schreckliches« angetan hätten, sei auch sie als Mensch dafür verantwortlich, sich über den Hergang der Geschichte zu informieren, der Opfer zu gedenken, die ehemalige Tätergesellschaft kritisch zu beobachten und durch politisches Engagement dafür zu sorgen, daß sich eine solche zivilisatorische Katastrophe nirgends auf der Welt – vor allem aber nicht in Deutschland – wiederhole. Obgleich Fatima an vielen Stellen zu erkennen gibt, daß sie die internationale muslimische Gemeinschaft als ihre Bezugsgruppe sieht, kristallisiert sich in ihrer hier präsentierten Geschichtskonstruktion die historische Bezugsgruppe »Menschheit« als dominant heraus.

Dragan: »Meine Großeltern waren Partisanen.«

Kontaktaufnahme und Interviewsituation

Dragan ist zum Zeitpunkt des Interviews 17 Jahre alt und besucht die zehnte Klasse einer städtischen Realschule. Ich lerne ihn während einer Hospitation im Geschichtsunterricht kennen. Er erklärt sich spontan zum Interview bereit. Dragan ist ein gutaussehender schlan ker junger Mann mit dunklen Haaren und dunklen Augen. Seine Gesichtszüge sind markant und ausdrucksstark. Seine ganze äußere Erscheinung macht einen sehr gepflegten Eindruck. Er trägt Markenturnschuhe, eine helle Hose, ein blau-weißes T-Shirt und einen dunkelblauen Blouson. Das Interview findet in der Schule im sogenannten Arztzimmer statt. In dem Zimmer steht neben einem Tisch und zwei Stühlen auch ein Krankenhausbett mit Schaumstoffauflage. Dragan zeigt sich als eher zurückhaltender Typ. Er spricht überlegt und langsam. Man spürt, daß ihn die Thematik emotional bewegt.

Biographische Skizze und Migrationshintergrund

Dragan ist 1981 in einer deutschen Kleinstadt in einem industriellen Ballungsgebiet geboren. Seine Eltern kamen 1970 als »Gastarbeiter« aus Jugoslawien nach Deutschland. Die Mutter, die aus Srebrenica stammt, ist gelernte Altenpflegerin, arbeitet aber als Verkäuferin. Der Vater stammt aus Sarajevo, ist Schuhmacher und hat sich selbständig gemacht. Er betreibt ein Schuhgeschäft mit Reparaturservice. Dragan hilft seinem Vater regelmäßig im Geschäft aus. Er möchte eine Lehre als Büro-, Industrie- oder Außenhandelskaufmann absolvieren, um eventuell den Laden seines Vaters zu übernehmen, da die Eltern planen, nach der Pensionierung nach Bosnien zu ziehen. Dragan beabsichtigt deshalb, bald einen Antrag auf Einbürgerung zu stellen. Er wächst zweisprachig auf, spricht Bosnisch und Deutsch. Seine Familie ist muslimisch, aber nicht praktizierend. Dragan geht nur an hohen Feiertagen in die Moschee. Seine Brüder haben christliche Frauen geheiratet. Auch Dragan schließt dies für sich nicht aus. Er hat drei Geschwister: zwei Brüder und eine Schwester. Die Schwester geht noch zur Schule, die Brüder sind schon außer Haus. Beide Brüder wurden, weil sie erst mit 18 Jahren in die Bundesrepublik gekommen waren, nach Ende des Bürgerkriegs im ehemaligen Jugoslawien und der Aufhebung ihres vorübergehenden Status als Kriegsflüchtlinge abgeschoben. Sie sind mit ihren »ethnisch gemischten« (bosnisch-kroatisch-serbischen) Familien in die USA ausgewandert.

Dragans familienbiographische Bezüge zum Nationalsozialismus und zum Zweiten Weltkrieg sind vielfältig. Seine Großeltern schlossen sich während der deutschen Besatzung den Partisanen an. Eine Großmutter wurde als Zwangsarbeiterin in ein deutsches Konzentrationslager verschleppt. Ein Großvater geriet in deutsche Kriegsgefangenschaft, der andere wurde in einer Vergeltungsaktion der deutschen Wehrmacht vor den Augen seiner Familie erschossen.

Eröffnungssequenz des Interviews

»Also, das erste Mal, wo ich den Nationalsozialismus kennengelernt habe, sagen wir's mal so, ist durch die Medien. Das war Solingen, glaub' ich, wo diese türkische Familie in diesem Haus verbrannt wurde. Das war das erste, also früher hatte ich nicht so sehr viel damit zu tun. Also, man hat schon mal so was gehört, aber das war nur so nebenbei. Und das war halt das erste, und dann ging das immer weiter. Das war so eine Reihe, glaub' ich. Also irgendwie auch immer hin und her, hin und her. Und dann so richtig was erfahren über den Nationalsozialismus, das war in der Schule. Also, so richtig, wie es war mit Hitler und so, mit den Juden, daß er sie verfolgt hat. Und dann war dann auch klar, denen wurde von zu Hause aus erklärt, daß das böse Menschen waren. Weil ich komme aus Ex-Jugoslawien. Und ja, ich weiß auch nicht, aber meine Oma hatte nicht so gute Erfahrungen gemacht. Hat se halt so erzählt: Die Juden waren halt so geldgierige Menschen, und das war gut, daß der Hitler die verfolgt hat. Hab' ich gedacht, wird schon stimmen, wenn die Oma das sagt. Und dann jetzt in der Schule erfahre ich halt, daß es nicht so war. Und daß es schon ziemlich schlimm war, was der so gemacht hat im Nationalsozialismus, daß die Juden doch nicht so waren, sondern ganz normale Menschen, aber halt mit einer anderen Kultur, genau wie die Inder, die Hindus, die Moslems, die Christen, all diese großen Religionen.«

Dragan verbindet den Nationalsozialismus über fremdenfeindliche Ausschreitungen mit der deutschen Gegenwart. Dabei gerät ihm die historische Dimension des Nationalsozialismus zunächst gar nicht in den Blick. Die Bilder der Gewaltwelle gegen Ausländer in Deutschland schieben sich unvermittelt vor die Geschichte. Seine in der Schule erworbenen Kenntnisse über den Nationalsozialismus und die Judenverfolgung sowie die Erfahrungen als Kind von Migranten tragen zu einer Revision der antisemitischen Stereotype seiner Großmutter bei. Dragan entwickelt eine differenziertere Perspektive. Er verweist auf die Gleichwertigkeit der Religionen und Kulturen. Zudem benennt er – vor dem Hintergrund der gewaltsam ausgetragenen ethnischen Konflikte im ehemaligen Jugoslawien – Erziehung im Elternhaus als wesentliche Ursache von Rassismus und Gewalt. Dieses Thema greift er auch am Ende des Interviews noch einmal auf.

Geschichte der Großeltern im Zweiten Weltkrieg

Dragan erzählt, daß seine Großmutter während des Zweiten Weltkriegs in deutsche Gefangenschaft geraten und in ein Konzentrationslager nach Deutschland verschleppt worden sei. Auch der Großvater geriet als Partisan in Kriegsgefangenschaft und wurde als Zwangsarbeiter nach Deutschland gebracht. Beide überlebten.

»Sie [die Großmutter] war Kriegsgefangene in Deutschland. Also, bei den Partisanen war sie und mein Opa auch. Die waren Kriegsgefangene in Deutschland. Na ja, soviel hat sie ja nicht mitgekriegt, aber da war sie halt mit einigen Juden zusammen im KZ. Ich weiß nicht, ich hör' eigentlich immer ganz genau zu, wenn sie das sagt. Sie war dann auch mit irgendwelchen zusammen. Und dann ham se sie irgendwie getrennt, die einen nach da, die anderen nach da. Und die wurde halt zu den Frauen geschickt und Kindern. Und dann wurden sie jedesmal abgeholt. Sie ham gearbeitet: Sie haben irgendwelche Teile zusammengesteckt oder so was. Industriearbeit. So Gummikappen oder so. […] Und der Opa, ja der war auch Kriegsgefangener, aber wo, weiß ich auch nicht. Im KZ war er nicht. Also, die ham ihn ganz gut behandelt, hat er erzählt. Er hat auch Deutsch gelernt da.«

Dragan schildert die Verschleppung seiner Großeltern durch die Deutschen sehr sachlich. Er wirkt, als sei es ihm ein wenig unangenehm, mit einer Deutschen über das Thema zu sprechen. Als wolle er kein zu negatives Bild der Deutschen entstehen lassen, fügt er hinzu, daß sein Großvater von diesen »ganz gut behandelt« worden sei und »Deutsch gelernt« habe. Der Krieg hat Dragans Familie aber noch einen weiteren Schicksalsschlag zugefügt. Auf meine Frage, welches Elternteil den Vater im Krieg verloren habe, antwortet Dragan:

»Meine Mutter, aber man kann sie nicht drauf ansprechen. Sie blockt das gleich ab. Sie möchte das nicht, weil sie es miterlebt hat. Der Vater wurde vor ihren Augen erschossen und deshalb. Es ist nicht gut, mit ihr darüber zu reden. [...] Ich weiß das von meiner Oma, die jetzt im Krieg gestorben ist. Das war doch meine Lieblingsoma, die hat mir das immer erzählt. [...] Der Opa war ja auch bei den Partisanen, und eines Tages, da stand die Armee in der Nähe von der Stadt, bei Srebrenica irgendwo, ich weiß nicht. Da waren die Deutschen da. Und da wollten die einen Angriff starten. Aber irgendwie hat jemand sie verraten. Und da sind die Deutschen doch in die Stadt reingekommen. Und da wurden die Führungsoffiziere erst erhängt und die anderen, die irgendwie nicht arbeitstüchtig waren oder so. Mein Opa war ja schon damals ziemlich alt *(atmet schwer)*. Und die wurden dann halt vor den Augen der Frauen und Kinder erschossen.«

Daß seine Mutter als Kind Zeugin der Hinrichtung ihres Vaters wurde, bewegt Dragan emotional sehr stark. Offenbar ist seine Mutter durch das Ereignis traumatisiert. Interessant ist, daß Dragan diese Geschehnisse trotz seiner in der Stimmlage spürbaren Erregung nüchtern darstellt, chronologisch dem Ablauf der Ereignisse folgend. Er kommentiert das Geschehene kaum und beurteilt die Handlungen der Akteure nicht, weder die der Deutschen noch die der Partisanen. Sein tieferes Interesse an dem historischen Konflikt kommt jedoch deutlich zum Ausdruck, als er erzählt, daß er in der Bibliothek nach Büchern über die Geschichte der Partisanen in Jugoslawien recherchiert hat:

»Das interessiert mich schon, aber es ist halt schwer, darüber irgend etwas zu bekommen. In den Bibliotheken kriegt man heut nicht sehr viel. Nur so: Die Partisanen haben gegen den gekämpft. Die Partisanen haben gegen den gekämpft. Das kriegt man halt nicht so sehr mit. Das kriegt man halt nur mit von den alten Leuten her. Und die meisten alten Leute sind gestorben, die das noch mitgemacht haben. [...] Das ist halt schade.«

Dragan findet in den Büchern nicht das, was er sucht: Einzelschicksale und Zeitzeugenberichte von ehemaligen Partisanen wie seiner verstorbenen Großmutter, von der er die Geschichten aus der Zeit der deutschen Okkupation gehört hat. Als Dragan mit seiner Klasse die Ausstellung über die Verbrechen der deutschen Wehrmacht besucht, sind es Fotos und Dokumente über die Partisanen in Jugoslawien, die ihn am meisten interessieren:

»Da war das Leiden. Ich hab' die Fotos angeguckt, wo sie da die Partisanen erschossen und erhängt haben. Das hat mich schon getroffen *(schluckt)*. Ja, das ist so eine emotionale Sache. Die kann man nicht so richtig beschreiben, aber *(fünf Sekunden Stille)* es sollte halt nicht wieder passieren. Man muß halt aus der Geschichte lernen. Ich finde, die ganze Geschichte von Deutschland muß gelernt werden.«

Die Fotografien erinnern Dragan offenbar an die Geschichte seiner eigenen Familie. Das plötzliche Stocken, die lange Sprechpause und das Schlucken verweisen auf die emotionale Anspannung während dieser Reflexion. Er löst die Anspannung rasch durch einen allgemeinen Kommentar zum Lernen aus der Geschichte auf. Schließlich ringt er sich doch zu einem sehr persönlichen Kommentar durch:

»Ja, wie soll ich das jetzt ausdrücken. Es berührt mich mehr als die anderen. Die anderen, na ja, die schämen sich vielleicht manchmal für die deutsche Geschichte. Ich mein', die sollen sich nicht schämen, sie können ja nix dafür. Aber ich glaube schon, daß es mich anders berührt als sie.«

Dragan unterscheidet hier sehr deutlich zwischen sich und seinen deutschen Mitschülern, die er als »die anderen« bezeichnet. Wenn er mutmaßt, daß er »anders berührt« sei, dann ist das auch eine Aussage über die emotionale Verstrickung aufgrund der Tatsache, daß Familienmitglieder zu Opfern des Nationalsozialismus geworden sind. Seine historische Bezugsgruppe ist hier ethnisch geprägt und wird durch die Mitglieder seiner Familie repräsentiert.

Das Thema Nationalsozialismus in der Schule

Im folgenden Segment spricht Dragan über seine Erfahrungen mit der Thematik in der Schule. Auch hierbei versucht er wieder, die Ereignisse chronologisch zu beschreiben:

»Erst mal Geschichtsbuch durchgelesen: Am Anfang war der Nationalsozialismus: Nazis, mit der Judenverfolgung. Erst wie der Hitler an die Macht gekommen ist, durch die hohe Arbeitslosigkeit in Deutschland, daß er eine Chance bekommen hat. Er hatte es ja zuvor schon mal versucht, mit diesem Putsch da. Ja, da wollte er noch gleich an die Macht kommen, hat es aber nicht geschafft. Dann war er im Gefängnis und hat sein Buch geschrieben: ›Mein Kampf‹. Und dann ist er an die Macht gekommen. [...] Ja, genau 33. Das war dann die sogenannte Machtübernahme. Und das war halt alles so ein bißchen genauer, weil vorher / obwohl mit der Jahreszahl, okay / das ist ja nicht immer ganz wichtig. Nur ganz genau, warum der die Juden verfolgt hat oder die

Zigeuner, die Zigeuner wurden ja auch verfolgt, oder überhaupt irgendwas Fremdes oder anderes oder auch die Jugoslawen, die kamen ja auch ins KZ.«

Wieder taucht eine Referenz zur eigenen ethnischen Gruppe auf. Dragan reiht die Jugoslawen ein in eine Aufzählung der aus rassistischen Gründen Verfolgten des Naziregimes: Wie Juden, Sinti und Roma seien sie verfolgt worden. Dann geht er ausführlicher auf das Thema Judenverfolgung ein:

»Jetzt ham wir erst mal das mit den KZs, also wo se die aufgeteilt haben und sie dann / also am Anfang war es ja so, es war ja nicht so schlimm, dann durften sie dann keine Geschäfte mehr haben. Und das war schon schlimm, weil die meisten ja so Lebensmittelgeschäfte hatten oder so Banken. Und das durften sie dann nicht mehr. Dann wurden sie gekennzeichnet mit diesem Stern, mit diesem gelben. Ja, und dann sind wir bei den KZs gelandet. [...] Ja, das stand dann im Geschichtsbuch, wie das dann abgelaufen ist, daß die Leute dann getrennt wurden, Frauen und Kinder. Und die, die arbeitstüchtig waren, durften dann arbeiten, und die nicht arbeitstüchtig waren, da wurde gesagt: Ja, ihr könnt euch jetzt duschen. Und irgendwelche alten Menschen, von denen sie dachten, die können sowieso nicht arbeiten, kamen dann in so Duschkabinen rein. Ja, hier könnt ihr duschen. Zieht euch aus. Und dann wurden sie reingetan und dann kam halt dieses Gas. Das wurde dann, glaub' ich, in Hoechst produziert, dieses Gas.«

Dragan erzählt alles, was ihm an Geschichtsfetzen noch präsent ist, und mischt einige Klischees unter. Er scheint der Interviewerin hier beweisen zu wollen, daß er im Unterricht aufgepaßt hat. Seine Ausführungen wirken fast wie die Aneinanderreihung von Informationen in einer Prüfungssituation, die meine Gegenwart zu evozieren scheint. Es stellt sich heraus, daß er mit der Schule ein eher affektarmes Lernen historischer Fakten verbindet. Nach seinen beschreibenden Ausführungen zur Ermordung der Juden in Konzentrationslagern weist er ausdrücklich auf die Bedeutung der Rezeption von Zeitzeugenberichten hin: »Es sind eher immer diese Einzelschicksale, die einem dann bewußtmachen, was das für einen Menschen damals bedeutet hat.« Gefragt, wie er als Lehrer mit dieser Geschichte umgehen würde, hebt er etwa die Arbeit mit dem »Tagebuch der Anne Frank« oder anderen Einzelschicksalen als den einzigen Schlüssel zum Verstehen hervor. Es sei allerdings damit zu rechnen, daß man zunächst die Abwehr – »das Starre, Harte« – bei den Schülern »durchbrechen« müsse. Vermutlich basiert diese Erwartung Dragans auf seinen eigenen Unterrichtserfahrungen. Als ich ihn sehr direkt frage, ob er sich vorstellen könne, die Geschichte seiner Großmutter in der Klasse zu erzählen, antwortet er ganz spontan, das könne er nicht, weil die Schule kein adäquater Ort sei. Dies könnte darauf hindeuten, daß es sich mit Dragans schulischen Erfahrungen tatsächlich so verhält, wie Knigge (1988) in seinen Ausführungen zur Praxis des Geschichtsunterrichts kritisiert: Die persönlichen Geschichten der Lernenden werden ausgegrenzt und finden keinen Raum.[19]

Zur gegenwärtigen Bedeutung der Geschichte

Im folgenden Segment äußert sich Dragan zur Frage, ob die Geschichte des Nationalsozialismus und des Holocaust für ihn als in Deutschland lebender Jugendlicher ein wichtiges Thema darstelle:

»Doch, es ist schon wichtig *(energisch)* für Deutschland, aber nicht nur für Deutschland. Es geht ja nicht nur um Deutschland, weil das kann ja auch woanders passieren. Das muß ja nicht unbedingt in Deutschland sein. Kann ja auch irgendein, von mir aus italienischer Hitler rauskommen, der dann sagt: Ja, die Italiener sind die Großen. Das ist die Weltmacht überhaupt. Das sind die Schlauesten, die Besten. Die ist schon wichtig, diese Geschichte. Wir sollten was draus lernen, damit wir diese Fehler nicht noch mal machen. [...] Also diese Geschichte ist doch ganz ganz wichtig, daß wir daraus lernen. So was sollte wirklich nicht noch mal passieren.«

Mit seinem Hinweis, das Potential zu ideologischer Verblendung und diktatorischen Machtformen sei auch in anderen Ländern vorhanden, weicht Dragan die Fixierung auf die Deutschen als Bezugsgruppe der Geschichte des Nationalsozialismus und des Holocaust auf und etabliert eine universalistische Perspektive, die die Verbrechen der Nationalsozialisten zu einem Menschheitsthema macht. Auffällig ist ferner, daß Dragan erstmals im Interview »wir« sagt. In seiner wiederholten Forderung, daß »wir« aus der Geschichte lernen sollten, geht allerdings nicht eindeutig hervor, ob er alle Menschen, die Deutschen oder seine Generation meint.

---

19 Vgl. hierzu die Ausführungen im Kapitel »Geschichtsbewußtseinsforschung«.

Deutsche Schuld und Deutschlandbild

Die Frage nach der Schuld und der Weitergabe von Schuld im Land der ehemaligen Täter, Mitläufer und Zuschauer beantwortet Dragan eindeutig als generationsabhängig:

»Die Deutschen heute, die können ja nichts dafür. Also, die meisten heute, die sind ja nach dem Krieg geboren worden. Jetzt nicht die älteren Leute. [...] Obwohl die Älteren, also diese Senioren. Es gibt ja immer noch welche mit Tattoos von der SS. Ich mein', das sollte man sich schon mal entfernen lassen. Immer noch heute zu sagen, sie sind stolz drauf, daß sie das durchgehalten haben, daß sie das durchgemacht haben bis zum Ende.«

Obwohl er die Nachgeborenen von Schuld freispricht, ist die Vergangenheit für ihn lebendig, wie er anhand des Beispiels zu veranschaulichen sucht. In seiner Rede über die »Senioren« schwingt unverkennbar eine gehörige Portion Zynismus mit. Dann erzählt Dragan eine Szene, die sich im Laden seines Vaters abgespielt hat und die er vor dem Hintergrund seiner Wahrnehmung deutscher Täterschaft deutet:

»Es gab mal eine Situation. Ich arbeite ja bei meinem Vater im Laden. Und in A-Stadt sind ja meist ältere Leutchen. Die kommen dann rein. Die meisten sind ja ganz freundlich. Es waren ja nicht alle Nazis, um Gottes willen. Einmal war einer, der hat mich angeguckt und gefragt: ›Sprechen Sie Deutsch?‹ Hab' ich gemeint: ›Ja, sonst würde ich hier nicht stehen. Sogar ganz gut.‹ Und er: ›Woher kommen Sie denn?‹ Und ich: ›Aus Ex-Jugoslawien.‹ Meint er: ›Aha.‹ Und ist rausgegangen aus dem Laden. Das hat mich dann schon getroffen. Er ist einfach rausgegangen. Also, ich wollt' ihm gerade seine Schuhe bringen, und als ich gesagt habe, woher ich komme, ist er raus. Das war bestimmt so einer, hab' ich mir gedacht. Der hatte vielleicht ein schlechtes Gewissen. Das war bestimmt so einer, der meine Großeltern mißhandelt hat.«

Dragans Familiengeschichte und die Geschichte der Aufnahmegesellschaft treffen hier in der Imagination zusammen. An seiner Deutung dieser Szene nicht nur als xenophobischen Akt, sondern als Begegnung eines NS-Täters mit einem Nachkommen der Opfer zeigt sich, wie stark die Familiengeschichte in Dragans Deutschlandbild hineinwirkt.

Staatsbürgerschaft und historische Verantwortung

Dragan antwortet auf die Frage, ob er denn glaube, daß er mit der deutschen Staatsbürgerschaft, die er bald annehmen möchte, auch Verantwortung für die deutsche Geschichte übernehmen müsse:

»Ja doch, klar. Ich bin ja auch hier geboren. Ich fühl' mich auch nicht so sehr als Bosnier. [...] ich geh' hier zur Schule, ich bin hier jeden Tag, ich wohne hier, ich kann die deutsche Sprache. Aber ich fühl' mich auch andererseits als Bosnier. [...] ich fühl' mich so zweigespalten. [...] Na ja, es ist eigentlich so 'ne Symbiose. Es paßt eigentlich gut zusammen beides. Einerseits bin ich hier, fühl' mich wohl. Andererseits kann ich auch auf eine andere Geschichte blikken, die nicht ganz so schrecklich, so schlimm ist wie hier. [...] Die deutsche Geschichte ist ja nicht die beste Geschichte. [...] Also zum Beispiel in Amerika, wo mein Bruder jetzt ist. Der wohnt da jetzt. Und wenn er da sagt, er kommt aus Deutschland, sagen alle: Ach, Nazis, alles Nazis. Und so, wenn ich sag', ich komme aus Bosnien, wissen die meisten nicht, um was es geht. Weil die bosnische Geschichte kennen nicht viele. [...] Das hat schon seine Vorteile. Und, wenn man hier wohnt und Staatsbürgerschaft annimmt, ist es gut, daß man das andere trotzdem noch ist.«

Die Antwort Dragans verweist auf ein gewisses ambivalentes Gefühl hinsichtlich der Annahme des »historischen Erbes« der Aufnahmegesellschaft. Einerseits bejaht Dragan sein Leben in Deutschland und seine durch die hier verbrachte Kindheit erworbene »deutsche Identität«, zu der für ihn auch die NS-Geschichte gehört. Andererseits distanziert er sich, indem er sich selbst eine »bosnische Identität« und damit auch die bosnische Geschichte zuschreibt. Interessant ist, daß er selbst von einer bosnisch-deutschen »Symbiose« spricht. Trotz dieser Selbstpositionierung macht Dragan Gebrauch von seinen historischen Optionen. In bestimmten Situationen möchte er nicht mit der deutschen Geschichte identifiziert werden, weil diese doch zu stark negativ besetzt ist. Deshalb greift er in solchen Fällen auf die Bosnier als historische Bezugsgruppe zurück. Dragan will sich situativ entscheiden können, ob er sich mit der »deutschen« oder der »bosnischen« Bezugsgruppe identifiziert. Hier macht er also im Sinne von Waters' Theorie der symbolischen Ethniziät tatsächlich Gebrauch von *ethnic options*.[20]

---

20 Vgl. hierzu die Ausführungen im Kapitel »Ethnizität und Geschichte«.

Am Ende des Interviews grenzt sich Dragan noch einmal massiv von der deutschen Gesellschaft ab, die er jetzt als rassistisch bezeichnet. Er führt aus, daß Rassismus vor allem durch die familiäre Erziehung bedingt sei. Der Schule schreibt er in diesem Zusammenhang Korrektivpotential zu:

»I: Gibt es noch etwas, was du abschließend zum Thema sagen möchtest, was dir wichtig ist?
D: Ja, daß man es nicht so kalt sehen soll. Man sollte lieber die einzelnen Schicksale behalten und den Jugendlichen in der Schule erklären. Man wird rassistisch erzogen. Das ist ja das Schlimme jetzt bei den Jugendlichen. Die meisten Eltern, die Deutschen, die noch so eingestellt sind, die erziehen die Jugendlichen rassistisch. Und da sollte man in der Schule versuchen, das zu neutralisieren, diese Erziehung von den Eltern, diese rassistische. Und den Kindern zeigen, die Schicksale der Menschen zeigen, damit sie es begreifen. Das wäre schon nicht schlecht. [...] Ja, daß alle Menschen gleich sind. Daß keiner sagt: Ja, der ist so, der andere ist schwarz, der andere hat diese Religion, der eine hat diese Religion. Das ist Scheiße. Daß alle gleich angesehen werden, daß jeder gleich ist, egal welche Religion, welche Haarfarbe er hat. Kein Rassismus und kein Faschismus. Das wäre mir am liebsten.«

Dragans Plädoyer für die Gleichheit und Freiheit aller Menschen wird getragen von dem Argument, daß nur eine Auseinandersetzung mit Einzelschicksalen, etwa dem seiner Großeltern, die Erinnerungspädagogik ein Stück weiterbringen könne. Hier kommt wieder seine Verstrickung in die Geschichte zum Vorschein. Ihm scheint bewußt zu sein, daß die Erfahrung und Erzählung seiner Großeltern und Eltern, die seine primären Zeitzeugen sind, weit stärker auf sein Geschichts- und Identitätsbild wirken als ein faktenzentrierter Geschichtsunterricht. Deshalb äußert er sich auch kritisch gegenüber der Erziehung in deutschen Familien, die er pauschal als rassistisch bezeichnet. Die Schule müsse hier »neutralisieren«. Damit unterstellt er, daß in den deutschen Elternhäusern – durch entsprechende Zeitzeugen – problematische historisch-politische Einstellungen generiert würden.

Zusammenfassung und Kommentar

Für Dragan steht bei seiner Auseinandersetzung mit dem Nationalsozialismus vor allem seine eigene Familiengeschichte im Vordergrund. Die Tatsache, daß seine Großeltern und auch seine Mutter Opfer der deutschen Besatzungsmacht in Jugoslawien waren, prägt seine Wahrnehmung der NS-Geschichte und seine Positionierung in Deutschland. Die gesellschaftspolitischen Ereignisse und Themen, die ihn bewegen, sind unmittelbar mit der Reflexion dieser Erfahrungen verbunden. Dragan bezieht sich auf »seine« ethnische Gruppe als historische Bezugsgruppe. Es wird deutlich, daß er sehr stark in die Erinnerungsgemeinschaft seiner Familie verstrickt ist. Auch seine Vorliebe für Einzelschicksale als aus seiner Sicht wirksamstes Medium der Geschichtsvermittlung leitet sich von seiner eigenen Erfahrung mit den Zeitzeugen in seiner Familie her. Zugleich betont er vor dem Hintergrund seines deutsch-bosnischen Selbstverständnisses – er nennt es »Symbiose« – den optionalen Charakter seiner historisch-kulturellen Selbstverortung. Am Beispiel seines in Amerika lebenden Bruders veranschaulicht er den Vorteil, situativ entscheiden zu können, ob er sich als Deutscher oder Bosnier zu erkennen geben will. Seine Präferenz, sich im Ausland lieber als Bosnier zu identifizieren, schreibt er dem durch den Nationalsozialismus geprägten negativen Deutschlandbild zu.

Lea: »Ich bin da reingewachsen.«

Kontakt und Interviewsituation

Zum Zeitpunkt des Interviews ist Lea 16 Jahre alt und besucht die zehnte Klasse eines städtischen Gymnasiums. Den Kontakt zu Lea stelle ich über ein jüdisches Gemeindezentrum einer deutschen Großstadt her. Ich besuche eine Gruppe Jugendlicher, die sich regelmäßig im jüdischen Jugendzentrum trifft, stelle mich und mein Forschungsanliegen vor. Dann lasse ich ein Blatt herumgehen, auf dem sich die an einem Interview Interessierten eintragen können. Lea ist die erste, die sich auf der Liste einträgt und damit auch ein Zeichen für die anderen setzt, die dem Projekt eher zögerlich bis mißtrauisch gegenüberstehen. Es entwickelt sich eine Diskussion darüber, warum ich ausgerechnet jüdische Jugendliche befragen wolle. Schließlich, so einer der Jugendlichen, seien diese doch schon am meisten mit dieser Geschichte belastet, nicht zuletzt auch deshalb, weil man betroffene Familienmitglieder habe. Ich erkläre, daß es mir wichtig ist, möglichst vielfältige Perspektiven einzuholen, sowohl die von nichtjüdischen Deutschen als auch von Jugendlichen aus Migrantenfamilien. Die jüdischen Jugendlichen dürften da nicht fehlen. Lea interveniert und fordert die anderen nachdrücklich dazu auf, sich an der Befragung zu beteiligen, damit die Stimme der jüdischen Jugendlichen nicht »untergeht«. Nach diesem kurzen Plädoyer meiner spontanen Unterstützerin erklären sich immerhin fünf Schüler und Schülerinnen bereit, ein Interview mit mir zu führen.

Ich treffe Lea eine Woche später in dem Gemeindezentrum wieder. Sie ist ein großes, schlankes Mädchen, ein eher unauffälliger Typ: zart, blaß und fragil wirkend. Sie trägt eine Jeans und einen dunkelroten Pullover. Am Anfang des Gesprächs spüre ich ihre Zurückhaltung. Während des Gesprächs taut sie zunehmend auf. Sie wirkt ruhig und überlegt. Sie spricht aber mit vielen Brüchen und Pausen, ringt häufig um das richtige Wort. Ich kann mich des Eindrucks nicht erwehren, daß sie das Gespräch große Anstrengung kostet. Nach dem Gespräch betont sie nochmals ausdrücklich ihr Interesse am Thema, welches aus ihrer Sicht einer Berufung gleichzukommen scheint. Sie sagt, sie sehe es als ihre Pflicht an, wo immer es notwendig sei, über das Thema zu sprechen und anderen Rede und Antwort zu stehen. Als wir den Raum verlassen, scheint es, als habe der eigentliche Prozeß der Auseinandersetzung für Lea erst begonnen. Sie verwickelt mich in ein weiterführendes Gespräch über Juden in Deutschland. So überrascht es mich nicht, daß Lea mich am nächsten Tag zu Hause aufsucht, um mir einen Artikel, den sie anläßlich eines Auschwitz-Besuches geschrieben hat, sowie eine Liste mit Buchtiteln zu bringen, die sie gelesen hat. Einer Aufzeichnung des zweiten Gespräches stimmt sie zu. Wir sitzen in der Küche meiner Wohnung. Lea beginnt zu erzählen, trägt nach und ergänzt. Wenn ich noch Fragen hätte, so schließt sie ab, solle ich mich noch mal bei ihr melden. Von soviel Gesprächsbereitschaft und Engagement geradezu überrumpelt, wird mir jedoch schnell klar, daß mein Interviewthema Leas »Lebensthema« ist. Sie erzählt, daß der Holocaust und der Antisemitismus in Polen die Herausbildung ihrer jüdischen Identität von Anfang an begleitet haben. Beim zweiten Gespräch sprudelt es geradezu aus ihr heraus. Einerseits hat sie wohl mehr Vertrauen gewonnen, andererseits ist sie offenbar von dem Bedürfnis geleitet, einige Aspekte ihrer Geschichte, die sie nach dem ersten Gespräch beschäftigt haben, nachzutragen.

Biographische Skizze und Migrationshintergrund

Lea wird 1981 in einer kleineren polnischen Stadt in der Nähe von Warschau als Kind jüdischer Eltern geboren. Sie erzählt vom Aufwachsen in einer antisemitischen Umgebung, in der sie dazu angehalten wird, ihre jüdische Identität zu verbergen. Sabbat und Feiertage werden im geheimen begangen. Um nicht am katholischen Religionsunterricht in der Kirche teilnehmen zu müssen, gibt Lea vor, am Religionsunterricht in einer anderen Gemeinde teilzunehmen. Auswanderung ist in der Familie ständiges Thema. 1989, Lea ist neun Jahre alt, zieht die Familie zunächst nach Israel, wo die Schwester des Vaters lebt. Da sich die Mutter in Israel nicht wohl fühlt, entscheidet man sich für eine Auswanderung nach Kanada. Dabei begibt man sich vertrauensvoll in die Hände einer jüdisch-österreichischen Organisation in Wien, wo die Familie ein weiteres Jahr auf die Einwanderungsgenehmigung nach Kanada wartet. Als diese Genehmigung nicht erfolgt und Deutschland als Alternative angeboten wird, kommt Lea mit ihrer Familie in die Bundesrepublik. Lea erzählt ihre Migrationsgeschichte:

»Ja. Also, aufgewachsen bin ich in Polen bis zum neunten Lebensjahr – in A-Stadt. Wir waren dann noch ’89 in Israel. Aber meine Mutter wollte nicht dahin ziehen. Also, die Familie von meinem Vater, seine Schwester, lebt in Israel und sein Bruder in Amerika. Und dann waren wir in Israel und sind zurückgekommen. Also, wir wären eigentlich schon ein Jahr früher ausgewandert, aber durch die Krankheit meines Großvaters sind wir noch ein Jahr geblieben. Dann sind wir nach Wien, da ist eine Organisation, die sich mit der Auswanderung von Juden ins Ausland beschäftigt. Und da waren wir. Und dann ham wir uns erst mal für Kanada angemeldet. Und die Organisation meinte, in Kanada, die nehmen keine Leute mehr auf. Und sie ham gesagt, wir könnten aber nach Deutschland. Zu der Zeit sind Gesetze rausgekommen, daß jüdische Familien aus Osteuropa herkommen können. Also, es ist eigentlich Zufall, daß ich hier bin. [...] Es war nicht der Wunsch, aber es gab keinen anderen Ausweg. Meine Eltern wollten sowieso auswandern. Und wir wären wahrscheinlich nach Deutschland gekommen, auch so. Aber wir konnten auf keinen Fall zurück nach Polen, weil wir alles / die Wohnung war aufgelöst und alles.«

Lea hat relativ schnell Deutsch gelernt und ist auch sonst gut in der Schule, wie der Besuch des Gymnasiums belegt. Beide Eltern sind berufstätig. Die Mutter arbeitet als medizinisch-technische Laborassistentin; der Vater, studierter Baumaschineningenieur, übt eine Verwaltungstätigkeit beim Arbeitsamt aus. Das Thema Nationalsozialismus und Holocaust ist in Leas Familie durch die Verfolgung und Flucht von Familienmitgliedern aus der Großeltern- und Urgroßelterngeneration präsent. Ein Teil der Familie wurde in Treblinka ermordet. Lea sagt, sie habe mit ihren Großeltern nicht darüber sprechen können. Dennoch gelingt es ihr, ihre Großmutter zu einem gemeinsamen Besuch des ehemaligen Konzentrations- und Vernichtungslagers Auschwitz zu überreden. Später nimmt Lea noch einmal an einer Schulfahrt dorthin teil.

Eröffnungssequenz: Erste Begegnung mit dem Thema

Nach ihren ersten Begegnungen mit den Nationalsozialismus und dem Holocaust gefragt, nennt Lea zunächst zwar Medien als Informationsquelle, läßt aber bereits im zweiten Satz einfließen, daß die Thematik ihre Familie und damit auch sie persönlich betreffe:

»Hm. Also teilweise durch Bücher, Fernsehen, Interviews, Geschichten auch. Also, es gibt auch Fälle in meiner Familie, es betrifft mich auch persönlich. Ja, das war's eigentlich, so Medien und persönliche Fälle. [...] Also ich bin in Polen aufgewachsen. Und da war der Antisemitismus sowieso immer da. Man konnte nicht sagen, welcher Religion man ist. Ich hab' es zumindest nicht gesagt, weil / eigentlich aus Angst. Das war schon in der ersten Klasse. Da war ich sieben. Da war es einem irgendwo schon bewußt, daß man anders ist als die anderen. Aber da war es noch nicht / der Holocaust war noch nicht so das Thema. Ich weiß jetzt nicht, wieweit ich da Bescheid wußte. Also so richtig angefangen hat es bei mir in der fünften, sechsten Klasse so. Hab' ich angefangen zu lesen und so. [...] Aber es hat schon früh angefangen.«

In Leas Erzählung fällt der Satz »Aber es hat schon früh angefangen« auf. Damit ist wohl eine nicht datierbare Präsenz des Holocaust in ihrem Leben gemeint. Erst später habe sie begonnen, sich über Lektüre mit dem Holocaust zu beschäftigen. Schließlich sei auch die eigene Familiengeschichte hinzugekommen:

»Ja, der Vater meiner Mutter war in mehreren Lagern, also Theresienstadt und Plazow und dann in den kleineren. Und dann die Eltern von meinem Vater, die waren zwar nicht direkt im KZ, aber die sind in Rußland immer weiter ins Land hinein. Aber die Familie von ihnen ist teilweise in Treblinka umgekommen. Aber das weiß ich auch nicht so genau, und meine Oma will nicht mehr darüber sprechen. Und mein Opa, also der Vater meines Vaters, ist gestorben, bevor ich geboren wurde. Und der Vater meiner Mutter ist gestorben, wo ich mich noch nicht so richtig dafür interessiert habe. Aber der hat auch zu meiner Mutter und seiner Frau auch nicht viel erzählt. Nur das Nötigste. Er hat auch nicht so gern darüber gesprochen. [...] Die Omas sind beide hier. Also, die eine, die war in Palästina zu der Zeit, die hat das nicht miterlebt. Und die andere war halt in Rußland. Hat das auch nicht so, also war nicht direkt in irgendwelchen Lagern. [...] Also, die eine Oma kann von der Zeit nichts erzählen. Und die andere will nicht. Also, ich hab' sie auch mehrmals darauf angesprochen, aber sie will einfach nicht.«

In den ersten Sequenzen des Interviews tauchen bereits die für Lea zentralen biographischen Verknüpfungen mit dem für die Fragestellung dieser Arbeit relevanten historischen Zeitraum auf. Nationalsozialismus und Holocaust sind für Lea auf vielfältige Weise in ihrer Lebenswelt präsent. Am deutlichsten wird dies in der Darstellung der Familienbiographie. Dabei beklagt sie den durch das Schweigen in der Familie verursachten Mangel an Informationen über die Einzelschicksale, die Leidens- und Überlebensgeschichten. Lea deutet an, daß sie erst ab einem bestimmten Zeitpunkt Interesse an der Geschichte ihrer Verwandten hatte, kann diesen Zeitpunkt aber nicht präzisieren. Erst in jüngster Zeit habe sich das Interesse verstärkt. Lea ergreift die Initiative, indem sie etwa ihre Großmutter befragt. Auch an den folgenden kurzen Sequenzen wird noch einmal die Gegenwärtigkeit der Thematik in Leas Wahrnehmung deutlich:

»Also, als ich angefangen habe zu lesen, wußte ich natürlich, mein Opa war im KZ. Es war mir irgendwie immer bewußt. Und als ich dann richtig gefragt hab', das war nicht wie ›ups‹, das ist meine Geschichte. Ich wußte, so war das. [...] Das ist / also es kommt nicht. Es ist immer da. Es kommt nicht so hoch. Es ist einfach da verankert und – ja. Ich hab' nie irgendwie so: Mein Opa hat dasselbe erlebt, daß einem das plötzlich bewußt wird. Es ist einfach immer da.«

An anderer Stelle resümiert Lea, daß sie in die Problematik »reingewachsen« sei:

»Also mich interessiert es sehr. Ich sauge alles auf, was ich erfahre. Aber ich denke, die anderen interessiert das nicht mehr. Also, sie denken, wenn man ein- oder zweimal ein Konzentrationslager gesehen hat und paar Bücher gele-

sen hat und paar Referate gehört hat, dann ist genug. Dann hat man sozusagen seine Pflicht getan und fertig. Die sind also /
I: Es ist für sie irgendein Thema.
L: Ja, aber nicht *(betont)* das Thema.
I: Was glaubst du, warum dich das Thema so anzieht?
L: Reingewachsen. Ich habe nicht irgendwann gesagt, ich interessiere mich jetzt für das Thema. Ich interessiere mich überhaupt jetzt für das Judentum an sich und dafür halt besonders. Das hat so angefangen mit ›Als Hitler das rosa Kaninchen stahl‹. Und von den Jugendbüchern hatte ich dann auch irgendwann alle gelesen, von der einen Seite. Von der anderen Seite hat es mir nicht mehr gereicht, weil einfach zuwenig beschrieben wurde und die schrecklichsten Stellen meistens rausgelassen, weil es ja nicht Erwachsenenbücher waren. Die habe ich später dann gelesen.«

In ihren Ausführungen wird deutlich, daß Lea nicht nur durch ihre Familie in die Thematik »hineingewachsen« ist, sondern das sie dieses Hineinwachsen auch selber durch ihre Lektüre unterstutzt. Die Wortwahl »Ich sauge alles auf, was ich erfahre« zeugt von einem großen Wissensdurst. In Leas Darstellung wird der Holocaust zu ihrem Lebensthema. Die Beschäftigung mit dem Holocaust und den Biographien ihrer Verwandten hat sie offensichtlich zu einer breiteren Auseinandersetzung mit Judentum und jüdischem Leben geführt. Einerseits scheint es, als gestalte und steuere Lea den Prozeß der Geschichtsaneignung. Andererseits hat man den Eindruck, als habe sie gar nicht anders gekonnt. Ihr nachdrücklich bekundetes Interesse an Einzelschicksalen von Überlebenden der Shoah könnte ein Hinweis darauf sein, daß sie auf diese Weise versucht, das Schweigen in ihrer eigenen Familie zu kompensieren. Im Zentrum von Leas Geschichtskonstruktion steht die Erarbeitung einer jüdischen Identität. Dabei reflektiert sie auch ihre Kindheitserlebnisse in Polen, die darauffolgenden Migrationserfahrungen und das »unfreiwillige« Ankommen und Leben im Land der ehemaligen Zuschauer, Mitläufer und Täter. Lea ist auf der Suche nach einer Umgebung, in der sie »jüdisch« leben kann. Diese Sehnsucht nach »jüdischer Normalität« wird an anderer Stelle noch eingehend betrachtet.

Jüdisches Leben in Polen

In der folgenden Sequenz erzählt Lea von ihrem Leben in Polen, das nur ganz wenige Aspekte jüdischer Religion und kultureller Traditionalität beinhaltete. Lea betont, wie schwach ausgebildet ihr Wissen über das Judentum zu dieser Zeit gewesen sei. Auch berichtet sie wieder von antisemitischen Einstellungen und Übergriffen, die seither ihr Polenbild negativ prägen:

»Ja, es gab eine kleine Synagoge. Synagoge in Anführungszeichen. Es gab so einen Raum. Und es gab auch einen Club. Und es gab so Ferienfreizeiten. Und, also wir haben jetzt nicht so jeden Sabbat gefeiert, aber mal Mazze gegessen, oder Chanukka / also, man wußte es einfach. Also es war nicht so / ich wußte selber wenig über die Religion, jetzt an sich über die ganzen Gesetze, Verbote, Gebote. Darüber wußte ich nichts. Aber ich wußte schon, einfach eine andere Religion. Ich hab's auch in der Schule nicht gesagt. [...] Also, unsere Bekannten, der Junge, also er hat in der Schule das gesagt, daß er jüdisch ist. Und er wurde mehrmals verprügelt und hatte riesige Probleme. Ich meine, man sieht es häufig, den Galgen mit dem Davidstern und ›Juden raus‹. Das sieht man noch heute.
[...] Weil da einfach der Antisemitismus bis heute / also im Vergleich: Man findet Davidstern auf Galgen und ›Juden raus‹, ›Juda verrecke‹. Man findet das einfach bis heute. Die Leute wurden einfach nicht aufgeklärt. Und meiner Meinung nach ist es kein Zufall, daß die meisten Konzentrationslager meistens leider in Polen errichtet wurden. Weil die Polen, viele, bis heute sagen: Ja, man hat zwar unsere Städte zerstört, aber das eigentlich Gute, was er uns gebracht hat, ist, daß er uns die Juden umgebracht hat. Also, 46 – das Pogrom von Kielce. Es ist überhaupt kein Unterschied. Die haben nichts gelernt aus der Geschichte und wollen es auch gar nicht, also. [...] Es ist zum Beispiel so, daß da immer hervorgehoben wird: Ja, die Polen waren in Auschwitz und sie waren die ersten Häftlinge. Und die achten gar nicht auf die Relationen. Klar waren Polen in KZs. Keiner wird das leugnen. Aber daß es mehr Juden waren / das wollen sie nicht einsehen.«

Staatsbürgerliches Selbstverständnis

Lea ist polnische Staatsbürgerin. Ihre Erinnerungen an Polen begrenzen sich aber ausschließlich auf den dortigen Antisemitismus in Vergangenheit und Gegenwart. Es überrascht deshalb nicht, daß Lea, nach ihren länderspezifischen Affinitäten und ihrem staatsbürgerschaftlichem Selbstverständnis gefragt, Polen als ehemaligem Heimatland ebenso distanziert gegenübersteht wie der deutschen Aufnahmegesellschaft. Während sie sich mit Polen nicht habe identifizieren können, wolle sie sich mit Deutschland nicht identifizieren. Geleitet wird sie dabei offenbar auch von der Überzeugung, daß die Hinwendung zu einer bestimmten Nation grundsätzlich »falsch« sei. Dies läßt sich an folgender Sequenz veranschaulichen:

»Ich fühl' mich zu keinem einzigen Land hingezogen. Zum Beispiel auch, als ich den Polenaustausch gemacht habe, haben mich auch viele Jugendliche gefragt: Wie denkst du jetzt? Denkst du jetzt eher polnisch, oder denkst du deutsch – zu welchem Land? Und ich, ich denk' manchmal polnisch, manchmal deutsch. Es gibt nicht so die Sprache, in der ich immer denke, aber ich würd' mich / Ich glaube, es ist auch irgendwo eine Gefahr, sich zu einem Land hingezogen zu fühlen, zum Beispiel vor dem Zweiten Weltkrieg, wo sich die ganzen deutschen Juden gedacht haben, sie sind Deutsche, also ganz patriotisch. Und ich kann einfach nicht patriotisch sein, zu gar keinem Land. Deshalb ist es mir eigentlich egal, in welchem Land ich jetzt lebe. Deshalb finde ich es auch sehr wichtig, viele Sprachen zu lernen. Einfach um unabhängig zu sein. Genauso werde ich auch bestimmt meinen Beruf so wählen, daß ich ihn überall machen kann. Also sich von nichts abhängig machen. Und wenn schon Identität, dann würd' ich mich am ehesten als jüdisch sehen. Aber zu keinem Land *(unverständlich)*. Jedes Land hat so viel Schlechtes getan. Da kann ich nicht verstehen, wie man sich zu einem Land hingezogen fühlen kann.«

In Leas Ausführungen wird deutlich, daß sie ihren Migrationsprozeß als nicht abgeschlossen begreift. Sie deutet an, daß Deutschland vermutlich nur eine Zwischenstation für sie darstelle. Leas vehemente Ablehnung einer nationalen Selbstzuordnung mündet schließlich doch in die Identifikation mit einer historischen Bezugsgruppe: den Juden. Sie lehnt es ab, sich mit Deutschland oder Polen zu identifizieren, auch weil sie keine »negative Erbschaft« antreten wolle. Aufgrund ihrer Kenntnis der Geschichte der Juden in Deutschland strebt sie nach möglichst großer Unabhängigkeit und Flexibilität. Sprachstudium und Berufswahl sollen ihr helfen, das Land, in dem sie gerade lebt, jederzeit verlassen zu können. Es scheint, als wolle sie sich aufgrund der historischen Erfahrung der europäischen Juden einen »Fluchtweg« offenhalten. Man könnte in Leas Aussagen aber auch Spuren eines kollektiven jüdischen Gedächtnisses vermuten: die Erfahrung von Diskriminierung, Vertreibung und Exil. Allerdings überschneidet sich diese historische Erfahrung mit Leas tatsächlicher Migrationserfahrung über drei Länder (Israel, Österreich, Deutschland), deren Anstoß nicht zuletzt auch durch den Antisemitismus in

Polen gegeben wurde. Ihr kulturelles Erbe und die historische Erfahrung der Juden übersetzt sie in eine kosmopolitane Weltsicht.[21]

Impressionen von Auschwitz und Dachau

Lea berichtet im folgenden über die bei Besuchen der ehemaligen Konzentrationslager Auschwitz und Dachau gesammelten Eindrücke:

»Ja, wir waren letztes Jahr mit der Klasse in Dachau, und dieses Jahr haben wir mit der Schule einen Krakau-Austausch. Also, diese Gruppe war dann in Auschwitz, aber ich war schon davor mit meiner Oma dagewesen. [...] Da war ich *(fünf Sekunden Stille)* 14 oder 15. [...] Ich wollte *(unverständlich)* Ich hab' sie sozusagen einfach dahin geschleppt, und dann ist sie gefahren. Aber ich war, insgesamt war ich enttäuscht. Ich hab' einfach viel mehr erwartet. Also mich hat es nicht berührt. Also mich haben Bücher viel mehr berührt als das, was ich dann da gesehen habe. Weil man einfach nichts mehr sieht. Also, ich hatte einfach zuviel erwartet. Aber meine Oma hat dann gesagt, die kannte das schon. Die war dann damals auch dort gewesen mit allen möglichen Familienmitgliedern. Ich hab' dann einfach mich einer Führung angeschlossen. Aber es war, würd' ich insgesamt sagen, wirklich enttäuschend, auch wenn das grotesk klingt. [...] Also, ich weiß alles / ich weiß genau, wie das alles war. Aber es war / für mich hat da irgendwo was gefehlt. Ich kann auch nicht so genau beschreiben was, aber es hat einfach gefehlt. Ich weiß nicht / vielleicht / es ist auch einfach schwer, sich vorzustellen, was da passiert ist. Man sieht zwar die Gaskammern, man sieht die Krematorien, also sich bewußtzumachen, was da passiert ist, ist schwer.«

Zunächst fast beiläufig erwähnt Lea, daß sie ihre Großmutter dazu bewegt hat, sie nach Auschwitz zu begleiten. Daß sie dies geschafft hat, deutet auf eine große Nähe zwischen Großmutter und Enkelin hin. Schließlich hatte Lea eingangs mitgeteilt, daß ihre Großmutter nicht über die Vergangenheit spreche.

Es gelingt Lea nicht, ihr durch Lektüre angesammeltes Wissen mit dem tatsächlichen Ort in Verbindung zu bringen – er habe sie nicht »berührt«. Ihre Erwartung, daß sich alle Mosaiksteine der Geschichte zu einem großen Bild fügen, tritt nicht ein. Im Gegenteil scheint das

21 Zum Begriff des Kosmopolitanismus siehe Hollinger 1995.

Geschehene nach dem Besuch noch schwerer zu begreifen. Lea fährt fort mit der Schilderung von Eindrücken, die sie während ihres zweiten Besuches des ehemaligen Konzentrationslagers mit der Schulklasse gesammelt hat. Noch einmal beklagt sie, daß man besonders im Stammlager die dort geschehene Grausamkeit nicht mehr »sehen« könne:

»Auschwitz irgendwo / also wenn man es nicht weiß, ist es irgendwie wie eine kleine Siedlung, Häuschen aus Ziegelsteinen, da sind Holzbetten aus Stroh. Man sieht es einfach nicht mehr, man sieht nicht, was da passiert ist.«

Die Klassenfahrt nach Dachau bietet sich Lea als Vergleich an:

»Nach Auschwitz also, Dachau ist dann wirklich gar nichts. Ich weiß nicht, ob man das dann so abstufen kann. Ich hab' dann auch die Klasse darauf vorbereitet, weil mich der Lehrer darum gebeten hat. So ungefähr den Ablauf und was halt KZ war und so. Und, aber ich hab' das mir einfach alles angeguckt, und man sieht es, aber ich glaub', man verarbeitet es nicht.
I: Wie kam das denn, daß du die Klasse vorbereitet hast?
L: Ja, also, es ist in der Klasse schon bekannt, daß ich mich für dieses Thema sehr interessiere. Also ich hab' sehr viele Bücher darüber gelesen. Das wußte man. Und es war unser Mathe- und Physiklehrer, der da mitgefahren ist. Und er hat mich gefragt, ob ich das übernehmen könnte, weil wir zu der Zeit keinen Geschichtsunterricht hatten. [...] Und da haben wir uns einfach an dem Abend davor hingesetzt. Und wir ham diskutiert und so. Und er hat mich einfach gefragt, und dann hab' ich es gemacht.«

Die Tatsache, daß Lea durch den Lehrer mit der Vorbereitung beauftragt wird, dokumentiert, wie stark auch ihre Umwelt sie mit dem Thema Holocaust assoziiert. Man könnte hier vermuten, daß ihr diese Geschichte aufgrund ihrer jüdischen Herkunft zugeschrieben wird.[22] Allerdings macht Lea an mehreren Stellen des Interviews deutlich, daß sie sich selbst über eine sensible, kundige und bewußte Auseinandersetzung mit dem Holocaust definiert.

Auf meine Frage, ob sie den Besuch nach der Fahrt in der Klasse besprochen hätten, antwortet Lea:

---

22 Das entspräche dem von Appiah beschriebenen Phänomen kultureller Zuschreibung. Vgl. Ausführungen zu Appiah 1997 im Kapitel »Dimensionen historischer Identität«.

»Nein, man hat eigentlich / danach hat man nicht mehr viel gesagt. Ich hab' dann noch einen Artikel für die Schulzeitung darüber geschrieben, wie das da war. Aber ich hab' noch vor der Fahrt gesagt, daß ich gerade dieses Thema übernehmen möchte. Und sonst wurde eigentlich nichts mehr gesagt. Und die Leute wollen auch nichts mehr hören. Seit zwei Jahren wollen sie nichts mehr. Also sobald man mit etwas kommt. Früher wurde noch mit dem 9. November etwas gemacht. In den letzten Jahren ist gar nichts mehr passiert. Weil einfach gesagt wird: Es ist schon genug darüber gemacht, wir wollen nicht mehr. [...] die Jugendlichen, aber da haben die Lehrer auch irgendwo teil. Also es ging natürlich vom Lehrer aus. Also zumindest in meiner Klasse ist es so. Aber ich habe es auch von anderen gehört, daß es genauso ist, daß die Leute einfach nicht mehr interessiert sind. Sie haben es satt.«

Lea ist resigniert und formuliert Kritik an ihren Mitschülern und ihrem Lehrer. Ich schließe in diesem Zusammenhang die Frage an, wie Lea glaubt, Jugendliche heute für diese Geschichte interessieren zu können.

»Also, ich find' es sehr schwer, wenn es jemanden nicht interessiert. Also, ich hab' das ungefähr so gemacht: Die Geschichte des Zweiten Weltkrieges, weil wir das halt noch nicht im Geschichtsunterricht hatten, also Hitler kommt an die Macht und dann die ganzen Etappen. Dann hab' ich die Geschichte Dachaus reingebracht, also einfach, wie das im Buch stand und dann mit Musik. Ich hab' mit dem Titel, mit dem Lied von ›Schindlers Liste‹ angefangen. Dann habe ich so jiddische Lieder genommen zu dem Thema. Und auch mit den Liedern unterlegt und Gedichte, also, hab' ich auch noch genommen. Und ich glaube einfach, also man muß einfach die Leute in dieser Atmosphäre versenken *(lacht)*. Versenken, also wenn ich mir vorstelle *(unverständlich)*, sechs Millionen Menschen wurden umgebracht. Das wird einem nicht bewußt, weil die Stimmung nicht da ist. Die Atmosphäre ist nicht da. Dann ist es nur irgendeine Geschichte, wie in Waterloo, da fielen an einem Tag über 65 000 Mann. Dann ist es genau dasselbe. Gar kein Unterschied.«

Neben der Darstellung historischer Fakten führt Lea in ihrer Vorbereitung auf den Besuch des Konzentrationslagers Dachau bewußt eine affektive Ebene ein. Dazu wählt sie das Medium Musik, das sie gezielt einsetzt, um den bei der Annäherung an die Geschichte nach ihrer Ansicht unverzichtbaren Emotionen einen Raum zu schaffen. Es kommt Lea darauf an, eine Reduzierung des Holocaust auf historische Daten zu verhindern. Wie sehr sie sich gegen eine Einordnung des Holocaust in den Fluß der Geschichte wehrt, wird an ihrem Vergleich mit der Schlacht von Waterloo deutlich, deren große menschliche Verluste nur noch numerisch und als Geschichtsdatum erinnert würden. Auch hier kristallisiert sich noch einmal heraus, daß der Holocaust für Lea nicht ein Thema, sondern das Thema ist, das ihr Leben und das ihrer Familie geprägt hat. Vor diesem Hintergrund muß das Desinteresse am Holocaust in ihrer schulischen Umwelt wie eine Zurückweisung ihrer Person wirken.

Die Reflexion zum Film »Schindlers Liste« führt Lea zu einem weiteren für ihre Geschichtsannäherung markanten Aspekt, nämlich der Auseinandersetzung mit den Tätern. Sie betont, daß sie Biographien von jüdischen Überlebenden mit großem Interesse lese, aber kein Interesse habe, die Täterseite zu erkunden. Als ich sie frage, ob sie sich mit der Täterseite schon einmal befaßt habe, antwortet Lea:

»Ja, weil mir mal ein Buch geschenkt wurde. Eine *(unverständlich)*. Aber ich wollte das nicht lesen. Die Leute, die mir das geschenkt haben / aber ich hab' gesagt: Ich will genau die andere Seite. Sie interessiert mich einfach. Es interessiert mich. Also die Täterseite – ich finde es für mich uninteressant, was die gedacht haben. Ich weiß nicht, ob sie Entschuldigungen finden wollen. Ich finde, es gibt einfach keine Entschuldigungen. Und ich finde die Bücher irgendwo, in dem Punkt schwach / schwachsinnig, weil sie irgendwo, weil für mich ist alles, was sie dann sagen / also ich weiß nicht, wenn jemand hat solche Taten vollbracht, dann hat er für mich nichts mehr zu sagen. Und ich hab' dann auch nicht vor, noch Bücher von ihm zu lesen.«

Lea macht zwar unmißverständlich klar, daß eine Auseinandersetzung mit den Tätern uninteressant und ohne Erkenntnisgewinn für sie sei.[23] Aber über diese kognitive Argumentation hinaus verrät ihre stockende Formulierung an dieser Stelle eine starke emotionale Einbindung. Als wolle sie jede mögliche Nähe zur Täterseite von sich weisen, präzisiert sie nicht, wer ihr das Buch über die Täter geschenkt hat. Ihr eine Beschäftigung mit der Täterseite nahezulegen, empfindet sie offenbar als Zumutung.

Auch in der Interviewsequenz zur Ausstellung über die Verbrechen der deutschen Wehrmacht springt dieser Aspekt noch einmal ins Auge:

---

23 Lea steht mit ihrem Interesse im krassen Gegensatz zu den meisten anderen interviewten Jugendlichen, die sich gerade für die Täterseite interessierten – zumindest wurden hier die meisten Fragen formuliert.

»Also, das war halt wieder die Täterseite. Ich meine und ehm, da hat vieles / also ich fand das von den einzelnen Sachen / also was die einzelnen Kommandanten gesagt haben. Das fand ich interessant. Wie die Ausstellung gemacht wurde, das war schon sehr gut. Aber es war nicht das, was mich am meisten interessiert hat. Also, weil es einfach die andere Seite war. Also, nicht weil mich die andere Seite jetzt nicht / aber ich guck' einfach immer von der anderen Seite. Ich guck' auch immer, also wenn ich die Geschichte betrachte, betrachte ich sie immer von der anderen Seite, von der Seite der Opfer. Und ich versuch' auch nie, mich in die Täter hineinzuversetzen. Ich kann mich damit nicht identifizieren. Also wenn, dann ist die Identifikation immer mit den anderen da.«

Lea grenzt sich deutlich von den Tätern ab. Ihre Perspektivübernahme gilt ausschließlich der sozialen Bezugsgruppe der jüdischen Verfolgten.

Aus der Geschichte lernen

In der folgenden Sequenz reagiert Lea auf die Frage, ob man aus der Geschichte lernen könne. Obgleich sie diese Frage bejaht, fällt ihre Prognose für die deutsche Erinnerungsgemeinschaft äußerst pessimistisch aus:

»Auf jeden Fall. Es nicht vergessen. Das ist klar. Dann / es ist schwer, weil es so vieles gibt, daß man sich schon damit beschäftigt *(unverständlich)*, daß man sich informiert, daß man es weiß. Ich sag' dann immer einfach: Also, wenn die Deutschen sagen [...] also Goethe gehört zu unserem Land, genauso gehört das Schlechte auch zu der Geschichte. Daß man dann sagt, über das Schlechte / man sagt ja nicht das Schlechte, über das Thema wurde schon genug gesprochen. Ich hab' noch nie jemanden sagen hören: Wir ham schon so viel über Goethe gehört. Lassen wir das. Das hört man jedes Mal gerne. Das Thema versucht man einfach immer zu vergessen. Es ist einfach die Verantwortung, weil man sich vor der Verantwortung drücken möchte.«

Lea wirft den Deutschen Verdrängung vor. Sie fordert, daß man die Verbrechen des Nationalsozialismus genauso als Teil der eigenen Geschichte, eben als »negatives Erbe«, annehmen müsse, wie die kulturellen Errungenschaften als »positives Erbe« gepflegt würden. Interessant ist nun, daß Lea den Nachkommen der Täter Hilfestellung anbietet und sich an dieser Stelle mit einem wichtigen Auftrag in der deutschen Gesellschaft positioniert:

»[...] und dann noch zu diesen Täterkindern oder Enkelkindern – irgendwo sollten auch diese die Aufgabe haben, sich zu erinnern. Aber ich finde einfach, als Opfer ist es in dem Sinne einfacher, sich zu erinnern oder erinnern zu wollen, weil man als Opfer für die Geschichte nichts kann. Also, natürlich die Sachen, an die man sich erinnert, sind schrecklich, aber man kann nichts dafür, man hat es nicht selbst verschuldet, während für die Täternachgeneration, sag' ich mal, ist es viel schwieriger, weil sie Schuld auf sich geladen haben und sich aus dem Grunde vielleicht lieber nicht erinnern wollen. Und deswegen ist es halt diese Vorbildfunktion für mich, ihnen zu zeigen: Man kann sich erinnern und man soll sich erinnern, um ihnen das auch irgendwo zu erleichtern, weil sie sich halt nicht erinnern wollen. Ihnen zu zeigen: So, das muß so sein.«

Lea weist sich hier selbst eine Vorbildfunktion für »richtiges« Erinnern in der deutschen Gesellschaft zu. Durch Perspektivübernahme versucht sie zu verstehen, warum den Nachkommen der Täter das Erinnern so schwerfällt und warum, so Lea, die Tendenz zum Vergessen überwiege. Dabei geht sie zum ersten Mal im Interview ein Stück auf die deutsche Gesellschaft zu. Als Nachkomme der Opfer wünscht sie sich eine Teilhabe an der Vermittlung der Geschichte und möchte als moralische Instanz Einfluß auf die Zukunft der Erinnerung in der deutschen Gesellschaft nehmen. Deshalb bietet Lea den Deutschen ihre »Erinnerungsleistung« an. Dieses Angebot erwächst aus ihrer tiefgreifenden Beschäftigung mit dem Holocaust und ihrer Selbstpositionierung im Verhältnis zur ehemaligen Gesellschaft der Zuschauer, Mitläufer und Täter, der sie ein »Nicht-erinnern-Wollen« unterstellt. Auch wenn sie es nicht explizit sagt, scheint ihr diese Wahrnehmung großes Unbehagen zu bereiten.

Jüdisches Leben in Deutschland

Lea möchte ein an jüdischer Tradition und Religion orientiertes Leben führen. Die dafür erforderliche Infrastruktur – etwa koschere Lebensmittelgeschäfte, jüdische Schulen und Synagogen – sieht sie in Deutschland nicht gegeben. Daraus ergibt sich für sie, daß sie früher oder später Deutschland verlassen muß, um nach ihren Vorstellungen leben zu können.

»Also, ich persönlich will nicht in Deutschland bleiben, aber das hat jetzt nichts mit Antisemitismus oder so zu tun, sondern einfach, weil hier so das religiöse Leben nicht möglich ist, wegen Geschäften, wegen / also hier gibt es zum Beispiel keine jüdische Gesellschaft. Die jüdische Gesellschaft ist in bezug auf die Religion ganz anders eingestellt, zum Beispiel in Frankreich oder England, wo es Synagogen gibt und Geschäfte und Schulen et cetera. Also, es gibt hier fast gar keine Möglichkeit, ein in meinen Augen jüdisches Leben zu führen.«

In ihrem bisherigen Leben hat Lea ihr Jüdischsein immer nur als Bürde oder Last, zumindest aber als anstrengend empfunden. In Polen mußte sie sich aus Angst vor Antisemitismus verstellen und ihre Identität verstecken. In Deutschland erhält sie eine Sonderrolle, indem man ihr besondere Verantwortung für das Erinnern und Gedenken zuschreibt, die sie anscheinend bereitwillig übernimmt. Zudem ist zu vermuten, daß sie als osteuropäische, neu zugewanderte Jüdin auch innerhalb der jüdischen Gemeinde unter Legitimationsdruck steht. Schließlich muß sie dem weitverbreiteten Vorurteil, daß eine Vielzahl der Kontingentflüchtlinge aus Osteuropa und Rußland gar nicht jüdisch seien, etwas entgegensetzen.[24]

In diesem Zusammenhang ist es interessant, einen Blick auf das religiöse Selbstverständnis Leas im Verhältnis zu ihrer Familie zu werfen. Dieses gestaltet sich nämlich ausgesprochen ambivalent. Lea erzählt, daß sie sich die Kenntnisse über religiöse Praxis und Gesetze des Judentums erst in Deutschland angeeignet habe, da sie aus einer völlig säkularen Familie stamme, in der fast alle jüdischen Traditionen verlorengegangen seien. Die Tatsache, daß Lea sich diese Traditionen (wieder) aneignet, führt zu Konflikten mit Mutter und Großmutter:

»I: Würdest du von dir sagen, du lebst religiös?
L: Ja, das schon. Ich würde es gerne machen, aber meine Mutter weigert sich. Also, und ich hab' auch zu Hause fast gar nichts mitbekommen, aus dem Grunde. Aber wenn ich später selbst Familie habe, dann würde ich das auf jeden Fall machen. Also ich meine jetzt nicht ultraorthodox, aber schon so mit Sabbat und Synagoge und Feiertage. [...] Also, meine Mutter / ich hab' mir diese Dinge erkämpft, daß sie das Fleisch kauft und den Käse, weil sie sich anfangs geweigert hat. Es ist auch irgendwo eine Geldfrage. Aber mit den Tellern und den Töpfen, das hab' ich mir nicht erkämpfen können. Da sagt sie: Wenn du deine eigene Wohnung hast, da kannst du so machen, wie du es willst. Aber ich mach's nicht. [...] Und meine Oma, die sagt immer, du lebst

24 Vgl. Schoeps 1999.

hinter dem Mond. Wir sind im 20. Jahrhundert und du willst leben wie im Schtetl. Das ist vorbei.«

Die Behauptung ihrer jüdischen Identität erfordert ein hohes Maß an biographischer und intergenerationeller Arbeit. Lea muß sich die Einhaltung religiöser Gesetze in ihrer Familie regelrecht »erkämpfen«. Dabei stößt sie auf Unverständnis. Mutter und Großmutter legen darauf keinen besonderen Wert. Lea befindet sich offenbar im Prozeß einer Retraditionalisierung. Dies zeigt sich besonders in ihren Ausführungen zu einem künftigen Ehemann. Sie wünscht sich einen jüdischen Mann und begründet dies traditionell über ihre Familie und ihre Zugehörigkeit zum »jüdischen Volk«:

»Ja, weil ich bin das einmal meiner Familie schuldig. Meinen / also nicht nur meiner Familie / überhaupt auch meinem Volk auf der einen Seite. Auf der anderen Seite, weil mir ist das Thema und das Leben / ja, es ist einfach eine Lebensweise. Das ist mir zu wichtig. Also, ich bin mir einfach sicher, ich könnt' keinen Mann haben, der eine andere Religion hat. [...] Wenn ich seh', was Leute für ihren Glauben gemacht haben, da kann ich nicht einfach so tun als ob / *(unverständlich)* also für mich ist diese Religion ein Geschenk. Sie ist was ganz Besonderes. Und das will ich weitergeben.«

Lea sucht nicht nur nach einem Mitstreiter, mit dem sie ihr Judentum leben und die ersehnte »jüdische Normalität« herstellen kann, sie möchte auch die Kontinuität des Judentums sicherstellen. Man könnte dieses Projekt einer »heilen« jüdischen Familie und der Weitergabe von Traditionen auch als den Wunsch begreifen, das durch den Holocaust Zerstörte und Beschädigte zu reparieren. Daran wird noch einmal deutlich, welch große Verantwortung auf Leas Schultern lastet.

Zusammenfassung und Kommentar

Das Bewahren von Tradition und die bewußte Aneignung einer religiösen und kulturellen jüdischen Identität prägen Leas Geschichtsbezug maßgeblich. Ihre historische Bezugsgruppe sind die Juden. Sie positioniert sich als Mitglied der jüdischen Erinnerungsgemeinschaft. Schon aufgrund ihrer familiären Herkunft sieht Lea keine Option auf eine andere historische Bezugsgruppe. Sie ist in die Geschichte(n) ihrer Familie verstrickt, die in ihrem Leben, wie sie sagt, immer präsent waren. Ihre Geschichtskonstruktionen lassen sich nur auf der Folie ihres ethnisch-religiösen Selbstverständnisses als Jüdin lesen.

Lea identifiziert den Holocaust als familienbiographische und historische Kollektiverfahrung, die wichtiges gesellschaftliches Orientierungswissen für sie bereithält, etwa die Lektion, sich an keine Nation zu binden, unabhängig und mobil zu bleiben. Sie grenzt sich sowohl von der deutschen als auch von der polnischen Gesellschaft ab. Beide nimmt sie als »Tätergesellschaften« wahr. Der Antisemitismus in Polen, das Versagen im Umgang mit dem Nationalsozialismus in Deutschland und die Schwierigkeit, hier ein »jüdisches Leben« zu führen, sind die Ursachen ihrer Distanzierung. Lea braucht offenbar diese strikte Abgrenzung, um ihre jüdische Identität, die sie sich schwer erarbeiten muß, zu markieren. Ihre Zugehörigkeit zur jüdischen Gemeinschaft ist auch der Schlüssel zur Herausbildung ihres spezifischen historischen Bezuges. Dieser ist in besonderem Maße charakterisiert durch Betroffenheit und Solidarität mit der eigenen ethnischen Gruppe und deren Schicksal während der nationalsozialistischen Gewaltherrschaft. Leas Gegenwarts- und Zukunftsinteressen orientieren sich an dem Bedürfnis, ein jüdisches Leben zu führen, den Holocaust im Land der Täter zu erinnern und das Erbe des Judentums an künftige Generationen weiterzugeben.

David: »Ja, das begann durch Erzählungen von meinem Großvater.«

Kontakt und Interviewsituation

Ich lerne David durch die Vermittlung einer mir bekannten Geschichtslehrerin kennen, deren Kurs er besucht. Er war ihr durch sein ungewöhnliches Engagement im Geschichtsunterricht aufgefallen. Auch gab es zwischen David und seiner Lehrerin ein Gespräch über seine jüdische Herkunft. Er bat sie aber, dies in der Klasse nicht publik zu machen. Zu einem Interview war er sofort bereit. Ich traf David während einer Freistunde in einem leeren Physiklabor in seiner Schule. David ist ein hochgewachsener, kräftiger Junge mit dunklen Haaren, buschigen Augenbrauen und einem dunklen Teint. Obwohl sich David selbst als eher schüchtern und menschenscheu charakterisiert, entwickelt er im Interview eine bemerkenswerte Dynamik.

Biographische Skizze und Migrationshintergrund

David ist zum Zeitpunkt des Interviews 17 Jahre alt und besucht die elfte Klasse einer weiterführenden Berufsschule. Er ist in Deutschland geboren und besitzt die deutsche Staatsbürgerschaft. Sein Vater, ein Ingenieur, ist deutsch-jüdischer Herkunft. Die Familie väterlicherseits stammt aus Schlesien und ist während des Nationalsozialismus verfolgt worden. Zahlreiche Familienmitglieder wurden Opfer des Holocaust. Die Familie der Mutter stammt aus Indien. Die Großeltern der Mutter wanderten als in Indien verfolgte Minderheit schon Mitte der fünfziger Jahre in die Bundesrepublik aus. Ein Großteil der Familie lebt in der Diaspora. Davids Mutter arbeitet als Verwaltungssekretärin. Sie ist bereits in Deutschland geboren. Die Beziehungen zum Herkunftsland Indien sind völlig abgerissen. Auch Kontakte zur jüdischen Gemeinde gibt es in Davids Familie nicht, was nicht zuletzt darauf zurückzuführen ist, daß beide Eltern trotz anderer familienbiographischer Bezüge und religiöser Traditionen der evangelischen Kirche beigetreten sind.

Eröffnungssequenz: Erste Begegnung mit dem Holocaust

»Ja, das begann durch Erzählungen von meinem Großvater. Da hat's angefangen. Da hat er mir erst erzählt vom Weltkrieg. Und dann guckt man auch mal im Lexikon nach. Man spricht ja auch heute noch viel vom Zweiten Weltkrieg – über die Nazizeit halt. Und da hat er mir erzählt von den Schrecken. Armut, weil meine Familie, die hat alles verloren im Krieg / mein Großvater und meine Großmutter. Und da war das für sie halt sehr drastisch und da war für sie auch das Bedürfnis, das mal den Enkeln zu erzählen, wie war das eigentlich. Und da hab' ich eigentlich die ersten Erfahrungen mit der Nazizeit empfunden. [...] Da war ich noch kleiner. Also mein Großvater ist gestorben, als ich sieben Jahre alt war. Das war schlimm. Man hat sich das erst mal angehört, und später, als man älter geworden ist, hat man darüber auch nachgelesen, weil man natürlich das Bedürfnis hat, sich mit dem Thema noch mal näher zu befassen. Wie war das jetzt eigentlich mit dem Weltkrieg? Wieso gab's diesen Weltkrieg? Und diese Schrecken dieser Zeit und da hab' ich mich dann für interessiert eigentlich, ja. Und dann noch in der Schule, da hat man das Thema in der zehnten Klasse aufgegriffen und dann jetzt in der Elf noch mal bei Frau Steiger.«

David beginnt seine Ausführungen unmittelbar mit dem Hinweis auf die Erzählungen seines jüdischen Großvaters und der Verfolgungsgeschichte seiner jüdischen Großeltern. Seine ersten Erfahrungen mit dem Thema Nationalsozialismus sind deutlich familienbiographisch geprägt, wenngleich er dieses tradierte Erfahrungswissen in einem größeren historisch-politischen Rahmen verortet (»Man spricht ja auch heute noch viel vom Zweiten Weltkrieg«). Die Bemerkung »und dann guckt man auch mal im Lexikon nach« läßt Davids Bedürfnis nach formalisiertem Wissen über die Zeit des Nationalsozialismus erkennen, was durch die dritte Person (man) noch verstärkt wird. Die familienbiographischen Erzählungen ergänzt er durch andere Quellen. Davids Reflexion über die Erzählintention seines Großvaters, von dem er sagt, dieser habe ein »Bedürfnis [gehabt], das mal den Enkeln zu erzählen«, zeigt seine emotionale Bindung an die Erzählung. Auch wenn dieser bereits verstarb, als David noch im Kindesalter war, meint David auch Details der Verfolgungsgeschichte zu erinnern. Es ist anzunehmen, daß sein Vater diese Geschichten am Leben erhält und weitergibt. Auf die Frage, was genau er denn von den Erzählungen des Großvaters erinnere, antwortet David:

»Ja, am meisten, als das Haus zerbombt wurde von ihnen in der Stadt. Und als dann die Enteignungen waren, weil mein Großvater war Jude gewesen. Und da wurde alles enteignet. Und da ham se gesagt, entweder machste mit. Da mußte deinen Namen ändern, oder du machst nicht mit. Und dann sind wir halt hierher. Da war auch die Gestapo im Haus und alles und da war das schon recht schlimm. Und das hat er mir dann halt alles erzählt dann. Und dann ist er halt geflüchtet. Aber er hat sich nur innerhalb der Grenzen Deutschlands bewegt.«

In der von David zusammengefaßten Geschichte der Vertreibung seiner Großeltern fließen unterschiedliche Aspekte komprimiert zusammen: Bombenzerstörung, Erpressung, Enteignung, Begegnung mit der Gestapo, Flucht. Auch löst sich die zeitliche Differenzierung auf. In der Äußerung »Und dann sind wir halt hierher« präsentiert sich David als Teil seiner Familie, so als sei er selbst geflohen. Die zeitliche Überschneidung wie auch das »wir« unterstreichen, wie sehr er in die Familiengeschichte verstrickt ist, wie die Erfahrungen des Großvaters seine eigene Wahrnehmung durchdringen. Er führt weiter aus:

»Ja, er hat sich dann versteckt bei Leuten, bei Deutschen aber. Die waren gegen den ganzen nationalsozialistischen Kram, und die ham ihn dann bei sich versteckt. Und dann hat er zeitweise einen anderen Namen angenommen. Und unter diesem falschen Namen wurde er dann geholt, was natürlich sehr kurios war *(lacht)*, und dann hat er als Koch gearbeitet in irgend so einem Verwaltungsbüro. Und da ist halt nichts aufgeflogen. Er hat halt gefälschte Papiere gehabt. Und sie haben's nicht entdeckt, worüber wir sehr glücklich sind. Und dann hat er überlebt, und dann ist er wieder gegangen, ins Ausland, Rußland zeitweise, Moskau, und dann ist er wieder zurückgekehrt nach Deutschland, und da hat er meine Großmutter geheiratet.«

Ich frage ihn, ob denn jemand aus der Familie des Großvaters umgekommen sei.

»Ja, und zwar von meiner / mütterlicherseits, sind drei umgekommen und von meinem Großvater die Geschwister. Ich hab' erfahren, daß Bruder und Schwester, die ham se irgendwie abgeholt und nie mehr wiedergesehen. Ich nehme an, daß sie gestorben sind, entweder KZ oder erschossen oder so. [...] Also, die Leute die waren ja auch / *(erregt)* also der Vater von meinem Vater war ja auch Deutscher im Endeffekt. Nur, wieso holen die uns ab wegen unserem Glauben. Das ist doch total bescheuert. Die ham das zum Teil selbst nicht gerafft. Da war die Überraschung da. Wieso eigentlich? Wir haben doch im Ersten Weltkrieg mit euch gekämpft. Wir haben euch geholfen auch viel. Wir sind eigentlich ihr. Wir sind das Volk. Und das muß total irrsinnig gewesen sein. Und dann ham se auch erzählt, wie's im KZ war, wie sie systematisch zur Menschmaschine degradiert wurden. Identität weg, Nummer eingraviert und dergleichen, entmenschlicht, entwürdigt.«

David formuliert in dieser Sequenz in dialogischer Form, als würden die Fragen von den Verfolgten selber gestellt. Zudem suggeriert seine erregte Stimmlage und die Betonung des »Wir« die Nähe Davids zu den Protagonisten. In seiner Gegenüberstellung von »wir« und »ihr« zeigt sich zum einen die Identifikation mit den Opfern, zum anderen entwirft er mit der Formulierung »Wir sind eigentlich ihr« eine Einheit von Juden und Nichtjuden, die er sich für die deutsche Gegenwartsgesellschaft zu wünschen scheint.

Interesse an den Tätern

In der folgenden Auseinandersetzung mit der Geschichte des Nationalsozialismus räumt David ein, daß ihn die Täterseite zunächst viel mehr interessiert habe als die Opfer:

»Ich hatte mich sogar erst mit der Täterseite beschäftigt, bevor ich mich mit der jüdischen Seite, der Opferseite, beschäftigt hab', und dann hab' ich nachgedacht, wie stelle ich den Bezug her, woran möchte ich weiterarbeiten, und da waren die Täter erst mal interessanter. Weil, wie kamen die überhaupt dazu, die Leute umzubringen? Und aus der Quälerei, die da erfolgt ist, hab' ich halt Rückschlüsse gezogen auf die Verfolgten. Das heißt, ich habe versucht, eine Frage zu stellen, von den Tätern, und die Antwort bei den Opfern wiederzuerlangen. [...] Ja, *(laut)* das ist faszinierend einfach, das Thema. Einfach, weil die Menschen systematisch geplant haben: Wir rotten die jetzt aus, so als würde ich jetzt systematisch beschließen, ich trinke meinen Kaffee leer *(gestikuliert heftig, erregte Stimme, hält Kaffeebecher in der Hand).* So führ' ich das durch, und dann trag' ich's ins Büchlein ein. Auf den Kaffee übertragen: Ich habe heute eine Tasse Kaffee getrunken. Sie hat 80 Pfennig gekostet. So als würde ich ein Rechnungsbuch führen. Denn die ham ja immer jede Handlung systematisch katalogisiert. Das hat mich schockiert und fasziniert.«

Die Frage nach der Motivation und der psychischen Verfassung der Täter beschäftigt ihn, vor allem die systematische Planung des Massenmordes. Für die Interviewerin fast irritierend ist der Erregungszustand, in den er sich dabei steigert. In der szenischen Nachahmung des Rechnungsvorgangs, den er von Menschen auf Kaffeetassen überträgt, zeichnet sich ab, welch unheimliche Faszination der technische und logistische Aspekt der nationalsozialistischen Verbrechen auf David auszuüben scheint.

Dann erzählt er von den Eindrücken, die er während des Besuchs der Ausstellung über die Verbrechen der deutschen Wehrmacht gesammelt hat. Auch dabei ist er emotional sehr bewegt:

»Ja, also ich hab' erst mal die Bilder angeguckt, bevor ich in die Texte gegangen bin. Und die Bilder waren schon schockierend. Am meisten war das schlimm, daß man gesehen hat – wie soll ich sagen –, daß die Leute geradezu lustvoll diese Ermordungen, dieser ganze Antisemitismus, diese Ermordung von Juden, auch dann die slawischen Völker, die ermordet wurden. Und dann diese grinsenden Gesichter. Das hat mich sehr schockiert, und dann ist man halt langsam rumgewandert, und dann hat man halt gesehen, wie die einzelnen Themengebiete angeschrieben wurden. Hat man dann die Texte gelesen. Das war auch sehr schockierend, also diese Gründlichkeit, diese ganze Erfassung der Daten – wie soll ich sagen – einfach gefühllos halt, kalt. Die Leute ham gar nicht darüber nachgedacht: Was tu' ich jetzt eigentlich? Was mach' ich da überhaupt? Das war sehr schockierend gewesen. Diese Herzlosigkeit, dieses Kalte im Text und in den Bildern. Die Gefühlskälte.«

Wieder sind es die »Gründlichkeit« und das »Organisierte« an den Verbrechen, die Davids Interesse wecken. Hinzu kommt sein Entsetzen über die Kaltblütigkeit und die »Lust«, mit der die Mörder ihren Opfern begegnet sind. David ist moralisch zutiefst erschüttert über die »Gefühlskälte« und die Gleichgültigkeit der Täter, die er in den Fotografien auszumachen glaubt. Auch die von ihm erinnerten Bilder an den Besuch des ehemaligen Konzentrationslagers Buchenwald gruppieren sich um diese Wahrnehmung:

»Da war so ein großer Platz in Buchenwald und da waren sehr viele Schulbusse. Da waren sehr viele junge Leute dort gewesen, so in meinem Alter. [...] Und dann ham wir einen Leiter gehabt, der uns die Geschichte erzählt hat des KZs, wie das alles vor sich gegangen ist. Und dann hat er uns auch gezeigt die Verbrennungskammern. Da war halt nicht mehr viel erhalten davon. Da ham wir einen Film darüber gesehen, wie die Leute dort hingerichtet wurden, wie das alles organisiert wurde, wie kalt die Leute waren, wie kalt sich die Leute den Häftlingen gegenüber verhalten haben. Und das Museum war halt auch sehr eindrucksvoll. Da ham se aufgebaut die Schlafkammern *(lacht)*, Holzverschläge besser gesagt, und Akten, die damals geführt wurden zu Versuchsreihen. Man hat ja medizinische Versuche gemacht an den Personen. Das war auch sehr schlimm, die verschiedenen Krankheiten, mit denen sie infiziert wurden, mit Typhus und dergleichen, und dann so Versuche zur Verhinderung der Ausbreitung niederer Rassen, also Sterilisierungsmethoden ham die da ausprobiert. Das war eigentlich sehr eindrucksvoll, das mal zu sehen.«

Mit großer Detailpräzision referiert David über die Themen, mit denen er sich im Rahmen des Besuches beschäftigt hat. Wieder greift er die Kälte gegenüber den Opfern auf, die ihn nachhaltig zu beschäftigen scheint. Bei seiner Darstellung schwingt zudem etwas Belehrendes mit, so als wolle er mich mit seinem »Fachwissen« beeindrucken. Auch in der kurzen Sequenz über die Vermittlung historischen Wissens in der Schule zählt David in fast technischer Manier eine Reihe von Aspekten auf und betont, alles »durchgearbeitet« zu haben, im Gegensatz zu seinen Mitschülern, denen er Desinteresse hinsichtlich der NS-Geschichte unterstellt:

»Das kann ich nicht verstehen. Na ja, vielleicht, sie ham die ganze Erfahrung, die die Generationen vor ihnen gemacht haben im Krieg, nicht. Sie können es einfach nicht mehr nachvollziehen, weil wir leben ja trotz der vielen Verbrechen, die in Deutschland geschehen, in einer heilen Welt. Sagen wir mal, wir schließen jetzt das Ausland aus, beziehen uns so zwischen Schule, Wohnhaus,

Freunden und Kino. Da ist eigentlich alles ganz friedlich. Da denkt man überhaupt nicht darüber nach. Das war vor fünfzig Jahren. Das interessiert keinen mehr. Krieg wird es sowieso keinen mehr geben. Aber um das zu vermeiden, darüber daß es jetzt keinen Krieg mehr gibt, darüber denkt jetzt keiner nach.«

David bemüht sich, das relativ geringe historische Interesse seiner Altersgruppe über die generationsspezifischen Erfahrungen zu erklären. Die Tatsache, daß man nicht in unmittelbarer Bedrohung durch kriegerische Auseinandersetzungen und den Entzug von Freiheitsrechten lebe, bringe eben auch eine innere Distanz zum Krieg allgemein und zu den Ereignissen des Zweiten Weltkriegs mit sich. Allerdings grenzt sich David von seinen Mitschülern ab, indem er über »sie« spricht, auch das »man« bezieht ihn nicht ein: »Da denkt man überhaupt nicht darüber nach.« Die implizite Grenzlinie zwischen »ich« und »sie« beziehungsweise zwischen »ich« und »man« macht deutlich, daß Aussagen wie »Das interessiert keinen mehr« nicht auf ihn zutreffen.

Dem Desinteresse seiner Mitschüler versucht David didaktisch entgegenzusteuern, indem er sich überlegt, wie man der heutigen Schülergeneration das Thema Nationalsozialismus nahebringen könnte. Er schlägt vor, das erste Interesse durch eine Pädagogik des Schockierens zu wecken:

»Also, ich würde es nicht mehr so langsam rüberbringen, weil irgendwie das Interesse an dem ganzen Thema schon fehlt. Ich würde gleich die Härte präsentieren, einen Video oder einen Text, der zeigt, wie viele Menschen, so zum Beispiel wie in der Ausstellung, die gehängten Leute und den grinsenden Soldaten eben, um das mal zu präsentieren. Und dann sagen: Was ist das, woher könnte das stammen? Nur mal das Thema aufgreifen. Erst mal ein *shocking*-Bild. Das entspricht den jungen Leuten mehr. Erst mal ein *shocking*-Bild und dann: Woher kommt das? Wer war das? Wann war das? [...] Daß das erst vor 50 Jahren war und dann systematisch durcharbeiten. Das wäre sehr wichtig. Aber erst mal dieses *shocking*-Bild. Weil, wenn man's langsam umkreist, verlieren die Leute das Interesse. Das hab' ich selbst festgestellt. Wir hatten mal so 'ne Themengruppe gehabt, in der neunten Klasse. Da sollten wir selbst so ein Thema, Stück rausgreifen, Referat darüber schreiben und dann noch einen Vortrag darüber halten, und da hab' ich das auch auf diese Weise gemacht, und ich hatte positiven Erfolg gehabt. Das war halt mit 'ner Klasse, die das Thema noch nicht hatte. [...] Wie gesagt, da hatte ich Erfolg gehabt, im Gegensatz zu herkömmlichen Methoden. Auch angefangen, es war 1933, war die Machtergreifung und ja dann erst mal ein *shocking*-Bild, langsam drauf hingekommen, könnt' das auch woanders sein auf der Welt, oder war das nur damals.«

David sichert seine, wie er meint, am besten auf die heutige Schülergeneration ausgerichtete Unterrichtsmethode des Schockierens auch empirisch ab, wenn er berichtet, daß er diese Vorgehensweise schon mit großem Erfolg selbst durchgeführt habe. Dabei macht er sich persönlich für die Notwendigkeit der Weitergabe des Themas stark und nimmt für sich die Position des Lehrers in Anspruch. Hierdurch hebt er erneut die Differenz zwischen sich und den anderen Schülern hervor. Die sich selbst zugeschriebene Rolle des Lehrers und »Vermittlers« ist zudem mit großer moralischer Verantwortung aufgeladen: »Ja, man sollte Verantwortung tragen im Leben. Man sollte sich schon ein bißchen engagieren und das dann auch mitteilen, damit die Leute es nicht vergessen.«

Aus der Geschichte lernen

David äußert wiederholt die Befürchtung, daß seine Generation nicht mehr auf verantwortungsvolle Weise der Aufgabe der gesellschaftlichen beziehungsweise intergenerationellen Tradierung nachkommen werde:

»Also, ich würd' sagen, die meisten interessieren sich so nicht. In unserer Klasse sind auch viele ausländische Schüler, die interessiert das so nicht. Vielleicht liegt's auch an der Generation. Ich glaub', diese Generation hat weniger Interesse als die vorherige. [...] Das Problem ist ja in unserer Gesellschaft, daß die Menschen, die neuen Generationen vergessen immer das, was geschehen ist. Die neuen müssen immer eine neue Erfahrung suchen. Und diese Erfahrung – also es gibt ja Hunderte von Kriegen in der Geschichte. Aber die Leute lernen nie dazu. Wir müssen gelernte Dinge, die wir von unseren Vorfahren her kennen, übernehmen und diese in unser persönliches Leben pakken.«

Die Aufforderung, verarbeitete Menschheitsgeschichte in das »persönliche Leben zu packen«, zeigt, daß David in der Auseinandersetzung mit Geschichte einen Weg sieht, sich im Leben zu orientieren. Geschichtsbewußtsein wird hier als Klammer von Vergangenheit, Gegenwart und Zukunft erfahren. Auf die Frage, ob er denn glaube, daß man aus der Geschichte lernen könne, antwortet David:

»Ja, ich glaub' schon. Es ist ja auch wichtig, daß man die ganzen Sachen liest, wie es dazu kam überhaupt, also daß man vermeiden kann, daß man wieder auf die Sachen zusteuert. Und das geht halt so schleichend. Und die Bevölkerung ist einfach blind. Wenn ich jetzt so beobachte, welche Typen lenken, das ist ja auch in Vereinigungen so. Da ist immer der, der das Sagen hat, und auch diese Beeinflussung der ganzen Menschen durch Hitler. Das ist ja *(lacht)*, wie soll ich sagen: Das war ein genialer Schauspieler. Und das halt zu durchschauen. Die Menschen ham ihn zwar durchschaut, sich beeindrucken lassen, obwohl, was er gesagt hat, total irrsinnig war. Und das hat er ja auch selbst *(wird lauter)* noch gesagt in seinem Buch ›Mein Kampf‹. Das hab' ich auch durchgelesen, obwohl es eigentlich verboten ist mittlerweile. Mhm, das ist schon irrsinnig, daß die Menschen es nie begreifen. Deshalb sollte man das bewahren, was man gelernt hat. Zum Beispiel auch die kulturellen Werte der ganzen Zeit, die die Menschen gehabt haben. Wie zum Beispiel im mathematischen Bereich. Im Mittelalter ist ja alles gestorben. Wieso? Weil es die Menschen halt nicht mehr interessiert hat. So, lassen wir mal den ganzen alten Kram, auch was die ganze kulturelle Bühne war. Aber warum nehmen wir den Kram nicht, tun's durcharbeiten, verbessern und weiterentwickeln und dann in unsere Kultur einfließen lassen. Aber wenn die Menschen das nicht tun, findet Rückschritt statt. Die übernächste Generation hat die davor schon wieder vergessen *(unverständliches Nuscheln)*.«

David stellt sich, ausgehend von der ideologische Einflußnahme der Nationalsozialisten, die allgemeine Frage, weshalb Menschen sich von Macht und Propaganda täuschen lassen und zu Mitläufern einzelner Demagogen werden. Hieraus leitet er zwar eine gewisse Unfähigkeit der Menschen ab, aus der Geschichte zu lernen. Dies hindert ihn aber nicht daran, die Forderung nach einer geschichtsbewußten Gesellschaft aufrechtzuerhalten. Interessant ist in diesem Zusammenhang, daß sich in Davids Familie, zumindest seit dem Tod des Großvaters, eher ein Bedürfnis nach Auflösung von kulturellen Traditionen durchgesetzt zu haben scheint. David beschreibt seine Familie und deren Verbindung zur jeweiligen Herkunftsgeschichte:

»Aber sie ham selbst weniger Interesse. Also die sagen: Schluß, aus. Meine Eltern, die sind auch konvertiert. [...] Sagen wir mal so. Die ganzen alten Verwandten sind tot. Es gibt niemand mehr in unserer Familie. Und mein Vater hat nach dem Krieg auch keine Jüdin mehr geheiratet. Meine Mutter ist Inderin *(lacht)* und hatte dann auch einen hinduistischen Glauben. Ja, und meinem Vater war das dann halt auch ganz egal. Die Vergangenheit ist tot, der Großvater ist auch tot. Der hat auch gesagt: Lassen wir's ruhen. Es ist so und so alles zerstört worden, auch die persönliche Ideologie. Und: Führt euer Leben auch religiös selber, wie ihr wollt. [...] Und meine Mutter will auch, daß Schluß ist, weil die Familie, die leben schon ewig hier. Sie wurde hier geboren. Sie fühlt sich auch nicht als Deutsche. Sie sieht auch nicht wie eine typische Deutsche aus. Aber sie liebt halt meinen Vater«

Beide Eltern scheinen das familiengeschichtliche »historische Erbe« abschütteln zu wollen. In Davids Darstellung blendet die Mutter ihren indischen kulturellen und religiösen Hintergrund aus, der Vater seinen jüdischen. Statt dessen hat man sich für einen gemeinsamen religiösen Neuanfang im Protestantismus entschieden. Wenn David betont: »Ich komm' ja aus einer normalen Mittelstandsfamilie, wir leben wie normale Bürger, deutsche Bürger«, bringt er den familiären Lebensentwurf, »ganz normal zu sein in Deutschland«, auf den Punkt. Zu diesem Projekt, möglichst nicht »anders« zu sein oder durch außergewöhnliche Lebensführung (religiöse und kulturelle Praktiken) aufzufallen, paßt auch Davids Einstellung zur Integration von Ausländern in Deutschland:

»Das ist auch wieder so ein Thema. [...] Viele befürworten ja die Ghettobildung, die neue Ghettobildung in Deutschland. Die einzelnen Gruppen, die nach Deutschland strömen, bilden in sich Ghettos. Die versuchen gar nicht, mit der Bevölkerung, die hier lebt, oder mit ihrem ehemaligen Deutschtum, was sie ja behaupten, auf die Bevölkerung hier zuzugehen, bleiben jedoch nur in ihrer Gruppe. Und das fördert auch den Haß und die Gewalt hier. Das find' ich auch schlimm. Und das müssen wir auch vermeiden / halt den Versuch zu machen, sich zu integrieren. Wenn man sich nicht integrieren kann, ist man immer ausgeschlossen. Das ist in jeder Gruppe so, und das kann man auch auf den ganzen Staat beziehen. Wer sich nicht integriert, hat keine Chance hier: Wenn ich ins Ausland gehe, muß ich mich auch integrieren, sonst kann ich mich dort mit niemandem auseinandersetzen. Ich kann keine Freunde gewinnen und auch keine sonstigen Beziehungen gewinnen. Das geht einfach nicht. Egal, wo ich bin.«

Obwohl David an anderer Stelle betont, wie schwer die Integration seiner Mutter fällt, »die nicht deutsch aussieht« und sich nicht »deutsch fühlt«, vertritt er kompromißlos ein Assimilationskonzept. Er wendet sich gegen die Herausbildung unabhängiger ethnischer Gemeinschaften, die dann in Parallelgesellschaften (»Ghettos«) leben. Seine radikale Losung für das Leben in der deutschen Einwanderungsgesellschaft: »Wer sich nicht integriert, hat keine Chance hier«, scheint auf eigene Erfahrungen, Konflikte, aber auch die in seiner Familie gefundenen Lösungen hinzuweisen. Beide Eltern stellt er als Assimilationswillige dar, die ihr kulturelles, historisches, religiöses und familiengeschichtliches Erbe ablegen und sich damit von ihren familiären ethnischen Bindungen zu lösen suchen. Offenbar ist auch die Verfolgungsgeschichte, die in beiden Familien eine Rolle gespielt hat, ausgeblendet. Es scheint, als konstruiere man sich unter dem Assimilationsdruck der deutschen Gesellschaft eine »neue« gemeinsame Identität, indem man zum Protestantismus konvertiert ist und das Erscheinungsbild »ganz normaler deutscher Bürger« pflegt. Allerdings werden in Davids Ausführungen Brüche mit dem familiären Selbstentwurf seiner Eltern deutlich. Zum einen übernimmt er, wie ich gezeigt habe, im Verhältnis zu seinem Mitschülern die Rolle des Geschichtsvermittlers, wodurch er sich eine besondere moralische Verantwortung zuschreibt, die aus seiner Familiengeschichte erwächst. Zum anderen sieht er sich als nicht in nationalen Kategorien verhaftet, sondern tendenziell als kosmopolitisch orientiert. Auch in dieser Selbstdarstellung scheint sein familiärer Hintergrund auf:

»Und man kann sagen, ja, man kann sagen, viele Leute sind ja auf die deutsche Nationalität stolz, aber ich, ich hab' mich eigentlich immer lieber mit dem Ausland beschäftigt. Ich wollte immer lieber Leute dort kennenlernen, Leute aus ganz anderen Kulturen.«

Zusammenfassung und Kommentar

Es fällt auf, daß David trotz der intensiven Auseinandersetzung mit der Verfolgungsgeschichte seines jüdischen Familienteils keine Schuldzuweisungen vornimmt oder sich von der Gesellschaft der ehemaligen Zuschauer, Mitläufer und Täter abgrenzt. Im Gegensatz zu Lea bleibt er in gewisser Weise neutral, definiert sich und seine Familie als Teil der deutschen Gesellschaft. Obgleich er eine »deutsche Normalität« für sich beansprucht, spricht er selten von einem deutschen »Wir«. Die NS-Geschichte, die in seiner Familie durch die Erzählungen des Großvaters präsent und doch abwesend ist, hat vermutlich stark zu Davids Geschichtsinteresse beigetragen. Durch das Studium von Büchern versucht er, die Lücken im tradierten Erfahrungswissen seines Großvaters und Vaters zu schließen. Es ist interessant, daß er sich weniger der Opfer- als der Täterseite zuwendet.

Dabei konzentriert er sich insbesondere auf die systematische Planung und Durchführung des Massenmordens in Konzentrationslagern. Die Hinwendung zu diesen Aspekten scheint auch mit einer Faszination für das Ausmaß der Vernichtung einherzugehen. Davids Sprache erinnert zuweilen an die Nacherzählungen eines begeisterten Krimilesers. Zugleich könnten diese Szenen aber auch Rückschlüsse auf eine innere Ruhelosigkeit erlauben.

Der Großvater, Davids einziges Bindeglied zur jüdischen Erinnerungsgemeinschaft, ist verstorben. Da die Familie nach Davids Auskunft auch sonst keine Kontakte zur jüdischen Gemeinde pflegt, verwundert es nicht, daß die sozialen Bezugsrahmen des kollektiven Gedächtnisses aufgeweicht scheinen und das kommunikative Gedächtnis in der Familie zu versiegen droht, weil niemand – außer David selbst – an dessen Aufrechterhaltung interessiert ist. Seine Eltern ziehen aus ihrer historischen Erfahrung den Schluß, sich anzupassen, zu integrieren, die familiären Bindungen an die jeweiligen Erinnerungsgemeinschaften aufzugeben. David akzeptiert diese Entscheidung, verteidigt sie sogar vehement, zeigt jedoch an einigen Stellen Brüche, Unentschiedenheit, Ambivalenz. Er ist bemüht, sich außerhalb dieses Spannungsfeldes zu positionieren – indem er sich neutral gibt, keine historische Bezugsgruppe explizit als die seine identifiziert. Zugehörigkeit faßt er familiär, versucht eine nationalkulturelle oder ethnische Zuschreibung zu vermeiden. Das Jüdische des Vaters und das Indische der Mutter erscheinen ihm zwar erinnerungswürdig, aber nicht im Sinne einer kollektiven Identifikation.

Muhrat: »Das kann auch mit uns passieren.«

Kontakt und Interviewsituation

Muhrat ist zum Zeitpunkt des Interviews 16 Jahre alt und besucht die zehnte Klasse einer Haupt- und Realschule in einem städtischen Ballungsgebiet. Er ist mir durch seine engagierte Beteiligung und persönliche Betroffenheit im Geschichtsunterricht, in dem ich mein Forschungsprojekt vorgestellt habe, aufgefallen. Der Kontakt kam durch eine mir bekannte Lehrerin zustande. Als ich Muhrat frage, ob er Interesse an einem Interview habe, willigt er spontan ein.

Muhrat begegnet mir schon vor dem Termin auf dem Pausenhof. Er begrüßt mich mit einem festen Händedruck. Muhrat ist von sportlicher Statur, hat dunkle gelockte Haare und ausdrucksvolle Augen. Er kommt mir überdurchschnittlich erwachsen vor. Dieser Eindruck verstärkt sich noch, als er mir mitteilt, daß seine Freundin schon 21 Jahre alt sei. Er trägt lässige, sportliche Kleidung: grün-blau gestreiftes T-Shirt, Jeans und Turnschuhe. Im Gespräch gibt er sich aufgeschlossen und entspannt. Sein Deutsch ist fließend, aber fehlerhaft. Seine Migrationsgeschichte berührt mich persönlich. Zur Erinnerung an das Gespräch mit ihm schenkt Muhrat mir ein Kalenderblatt mit PKK-Aufschrift.

Biographische Skizze und Migrationshintergrund

Muhrats Vater verläßt die Türkei schon Mitte der fünfziger Jahre. Er arbeitet zunächst für zwei Jahre in Österreich, später dann in der Bundesrepublik, als Gießer in der Schwerindustrie. Heute ist er 57 Jahre alt, arbeitslos und leidet an Asthma. Muhrats Mutter folgt dem Vater erst Mitte der achtziger Jahre in die Bundesrepublik, nachdem Muhrat und sein älterer Bruder bereits vom Vater nach Deutschland geholt worden sind. Muhrat hat vier Geschwister: den älteren Bruder (27 Jahre), zwei Schwestern (29 und 35 Jahre) sowie einen kleinen Bruder (14 Jahre). Die älteren Geschwister leben in der Türkei, weil sie das Nachzugsalter für Kinder bereits überschritten haben, die jüngeren in Deutschland. Muhrats Mutter ist Hausfrau. Er beschreibt sie als gesundheitlich angeschlagene, kränkelnde Frau, die ständig über Schmerzen klagt und offenbar unter Depressionen leidet, deren Ursache Muhrat in der nicht überwundenen Trennung von der Familie in der Türkei vermutet. Muhrat beklagt, daß seine Mutter kaum lesen und schreiben könne, auch ihre Deutschkenntnisse seien so gering, daß sie ihren Alltag ohne Übersetzungshilfen der Kinder nicht bewältigen könne. Muhrat ist zehn, als er von seinem Vater nach Deutschland geholt wird. Mutter und jüngerer Bruder kommen erst ein Jahr später nach. Mit diesem Jahr verbindet er das Gefühl der Einsamkeit. Die Familie ist in der kurdischen Gemeinde in Deutschland aktiv. Muhrat besucht regelmäßig einen kurdischen Kulturverein, beteiligt sich an der Ausrichtung von Festen und der Organisation von Demonstrationen. Er äußert zudem mehrfach den Wunsch, in einem unabhängigen kurdischen Staat zu leben. Was die Ausbildungsplatz- und Berufsperspektive angeht, ist Muhrat ziemlich desillusioniert. Er habe bereits viele Bewerbungen für Berufe in der verarbeitenden Metallindustrie und im Elektronikbereich auf den Weg gebracht, bisher allerdings nur Absagen erhalten. Er könne, wie er betont, nicht wählerisch sein und erklärt seine Bereitschaft, »zu nehmen, was kommt«. Die strukturellen Benachteiligungen im Immigrationsland hinzunehmen und keinen großen Berufsillusionen nachzuhängen, sei Teil des »Schicksals des kurdischen Volkes«, das diskriminiert und mit großen Entbehrungen überall auf der Welt verstreut leben müsse.

Muhrats Migrationsgeschichte

Muhrat faßt seine Migrationsgeschichte folgendermaßen zusammen:

»Also, ich hab' in Türkei gearbeitet. [...] Na ja, da kam einmal mein Vater nach Türkei und sagte: Muhrat, ich nehm' dich mit nach Deutschland. Und ich: Wieso denn? Er: Es ist sehr schön. Und du kannst dort machen, was du willst und so weiter. Ich wollt' eigentlich sagen: Ich will nicht gehen. Ich will hier in der Türkei bleiben. Nein, du kommst mit. Ich: Okay, dann komm' ich mit. *(Leise)* Dann bin ich hierhergekommen. Hier hat mir schon ein bißchen gefallen. Die Menschen hier ganz anders. Die Mädchen. Ich hab' heute eine deutsche Freundin. Ich könnte auch eine Kurdin oder eine Türkin haben. Aber das will ich nicht, weil schon muß es ein intelligentes Mädchen sein, mit der man sich verständigen kann. Mit einem Kurden, einem Türken kann man sich nicht verständigen. Das wird schon schwer. Also mit diesen Leuten kann man nur in Angst leben, daß jemand kommt und so bedroht. Mit Deutschen ist das anders.«

Der Interviewausschnitt dokumentiert, daß Muhrat seine Migration nach Deutschland als fremdbestimmt erlebt hat. Dennoch sieht er Vorzüge im Zusammenleben mit den Deutschen. Muhrat erscheint erleichtert über den Umstand, sich dem türkisch-kurdischen Konflikt zumindest partiell entziehen zu können: In Deutschland kann er beide Konfliktparteien meiden. Dies erlebt er zweifelsohne auch als befreiendes Moment. Zugleich äußert er Resignation, wenn er nüchtern resümiert, daß man mit den Türken »nur in Angst leben« könne. Muhrat fährt mit der Migrationsgeschichte seiner Familie fort:

»Ich war damals so neun, zehn Jahre alt, als ich nach Deutschland kam. Ja, also ein normaler Zehnjähriger war ich nicht. Also, ich wußte schon, was in dieser Welt abgeht und so weiter. [...] Zuerst kam mein größter Bruder hierher. Dann kam ich alleine. Ich saß jeden Tag allein zu Hause. Mein Vater und mein Bruder gingen arbeiten. Meine Mutter war in der Türkei mit meinem kleinen Bruder. Die kamen nach einem Jahr nach Deutschland, weil ich kann nicht in Deutschland bleiben, wenn meine Mutter nicht neben mir ist. Ich war noch jung damals, sehr klein. Dann hat mein Vater meine Mutter und meinen Bruder geholt. *(Leises unverständliches Nuscheln)* Mein Vater sagt: Ihr könnt da nicht leben. Das stimmt schon. Man kann da nicht leben [...] Jedes Jahr wird einer gewechselt als Präsident in der Türkei. Es wird nie so sein, daß jemand in dieses Land kommt und sagt o. k., diese und diese haben recht. Das machen sie nicht. Es wird immer Haß gegen Kurden geben. Immer Haß gegen Kurden. Obwohl es sehr schlimm ist, weil [...] diese Welt braucht jede Kultur. Jede. Weil, wenn eine Kultur verschwindet, das ist nicht so gut. Jede Kultur, jeder muß sein Recht haben. Und kurdische Kultur ist sehr, sehr schön. Sehr – wie soll ich sagen – Palästinenser und so weiter haben sehr viel gekämpft. Sie haben immer verloren. Wir Kurden geben nie auf. Wir wissen, daß wir eines Tages das bekommen, was wir wollen. Wann es wird, wissen wir jetzt auch nicht. Vielleicht wird mein Sohn erleben, wie ein kurdisches Land gegründet wird.«

Muhrat muß die Trennung von seiner Mutter und das frühe Alleinsein während der arbeitsbedingten Abwesenheit von Vater und Bruder als sehr belastend erlebt haben. Die Erzählung hierüber löst sich in einem unverständlichen leisen Nuscheln auf. Kraft gewinnt die Stimme erst wieder im Übergang zur politischen Argumentation. Ausgehend von der Weisung des Vaters, der sich gegen ein Leben in der Türkei ausspricht, entwickelt Muhrat eine universalistische Perspektive, die er für die »kurdische Sache« wendet. Er argumentiert für die Notwendigkeit des Erhalts verschiedener Kulturen. Auffällig ist, wie rasch die Erzählung ins Argumentative, ins Programmatische abdriftet. Ausgehend von der eigenen Familiengeschichte artikuliert sich schließlich der Wunsch nach einem kurdischen Staat.

Erster Zugang zum Nationalsozialismus – Eröffnungssequenz des Interviews

Der von Muhrat gewählte Einstieg in das Thema Nationalsozialismus ist für die Interviewerin zunächst verwirrend. Muhrat bezieht sich in seinen Überlegungen zur ersten Begegnung mit dem Nationalsozialismus auf die Problematik heutiger Ausländerfeindlichkeit und die darüber geführten Diskussionen in seiner Schulklasse. Die Emotionen, die das Thema in der Klasse provoziert, bringen ihn zu dem Schluß, daß sowohl der deutsche Lehrer als auch seine Mitschüler an einer besonders empfindlichen Stelle getroffen worden sein müssen:

»Ja, das hab' ich erst mal in der Klasse erfahren, von Lehrern, von Freunden. Also, wie die reagiert haben zu so was. Zum Beispiel, sie ham sich geärgert über so was. Und ich wußte nicht, was das war. Hab' die gefragt, warum ärgert ihr euch so? Ist das wegen Ausländerhaß? Und so kam ich drauf.«

Dann berichtet er über Filme zur Fremdenfeindlichkeit in der Schule, die nach seiner Auffassung Auslöser für eine Cliquenbildung gewaltorientierter junger Migranten waren.

»M: Ja, wie zum Beispiel, welche Filme da gespielt wurden. Also, in diesen Filmen spielt zum Beispiel, so Haß gegen Ausländer und so weiter. Also das Aggressive. Und wie die reagiert ham dann.
I: Wer hat reagiert?
M: Also am meisten ham die ausländischen Schüler reagiert zu diesen Deutschen da. Also Erpressung in der Schule, die ham sich dann nicht mehr getraut hinzugehen, und so hat's schon angefangen. Es hat mich schon verärgert, daß es so was gibt. Ja, die meisten Ausländer sind ja nicht so. [...] Na ja, was soll ich sagen. Es ist in dieser Zeit auch sehr schwer für diejenigen, die Ausländer sind. Zum Beispiel ich hab' sehr, sehr viele Bewerbungen geschickt. Es ist sehr schwer, eine Ausbildungsstelle zu bekommen. Ich hab' bis jetzt keine. Es gibt kein Haß oder so gegen Ausländer. Aber zum Beispiel ein Türke in Deutschland: recht zu haben ist sehr schwer. Ein Deutscher hat viel recht als ein Türke oder Kurden.«

Als ich Muhrat noch einmal explizit frage, wie er die von ihm erwähnten Themen mit dem Nationalsozialismus zusammenbringe, formuliert er eine Kritik an der heutigen Jugendgewalt und eine allgemeine Verurteilung von Aggression und Haß. Auffällig ist hierbei, daß NS-Zeit und Holocaust ihm lediglich dazu dienen, auf heutige Gewalt zu verweisen. In der nächsten Sequenz kommt Muhrat dann, angeregt durch die Interviewfrage, zu seinem eigentlichen Thema: der Unterdrückung der Kurden. Obwohl er sich eingangs durch seine Selbstpositionierung in Deutschland vom türkisch-kurdischen Konflikt zu distanzieren schien, wird dieser nun im Interview zum beherrschenden Thema und zum Ausgangspunkt aller von Muhrat hergestellten

Geschichtskonstruktionen. Folgende Interaktionssequenz zeigt, wie Muhrat den »Impuls« der Interviewerin – die Frage nach den Kurden – aufnimmt: Er ergreift stellvertretend das Wort für die Kurden, für die er fortan in vergemeinschaftender Weise als »wir« spricht. Dabei legt er großen Wert auf die Unterscheidung zwischen Kurden und Türken:

»I: Du hast ja in der letzten Schulstunde zum Nationalsozialismus den Konflikt zwischen Kurden und Türken in dem Zusammenhang angesprochen.
M: Na ja. Heute kommt zum Beispiel ein Deutscher und sagt: Du bist ein Türke, und ich sag: Nein, ich bin kein Türke, ich bin Kurde. Sagt er: Das ist doch mir egal. Das ist doch gleich. Ich: Nein, das ist nicht gleich. Zwischen Kurden und Türken gibt es viele Unterschiede. Zum Beispiel, wie soll ich sagen: Wir *(betont)* Kurden sind anders, zum Beispiel in Verhaltensweisen. Heute gibt es so viele Türken, die aggressiv machen, die Unruhe machen. Aber die Kurden sind nicht so.«

Vor dem Hintergrund seiner Erfahrung, daß Kurden und Türken von der deutschen Mehrheitsgesellschaft als einheitliche Gruppe wahrgenommen werden, ist es Muhrat ein Anliegen, auf die Unterschiede zwischen Kurden und Türken hinzuweisen. Dabei macht er Friedfertigkeit zum Unterscheidungskriterium. Aggressivität schreibt er den Türken zu. Die zweite Unterscheidung, die er in der nachfolgenden Sequenz einführt, bezieht sich auf die Migrationsmotivation. Muhrat beklagt die Ungerechtigkeiten, die dem kurdischen Volk widerfahren. Er verteidigt zudem den aus seiner Sicht legitimen Kampf der PKK:

»Also, ich weiß nicht, warum die Türken nach Deutschland gekommen sind, aber der Kurde hat einen Grund, hier in Deutschland zu sein. Er wird sehr, sehr erpreßt in der Türkei: sehr, sehr viel. Wir leben im Krieg in der Türkei, deswegen kommen die meisten Kurden nach Deutschland. Weil für uns ist die Türkei ganz, ganz schlecht. Also, ich als ein Kurde hab' nicht das Recht, was ich will. Ich kann da nur halbes Apfel essen, nicht ganzes Apfel. Wir haben ein Recht, ein Land zu bekommen von der Türkei, weil wir haben dafür auch gekämpft. Und jetzt wollen sie uns das nicht geben. Und dafür kämpfen wir halt. Und dann werden so Nachrichten in der Türkei gemacht, daß so und so viele PKKs in der Türkei getötet wurden. Das stimmt nicht. Das wird nur gemacht, damit die Türken, die das gucken, denken, die werden schon vernichtet, die Kurden. [...] Das ist türkische Propaganda. [...] Das stimmt überhaupt nicht. Deswegen werden die Kurden immer erpreßt und so weiter.«

Muhrat spricht den Türken einen legitimen Grund für die Übersiedelung nach Deutschland ab, während seiner Meinung nach die Kurden nach Deutschland kämen, weil ihnen das Leben in der Türkei unmöglich gemacht werde. Um die Situation zu veranschaulichen, fügt Muhrat gleich im nächsten Abschnitt eine biographische Episode hinzu, die die Willkür illustrieren soll, mit der in der Türkei gegen die Kurden vorgegangen werde:

»Ich hab' einen Onkelsohn. Und wir hatten ein Beschneidungsfest von einem Jungen. Das war in der Türkei. Da waren 500 Beteiligte und die haben da normal gefeiert. Und einer hatte eine kurdische Fahne rausgeholt. Und ist ja normal, darfst du ja in der Türkei nicht, kurdische Fahne raus. Das dürfen wir nicht. Aber das Problem war, woher sollte die türkische Bundeswehr wissen, daß wir das feiern? Dann sind die gekommen, ham uns alle erwischt und mitgenommen. Von 500 Leuten ham se 180 mitgenommen. Und so erzählt mein Onkelsohn. Er wurde geschlagen, er wurde erpreßt: Für wen arbeitest du? Warum machst du das? Wieso machst du das? Viele Fragen. Aber die meiste Frage war: unser Recht. Das meiste Antwort war: unser Recht. Für dieses Recht kämpfen wir sehr, sehr lange schon. Deswegen sind die meisten Kurden hier in Deutschland, damit sie das Recht den Kurden geben. Und dann gibt es ein Kurdistan.«

Auch hier wendet Muhrat die persönliche Geschichte wieder programmatisch für die Sache der Kurden, indem er deutlich Position für deren Autonomie bezieht.

Leben als Minderheit: Kurdischsein in Deutschland

Ich frage Muhrat, ob er das Gefühl habe, daß die kurdische Geschichte in Deutschland auch einen Platz hat:

»Ja, schon. Hier zum Beispiel kann man an Festen machen, was man will für Kurdistan. Es gibt ein kurdisches Volk. Wir Kurden ham auch Recht. Wir können machen, was wir wollen. Wir sind auch Menschen. Das können wir an diesem Festival auch beweisen [...] Und das kann man nicht in der Türkei machen. Hier darf man eine kurdische Kassette hören. In der Türkei darf man das nicht. Wenn de erwischt wirst, gehst du in Knast. [...] Ich war viel. Bei allen war ich dabei. [...] Es gibt einen kurdischen Kulturzentrum hier in O-Stadt. Da gibt es viel Kurdisches. Von da erfährt man alles. Kann man so Sänger hören und so weiter. Und es gibt ja einen kurdischen Feiertag. [...] Am meisten wird es immer in X-Stadt gemacht. Ich fahr' jedes Jahr nach

X-Stadt. Mit denen lern' ich auch was. Ich lerne sehr sehr viel dort. Zum Beispiel, wie die Menschen reagieren. Du kennst sehr, sehr viele Menschen, die sagen so: Das hab' ich erlebt. Und der andere sagt: Das hab' ich erlebt. [...] Aber man kann so richtig ausspannen mit jedem. [...] Aber fast jeder ist anders. Einer kommt hier mit einem geschnittenen Bein, weil er in der Türkei gekämpft hat für Kurden und in Minen gefallen ist. Im Durchschnitt sind die meisten Flüchtlinge ja Kurden, die meisten. Das ist schon schwer, denn Kurden kommen ja nicht wegen irgendeinem Grund hierher. [...] Das sind nur Flüchtlinge. Und sie haben Angst. Sie würden gerne in sein Land fahren, wenn sie eine Erde hätten. Jeden Tag wird dort Erde verbrannt. Jeden Tag wird dort Menschen verbrannt. Jeden Tag wird dort Kinder umgebracht. Wegen nichts.«

Muhrat schätzt die Freiheiten, die er als in Deutschland lebender Kurde genießt. Er kann sich kulturell entfalten und politisch frei äußern, etwa einen kurdischen Feiertag in einer nahe gelegenen Kleinstadt kollektiv begehen. Er hebt das kulturelle Lernpotential hervor, das er in solchen Veranstaltungen sieht. Vor allem beschäftigen ihn die Biographien und Geschichten von im Kampf verwundeten PKK-Anhängern, mit denen sich Muhrat zu identifizieren scheint. Es geht ihm aber auch darum, den Flüchtlingsstatus, unter dem viele Kurden in Deutschland leben, ins Zentrum der Aufmerksamkeit zu rücken. Wieder betont er die Angst und den Terror, dem die Kurden permanent ausgesetzt seien. Muhrat, das steht außer Frage, erzählt die Geschichte der Kurden als die Leidensgeschichte »seines« Volkes. Deshalb erscheint die thematische Brücke zur NS-Vergangenheit, die Muhrat in der nachfolgenden Sequenz schlägt, auch nicht überraschend:

»I: Was du jetzt über die kurdische Geschichte erzählt hast, bringst du das irgendwie in Zusammenhang mit der deutschen Geschichte? Hat das eine Bedeutung für dich, wenn du dich hier mit dieser Geschichte auseinandersetzt?
M: Ich versteh' mehr als die anderen. Ich versteh' schon was, weil ich weiß, was Leiden heißt. Und was früher mit Deutschland passiert ist, ist fast gleich wie heute mit den Kurden, zum Beispiel, wie die Deutschen die Juden verjagt haben. Das ist doch das gleiche, wie es die Türken mit den Kurden machen. Sie dürfen nicht machen, was sie wollen. Zum Beispiel ein Jude durfte kein Bankkaufmann werden. Ein Jude durfte keinen Laden besitzen. Ist ja das gleiche wie mit Kurden. Nicht so gleich. Kann ja schon ein Kurde einen Laden

besitzen. Aber irgendwann mal wird's kommen und die Türken sagen: Nein, du darfst hier keinen Laden eröffnen. Irgendwann wird es kommen. Weil in jeder Ecke in der Türkei gibt es Kurden, in jeder Ecke. Vielleicht sind schon fast die Hälfte in der Türkei Kurden. Aber die meisten Kurden sind im Iran, die meisten Kurden.
I: Aber du sagst, du siehst da Ähnlichkeiten. Also, wie die Türkei die Kurden behandelt, so haben die Nazis die Juden behandelt?
M: Ja, und es wird schon so aussehen, wenn es weitergeht mit diesen Erpressungen von den Kurden.«

Muhrat setzt die Verfolgungsgeschichte der jüdischen Minderheit durch die Nationalsozialisten in Beziehung zur Verfolgungsgeschichte der kurdischen Minderheit in der Türkei. Er weist auf das Berufsverbot und das eingeschränkte Eigentumsrecht beziehungsweise die Enteignung der Juden im Nationalsozialismus hin und überträgt diese Beispiele der Entrechtung und Enteignung auf die künftige Lebenssituation der in der Türkei lebenden Kurden. Dann fährt er fort:

»Mich hat interessiert, wie die Menschen da kaputtgingen, kaputtgingen. Das waren auch Menschen ja, wie die Deutschen. Aber die ham nicht eingesehen, daß die Menschen, daß die auch Rechte haben. Das hat mich sehr interessiert. Ich hab' so 'nen Film geguckt mit der Schule: ›Schindlers Liste‹. Das war ein sehr schlimmer Film. Ich konnt's gar nicht glauben, wie das da abgeht. Das, was der Film gespielt hat, das war auch echt, wurde gespielt. Aber das, was passiert ist, das war passiert. Das war passiert. Zum Beispiel: Kommt einer aus dem Haus und erschießt beim Morgensport die Leute da. Das ist ja vollkommen bekloppt, eh. Und die wurden immer getötet. Das war wie Fische fangen und einfach wegwerfen. Und sie in ein Loch reintun und sie verbrennen *(erregte Stimme)*, und wie die Asche da hochging *(vier Sekunden Stille, schluckt)*, das konnt ich gar nicht glauben. *(Fünf Sekunden Stille)* Na ja, also am meisten ist mein Bruder betroffen, mein Bruder geht am meisten *(unverständlich)* mein Bruder bei kurdischem Problem. Weil mein Bruder hat mein Onkel so sehr, sehr geliebt. Die waren fast beste Freunde. Und wo er auf einmal weg war, war ihm sehr schlimm. Und mein Bruder sucht ihn sehr, sehr lange. Ihm würde es schon reichen, wenn er nur einmal telefonieren würde. Seine Mutter vermißt ihn sehr, sehr viel. Seine Mutter weint jeden Tag. [...] Er kann nicht anrufen. Zum Beispiel, wenn heute ein Türke einen kurdischen Kämpfer erwischt, er wird nichts erzählen. Er wird nur wie eine Mauer dastehen. Auch wenn sie ihn umbringen würden, er würde nichts erzählen. Das kann er nicht. Er kann nicht die Kurden verraten. Und was da im türkischen Programm so abgeht. Das ist nur Lüge, damit die Türken die Kurden hassen.

[...] Viele Türken sehen das ja nicht ein, daß die Kurden auch Rechte haben in der Türkei. Wo die Türkei gegen Griechenland einen Kampf geführt, hat dieser türkische Regierende Atatürk gesagt, wenn ihr uns helft, bekommt ihr Land. Wir ham geholfen. Türkei hat gewonnen. Unser Land! Nein, nein, wir geben uns das Land nicht. Seit diesem Tag hassen wir uns. Die Kurden hassen die Türken. Die Türken hassen die Kurden.«

Diese Szene enthält einen aufschlußreichen Bruch: Die Nacherzählung einiger Filmszenen aus »Schindlers Liste« wechselt übergangslos in eine familienbiographische Erzählung. Das Verschwinden eines Onkels während eines PKK-Einsatzes in der Türkei und die verzweifelte Suche nach ihm wird dem in »Schindlers Liste« vorgeführten sinnlosen Töten gegenübergestellt. Muhrat verknüpft hier den Judenmord mit einem aktuellen Ereignis aus dem türkisch-kurdischen Konflikt, in welchen seine Familie verstrickt ist. Dieser Konflikt und die vor dessen Hintergrund gestellten Fragen nach Freiheit und Gerechtigkeit sind Muhrats Thema. Die aus seiner eigenen Geschichte und persönlicher Betroffenheit erwachsende Sorge – als kurdischer Flüchtling in Deutschland – projiziert er in die deutsche Geschichte. Im folgenden betont Muhrat, wie wichtig ihm die Auseinandersetzung mit der deutschen Geschichte sei. Dabei ist er erneut bemüht, die Verfolgung der Juden in unmittelbare Nähe zur Verfolgung der Kurden zu rücken:

»[...] ich will auch mit das weitermachen auch mit diesem Judenproblem. Ich will dahin auch gehen. Weil das ist ja fast das gleiche mit den Kurden. Und ich kann nicht bei einem kurdischen Problem bleiben. Ich kann auch eine jüdische Geschichte machen. [...] Weil das Problem, was die da abgeführt haben früher, das kann auch mit uns passieren. Und das wollen wir auch nicht, daß zum Beispiel so viele Kurden getötet werden wie damals die Juden. Das wollen wir ja nicht, daß so was passiert immer weiter.«

Muhrat stellt eine Parallele her. Die Geschichte der jüdischen Minderheit während des Nationalsozialismus in Deutschland gilt ihm dabei als mahnendes Beispiel für das mögliche Schicksal der kurdischen Minderheit in der Türkei. Der Judenmord der Nazis wird zum Maßstab menschlichen Leidens. Wenn Muhrat die Kurdenfrage auf diese Weise kontextualisiert, steigert er nicht nur das Ausmaß des den Kurden in der Türkei zugefügten Unrechts, sondern unterstreicht mit dem Hinweis auf eine mögliche Wiederholung der Geschichte zugleich die Dringlichkeit, die Gewalt gegen die Kurden zu stoppen und eine baldige Lösung herbeizuführen.

Ausländerfeindlichkeit in Deutschland

Muhrat macht sich Gedanken über die Ursachen der Ausländerfeindlichkeit in Deutschland. Dabei klagt er Ausländer an, die in Deutschland Straftaten begehen, denn dies werfe ein schlechtes Licht auf alle Ausländer:

»I: Du warst der einzige in der Klasse, wenn ich mich recht erinnere, als ich gefragt habe: Ist das nur ein Thema für damals? Du warst der einzige, der gesagt hat: Nee, das hat auch was mit heute zu tun.
M: Ja, heute. Es gibt schon welche Deutsche, die haben Haß gegen Ausländer. Aber das ist unsere Schuld. Es ist unsere Schuld, daß ein Deutscher uns haßt. Zum Beispiel, wenn ich heute geh und eine Bank raube oder einen Deutschen schlage, ist doch normal, daß der mich haßt. Wenn ich ruhig bleibe und nichts mache, ganz normal durch die Gegend gehe: Hallo, wie geht's? Dann würde kein Deutscher, niemand uns hassen. Aber wenn ich jetzt rausgehe und fünf deutsche Jungs schlage, Fenster kaputtschlage, Autos kaputtmache, ist doch klar, daß die dann sagen: Iiii, ich hasse Ausländer. Das ist unsere Schuld. Wir müssen / es gibt viele türkische und kurdische Jungs, die haben eine schlechte Werbung, daß sie Bank rauben, daß sie Autos knacken. Wenn wir das nicht tun würden, würden uns die Deutschen sehr, sehr lieben, diejenigen, die die Ausländer hassen. Es ist unsere Schuld. Zum Beispiel: Ich mach so was nicht, aber wenn ein anderer macht, werde ich auch mit beteiligt. Aber es stimmt schon, wenn die Deutschen manchmal Türken hassen. Kommt hier ein Türke oder ein Kurde in die Schule, sagt: Ich bin's hier. Mit Gewalt kann man nichts machen. Unser Führer Öcalan hat zu jedem Kurden gesagt, auch zu den Türken gesagt: Setzen wir uns an einen Tisch und reden wir miteinander. Lösen wir diese Probleme mit Sprechen, nicht mit Gewalt. Die Türken wollen das nicht. Nein, wir akzeptieren das nicht. Warum müssen wir kämpfen? Warum sollen welche sterben, wieso? Und derjenige, der in diesem Berg jetzt kämpft, hat vielleicht fünf Kinder. Warum soll er sterben? Warum soll er seine Kinder, seine Frau im Stich lassen? Warum soll seine Frau weinen? Seine Kinder weinen? Wo ist mein Mann? Wo ist mein Vater? Wieso wollt ihr es nicht verstehen? Setzen wir uns doch an einen Tisch und reden miteinander. Vielleicht wird es ja was, wenn wir reden. Türken akzeptieren das nicht.«

Muhrat legitimiert im Grunde genommen die Ausländerfeindlichkeit, weil er die Opfer zu Verursachern der gegen sie gerichteten Aggression der Mehrheitsgesellschaft macht. Bemerkenswert ist aber, daß er auch in dieser Sequenz wiederum nicht beim Thema Fremdenfeindlichkeit im Gegenwartsdeutschland stehenbleibt, sondern, wie bereits zuvor, unversehens zum türkisch-kurdischen Konflikt überleitet. Mit seiner Aneinanderreihung von Fragen, in denen Gewalt- und Verlusterfahrungen der kurdischen Minderheit zum Ausdruck kommen, dramatisiert er ein weiteres Mal die Lage der Kurden in der Türkei.

Nationalsozialismus als Thema in der Schule

Danach gefragt, wie er denn als Lehrer mit dem Thema Nationalsozialismus in der Schule umgehen würde, antwortet Muhrat zunächst mit einem eigenwilligen Plädoyer für die Gleichheit und die Gleichwertigkeit der Menschen:

»M: Das beste wäre, daß jeder Mensch das Recht hat, was er will. Ich würde ihm sagen: Jeder Mensch muß sich lieben. Jeder Mensch ist gleich. Jeder Mensch hat fünf Finger. Du hast fast die gleichen Finger. Es kann sein, daß sie ein bißchen anders sind, aber du hast die gleichen Finger wie ich, die gleiche Nase wie ich, den gleichen Mund wie ich. Man kann nicht einfach auf aggressiv gehen und sagen: Ich hasse dich. Das darf man nicht sein. Weil, wenn ich heute zu dir sage: Ich hasse dich. Und morgen werde ich in der Straße einen Unfall bauen. Und du bist nur da. Dann kannst du mir nicht helfen, weil ich dich gehaßt habe. Aber wenn ich dich lieben würde, würdest du helfen. Du würdest sagen: Steh auf / du würdest mir das Blut wegwischen. Aber wenn ich sage: Ich hasse dich, würdest du mich nicht sehen. Du würdest einfach weitergehen.
I: Also, du würdest vor allem drauf achten, daß //
M: Jeder Mensch sich lieben soll. Die Hitlerzeit war auch deshalb sehr, sehr bedeutungsvoll, sehr, sehr interessant, was die damals getan haben. Den meisten Jungs heute ist es egal, was da früher passiert ist. Aber, wenn die da gelebt hätten, in dieser Zeit, sie würden wissen, wie das war damals. Wie das hart war, ein Brötchen für eine Millionen Mark zu kaufen. Wie es hart war, in die Kanalisation zu gehen und sich zu verstecken vor diesen Soldaten, damit sie nicht getötet werden. Wie es hart war. Zum Beispiel: Einer baut eine Kassette, soll sie in fünf Sekunden bauen. Das ist sehr, sehr schwer für jemanden. Und, wenn er es nicht schafft, wird er einfach getötet, einfach in den Kopf schießen. Das würde ich den Kindern erzählen, damit die das verstehen. Damit sie sich nicht hassen. Weil ich hab' es selber erlebt, wie vor mir jemand geschla-

gen wird, geschlagen wird einfach, ohne einen Grund. [...] Wir müssen damit leben. Ich weiß es ganz genau: Wir verlieren jetzt, aber irgendwann werden wir auch gewinnen, werden auch die glücklichsten Menschen auf der Welt sein. Weil, wenn jemand kämpft, der gewinnt auch das. Man muß kämpfen. Nicht mit Gewalt. Man muß klug sein. Man muß sagen: Hör mir zu. Wir sind Kurden und wir haben auch ein Recht. Verstehst du das nicht? Dann geh lieber. Wenn derjenige verstehen würde, was Kurden für Menschen sind, dann würde er nicht so reden. Zum Beispiel kommt ein Türke und sagt: Scheiß-PKK. Wenn er wüßte, was für Menschen die Kurden sind, würde er nicht so reden. Er wurde ja so erzogen, daß er Kurden hassen soll. Er kann ja nichts dafür. Ich kann ihn nicht schlagen. Er kann nix dafür. Er wurde so erzogen. Seine Eltern sagen: Du sollst die Kurden hassen. Damals vielleicht haben die auch so gesagt. Die deutschen Eltern haben vielleicht früher gesagt: Du sollst die Juden hassen *(unverständlich, es schellt)*.«

Muhrats Einstieg in diese Sequenz ist durch eine menschenrechtsorientierte Perspektive geprägt. Er macht deutlich, daß er ein friedliches Leben aller Menschen als moralisches Projekt anstrebt und unterstützt. Dabei thematisiert er auch eigene Gewalterfahrungen. Durch die Überleitung zur »Hitlerzeit« versucht er mit vermeintlich historischen Beispielen aus dieser Zeit zu zeigen, wohin Krieg und Menschenrechtsverletzungen führen können. Dabei unterstreicht er seine Ablehnung von Gewalt mit einem konstruierten Beispiel und der Bezugnahme auf eigene Erfahrungen. Schließlich münden seine Ausführungen über Gewalt in ein Befreiungsplädoyer für das kurdische Volk. In gewisser Weise entlastet Muhrat hier jedoch die Türken, die sich negativ über Kurden äußern, mit dem Argument, daß diese quasi Opfer einer kurdenfeindlichen Sozialisation geworden seien. Hierin sieht er eine Parallele zur antisemitischen Erziehung und Propaganda im Deutschland der dreißiger und vierziger Jahre.

In der Schlußsequenz des Interviews bringt Muhrat seine Motivation zum Interview noch einmal unmißverständlich auf den Punkt:

»I: Es schellt leider. Ich würde gerne noch von dir wissen, warum du dich so schnell bereit erklärt hast zum Interview. Du hast sofort gesagt: Ja, mach' ich. Warum wolltest du es gerne machen?
M: Ehm. Ich wollte mich mal richtig rauslassen. Irgendwie, daß wir auch Menschen sind, daß wir auch ein Recht haben, daß wir auch ein bißchen Welt haben. Diese Welt gehört uns auch. Ein Stückchen dürfen wir uns nehmen. Wir sind auch Menschen. Heute kämpft ein Kurde im Berg, wie es nicht mehr geht. Er kämpft von morgens bis abends. Er ißt nicht. In seinem Kopf *(laut)*

geht nur eins vor: denjenigen zu töten und dieses Land zu haben. Er möchte nicht, normalerweise möchte er nicht töten, aber er wird gezwungen, weil wenn zum Beispiel ein Türke einen Kurden umbringt. Er kann nicht da stehen und sagen: Warum tust du meinem Freund weh? Wir müssen es auch tun. Wir Kurden wollen nicht, daß jemand getötet wird, aber es wird uns gesagt, daß wir töten sollen. Wir haben keinen Ausweg mehr und *(seufzt)*, aber jeder Mensch ist wichtig für diese Welt. Jeder Mensch ist wichtig. Jeder Mensch ist anders. Dein Kopf ist anders als bei mir. Vielleicht hast du was, was kein Mensch hat. Vielleicht hab' ich was, was kein Mensch hat. Diese Dinge braucht man, damit man in dieser Welt ein bißchen weiterkommen kann. Zum Beispiel habt ihr diesen Menschen gesehen. Er könnte dieser Welt viel, viel helfen, aber ihr habt ihn getötet. Jetzt ist er weg. Man kann nicht wieder aufstehen. *(Leise)* Er ist einfach weg.«

In der bildhaften Sprache und der mit Beispielen und Situationen angereicherten Darstellungsform entfaltet Muhrat Szenarien kurdischer Verfolgungs- und Unrechtserfahrung. Dabei konstruiert er ein kurdisches »Wir«, für das er stellvertretend zu sprechen beansprucht. Muhrat geht aber in seinem »Schlußplädoyer« über die eigene ethnische Gruppe hinaus und führt an den Menschenrechten orientierte universalistische Argumente für die Anerkennung der Kurden ins Feld, indem er auf die Einzigartigkeit und die Würde eines jedes Menschen verweist.

Zusammenfassung und Kommentar

Die historische Bezugsgruppe, mit der sich Muhrat identifiziert, ist die kurdische. Der türkisch-kurdische Konflikt wird für ihn zum Ausgangspunkt aller im Interview hergestellten Geschichtskonstruktionen. NS-Zeit und Holocaust werden nahezu ausschließlich im Zusammenhang mit der Verfolgung der kurdischen Minderheit in der Türkei thematisiert. Durch die Entfaltung der Repressionserfahrung der Kurden in der Türkei vor der historischen Kulisse nationalsozialistischer Gewaltherrschaft kann Muhrat seinem politischen Anliegen besonderes Gewicht verleihen und es für das deutsche Gegenüber (etwa die Interviewerin) dramatisieren. Muhrat spürt, daß er für die Sache der Kurden werben kann, wenn er sie speziell für den deutschen Rezipienten kontextualisiert. Das bedeutet hier vor allem, eine vergleichende Perspektive einzunehmen. Muhrat vergleicht die Ungerechtigkeit, die der kurdischen Minderheit in der heutigen Türkei widerfährt, mit der Enteignung, Diskriminierung und Verfolgung der jüdischen Minderheit durch die Nationalsozialisten. Allerdings macht er in seinen Vergleichen deutlich, daß die beschriebenen Phänomene zwar ähnlich, aber eben doch nicht identisch seien. Vielmehr dient ihm der Hinweis auf die Vernichtung der Juden dazu, die Bedrohung, die er für das kurdische Volk sieht, an einem historischen Beispiel zu belegen. Der Holocaust wird gewissermaßen instrumentalisiert. Wenn Muhrat prognostiziert, daß den Kurden ein ähnliches Schicksal widerfahren könne wie den Juden, appelliert er über die Interviewerin auch an die deutsche Gesellschaft, dies zu verhindern. Muhrat zeigt damit eine bemerkenswerte Einsicht in die Paradigmen und die Funktionsweisen des historisch-politischen Diskurses in Deutschland. Er scheint zu ahnen, daß sich die Deutschen für das Schicksal des kurdischen Volkes nur dann interessieren werden, wenn er die Unterdrückung der Kurden in die Nähe einer Wiederholung von Auschwitz rückt.

Laila: »Weil es in anderen Ländern ja auch möglich ist.«

Kontaktaufnahme und Interviewsituation

Zum Zeitpunkt des Interviews ist Laila 19 Jahre alt und besucht die zwölfte Klasse eines Gymnasiums. Laila war mir während einer Geschichtsstunde, in der ich eine Feldbeobachtung durchführte, aufgefallen. Sie hatte in einer Diskussion über die zerstörerischen Folgen des Zweiten Weltkriegs auf den mehr als drei Jahrzehnte andauernden Krieg in Eritrea hingewiesen, der das Land ruiniert habe. Als ich sie nach der Stunde anspreche, ob sie bereit wäre, ein Interview zu geben, stimmt sie spontan zu. Als wir uns zwei Tage später in einer Freistunde in einem leeren Klassenraum wieder treffen, ist sie etwas nervös. Das legt sich aber relativ schnell. Laila erzählt frei und offen über ihr Verhältnis zu Deutschland und zur deutschen Geschichte. Laila ist ein hochgewachsenes schlankes Mädchen, modisch und figurbetont gekleidet. Sie trägt eine schwarze enge Satinhose und ein weißes Strickoberteil mit groben Maschen, darunter ein Top. Ihr dunkles, lockiges Haar hat sie zu einem Zopf nach hinten gebunden. Nach dem Interview sitzen wir noch über eine halbe Stunde zusammen und reden über weibliche Lebensentwürfe, Religion, Schule und Familie. Die zentralen Themen dieses Gesprächs wurden in einem Gedankenprotokoll zusammengefaßt und fließen als Hintergrundinformation in die Interviewanalysen ein.

Biographische Skizze und Migrationshintergrund

Laila ist in Eritrea geboren, wo sie auch ihre ersten acht Lebensjahre verbrachte. Mitte der achtziger Jahre erhält die Familie in der Bundesrepublik Asyl. Der Vater, ein studierter Ingenieur, arbeitet in Deutschland als Kraftfahrzeugmechaniker; die Mutter, eine gelernte Schneiderin, kümmert sich um Haushalt und Familie. Laila hat sechs Geschwister, alle leben in Deutschland. Der älteste Bruder (27) ist Elektroinstallateur, der zweitälteste (24) studiert Architektur, der kleine Bruder (18) geht noch zur Schule. Eine der beiden Zwillingsschwestern (21) ist Reisekauffrau, die andere studiert Medizin. Die ältere Schwester (23) hat gerade Fachabitur im Schwerpunkt Wirtschaft gemacht. Laila selbst möchte Jura studieren. Daran knüpft sie die Hoffnung, mit den im Studium erworbenen Qualifikationen am Wiederaufbau von Eritrea mitwirken zu können. Laila entspricht mit diesem Wunsch der ethischen Selbstverpflichtung ihrer Familie, die sich politisch und sozial für die ehemalige Heimat engagiert und Hilfs- und Spendenaktionen für Eritrea organisiert. In diesem Rahmen nimmt Laila auch an einer Studien- und Begegnungsreise nach Eritrea teil, wo junge eritreische Migranten aus unterschiedlichen europäischen Ländern zusammentreffen.

Auffällig ist die Bildungs- und Aufstiegsaspiration der Familie. Alle Kinder befinden sich entweder noch in der Ausbildung oder in gefestigten beruflichen Positionen. Laila spricht auch ganz selbstverständlich von Studienplänen. Die Familie unterstützt sie dabei. Auch ihr sonstiges Umfeld – Schule und Peergroup – beeinflußt Lailas Lebensgefühl in Deutschland positiv. Sie fühlt sich nicht nur wohl in Deutschland, das sie als »Heimat« bezeichnet, sondern definiert sich über die deutsche Staatsbürgerschaft, die sie gerade angenommen hat, auch als vollwertiges Mitglied der deutschen politischen Gemeinschaft, mit all den hieraus erwachsenden Rechten und Pflichten. Die

Auseinandersetzung mit der deutschen Geschichte, insbesondere der Geschichte des Nationalsozialismus und des Holocaust, begreift sie als Selbstverständlichkeit. Wenn man in Deutschland lebe, so Lailas Argumentation, sei es schon aufgrund der Tatsache, daß Deutschland Tatort und Ausgangspunkt nationalsozialistischer Verbrechen war, unumgänglich und notwendig, sich mit dieser Geschichte zu befassen.

Eröffnungssequenz des Interviews

Laila erzählt, daß das Thema Nationalsozialismus für sie zwar immer präsent war, daß sie den konkreteren historischen Sachverhalten aber erst in der Schule begegnet sei, zunächst im zehnten Schuljahr, dann intensiver im Leistungskurs Geschichte.

»Ja, erst einmal das Thema. Man hat zwar immer was davon gehört und alles. Ich weiß nicht, seine Meinung kann man sich ja erst bilden, wenn man darüber Bescheid weiß. Und die Schule, also [...] das Thema ham wir in der Zehnten schon angeschnitten und hier halt, da ich jetzt Geschichte Leistung hab', können wir es intensiv durchnehmen. So hat man erst mal Bezug zu der ganzen Zeit. Man macht sich schon so seine Meinung und überlegt sich einiges, wieso es überhaupt dazu kam, weil es war ja eine furchtbare Sache. [...] Und man fragt sich auch, ob es wieder passieren könnte. Es muß nicht unbedingt in Deutschland sein, weil in anderen Ländern ist das ja auch möglich. Ich hab' auch mal das Buch ›Die Welle‹ gelesen, und das ist eigentlich bei den Schülern sehr bekannt. Und das bringt einen auch mehr dazu, darüber abstrakt nachzudenken, daß es auch in anderen Ländern möglich sein kann, und wie es dazu kommen konnte, wie die Menschen so beeinflußt werden konnten. Und in der Schule ham wir's halt intensiv durchgenommen, die ganzen Daten und wie's dazu kam, die Bevölkerung und all das. Und das hinterläßt schon dann so Fragen, die offenbleiben, und darüber macht man sich auch im Privaten dann Gedanken. Und ich denke mal, es ist wichtig, darüber auf jeden Fall Bescheid zu wissen und sich darüber auch Gedanken zu machen, und auch sich zu fragen / ich mein', das waren ja auch Menschen wie wir / wieso es dazu kommen konnte. Und ja, die Gefahr besteht ja immer. Das muß man sich eigentlich schon offen sagen im Grunde.«

Laila tendiert zu einer, wie sie sagt, »abstrakten« Beschäftigung mit der Geschichte. Die Verwendung des Begriffs »abstrakt« in ihrer Rezeption der NS-Geschichte und des Holocaust läßt sich unterschiedlich auslegen: Zum einen könnte ihr Wunsch nach einem »abstrakten« Umgang mit dem Nationalsozialismus und dem Holocaust darauf hinweisen, daß sie das Thema nicht an sich heranlassen, sondern auf Distanz bleiben und sich dem Gegenstand eher theoretisch nähern möchte. Zum anderen fallen aus einer »abstrakten« Perspektive Verallgemeinerungen leichter. Es lassen sich Vergleiche anstellen, ohne daß man sich dabei auf den spezifischen Kontext oder die historischen Akteure einlassen muß. Eine solche Annäherung deutet zugleich auf den Wunsch hin, sich ausgehend von den nationalsozialistischen Verbrechen mit gegenwärtigen Mechanismen, die zu Rassismus, Antisemitismus, Ausgrenzung und Verfolgung von Menschen führen, zu befassen. Aus vergleichender Perspektive fragt Laila ganz allgemein nach der heutigen Möglichkeit totalitärer Herrschaft auch in anderen Ländern und verweist in diesem Zusammenhang auf die Lektüre des Buches »Die Welle« von Morton Rhue, in dem am Beispiel einer totalitär werdenden Schulgemeinschaft die Wirkung von Propaganda und ideologischer Gehirnwäsche vorgeführt wird. Mit der von ihr favorisierten »abstrakten« Herangehensweise scheint sie letztlich auch die Hoffnung zu verbinden, daß die Gefahr einer Wiederholung rechtzeitig erkannt werde. Hier deutet sich ein universalistisch orientierter Zugang zur NS-Geschichte an, den Laila im Laufe des Interviews weiterentwickelt. Neben der schulischen Auseinandersetzung nennt Laila das Fernsehen als wesentliche Informationsquelle:

»In der Schule ist das eigentlich erst, wo man damit konfrontiert wird. Es liegt ja an einem selbst, ob man das in sich aufnimmt, oder ob man es einfach hört und weiter vorbeiziehen läßt. Und im Fernsehen sind ja auch jetzt viele Sachen gelaufen, speziell jetzt über die Juden. Und auch heute, wie die Juden zu der Sache, also wie sie heute dazu stehen, und wie sie's verarbeitet haben. Zur Zeit läuft auch viel im Fernsehen. Aber hauptsächlich durch die Schule kommt man eigentlich drauf, weil als Jugendlicher hat man seine eigenen Probleme. Die Vergangenheit liegt lange zurück. Das ist nun mal so. Man kann sich erst mal in der Schule damit auseinandersetzen, und falls Fragen noch offen sind, oder man betroffen ist oder so, macht man sich schon seine Gedanken, man liest vielleicht was, macht's nach oder so, oder schaut sich mal im Fernsehen irgendwelche Reportagen an.«

Laila hebt zum einen auf die zeitliche Distanz zu den Ereignissen des Zweiten Weltkriegs ab, zum anderen begründet sie die Distanz auch über ihre Jugend, die »eigene Probleme« aufwerfe. Als ich Laila frage, ob die NS-Vergangenheit für sie eine Bedeutung in ihrem »Hier und Jetzt« habe, antwortet sie:

»[...] natürlich, ich meine, man muß sich das doch nur so vorstellen. Das ist noch nicht *(betont)* so lange zurück, 50 Jahre, o. k., das ist ein ganzes Menschenleben. Aber wenn ich zum Beispiel in Berlin durch ›Mitte‹ gehe, das war ja auch sehr betroffen davon, weil da ja auch sehr viele jüdische Menschen gewohnt haben. Aber davon sieht man ja heute nichts so. Aber wenn man sich mal anschaut, wie es vorher war, dann ist das schon, ist schon, wie soll ich das sagen, das hinterläßt schon so ein paar Gedanken. [...] Und wenn ich mir vorstelle: Ja, hier, hier ist es passiert und dann ist das schon was anderes *(betont)*. Und wenn ich im Ausland leben würde, ich mein', da hat man nicht so einen Bezug dazu, wie wenn man in dem Land ist, wo's eigentlich passiert ist, dann ist man ja irgendwo auch der Tatsache ein bißchen näher, weil der Ort ist derselbe im Grunde. Und ich mein', die Menschen konnten auch nicht so anders gewesen / also ich will jetzt nicht sagen, daß die Menschen von damals dieselben sind oder so, sondern das waren auch Menschen. Ich denke mal, also ich kenn' zum Beispiel auch ein Mädchen, ihre Großmutter hat die ganze Sache miterlebt. Sie redet zwar nicht viel davon, aber sie hat auch in der Zeit gelebt. [...] Und wir konnten sie nicht darauf ansprechen. Sie ist immer ausgewichen. Wahrscheinlich hatte sie etwas Schlimmes zu verbergen.«

Laila fühlt sich vom Nationalsozialismus und seinen Nachwirkungen vor allem deshalb betroffen, weil sie in dem Land lebt, welches Ausgangspunkt und Tatort nationalsozialistischer Verbrechen war. Die Kenntnis der Geschichte macht ihre Lebensumwelt zum »authentischen Ort« und verbindet Geschichte und Gegenwart. Das Zusammenfallen von geschichtlichem Wissen, »Tatort« und Zeitzeugen resultiert in einem Gefühl der Nähe zu den historischen Ereignissen, und sei es, daß man in dem ehemals jüdisch geprägten Stadtteil heute kaum noch Spuren jüdischen Lebens ausmachen könne. Schließlich kommt Laila auf die Menschen in Deutschland zu sprechen und spielt auf das Fortbestehen nationalsozialistisch und antisemitisch gefärbter Denk- und Handlungsmuster nach 1945 an: Das Schweigen der Großmutter einer deutschen Freundin über die NS-Zeit weckt Lailas Mißtrauen. Sie unterstellt ihr eine Beteiligung am Unrechtssystem der Nazis. Obgleich sie zuvor ihr »loyales« Eintreten für Deutschland hervorgehoben hat, verrät sich in Lailas Verdacht gegenüber der Großmutter der Freundin ihre Skepsis gegenüber der deutschen Aufnahmegesellschaft. Lailas Haltung gegenüber der Zeitzeugin unterscheidet sich von vielen ihrer familienbiographisch befangenen »ethnisch-deutschen« Mitschüler.[25] Im Gegensatz zu diesen läßt sie sich nicht auf die Argumentation ein, man habe von nichts gewußt.

Besuch der Gedenkstätte des ehemaligen KZ Buchenwald

In der nachfolgenden Passage spricht Laila über die Eindrücke, die der Besuch der Gedenkstätte des ehemaligen Konzentrationslagers Buchenwald bei ihr hinterlassen hat:

»In der zehnten Klasse waren wir mal in Weimar zum Beispiel [...]. Und ich mein', es ist 'ne Sache, wenn man's vorher gelesen hat oder auch Bilder gesehen hat. Aber wenn man an der Stelle war, wo's passiert ist, das ist dann echt was anderes. Und das ist so gewaltig groß gewesen, und man konnte sich das schon dann irgendwie vorstellen, wie grausam die ganze Sache eigentlich war. Wenn man an Ort und Stelle ist, dann hinterläßt das schon Eindrücke. Ich weiß nicht, es sind ja riesige Felder und Häuser gewesen, wo die untergebracht waren. Und wenn man sich die Größe ansieht und sich dann vorstellt, wie viele Menschen da reinpassen, und wie viele es auch waren *(hustet)*, dann ist es echt, dann ist man erst mal geschockt. Es ist was anderes, als wenn man darüber liest. Und es ist genauso wie mit dem Fernsehen. Man kann vieles sehen. Es kann auch einem nahegehen, aber wenn man mit der Sache dann dermaßen konfrontiert wird, an Ort und Stelle ist, dann hinterläßt das schon Eindrücke.«

Für Laila wird die Begegnung mit den authentischen Orten offenbar zu einem Schlüssel für ihren Zugang zur Geschichte. Auf den Kommentar der Interviewerin: »Du sagst, daß es wichtig ist, daß es hier passiert ist«, führt Laila aus:

»Ja, klar. Vor kurzem war hier, irgendwie, also diese Neonazis, also es gibt ja diese Gruppierungen, die auch so behaupten, Auschwitz wäre eine Lüge gewesen, und die daran auch festhalten. O. k., die ganze Bewegung geht auch von Österreich aus, daß man auch verbotene Zeitschriften nach Deutschland schleppt. Also, es gibt sicherlich einige wenige, die daran auch festhalten würden, aber das hat jetzt auch nicht speziell mit Deutschland zu tun. Nazis gibt's überall. Auch in Amerika. Die Nazis zum Beispiel sagten ja auch damals, daß das, was die mit den Juden gemacht haben, die ganze Welt würde das gemacht

25 Vgl. hierzu Rommelspacher 1996, S. 106.

haben, nur wir sind mutig genug, um das zu machen. Ich mein', Antisemitismus ist ja auch überall vertreten.«

Obwohl Laila Deutschland als den authentischen Ort der Verbrechen des Zweiten Weltkriegs identifiziert, hebt sie die Verbreitung neonazistischer Propaganda aus Österreich hervor. Sie schließt mit der Feststellung, daß es Nazis und Antisemitismus überall gebe, sogar in den USA. Es scheint ihr ein Anliegen zu sein, die nationalstaatlichen Perspektiven auf den Nationalsozialismus und den Antisemitismus aufzubrechen. Sie läßt sich deshalb nicht auf eine deutsche Binnensicht ein, sondern formuliert eine allgemeinere, tendenziell universalistische Betrachtung. Gesellschaftliche und historisch-politische Erscheinungen, die strukturell mit dem Nationalsozialismus und dem Holocaust verquickt sind, wie etwa das Fortbestehen des Antisemitismus, zeichnet sie als globale Phänomene. Diese Sichtweise ermöglicht Laila einen relativierenden beziehungsweise auch universalisierenden Umgang mit neonazistischen Orientierungen in Deutschland. Wenn der Antisemitismus von Laila nicht als spezifisch deutsches, sondern als weltweites Problem charakterisiert wird, so ist zu vermuten, daß diese Einschätzung dazu beiträgt, die deutsche Gesellschaft ein Stück weit zu »normalisieren« und damit auch zu entlasten. Die relativierende Sicht – »Nazis gibt's überall« – könnte eine in gewisser Weise beruhigende Wirkung auf Laila haben, die sich in Deutschland als potentiell vom Rassismus bedroht sieht.

In der folgenden Sequenz denkt Laila über die Notwendigkeit der Auseinandersetzung mit der Geschichte des Nationalsozialismus und des Holocaust für Einwanderer nach. Dabei hält sie zwar an ihrer relativierenden Perspektive fest, fordert aber, sich selbst einschließend, die in Deutschland lebenden Migranten zu einer Beschäftigung mit der deutschen Geschichte auf:

»[...] gerade weil wir hier leben, und als Ausländer mußt du dich doch auch irgendwo mit der ganzen Sache auseinandersetzen [...], da wir einen Bezug zu Deutschland ja auch haben. Und genauso, wie ein Deutscher über seine Geschichte Bescheid wissen müßte. In dem Moment, wo wir hier leben, ist das ja auch ein Teil von unserer Geschichte, und darum ist es auch wichtig, meiner Meinung nach, sich darüber klarzuwerden, was passiert ist, wie es dazu kam, die Umstände und daß es genausogut auch anderswo passieren könnte.«

Die deutsche Geschichte, findet Laila, müsse auch für Migranten zum Bestandteil ihrer Geschichte werden. Zumindest sollte sich nach ihrer Ansicht aus der Tatsache des dauerhaften Aufenthaltes in der Bundesrepublik die Selbstverpflichtung ableiten, sich über die Geschichte des Aufnahmelandes zu informieren und sich die Gefahr einer Wiederholung des Holocaust als universelles Problem vor Augen zu führen.

Deutsche Staatsbürgerschaft und Identität

In der folgenden Sequenz erläutert Laila, welche Bedeutung die Annahme der deutschen Staatsbürgerschaft für sie hat:

»Also, die Staatsangehörigkeit ist für mich momentan nur 'ne Frage von Ausweis und Recht. Das ist eigentlich alles. Es gibt zwar Leute, die sagen, ich bin Türkin, ich will zwar die deutsche Staatsbürgerschaft, aber ich will meine Herkunft und mein Land nicht verleugnen. In dem Moment, wo ich die deutsche Staatsangehörigkeit annehme, muß ich ja auch meinen Paß abgeben [...]. Nee, da hab' ich weniger die Probleme. Ich mein', ich lebe hier in Deutschland. Ich weiß nicht, wie lange ich hier leben sollte, aber ich werde auf jeden Fall hier noch studieren. Was sich hinterher ergibt, ist 'ne andere Sache. Aber ich denke mal, solange ich hier lebe und hier auch zur Schule gehe und zu der Gesellschaft gehöre, und da wird mir meine deutsche Staatsangehörigkeit nur helfen, meine Rechte wahrzunehmen, mich an der politischen / ja, mich an der Politik zu beteiligen, weil es betrifft ja auch mich im Grunde. Weil, solange man hier lebt und auch vorhat, länger hier zu leben, sag' ich auf jeden Fall, man soll sich die deutsche Staatsangehörigkeit machen, um auch mitsprechen zu können. Das ist auch wichtig.«

Laila läßt sich in ihren Überlegungen gar nicht erst auf einen kulturnationalistischen völkischen Staatsbürgerschaftsdiskurs ein. Sie argumentiert im Sinne des *ius solis*, welches die Zugehörigkeit zu einer politischen Gemeinschaft begründet. Für sie stehen die politische Mitbestimmung und die Wahrnehmung ihrer Bürgerrechte im Vordergrund. Der pragmatische Umgang mit der deutschen Staatsbürgerschaft bewahrt sie auch vor Loyalitätskonflikten, die in der im *ius sanguinis* unterstellten Einheit von kultureller und politischer Identität begründet liegen. Lailas staatsbürgerschaftliches Selbstverständnis realisiert eine Trennung von kultureller und politischer Identität, wie sie in den klassischen Einwanderungsländern USA und Kanada üblich ist.[26]

Vom Deutschsein und Deutschwerden

In der folgenden Sequenz reflektiert Laila ihre kulturellen, historischen und mentalen Bezüge zu Deutschland im Vergleich zu ihrem Herkunftsland Eritrea. Sie skizziert ein Schlüsselerlebnis, das sie während einer Jugendbegegnungsreise hatte, an der auch junge Eritreer aus anderen Ländern teilnahmen. Laila gerät in einen Konflikt, in dem sie sich nicht nur genötigt sieht, Deutschland gegen die Stereotype der Mitreisenden zu verteidigen; sie fühlt sich durch das an sie herangetragene negative Deutschlandbild persönlich angegriffen:

»Ja, ich mein', ich hab' jetzt die deutsche Staatsangehörigkeit, o.k., ich bin hier aufgewachsen, ich hab' die Hälfte meines Lebens hier verbracht. Ich hab' schon noch einen Bezug zu meinem Land, zu meiner Kultur und alles. Aber ich hab' auch vieles von den Deutschen angenommen, da ich hier zur Schule gegangen bin. Ich bin auch von der Kultur geprägt. Ich mein', ehrlich gesagt, ich bin schon zur Hälfte deutsch in meinem Denken und in meiner Mentalität. 93 war ich zum Beispiel zum ersten Mal in meiner Heimat, in Eritrea. Vorher kannte ich das auch nicht. Und da war's nun mal so, daß wir die Jugendlichen aus Deutschland waren und somit auch Deutsche. Also, es leben ja auch andere Jugendliche in Europa und Amerika oder was weiß ich wo. Und wir sprechen Deutsch und wir sind hier aufgewachsen und alles. Und genauso, wie wir aus Deutschland kamen, kamen einige aus Italien. Und die hatten auch die italienische Mentalität. Die waren eher flippiger. Daran hab' ich das zum Beispiel gemerkt, wie deutsch ich im Grunde schon bin, weil die waren halt so hippelig, auch so verrückt in ihrer Art. Und wir so voll konservativ. [...] Da kam zum Beispiel 'ne Sache auch, ein Junge aus Italien meinte, als wir uns kennengelernt haben. Ich so: Wir sind aus Deutschland. Und dann kam der auch so: Eh – Nazis. Ich mein', in Italien war's ja auch nicht viel besser damals. Und da fühlte ich mich auch persönlich angegriffen, in dem Moment. [...] Und ich hab' nur so gemeint: Oh, warum sind wir Nazis? Hab' ich halt Deutschland als meine Heimat irgendwo angesehen und hab' auch angefangen, denen erst mal zu sagen ›Sei mal ruhig‹ und so. Ja, in dem Moment hab' ich schon eigentlich gemerkt, daß ich schon zu der deutschen Mentalität und Kultur, schon einen starken Bezug hab.«

---

26 Vgl. Walzer 1997.

In Lailas Darstellung des Zusammentreffens scheint die Tatsache, daß alle Jugendlichen eritreischer Herkunft sind, kaum bedeutsam. Die gegenseitig unterstellten nationalkulturellen Stereotype der Aufnahmeländer (etwa Deutschland und Italien) fallen wesentlich stärker ins Gewicht. Laila fühlt sich aufgerufen, das durch den Nationalsozialismus beschädigte Deutschlandbild zu korrigieren. Sie wehrt sich engagiert gegen die Unterstellung, daß die Deutschen alle Nazis seien. Wenn sie in ihrer Reaktion auf den flapsigen Ausspruch des jungen Italieners provokativ zurückfragt: »Warum sind wir Nazis?«, schließt sie sich selbst in ein deutsches »Wir« ein. Lailas Schilderung der Situation suggeriert, daß das beschriebene Verhalten nicht nur eine momentane Parteinahme wiedergibt, sondern darin eine tiefere Identifikation mit Deutschland und den Deutschen zum Ausdruck kommt. Im folgenden Interviewabschnitt setzt sich Laila mit den Nachwirkungen des Nationalsozialismus in Deutschland auseinander:

»I: Und beeinflußt deine Kenntnis der deutschen Geschichte dein Verhältnis zu Deutschen?
L: Nee, eigentlich nicht. Ich mein', ich hab' Freundinnen, die ich seit der Grundschule her kenne, und meine Einstellung zu denen hat sich bis heute nicht geändert oder so. Ich mein, ich seh's auch so, die Generation, die muß die Sache nur verarbeiten, was vorher vorgefallen ist. Aber da fühlt sich keiner halt irgendwie so schuldig, oder im Hinterkopf hat er irgendwie den Gedanken, meine Vorfahren waren Verbrecher oder so. Ich mein', da ist sich jeder dessen bewußt und versucht gar nicht erst, wie soll ich das sagen, jetzt noch zu verkomplizieren oder so.
I: Glaubst du, daß es so was gibt wie Schuld, die weitergegeben wird, oder eine besondere Verantwortung der Jungen?
L: Schuld, ich weiß nicht. Es kommt ja auf die Erziehung mehr oder weniger drauf an. Ich mein', wenn die Eltern einem immer diese Schuldgefühle eintrichtern, falls die überhaupt Schuldgefühle hatten. Aber dann ist das klar, daß man sich als Mensch noch damit auseinandersetzt, egal, wie alt man ist, aber, es ist / Tatsache ist doch, daß dadurch, daß es hier passiert ist, hat man auch irgendwo, wie sagt man / Ja, ich mein', man wird ja seine Nationalität nicht leugnen. Und dadurch, daß es mal Deutsche waren und daß man selber auch noch Deutscher ist, dann ist die Grenze gar nicht so weit dazu, daß man sich automatisch natürlich damit auseinandersetzt, auseinandersetzen muß.«

Laila distanziert sich also vom Schuldbegriff. Darüber hinaus beleuchtet sie die Frage der Erinnerung aus unterschiedlichen Perspektiven. Einerseits identifiziert sie die Notwendigkeit des Erinnerns als universalistisch-humanistische Verpflichtung: Man solle sich »als Mensch« mit der NS-Geschichte auseinandersetzen und daran erinnern. Andererseits ist sie sich aber auch der besonderen Art des Erinnerns als Angehörige oder Nachkomme der ehemaligen Tätergesellschaft bewußt, wenn sie darauf hinweist, daß man seine Nationalität als Deutscher oder Deutsche ja nicht leugnen könne. Aus der Zugehörigkeit zu Deutschland entsteht die Verpflichtung zur Beschäftigung mit dem Nationalsozialismus. Lailas Verwendung der unpersönlichen Formulierung »und dadurch, daß [...] man dann selbst auch noch Deutscher ist« erlaubt den Schluß, daß sie sich selbst als Mitglied der deutschen Gesellschaft zu dieser Erinnerungsaufgabe bekennt. Trotz dieser spezifischen Verpflichtung ist es ihr ein Anliegen, wie bereits an vorangegangenen Textstellen gezeigt, über die deutschen Grenzen hinaus auf ähnliche Phänomene (Antisemitismus, Rassismus) aufmerksam zu machen. Im Anschluß an ihr Zugehörigkeitsbekenntnis zur deutschen Erinnerungs- und Verantwortungsgemeinschaft verweist sie auf den Rassismus in den USA. Hier gilt ihre Solidarität den diskriminierten Afroamerikanern, mit denen sie sich phänotypisch identifiziert:

»Das ist wie zum Beispiel, ich hör' jetzt, [...] wie Farbige in Amerika immer noch als Menschen zweiter Klasse behandelt werden. Das trifft mich natürlich auch, weil irgendwo könnt' ich ja auch an deren Stelle sein. [...] Damit will ich nur zeigen, Angst ist immer da, und Betroffenheit ist auch immer da.«

Da Laila einräumt, daß Betroffenheit und Angst zu ihren ständigen Begleitern gehören, dürfte sie um den existierenden strukturellen und alltäglichen Rassismus in Deutschland wissen. Konkrete Erfahrungen mit Rassismus gehören in Lailas Alltag bisher allerdings zu den Ausnahmen. Daß sie in ihrer Umgebung bisher selten das Objekt von Rassismus und Fremdenfeindlichkeit geworden ist, führt sie vor allem auf die Multikulturalität der Großstadt zurück, in der sie lebt.

»Es liegt auch daran, daß viele in Berlin leben. Ich denk' mal, in Großstädten ist es eh anders. Hier ist doch jeder mit jedem konfrontiert. Man kriegt immer von vielen Kulturen mit. Oder jeder Deutsche, sag' ich mal, hat auf jeden Fall einen ausländischen Freund, sei es in der Schule, sei es in der Nachbarschaft oder so was. [...] Klar, ich weiß, daß Leute Dunkelhäutigen gegenüber erst mal: Fremde und Abstand oder so. So was gibt's immer, aber ich weiß nicht, ich persönlich seh' gar nicht mehr so schwarzweiß, ich weiß nicht. Ich seh' nur die Person, und damit hat sich's. [...] Also, wer nicht von vornherein denkt, ich werd' wegen meiner Hautfarbe diskriminiert oder so, dem kann es auch nicht so zustoßen, würd' ich sagen.«

Laila unterstellt, daß es wohl eine größere Berührungsangst gegenüber farbigen Menschen gebe. Gleichzeitig entledigt sie sich dieser Zuschreibung, indem sie betont, daß aus ihrer Sicht die »Person« unabhängig von der Hautfarbe zähle. Sie möchte sich nicht als Objekt von Rassismus sehen und versucht, eine selbststigmatisierende Zuschreibung zu vermeiden. Es wird allerdings deutlich, daß Laila die Tatsache beschäftigt, als Farbige in Deutschland wohl nie als »deutsch« wahrgenommen zu werden:

»Wenn mich jemand anspricht, wird er von vorneherein nicht sagen: Du bist Deutsche. Ich mein', ich könnte genausogut Deutsche sein. Also meine Mutter könnte genausogut Deutsche oder so was sein. Also ich habe jetzt 'ne Freundin hier, die ist auch farbig, aber ihre Mutter ist Deutsche zum Beispiel. Aber man hat ja immer so ein Bild vor sich, wie ein Deutscher ist. Auf jeden Fall weißhäutig.«

Abschließend faßt Laila zusammen, warum eine Auseinandersetzung mit dem Holocaust und dem Nationalsozialismus ihr wichtig ist. In ihrem Plädoyer für eine Aufarbeitung der Vergangenheit und ein »Lernen aus der Geschichte« formuliert sie ein inklusives »Wir«, das für die deutsche Einwanderungsgesellschaft insgesamt oder aber für ihre Generation der Deutschen stehen könnte:

»Was mir wichtig ist, ist vor allem, daß man sich mit diesem Thema weiterhin auseinandersetzt, daß man es echt richtig aufarbeitet. Ich finde, jeder sollte sich im Bilde darüber sein, was war, was im Moment ist und was wir besser machen könnten. Also, das ist jetzt so pauschal: Man sollte aus der Vergangenheit lernen. Und ich mein', es ist ja jetzt schon in der Gegenwart vieles passiert, was eigentlich nicht sein sollte. Von daher ist / ich denke mal, die Menschen sollten klüger werden.«

Zusammenfassung und Kommentar

Im Interview mit Laila fallen drei Aspekte der Annäherung an die Geschichte des Nationalsozialismus in Deutschland zusammen: erstens die Bedeutung des authentischen Ortes für die Aneignung der

Geschichte. An verschiedenen Stellen betont Laila, wie sich durch die physische Nähe zu den Orten des Geschehens ein unmittelbarer Zugang zu den historischen Ereignissen für sie herstellt. Im ersten Beispiel ist es der ehemals jüdische Stadtteil, in dem sie zur Schule geht und den sie täglich auf dem Schulweg durchquert. Im heutigen Stadtbild gebe es keine Spuren des ehemaligen jüdischen Lebens mehr. Das mache ihr die durch die Geschichte entstandene Leerstelle bewußt. Das zweite Beispiel bezieht sich auf einen Besuch der Gedenkstätte des Konzentrationslagers Buchenwald. Die Erinnerung daran, an einem der authentischen Orte nationalsozialistischer Gewaltverbrechen gewesen zu sein, bewegt Laila tief. Auch in anderen Interviews (vgl. etwa Farhad) wird die Bedeutung des Ortes für die Aneignung der NS-Geschichte hervorgehoben, so daß man hier tatsächlich von besonderen »Lernorten« mit großem Potential ausgehen muß.

Der zweite Aspekt, der Lailas spezifischen Zugang zur NS-Geschichte ausmacht, ist ihre Selbstpositionierung als deutsche Staatsbürgerin. Dabei identifiziert sie die Deutschen als ihre historische Bezugsgruppe. Der Erwerb der Staatsbürgerschaft geht aus Lailas Sicht auch einher mit der Übernahme der Geschichte des Landes, zu dessen politischer Gemeinschaft man fortan gehören wolle. Hieraus erwächst für sie eine politische Verantwortung, die zu übernehmen sie von allen Einwanderern einfordert. Dennoch zeigt Lailas Zugehörigkeitsgefühl auch Ambivalenzen. Zum einen wehrt sie sich als junge Deutsche gegen die Zuschreibung negativer nationalkultureller Stereotype. Zum anderen realisiert sie, daß ihre Hautfarbe sie in Deutschland phänotypisch immer als die Andere kennzeichnen wird. Unabhängig von ihren eigenen Zugehörigkeitsgefühlen bleibt sie in der Wahrnehmung der Aufnahmegesellschaft Angehörige einer farbigen Minderheit, die als nichtdeutsch klassifiziert wird. Diese Einsicht läßt sie an Grenzen stoßen und bricht ihr Zugehörigkeitsgefühl zur deutschen Gesellschaft.

Der dritte Aspekt von Lailas Geschichtskonstruktion, den ich hervorheben möchte, ist ihr Bedürfnis nach einem »abstrakten« Umgang mit der Thematik. Hierin deutet sich der Wunsch nach einer Übertragung der Phänomene Antisemitismus, Rassismus und Propaganda auf gegenwärtige Situationen und Gesellschaften an. Sie benennt etwa den Rassismus in den USA und den Rechtsextremismus in Österreich, die auch aus der Perspektive der deutschen historischen Erfahrung zu kritisieren seien. Als eine wegen ihrer Hautfarbe selbst vom Rassismus Betroffene ist Laila darum bemüht, den Begriffen das »Historische« zu entreißen und die Geschichte gegenwärtig zu machen. Sie befragt die Geschichte aus einer Gegenwartsperspektive mit dem Ziel, Handlungsleitlinien zu generieren. Die Beschäftigung mit der Geschichte wird für sie erst sinnvoll, wenn daraus Impulse für gegenwärtiges moralisches Handeln abgeleitet werden können. Ihre Argumentation bleibt dabei auf die Menschheit ausgerichtet. Ihr Erkenntnisinteresse konzentriert sich sowohl in der universalistischen als auch in der spezifisch deutschen Annäherung an die Geschichte auf die Frage, ob sich ein Holocaust eventuell noch einmal ereignen könne, mit anderen Akteuren oder auch an einem anderen Ort. Ihre Feststellung, daß der Holocaust genausogut andernorts hätte geschehen können und daß es überall auf der Welt Nazis gebe, unterstreicht ihr Bedürfnis nach einer Universalisierung der historischen Erfahrung. In ihrer Verknüpfung von Geschichte und Gegenwart wird die ganze Menschheit zu Lailas Bezugsgruppe. Sie fordert immer wieder, daß »alle Menschen« aus der Geschichte des Nationalsozialismus und des Holocaust lernen sollten.

Turgut: »Die waren deutsche Juden und wurden nicht als Deutsche akzeptiert, genau wie bei den Ausländern heute.«

Kontaktaufnahme und Interviewsituation

Kontakt zu Turgut stelle ich über seine Gemeinschaftskundelehrerin her. Turgut ist ihr im Unterricht durch sein Engagement beim Thema »Nachwirkungen der NS-Zeit« aufgefallen. Telefonisch vereinbare ich einen Interviewtermin mit ihm in der Schule. Beim Telefonat zeigt sich Turgut sehr aufgeschlossen und gesprächsfreudig. Dieser Eindruck bestätigt sich dann auch im Interview, wenngleich er seinen Redefluß immer wieder unterbricht und auf meine nächste Frage wartet. Im Interview mit Turgut kommen vor allem folgende Themen zur Sprache: das Ringen um sein Selbstverständnis als »Neudeutscher« in Auseinandersetzung mit der NS-Geschichte und dem Holocaust, Vergleiche seiner eigenen Situation mit der jüdischen Minderheit während des Nationalsozialismus und das Streben nach Integration in der deutschen Einwanderungsgesellschaft sowie die Anerkennung seiner türkisch-kurdischen Familiengeschichte.

Turgut ist zum Zeitpunkt des Interviews 20 Jahre alt und besucht die dreizehnte Klasse des Oberstufengymnasiums einer integrierten Gesamtschule. Er ist türkisch-kurdischer Herkunft und hat seit zwei Jahren die deutsche Staatsbürgerschaft. Er bezeichnet sich selbst als »Neudeutscher«.[27] Turgut ist begeisterter Fußballer und Mitglied der Schultheatergruppe. Das Fach Geschichte hat er als Leistungskurs gewählt. Die Entscheidung für dieses Fach begründet er damit, daß er mehr über die Vergangenheit lernen möchte, da diese die Menschen am meisten präge. Turgut ist ein schlanker, gutaussehender, gepflegter junger Mann mit ausgeprägtem Modebewußtsein, wie ich aus seiner Markenkleidung schließe. Er ist zuvorkommend und höflich in seinem Auftreten. Das Gespräch empfinde ich als angenehm und offen.

Biographische Skizze und Migrationsgeschichte

Turguts Großvater kommt 1968 als Arbeitsmigrant in die Bundesrepublik. Anfang der siebziger Jahre holt er seine Familie nach Deutschland, darunter seinen Sohn, Turguts Vater, der damals 16 Jahre alt ist. Dieser heiratet später eine Kurdin aus der Türkei. Aus der Verbindung geht 1976 Turgut hervor. Bis zu seinem siebten Lebensjahr wächst er zusammen mit seinen Geschwistern in seiner kurdischen Großfamilie in einem Dorf in der Türkei auf. Die Familie lebt über sechs Jahre vom Vater getrennt. Turgut sieht ihn nur in den Ferien. Nach der Erteilung einer unbefristeten Aufenthaltsgenehmigung holt der Vater die Mutter und die Kinder nach Deutschland. Turgut ist der älteste Sohn. Im Laufe der Jahre kommen noch zwei Geschwister hinzu, eine Schwester und ein Bruder. Die Kinder wachsen in einem liberalen muslimischen Elternhaus auf. Vater und Mutter arbeiten selbständig im eigenen Handwerksunternehmen. Die Familie ist relativ wohlhabend. Turgut besucht nach seiner Ankunft in Deutschland zunächst wegen seiner fehlenden Deutschkenntnisse eine Vorklasse,

27 Ich verwende diese Selbstbezeichnung in der gesamten Interviewanalyse.

dann die Grundschule, in der er auch Muttersprachenunterricht erhält, den er allerdings ablehnt. Er wird dabei von seinen Eltern unterstützt, die versuchen, Turgut über einen kultusministeriellen Beschluß vom Muttersprachenunterricht zu befreien. Dieser Versuch bleibt allerdings erfolglos.

Trotz anfänglicher Schwierigkeiten kommt Turgut nach dem Erlernen der deutschen Sprache gut in der Schule mit und wird schließlich sein Abitur machen. Er hat sehr konkrete berufliche Zukunftspläne: Er möchte ein Ingenieurstudium absolvieren und anschließend gemeinsam mit seinem jüngeren Bruder den Handwerksbetrieb (Gas- und Wasserinstallation) seines Vaters übernehmen. Die Selbstverständlichkeit, mit der sich Turgut als Nachfolger seines Vaters im Familienunternehmen sieht, steht für die Fortsetzung des sozialen Aufstiegs der Familie: Der Großvater kommt als ungelernter Industriearbeiter; der Sohn macht sich selbständig, indem er einen Handwerksbetrieb gründet; der Enkel erwirbt durch ein bereichsspezifisches Fachstudium formalisiertes Wissen, welches er in den väterlichen Betrieb einbringt.

Turgut erzählt seine Migrationsgeschichte als Erfolgs- und Problemlösungsgeschichte. Dabei ist es für ihn rückblickend vor allem die Beherrschung der Sprache, die er als ausschlaggebend für seine erfolgreiche Integration betrachtet. Die Fähigkeit, in Deutschland problemlos zu kommunizieren, beschreibt Turgut als Schlüsselerlebnis:

»Also mein Vater, der kam ja getrennt von uns. Weil mein Vater kam in die Türkei und hat meine Mutter da geheiratet und hat erst später / da waren wir schon drei Kinder, die gesamte Familie nach Deutschland gebracht. Also, ich bin in der Türkei geboren und erst mit dem siebten Lebensjahr nach Deutschland gekommen. [...] Das war schwer. Also, ich war früher immer den ganzen Tag bei meiner Oma gewesen. Ich bin da aufgewachsen und so. Mein Vater, den hab' ich ja nur einen Monat im Jahr gesehen, wenn er Urlaub hatte. Und meine andere Familie, also meine Onkels und Tanten und wo ich gewohnt hab', die wurden Bezugspersonen für mich. Und da haben die mir so gefehlt. O. k., mein Vater war jetzt da, aber meine ganze restliche Familie hat mir gefehlt. Und das war erst mal ein Problem, mich hier einzugewöhnen. Und da war noch die Sprache. Ich bin in die Schule gegangen. In der ersten Klasse hab' ich gleich bei denen mitgemacht. Na gut, man sitzt in der Klasse rum und kann kein Wort Deutsch. Da kommt man sich total isoliert vor. Man kann sich mit keinem unterhalten. Und wenn jemand irgendwas redet, macht man sich Gedanken so: Vielleicht hat der jetzt über mich was Schlechtes gesagt. Also die Anpassung war schon schwer für mich. Aber so nach 'ner Zeit dann, wo ich Deutsch gelernt hab', dann ging es. Dann war auch die Distanzierung zwischen mir und den Deutschen weg, weil ich keine Angst mehr vor denen hatte und weil ich mit denen reden konnte. *(Schnipst mit den Fingern)* Und da war das Problem weg.«

Eröffnungssequenz des Interviews

Turguts Auseinandersetzung mit dem Nationalsozialismus und dem Holocaust beginnt im Schulunterricht, wo er erstmals für das Thema sensibilisiert wird:

»I: Wenn du mal so nachdenkst über das Thema Nationalsozialismus und Holocaust – wann ist dir das Thema denn zum ersten Mal begegnet? In welchem Zusammenhang? Wie bist du damit in Berührung gekommen? Ich unterbreche dich erst mal nicht, damit du dir die Zeit nehmen kannst, alles zu erzählen, was dir zum Thema einfällt.
T: Also, das erste Mal, daß ich damit zu tun hatte, war eigentlich in der Schule. Privat hatte ich damit nix zu tun gehabt. Da haben wir halt in der Schule angefangen, über Hitler und so zu reden, was halt passiert ist damals, mit Auschwitz, mit den sechs Millionen vergasten Juden und so. Und dann ist es in der Schule immer tiefer gegangen. Man hat dann angefangen über 1848, dann die 48er Revolution, das Deutsche Reich und so. Und dadurch hab' ich das alles erfahren. Und früher hab' ich davon nichts gewußt. Privat hab' ich mich bis zur elften Klasse gar nicht für dieses Thema interessiert. Aber je mehr ich davon gehört hab', desto mehr hab' ich angefangen, mich dafür zu interessieren. [...] Wo ich die ganzen Zusammenhänge gehört hab' in der Schule, da habe ich angefangen, auch darüber zu lesen und Filme zu gukken, da hab' ich mich für alles mögliche interessiert. [...] Ja, also das erste Mal, wo ich das gehört hab', wollte ich es gar nicht glauben. Ich wollte es einfach nicht glauben. Mir war net wichtig, was Hitler gemacht hat, was die Leute an der Macht gemacht ham. Mir war es viel wichtiger, was die Bevölkerung, wie die Bevölkerung da mitgemacht hat. Die ham das alles toleriert. Gut, man weiß ja nicht genau, ob die alle Ahnung davon hatten, von Auschwitz und den Ermordungen und so. Es war für mich unverständlich, wie eine ganze Bevölkerung hinter diesem Mann stand. Und wie ein Volk auch dazu beigetragen hat, daß sechs Millionen Menschen gestorben sind. Das war ein Schock für mich.«

Die Auseinandersetzung mit der Geschichte des Nationalsozialismus wird bei Turgut durch die Schule angestoßen. Seine Neugier ist geweckt; fortan nutzt er auch andere sich ihm bietende Gelegenheiten (Filme und ähnliches), um mehr über diese Zeit zu erfahren. Je mehr Informationen er bekommt, desto größer wird sein Interesse. Die zentralen Fragen sind für ihn das Mitläufer- und Zuschauerverhalten im Nationalsozialismus sowie die kollektive Begeisterung der Bevölkerung für eine solche Ideologie. Turgut charakterisiert seine erste Reaktion auf die ihm durch die Schule vermittelte Vergangenheit der Gesellschaft, in der er lebt, als »Schock«. Dabei verkeilt sich, wie die darauffolgenden Überlegungen zeigen, die Wahrnehmung der Geschichte mit der erlebten Gegenwart beziehungsweise der erwarteten Zukunft eines heute in Deutschland lebenden Migranten. Turgut drängen sich Parallelen auf:

»Also, da muß man sagen, da braucht man nicht auf die Juden zurückgehen. Man kann auch als Ausländer oder als Türke einem älteren Deutschen, Mann oder Frau, über den Weg laufen. Die gucken dich gleich schief an. Die sehen immer diesen negativen Namen ›Ausländer‹. Und da kann man davon ausgehen, daß die auch mitgemacht haben, daß die die Zeit unter Hitler genossen haben, weil die Zeit unter Hitler, wenn man richtig / das war keine schlechte Zeit, weil der Hitler hat alles aufgebaut, der hat die Arbeitslosenzahl weggekriegt. Und alles, alles Gute hat er beigetragen. Nur das Schlimme daran war halt die Vernichtung von Juden. Und die Älteren, die standen dahinter. Aber das wird sich jetzt ändern. Weil ich sehe jetzt diese neue Generation, die ändert sich, so daß die nix mehr gegen Ausländer haben.«

Zur unterstellten Kontinuität des Antisemitismus gesellt sich für Turgut die Ausländerfeindlichkeit im Gegenwartsdeutschland, die er vor allem bei den älteren Deutschen ausmacht. Er folgert, daß diese Deutschen wahrscheinlich mit denen identisch seien, die »damals« antisemitisch eingestellt waren. Zugleich macht Turgut die junge Generation – seine Peergroup – zu Hoffnungsträgern. Sie werden zu Garanten für ein tolerantes und weltoffenes Deutschland. In dieser Passage klingt aber auch ein personenzentriertes und mythenbeladenes Geschichtsbild an. Turgut meint, daß es auch »gute Seiten« am Nationalsozialismus gegeben haben muß, von denen die Deutschen damals profitierten. Diesen »guten Seiten« setzt er die Judenvernichtung entgegen. Turgut übernimmt ein im historischen Alltagsverständnis des politischen Nachkriegsdiskurses vieler Deutscher verbreitetes Deutungsmuster: die Aufspaltung in einen »guten« und einen »schlechten« Nationalsozialismus.[28] Den »Errungenschaften« des Nationalsozialismus, wie zum Beispiel die Abschaffung der Arbeitslosigkeit, Autobahnbau, Ordnung und so fort, stellt er die katastrophalen Folgen nationalsozialistischen Rassenwahns gegenüber.

Vom Antisemitismus zum Rassismus

Turgut stellt einen weiteren strukturellen Vergleich zwischen der Situation der Juden im Nationalsozialismus und der Situation von Migranten im Gegenwartsdeutschland an:

»I: Du hast jetzt so die Gleichung aufgestellt: Die Leute, die damals judenfeindlich waren, sind heute ausländerfeindlich. Siehst du da Zusammenhänge?
T: Ja, klar. Also früher, nach dem Ersten Weltkrieg, hat man ja versucht, die Juden als Sündenböcke darzustellen, für alles, was da schiefgelaufen ist, verantwortlich zu machen. Daß es keine Arbeitsplätze gab, alles mögliche. Und das versucht man jetzt auf die Ausländer zu übertragen. Da die Arbeitslosenzahl in Deutschland heute zu hoch ist, versucht man, die Ausländer dafür verantwortlich zu machen. Man sagt, die Ausländer kommen hier rein, in unser Land, und nehmen uns die Jobs weg. Und das ist für mich eine krankhafte Vorstellung von denen. Ich hab' zwar keine Vorurteile. Aber die meisten Deutschen, sag' ich mal, sind sich zu schade, um Drecksarbeit zu machen. Und da brauchen sie dann doch nicht sagen: Die Ausländer kommen und nehmen uns die Jobs weg. Und das ist diese Sündenbocktheorie, nicht mehr auf Juden, sondern auf Ausländer.«

Auffällig ist hier, daß sich Turgut genötigt sieht, sich von »denen«, den Deutschen, abzugrenzen. Für ihn liegt die Parallele zum Nationalsozialismus auf der Hand: Genauso wie während des Nationalsozialismus die Juden für gesellschaftliche Mißstände verantwortlich gemacht wurden, würden heute die Ausländer zur Ursache von gesellschaftlichen Problemen wie etwa Arbeitslosigkeit erklärt. Durch die Übertragung der historischen Situation auf die Gegenwart erschließt sich für ihn ein persönlicher, mit seiner Erfahrungswelt verknüpfter Zugang zur NS-Geschichte, getragen von der Motivation, auf die Diskriminierung von Migranten in Deutschland aufmerksam

---

28 Vgl. Rosenthal 1997; Inowlocki 2000.

zu machen. Dabei richtet sich das historische Beispiel (Juden als Sündenböcke im Nationalsozialismus) gleichsam als Warnung und Mahnung an die Aufnahmegesellschaft. Die Bezugnahme auf die Geschichte des Holocaust funktioniert hierbei wie eine auf die deutsche Gesellschaft zugeschnittene »strategische« Interpretationsfolie. Auf dieser Folie kann Turgut die Sündenbockerfahrung von Migranten in der deutschen Aufnahmegesellschaft zuspitzen und dramatisieren. So verleiht er seinen Beobachtungen über die Stigmatisierung von Migranten in Deutschland mehr Gewicht. Mit der Austauschbarkeit der Objekte (Juden, Ausländer) im Sündenbockmodell unterstellt er zudem, daß die Ausländerfeindlichkeit der Deutschen die Nachfolge des Antisemitismus angetreten habe.

Deutsche Staatsbürgerschaft und eigenes Selbstverständnis

Turgut erörtert die Bedeutung des deutschen Passes für sein Selbstverständnis als deutscher Staatsbürger. Auch dabei stößt er wieder auf ein Moment deutsch-jüdischer Geschichte, das sich ihm zum Vergleich anbietet. Es handelt sich um das Selbstverständnis vieler Juden in Deutschland zu Beginn des 20. Jahrhunderts. Das oft auch als »deutsch-jüdische Symbiose« charakterisierte Verhältnis entspricht tendenziell Turguts Selbstwahrnehmung als »Neudeutscher«. Das historische Beispiel der jüdischen Minderheit, insbesondere der assimilierten Juden in Deutschland, wird für ihn zur Orientierungs- und Deutungsmatrix seiner eigenen Position als Deutscher türkisch-kurdischer Herkunft:

»Aber das Problem ist: zwar hab' ich einen deutschen Paß, aber ich werde nicht als Deutscher akzeptiert. Das ist doch so *(erregt)*. Das war ja auch bei den Juden so. Die waren deutsche Juden. Aber die wurden nicht als Deutsche akzeptiert. Und das ist jetzt bei uns Ausländern ganz genauso. Wir ham zwar einen deutschen Paß, und wir sagen, wir wollen ja auch Deutsche werden. Wir wollen auch nach deutschen Regeln und Gesetz leben. Wir zahlen ja auch unsere Steuern, wie andere, aber wir werden net akzeptiert. Man wirft uns vor, und das sind genau die gleichen Vorwürfe, die man den Juden damals gemacht hat, daß wir nicht genug deutsch fühlen, also daß wir nicht dieses deutsche Gefühl in uns haben. Man wirft uns vor, daß wir diesen deutschen Paß nur genommen haben, um dem Papierkram der Bürokratie zu entgehen. Aber das ist nur Vorurteil. Ich finde nicht gut, daß man Ausländern gleich unterstellt, daß sie nicht loyal sind. Und das hat man auch früher von den Juden gedacht.«

Turgut wünscht sich, als vollwertiges Mitglied der deutschen Gesellschaft akzeptiert und anerkannt zu werden. Um seinem Wunsch verstärkte Legitimität zu verleihen, unterstreicht er die Bereitschaft zur Integration auf seiten der Migranten: »Wir wollen auch nach deutschen Regeln und Gesetz leben.« Dabei spricht er mit einem stellvertretenden »Wir« für die Gruppe der »Ausländer«. Zudem weist er auf den längst geleisteten ökonomischen Beitrag der ausländischen Arbeitnehmer hin. Die in der Debatte um die doppelte Staatsbürgerschaft geäußerten Zweifel an der Loyalität der potentiellen Staatsbürger nichtdeutscher Herkunft mit »Doppelpaß« erinnern Turgut an den Status der jüdischen Minderheit während der antisemitischen Verfolgung durch die Nationalsozialisten. Aus seiner Sicht scheint sich eine Wiederholung der Geschichte anzuzeigen.

Im Prozeß der Selbstpositionierung in der deutschen Gesellschaft stößt Turgut als Angehöriger einer Minderheit immer wieder auf die Geschichte einer anderen, der jüdischen Minderheit in Deutschland. In seiner Erfahrung, trotz deutscher Staatsbürgerschaft quasi als Fremder im eigenen Land gesehen zu werden, und in der schmerzhaften Bewußtwerdung ausbleibender Anerkennung glaubt Turgut, eine Parallele zur deutsch-jüdischen Geschichte zu erkennen. Er schöpft hieraus gesellschaftliches Orientierungswissen. Es scheint, als dienten ihm die Verweise auf die Geschichte als Mahnung an das Gewissen der Mehrheitsgesellschaft. Turgut warnt vor einer Wiederholung der Geschichte unter Austausch der Opfergruppen. Er appelliert an die Vernunft der deutschen Aufnahmegesellschaft, den »Anfängen zu wehren«. Der Adressat seiner Rede ist die deutsche Öffentlichkeit, die er über eine Veröffentlichung seines Interviews zu erreichen hofft. Es verwundert deshalb auch nicht, daß Turgut seinen Vergleich nicht allein als persönliche Feststellung darbietet, sondern durch die betonte Wiederholung des Personalpronomens »wir« seine Rolle als Repräsentant und Sprachrohr junger Migranten bekräftigt.

Integration und Anerkennung

Turgut beschreibt seinen persönlichen Wandlungsprozeß »vom Türken zum Deutschen«:

»Früher hab' ich gesagt, daß ich als Türke geboren bin und daß ich als Türke sterben werde. Aber mittlerweile seh' ich das anders. Also, als ich diesen Paß bekommen hab', den hat mein Vater ja beantragt vor zwei Jahren, da hab' ich immer zu mir selbst gesagt: Ich kann noch hundert Pässe haben, ich werde immer mich als Türke sehen. Weil Pässe kann man austauschen, aber das Blut in den Adern nicht. Aber mittlerweile seh' ich mich anders. Ich seh' mich jetzt so: immer noch als einen Türken, aber ich bin auf dem Weg, ein Deutscher zu werden. Von Tag zu Tag ein bißchen mehr. Also ich distanziere mich mehr von den Türken und geh mehr auf die Deutschen zu.«

Mit dem Erhalt der deutschen Staatsbürgerschaft kommt ein Prozeß in Gang, der Turguts starres, essentialistisch aufgeladenes Selbstbild als Türke in Deutschland aufweicht. Hier scheint sich die Hypothese zu erhärten, daß die Anerkennung durch Staatsbürgerschaft tatsächlich ein wesentliches Element der Integration darstellt. Turgut entwickelt zudem ein Integrationskonzept, welches auf eine schrittweise Akkulturation hinausläuft. Dabei betont er die Notwendigkeit der Wechselseitigkeit: Integrationsbereitschaft auf der Migrantenseite und Integrationsangebote auf der Seite der Mehrheitsgesellschaft.

»Also, wenn man einem einen Paß gibt, kann man nicht sofort verlangen, daß er seine eigene Kultur und alles beiseite legt. Das klappt ja gar nicht. Dann muß man sich isolieren von der Familie. Und man wächst doch mit Vater, Mutter und den Geschwistern auf und den Großeltern. Und man kann sich doch nicht von denen einfach isolieren. Außerdem kriegt man trotzdem immer was von der Kultur zu Hause mit. Aber man muß dem Zeit geben, sich zu entwickeln, diesem Gefühl, Deutscher zu sein, muß man Zeit geben, sich zu entwickeln. Wenn man diese Zeit nicht gibt und verlangt, daß die Menschen an dem Tag, an dem sie den Paß bekommen, sich als Deutscher fühlen, dann wird nichts daraus. Dann bewegt man sich in einem Teufelskreis. Man muß beide, also nicht nur die Deutschen, auch die Ausländer müssen dafür was tun, damit die Zusammenarbeit besser klappt. Die Ausländer dürfen sich nicht strikt dagegen wehren. So: Nein, ich hab' den Paß, aber ich interessiere mich nicht dafür. Ich bin trotzdem Türke. Und die Deutschen dürfen nicht sagen: Nein, ihr müßt sofort das Gefühl bekommen. Nein: Beide müssen zusammenarbeiten, damit dieses Gefühl entsteht. Und da bin ich der Meinung, daß es auch klappen wird. Das dauert seine Zeit, aber dann wird es klappen. Sagen wir mal, bis ich heirate und Kinder bekomme. Bis dahin bin ich bestimmt mehr Deutscher als Türke, und daraus werden sich meine Kinder sofort automatisch als Deutsche fühlen. Dann geht die Kultur weg, die trotzdem nicht ganz weggeht. Sie tritt eher in den Hintergrund, und die deutsche Kultur und die deutsche Mentalität tritt in den Vordergrund. [...] Weil, ich hab' gesagt: Ich bin dann Deutscher, und meine Kinder werden sich auch als Deutsche fühlen. Aber die Abstammung, also wo man herkommt, das sollte man schon im Hintergrund behalten. Also, ich bin auf dem Weg, mich als Deutscher zu fühlen, von Tag zu Tag mehr. Aber ich würde nie vergessen wollen, wo ich herkam.«

Turgut beansprucht für sich, deutsch werden zu können, ohne die nationalkulturell geprägten Traditionen seiner Familie gänzlich aufgeben zu müssen. Er arbeitet sich an der in Deutschland weitverbreiteten Vorstellung der Kongruenz von nationaler und kultureller beziehungsweise ethnischer Identität ab. Seine Wunschvorstellung für das Zusammenleben in einer deutschen Einwanderungsgesellschaft hebt auf einen »Kulturprozeß auf Gegenseitigkeit«[29] ab. Ein solcher Prozeß brauche Zeit. Deshalb verwirft Turgut rigide Assimilationsforderungen der Aufnahmegesellschaft, die auf Migrantenseite unweigerlich familiäre Loyalitätskonflikte nach sich zögen. Perspektivisch führt er die Generationenentwicklung an. Seine Kinder, spekuliert er, würden wohl keine Probleme damit haben, sich »deutsch zu fühlen«. Dies korrespondiert mit der Integrationserfahrung zumindest der europäischen Immigranten in den klassischen Einwanderungsländern (USA, Kanada, Australien), in denen die Zuwanderer in einem in der Regel drei Generationen umfassenden Akkulturationsprozeß von der Aufnahmegesellschaft absorbiert wurden. Allerdings bedeutete dieser Integrationsprozeß nicht, daß kulturelle und ethnische Wurzeln völlig abgeschnitten und ihrer Bedeutung entleert wurden. Im Gegenteil blieben kulturelle Herkunftsbezüge als »ethnische Optionen« (Waters) bestehen. Sie geraten in den »klassischen« Einwanderungsländern aber nicht – wie im deutschen Staatburgerschaftsdiskurs häufig unterstellt – in Widerspruch zum nationalen Selbstverständnis und der Identifikation mit dem Aufnahmeland. Ohne daß Turgut um diese Aspekte der Einwanderung weiß, thematisiert er die Frage der Assimilation beziehungsweise Akkulturation nach dem besagten »Drei-Generationen-Schritt«.

29 Vgl. Bade 1996.

Die Zukunft der Erinnerung

In der folgenden Interviewpassage verknüpft Turgut den Problembereich der Integration mit der historischen Erfahrung des Nationalsozialismus. Dabei entwirft er ein gemeinsames Zukunftsprojekt für Deutsche und Migranten.

»I: Ich will noch mal auf den Weg eingehen, Deutscher zu werden, wie du sagst. Spielt die Geschichte des Nationalsozialismus und des Holocaust auf diesem Weg eine Rolle? Ist das wichtig?
T: Ja, das ist wichtig. Man muß sich mit der Geschichte auseinandersetzen. Ich will aber erst mal so was sagen: Die meisten Deutschen haben einfach Probleme, mit der Geschichte umzugehen. Und, o. k., was damals passiert ist, das war schon abschreckend und war nix Gutes. Aber es bringt doch nichts, wenn man die ganze Zeit auf diesem Geschehnis rumhackt und die Deutschen dafür verantwortlich macht. Man kann doch nicht immer sagen: Ja, ihr habt das gemacht und wir ham Angst, daß es noch mal auftreten kann. Ich bin vielmehr der Meinung / ich mach' jetzt mal aus den Juden Ausländer / also, daß Deutsche und Ausländer zusammenarbeiten, daß so was, was früher mit den Juden passiert ist, nie mehr in Zukunft auftreten soll. Also, man soll die Geschichte auf keinen Fall verdrängen und immer daran denken, was passiert ist. Aber man soll es auch nicht für irgendwas ausnutzen oder so. Ich bin schon der Meinung, daß in den Medien, auch in der Zeitung, oft übertrieben wird mit diesen Geschichten und so. Das find' ich nicht gut.«

Turguts Position läßt sich zunächst als die Position eines Außenstehenden deuten, der das Deutschsein unter die Lupe nimmt. In der Formulierung, man solle auf den Deutschen nicht so »rumhacken«, offenbart sich dann eine geradezu schützende Geste, die einen Positionswechsel anzeigt. An diesem Punkt klingt eine gewisse Identifikation mit Deutschland an. Es scheint, als sehe sich Turgut als Teil der deutschen Gesellschaft. Als »Deutscher« möchte er offensichtlich nicht in der NS-Geschichte steckenbleiben. Statt dessen möchte er die historische Erfahrung des Nationalsozialismus produktiv wenden. Er stellt die gemeinsame Gestaltung einer friedlichen Zukunft mit den heute in Deutschland lebenden ethnischen Minderheiten in Aussicht; ein Projekt, bei dem die Deutschen beweisen könnten, daß sie aus ihrer Geschichte gelernt haben. Durch den bewußt vorgenommenen Austausch von Juden und Ausländern in Turguts Ausführungen wird die Geschichte zur zentralen Orientierungsgröße der Gegenwart.

Turguts Verständnis der NS-Geschichte und des Holocaust prägen seine Gegenwartsdeutungen ebenso wie seine Zukunftserwartungen als Deutscher ausländischer Herkunft. Schließlich formuliert Turgut den Ausblick auf ein neues moralisch »besseres« und sich seiner historischen Verantwortung bewußten deutschen Gemeinwesens, an dessen Gestaltung er mitwirken kann. Dieses Geschichts- und Gegenwartsverständnis findet sich in ähnlicher Form auch in anderen Passagen.

»Wenn die Leute jetzt die ganzen geschichtlichen Zusammenhänge kapiert ham, dann würde ich darauf hinarbeiten: Wie können wir das in Zukunft verhindern, so aufklärungsarbeitsmäßig. Wir haben die Geschichte hinter uns. Wir haben über alles gesprochen. Und jetzt reden wir drüber: Wie können wir in Zukunft verhindern, daß sich so was wiederholt.«

Interesse an der jüdischen Minderheit

Als ich ihn frage, welche Themen ihn im Geschichtsunterricht besonders angesprochen haben, kommt ein starkes Interesse an der Geschichte der Juden in Deutschland zum Ausdruck:

»[...] also woher hat Hitler diese Aggression gegen die Juden gewonnen? Was hat Hitler gegen Juden gehabt? Woher hat er das gehabt? Und halt die Bevölkerung: warum die das alles geglaubt haben. Warum haben sie die Juden als Sündenböcke genommen? Ich mein', wenn die Juden so intelligent waren. Das hat man ja schnell gesehen. Die ham sich halt besser angepaßt. Die ham halt die Deutschen vom Einkommen und der Schulbildung hinter sich gelassen. Warum mußten sie deshalb als schlechte Menschen dastehen? Und auch, warum man dieses Bild von den Juden als Christusmörder nicht aus dem Kopf bekommen hat, obwohl die Juden, die damals gelebt haben, doch damit nix zu tun hatten. Warum hat man sie dann trotzdem für den Mord an Jesus verantwortlich gemacht? Das hat mich interessiert. Und das jetzt übertragen auf die heutige Zeit: warum man den Deutschen immer wieder diese alten Geschichten vorwirft, also, was damals passiert ist. Diese Fragen haben mich immer interessiert.«

Es klingt an, daß Turgut nach einem »realen«, rational nachvollziehbaren Grund für Hitlers Judenhaß sucht, ebenso für die Bereitschaft der deutschen Bevölkerung, die Juden zu Sündenböcken zu machen. Schließlich macht er sich auf die Suche nach einer Erklärung der antisemitischen Stereotype, indem er auf die vermeintliche intellektuelle und finanzielle Überlegenheit der jüdischen Bevölkerung hinweist. Man könnte vermuten, daß Turgut diesen Aspekt auch hervorhebt, weil er sich und seine Familie ähnlich positioniert, denn der Vater hat sich als ehemaliger Gastarbeiter selbständig gemacht und es, nach Turguts Einschätzung, zu beachtlichem Wohlstand gebracht. Darüber hinaus ermöglicht er seinem Sohn eine höhere Schulbildung. Fürchtet Turgut vor dem Hintergrund seines Judenbildes (»Die ham halt die Deutschen vom Einkommen und der Schulbildung hinter sich gelassen«), daß der Erfolg seiner Familie ebenfalls die Mißgunst und den Neid der deutschen Bevölkerung auf sich ziehen könnte?

Turgut beschäftigen aber auch die Nachwirkungen der NS-Geschichte. Seine diesbezüglichen Äußerungen stehen im Widerspruch zur zuvor implizierten Angst vor einer Wiederholung der Geschichte. Interessant ist dabei die Gleichung, die er in bezug auf den religiösen Antisemitismus aufstellt. Wie man den Juden den Christusmord bis in die NS-Zeit »nachgetragen« habe, so trage man heute den Deutschen die NS-Geschichte nach. Die hergestellte Analogie und die dabei verwendete saloppe Formulierung »alte Geschichten« rücken Turguts Argumentation in die Nähe der in Deutschland verbreiteten Schlußstrichthese. Ferner erweckt er den Eindruck, als müsse er Deutschland gegen Anfeindungen von außen verteidigen. Er konkretisiert diese Anfeindungen allerdings nicht. Turgut bemüht damit ein gängiges Diskursfragment aus dem kommunikativen Gedächtnis deutscher Vergangenheitsdeutungen.[30]

Gedenkstättenbesuch zwischen Neugier und Angst

In der folgenden Sequenz erzählt Turgut, daß er bald mit der Klasse das ehemalige KZ Buchenwald besuchen werde. Er äußert auch seine mit dem bevorstehenden Besuch verbundenen Erwartungen und Ängste.

»I: Warst du im Laufe deiner Schulzeit schon mal in einem ehemaligen KZ, einer Gedenkstätte?
T: Nein, aber es hat mich sehr interessiert. Und ich hab' mich auch jetzt in der

30 Vgl. Georgi 1995.

Klasse dafür eingesetzt, daß wir das unbedingt noch machen, bevor wir Abi ham. Also, Buchenwald. Ich wollt' schon immer mal in ein Konzentrationslager gehen. Es hat leider nie geklappt. Und ich mein', wenn man das mit der Schule nicht macht, privat kommt man nicht dazu. Deshalb bin ich froh, daß wir jetzt nach Buchenwald fahren.
I: Kannst du formulieren, was für Erwartungen du hast?
T: Da ist Angst drin, Neugier ist dabei. Ich stell' mir Konzentrationslager immer so vor, daß da kleine Räume sind und daß die Menschen da reingemacht wurden und von oben dann das Gas kam. Oder auch, daß die Menschen gegen eine Wand gelehnt wurden und von hinten wird einer erschossen. Ich weiß noch gar nicht, ob ich das überhaupt aushalte, wenn ich das sehe. Ich mein', weil als ich zum Beispiel ›Schindlers Liste‹ gesehen hab', diesen Film, mußte ich aus dem Kino rauslaufen, weil ich das nicht ausgehalten hab'. Aber trotzdem will ich mal sehen, wie das ist. Da ist schon Angst, Furcht so, Neugier, ist alles drin. Aber wie es kommt, weiß ich noch net.
I: Kannst du dich noch an die Szene erinnern, wo du nicht mehr in der Lage warst, es zu ertragen, den Film?
T: Ich glaub', das war die Szene, wo die Menschen da nackt waren und so lebendig ins Gasfeuer geschickt wurden. Also, das war zuviel für mich. Auch wenn es nur ein Film war. So was braucht man sich nicht antun, nee. O. k., ich hab' darüber auch mit Freunden gesprochen, daß ich da rausgegangen bin. Die meisten ham gemeint, ich wollte verdrängen oder ich hätte das nicht verarbeitet. Aber ich mein', das war vor drei Jahren, da hätte ich gar nichts verdrängen können, weil da hatte ich mit Deutschsein noch nicht soviel zu tun gehabt. Ich mein', ich hab' mich immer als Türke gesehen. Und trotzdem, es war ein menschlicher Grund. Ich konnte es einfach nicht angucken, wie Menschen da Schlange stehen und auf den Tod warten. Das war einfach zu hart für mich. Ich konnt' das nicht.«

Turguts Auseinandersetzung mit der Tatsache, daß er während der Gaskammerszene in »Schindler Liste« den Film verließ, ist sehr aufschlußreich. Er gibt an, er hätte zu diesem Zeitpunkt nichts zu verdrängen gehabt, da er sich damals noch »als Türke gesehen« habe. Turgut geht offenbar davon aus, daß nur Menschen die NS-Vergangenheit verdrängen können, die aufgrund ihrer nationalen Zugehörigkeit in die Geschichte des Holocaust verstrickt sind. Während es zu diesem Zeitpunkt für ihn unmöglich gewesen sei zu verdrängen, suggeriert seine Begründung, daß er damals »mit Deutschsein noch nicht soviel zu tun« hatte, daß er sich heute, als deutscher Staatsbürger, anders zur NS-Geschichte verhalten würde. Die hinter dieser Überlegung stehende Gleichung könnte lauten: Nur wer Schuld trägt, kann verdrängen. Schuld tragen die Deutschen. Je deutscher er werde, um so mehr werde er Teil der deutschen Gesellschaft, die sich schuldig gemacht hat. Damit hätte er dann auch Grund zur Verdrängung der Vergangenheit. Gleichzeitig scheint Turgut aber für sich schon eine Position gefunden zu haben, die die Perspektive ethnischer und nationaler Zugehörigkeit übersteigt: »Es war ein menschlicher Grund.« Die ihm unerträgliche Filmszene erschüttert ihn nicht als Türken oder als Neudeutschen, sondern als Menschen. Damit unterstreicht er eine transkulturelle beziehungsweise universalistische Sicht auf die dargestellten Geschehnisse. Empathiefähigkeit für die Opfer nationalsozialistischer Verfolgung gibt es für ihn nicht bloß im Kontext ethnischer oder nationaler Zugehörigkeit. Sie hat vielmehr mit der Zugehörigkeit zur moralischen Gemeinschaft zu tun, die alle Menschen einschließt.

Verantwortung und Schuld

In diesem Zusammenhang frage ich Turgut, ob sich mit dem Erhalt der deutschen Staatsbürgerschaft sein Umgang mit der deutschen Geschichte verändert habe:

»T: Also, ich als Neudeutscher brauche auf keinen Fall schuld ham, und auch die neue Generation braucht auf keinen Fall schuld ham. Weil das bringt nix, wenn man immer diese Schuldgefühle kriegt. Es stimmt doch, es ist doch die Wahrheit, es ist doch die Realität, daß die Generationen, die nach diesem Geschehnis auf die Welt kommen, mit einer schweren Last geboren werden, ja. Aber das ist für mich nicht richtig. Die konnten nichts dafür. Die können höchstens dazu beitragen, daß so was nicht in Zukunft passiert. Die können doch nix dafür, was damals passiert ist. Und diese Last spüre ich nicht auf meinen Schultern. Und für mich wäre es wichtig, daß auch die richtigen Deutschen, also die, die von Geburt an Deutsche sind, diese Last nicht spüren. Man muß diese Last einfach wegnehmen.
I: Wie kann man die wegnehmen?
T: Ja, daß die Medien nicht so übertreiben. Bessere Zusammenarbeit mit Juden und mit Deutschen. Kann man auch sagen, bessere Zusammenarbeit von Deutschen mit Ausländern. Weil, je besser man sich kennenlernt, desto weniger Vorurteile hat man. Vorurteile hat man doch nur, wenn man die Leute nicht kennt. Auch mit Kultur / wenn man solche Kulturzentren baut, wo alle reingehen, wo man sich austauschen kann, dann lernt man sich hervorragend kennen. Dann können automatisch keine Vorurteile auftauchen, so denke ich, daß man dafür etwas tun könnte.«

Turgut spricht sich hier für die Entlastung der Deutschen von ihrer historischen Schuld aus. Dabei distanziert er sich in zweifacher Hinsicht von einem möglichen Schuldzusammenhang: als Neudeutscher und Vertreter der nachgeborenen jungen deutschen Generation. So vehement er den Schuldbegriff für sich zurückweist, sosehr wünscht er sich, daß auch seine ethnisch-deutschen Altersgenossen von der »Last der Geschichte« befreit werden mögen.

An diesen Ausführungen wird auch deutlich, wie austauschbar die Gruppen in Turguts Wahrnehmung sind. Es spielt für ihn keine Rolle, ob man nun Juden oder Ausländer als die »Anderen« der Mehrheitsgesellschaft zeichnet. Er identifiziert strukturelle Ähnlichkeiten im Umgang der Deutschen mit »Juden damals« und »Ausländern heute«. Der zeithistorische Kontext gerät dabei völlig aus dem Blickfeld. Für Turgut zählt einzig und allein die Tatsache, daß er als Deutscher türkischer Herkunft, als Neudeutscher, heute mit ganz ähnlichen Anerkennungsproblemen zu kämpfen habe wie die deutschen Juden vor und während der Nazizeit. Das Verhältnis zwischen Deutschen und Ausländern wird hier, so läßt sich Turgut interpretieren, zum Barometer für das Fortbestehen deutscher Schuld: Je konfliktfreier und harmonischer sich dieses Verhältnis gestaltet, um so größer die Entlastung von historischer Schuld. Turgut selbst wird damit durch sein Aufgehen im deutschen Kollektiv zum »Entlastungsmedium«.

Religiöse Orientierung und Familie

Nach seiner religiösen Praxis gefragt, fühlt sich Turgut offenbar in der Defensive. Er unterstreicht seine persönliche Entscheidungsfreiheit hinsichtlich des Islam in seiner Familie und weist damit zugleich ein in Deutschland weitverbreitetes Stereotyp über autoritäre muslimische Erziehung zurück:

»Also mein Opa, der befindet sich jetzt heute in Mekka. Der ist gläubig. Meine Oma ist gläubig. Mein Vater nicht, also er glaubt, aber er ist jetzt nicht einer, der fünfmal betet am Tag. Mein Vater hat einen Glauben, aber er macht nicht diese fünf Säulen, wie die vorgeschrieben wurden. Das einzige, was er macht, ist fasten. Und er geht halt manchmal freitags in die Moschee. Das ist wie der Sonntag bei den Christen. Meine Mutter war bis vor zwei Jahren – hat sie auch nicht gebetet. Sie hat zwar immer geglaubt und auch Koran gelesen. Aber jetzt hat sie angefangen. Also in unserer Familie / Opa und Oma weg /

da ist meine Mutter jetzt die einzige, die die Gesetze erfüllt. Und die anderen nehmen es alle locker. Und bei mir war das auch nie ein Problem. Es heißt ja oft, daß die Muslime von der Elternseite gezwungen werden zum Glauben, aber bei mir war das nicht der Fall. Mein Vater hat versucht, es mir beizubringen, aber der hat mich nie dazu gezwungen, in die Moschee zu gehen oder sonst etwas zu machen. Das war immer meine freie Entscheidung. Er hat das immer so ausgelegt: Es ist seine Aufgabe, mir das zu zeigen. Und ob ich das annehme, und was ich davon auswähle, ist meine Entscheidung. Und da hab' ich halt für mich so entschieden, daß ich diese Fastenzeit, diese 30 Tage mitmache und so. Und daß ich auch einmal im Jahr in die Moschee gehe nach Fastenende. Und wenn es jetzt ein strenger Vater gewesen wäre und der hätte mich dazu gezwungen, dann hätte das gar nichts gebracht.«

Turgut arbeitet sich hier deutlich an einem auf ihn projizierten Fremdbild der Mehrheitsgesellschaft ab. Er wehrt sich dagegen, als Objekt religiöser Indoktrination wahrgenommen zu werden. Dabei behauptet er seinen Subjektstatus in der Entscheidung über die Annahme oder das Ausschlagen bestimmter Aspekte seines muslimischen religiösen Erbes.

Türkische Geschichte

Im folgenden Abschnitt habe ich Turgut nach seinem Interesse an türkischer Geschichte gefragt. Er antwortet:

»Ich hab' mich noch nie, niemals dafür interessiert gehabt. Ich hab' ab der fünften Klasse Türkischunterricht gehabt, aber erst mal: Ich bin in der Türkei zur Schule gekommen, dann hierher erst mal die Vorklasse, hab' ich zwei Jahre verloren. Und insofern hab' ich nie etwas mit der Türkei zu tun gehabt. Ich bin hier aufgewachsen. Und als ich in den Türkischunterricht kam / in der Woche zwei oder drei Stunden. Ich konnte noch nicht mal so gut Türkisch. Das habe ich im Alter erst gelernt. Da habe ich mich nie interessiert. Der Lehrer hat sich dahin gestellt und was über die türkische Geschichte erzählt. Das fand ich langweilig, aber wenn was über Weltgeschichte kam, über deutsche Geschichte oder die Französische Revolution, dann hat mich das interessiert. Aber die türkische Geschichte hat mich noch nie interessiert.«

Es überrascht, daß sich Turgut – nach eigener Aussage geschichtsinteressiert – sowenig für die Geschichte der Türkei erwärmen kann. Auch stellt er eine Hierarchie der Ländergeschichten auf, in der die türkische ganz unten angesiedelt wird. Als »Weltgeschichte« klassifiziert er nur die deutsche und die französische Geschichte. Türkische

Geschichte erscheint Turgut partikular und damit vernachlässigbar. Sich mit ihr zu befassen oder gar zu identifizieren, so scheint es, könnte die Gefahr bergen, selbst ins Hintertreffen zu geraten, in ihrer »Unbedeutsamkeit« zu versinken. Seine vehemente Zurückweisung der türkischen Geschichte scheint mit einer gewissen Geringschätzung derselben einherzugehen. Eine Ursache hierfür könnte die Dominanz eines eurozentrischen Geschichtsdiskurses in Deutschland sein. Wenn Turgut sein Interesse an »Weltgeschichte« betont, markiert er damit seinen Wunsch, über nationale Grenzen hinaus und durch sie hindurch zu denken. Hinzu kommt noch ein weiterer Aspekt, den Turgut für die Herausbildung seines Geschichtsinteresses als bedeutsam benennt:

»[...] das war Zwang. Also, ich wollte gar nicht in den Türkischunterricht gehen. Das war zuviel Belastung. Wenn man in der Schule noch eine andere Sprache macht und Geschichte, dann bringt man das durcheinander. Habe ich gemeint: Ich mach' das nicht. Meine Eltern haben einen Brief geschrieben an den Kultusminister, daß ich freigestellt werde. Aber die ham das nicht zugelassen. Die ham gemeint: Das ist Pflicht. Und das türkische Konsulat hat sich auch dagegen gewehrt. Die ham gemeint, als Türke in Deutschland muß man an diesem Geschichtsunterricht teilnehmen. Und da hat man automatisch eine Abneigung. Dann geht man ungern dahin, weil man dazu gezwungen wurde. Das einzige, wofür ich mich interessiert hab', das ist aber auch das einzige Geschehen, ist nach dem Ersten Weltkrieg, was Atatürk gemacht hat, wo er halt von den Alliierten besetzt wurde und wie er es geschafft hat, die Türkei zu befreien. Und heutzutage halt mit der Kurdenfrage. Das interessiert mich. Das kriegt man halt auch durch die Medien alles mit. Das ist ja auch ein Thema, was einem sehr nahegeht, Kurden und Türken. Das ist ja wie Bürgerkrieg. Aber ansonsten mit Osmanischem Reich, das geht an mir vorbei.«

Von der Teilnahme am Türkischunterricht bleiben für Turgut nur einige Geschichtsfetzen übrig: Atatürk und die Kurdenfrage. Das Interesse an letzterer scheint jedoch eher durch die familienbiographische Situation motiviert zu sein:

»Ja, mein Vater ist Türke und meine Mutter ist Kurdin. Also, zwar reden wir daheim nur Türkisch, aber die Muttersprache meiner Mutter ist Kurdisch. Früher gab es das Problem nicht so, türkisch-kurdisch. Ich befass' mich schon damit: Für mich kann es doch nicht richtig sein, daß Brüder sich gegenseitig bekämpfen, daß die sich umbringen. Das kann doch nicht wahr sein. Das ertrag' ich nicht, wenn ich dann Bilder seh', also es gibt ja jetzt auch Sender von den Kurden hier. In der Türkei war das ja nicht erlaubt. Und die haben ihren Sender. Guckt man bei denen, dann zeigen die, wie viele Soldaten gestorben sind. Guckt man bei den Türken, dann sieht man, wieviel PKK-Anhänger gestorben sind. Das ist doch keine Lösung. Jetzt, wo der Öcalan gefangen ist. Das, was ich mir wünsche, ist / die türkische Regierung, die ham doch jetzt die Chance. Die können jetzt versuchen, das Kurdenproblem zu lösen. Ich war geschockt, daß die auf den Straßen feiern. Das ist keine Lösung. Die müssen den Kurden endlich mal ihre Rechte geben. Es gibt Gegenden in der Türkei, in denen Kurden leben, da gibt es keinen Strom und kein Wasser und so. Das sind doch keine Verhältnisse, in denen man leben kann. Und wenn man jetzt als Türke in die Türkei reist und im Paß ein Ort steht, von dem man weiß, daß dort vorwiegend Kurden leben, dann wird man automatisch schlecht behandelt. Meine Mutter hat zum Glück keine Verfolgung erlebt. Sie hat nie persönlich darunter gelitten, aber wir leiden jetzt auch. Die Familie meiner Mutter lebt noch in der Türkei.«

Turguts Perspektive auf den türkisch-kurdischen Konflikt erwächst offenbar aus seiner spezifischen Familienkonstellation. Er, der einen Teil seiner Kindheit in einem kurdischen Dorf verbracht hat, fühlt sich persönlich betroffen. Aus seiner Äußerung geht hervor, daß der Konflikt in seiner Familie, im privaten Raum, thematisiert wird und eine Positionierung schwerfällt. Auffällig ist die Formulierung: »Für mich kann es doch nicht richtig sein, daß Brüder sich gegenseitig bekämpfen, daß die sich umbringen.« Turgut ist an Konfliktschlichtung und Konfliktlösung interessiert. Es scheint, als leite er aus dieser Maxime auch seine Losung für das Verhältnis von Deutschen und Ausländern ab, wenn er immer wieder betont, wie wichtig es sei, daß Deutsche und Neudeutsche »zusammenarbeiten«. Auch seine abschließende Bemerkung zum künftigen Umgang mit der NS-Geschichte in Deutschland weist in diese Richtung:

»Auf keinen Fall verdrängen, auf jeden Fall aufarbeiten und damit offen umgehen. Und halt in Zukunft nicht diesen Schuldigen spielen, sondern zusammenarbeiten, damit so was in Zukunft nicht vorkommt. Aber auf keinen Fall verdrängen. [...] Ich sag' jetzt mal ein Beispiel: In unserer Klasse sind viele deutsche Jugendliche, die nicht mit nach Buchenwald fahren wollen, weil die sagen, die ham Probleme damit. Das ist für mich Verdrängung. Die nehmen als Ausrede die Medien. Die sagen, in den Medien ist das so oft und in der Schule hören wir uns das so oft an und so. Für mich ist das Verdrängung. Die wollen sich nicht damit auseinandersetzen. Ich bin der Meinung, daß jeder mal ein Konzentrationslager sehen muß, um die Geschichte sich richtig vorzustellen. Verdrängen ist für mich, wenn man nach außen so tut, als interessiert es nicht, aber nach innen interessiert es einen doch. Ich bin der Meinung, es muß Auseinandersetzung dasein. Aber was mir nicht gefällt, ist, daß die Deutschen als Schuldige dargestellt werden. Und was damals war, das sind schon Schuldige, die dafür verantwortlich waren, aber ich meine jetzt die neue Generation. Der neuen Generation soll die Last abgenommen werden. Sie soll nicht als Schuldige dargestellt werden. Man soll halt aufarbeiten, was da passiert und schiefgelaufen ist. Wenn man alles aufarbeitet, kommt so was nie mehr vor. Aber wenn man es verdrängt, wenn man alles unter den Teppich kehrt, wenn man versucht, alles schönzureden, dann besteht immer wieder die Gefahr, daß so ein Ereignis sich wiederholt.«

Turgut formuliert ein aufrichtiges Interesse an der »Aufarbeitung« der NS-Geschichte. Er betont mehrfach, wie problematisch er es findet, wenn diese Geschichte »verdrängt« wird, und illustriert diese Einschätzung mit einem aktuellen Beispiel aus seiner Klasse. Zugleich bricht er aber auch eine Lanze für seine Generation. Diese habe völlig unabhängig von der Herkunft einen Anspruch darauf, von der Last der NS-Vergangenheit – insbesondere der Schuld – befreit zu werden. Als Gegenleistung werde diese »neue« Generation dafür Sorge tragen, daß die NS-Geschichte und der Holocaust sich nicht wiederholen können. Aufgrund dieser Bereitschaft lehnt er eine Verurteilung der Deutschen als Schuldige ab. Turguts Argumentationsbewegung von einer Kritik an der deutschen Ausländerfeindlichkeit zur tendenziellen Verteidigung seiner Generation kann als Wunsch, zu einem unschuldigen Kollektiv gehören zu wollen, gedeutet werden.

Zusammenfassung und Kommentar

Für Turgut setzen sich die einzelnen Aspekte der Auseinandersetzung mit dem Nationalsozialismus und der Judenverfolgung zu einem für seine Gegenwart relevanten Deutungsmosaik zusammen. Dabei nimmt er selektiv auf historische Aspekte Bezug. Seine eigenen Erfahrungen mit alltäglichem, aber auch strukturellem Rassismus im Gegenwartsdeutschland deutet er vor dem Hintergrund seines Wissens über den Umgang mit der jüdischen Minderheit während der NS-Zeit. Er entdeckt zwei Ähnlichkeiten, die ihn nachhaltig beschäftigen. Zum einen verweist er auf verweigerte Anerkennung als »Neudeutscher«. Die Analogie besteht nach Turguts Einschätzung darin, daß muslimischen Deutschen heute wohl ebenso wie jüdischen Deutschen damals die Anerkennung als gleichwertige Bürger versagt bleibe. Die verweigerte Anerkennung sei begleitet von Diskriminierung und Exklusion durch die Mehrheitsgesellschaft. Ferner zeichnet sich für ihn eine Analogiebildung entlang einer Sündenbocktheorie ab: Wie die Nazis die Juden für Mißstände der damaligen Gesellschaft verantwortlich machten, so würden heute die in Deutschland lebenden Menschen nicht ethnisch-deutscher Herkunft zu Sündenböcken für alle möglichen gesellschaftlichen Problemlagen erklärt. Vor dem Hintergrund dieser Analogiebildung reflektiert er die Ausländerfeindlichkeit in Deutschland. Hierbei fällt auf, daß sich Turgut, der aus einer sozialen Aufsteigerfamilie kommt, ganz besonders mit dem Phänomen des Sozialneides auseinandersetzt. Dafür bemüht er unter anderem das Stereotyp des reichen und klugen Juden. Die Migration seiner Familie über drei Generationen stellt sich als Erfolgsgeschichte – vom »Gastarbeiter« zum Unternehmer – dar. Wenngleich Turgut nicht ohne Stolz von diesem Erfolg seiner Familie spricht, so tritt beim historischen Rückblick auf die jüdische Minderheit zugleich auch seine Angst zutage, er könne damit als Angehöriger der türkisch-(muslimisch-)deutschen Minderheit ähnlich wie die Juden im Nationalsozialismus den Neid der deutschen Bevölkerung auf sich ziehen und sich unbeliebt machen.

Auffällig ist ferner, mit welcher Vehemenz Turgut jedwede Schuldzuweisung an die Deutschen aufgrund der nationalsozialistischen Verbrechen zurückweist. Dies könnte mit seiner Selbstwahrnehmung als »Neudeutscher« zu tun haben. Als solcher will er offensichtlich nicht zu einer Gesellschaft gehören, die mit großer historischer Schuld belastet ist. Deshalb fordert er immer wieder, »alte Geschichten nicht aufzuwärmen« und statt dessen in eine gemeinsam gestaltbare Zukunft zu schauen. Denn es ist ihm ein Anliegen, ein auf den Erfahrungen dieser Geschichte gründendes Zukunftsprojekt für Deutsche, »Neudeutsche« und Migranten anzustoßen: frei von jedweder Schulddimension, bestehend aus einem Bündnis aller in Deutschland lebenden Menschen, die sich an dem Gestaltungsprozeß eines demokratischen und friedlichen deutschen Gemeinwesens beteiligen und auf diese Weise eine Wiederholung von Auschwitz verhindern sollen. Es scheint, als mache es ein solches Deutschlandbild für Turgut leichter, sich mit Deutschland zu identifizieren.

Turgut fühlt sich der deutschen Gesellschaft zweifelsohne zugehörig, scheint dafür aber ein hohes Maß an gesellschaftlichem und selbstauferlegtem Assimilationsdruck aushalten zu müssen. Das wird besonders an den Stellen des Interviews deutlich, wo er über seine Weigerung, am Muttersprachenunterricht teilzunehmen, oder seine Ablehnung türkischer Geschichte spricht. Man kann sich des Eindrucks nicht erwehren, als schätze er die türkische Sprache und Geschichte deshalb so gering, weil diese auch in der deutschen Einwanderungsgesellschaft kein Prestige haben. Interessant ist ferner der Umgang mit dem türkisch-kurdischen Konflikt. Aus einer bikulturellen Familie stammend, unterstützt er das Anliegen der in der Türkei lebenden Kurden, die er auch als historisch-politische Bezugsgruppe benennt. Ein ethnisch-historisches Bindungsmoment speist sich aus den Beziehungen zu den Verwandten der Mutter in der Türkei. Obwohl seine Bezüge tendenziell universalistisch sind, existiert also auch ein Bezugsrahmen ethnischer Erinnerung, in dem sich Teile der Familienbiographie wiederfinden.

Zusammenfassend läßt sich sagen, daß die Auseinandersetzung mit der Geschichte des Nationalsozialismus und des Holocaust für Turgut auch deshalb von großer Bedeutung ist, weil ihm das hier erworbene Wissen als wichtiges Orientierungswissen in der deutschen Mehrheitsgesellschaft dient. Es steht für einen Geschichtsbezug, auf dessen Basis Gegenwarts- und Zukunftsdeutungen vorgenommen werden. Die Reflexion über die historischen Ereignisse – insbesondere das Verhältnis von »Deutschen« und »Juden« während des Nationalsozialismus – wird für Turgut zu einem Kriterium seiner Selbstverortung innerhalb der deutschen Gesellschaft. Dabei übernimmt er häufig die Sozialperspektive der jüdischen Minderheit, um sich als Repräsentant einer heute in Deutschland lebenden Minderheit vor dem Hintergrund der historischen Erfahrung zu positionieren. Im Zentrum seiner Geschichtskonstruktion steht die Analogiebildung zwischen der Geschichte der assimilierten Juden und der Gegenwart der assimilierten Türken in Deutschland. Hieraus leitet er dringenden Handlungsbedarf für die Gestaltung des Zusammenlebens von Deutschen und Migranten ab.

Hülya: »Irgend etwas hab' ich mit den Juden gemeinsam.«

Kontakt und Interviewsituation

Ich lerne Hülya im Rahmen der Schülerprojektwoche »Jüdische Spuren in Frankfurt« kennen. Da sie in ihrer Freizeit in einer Bäckerei als Aushilfe arbeitet, erweist es sich zunächst als schwierig, mit ihr einen Interviewtermin auszuhandeln. Wir verabreden uns an einem Samstag nachmittag nach Ladenschluß bei mir zu Hause. Hülya erscheint nicht. Telefonisch vereinbare ich einen neuen Termin mit ihr. Ich hole sie an der U-Bahn-Station ab. Sie begrüßt mich überschwenglich. Hülya wirkt sehr aufgeschlossen und betont sogar, daß sie »Lust« auf das Interview habe. Sie trägt eine Jeans und eine karierte Holzfällerjacke. Hülya ist von kräftiger Statur. Ihr Gesicht ist rund und freundlich, von mittellangem dunkelbraunem Haar umrahmt, ihre Augen haben etwas Neugieriges und Forsches. Das Interview findet in den Räumen einer Einrichtung der außerschulischen Jugendbildung statt, die die Schüler auf ihrer Spurensuche pädagogisch begleitet. Während des Interviews wirkt Hülya sehr entspannt. Sie ist kooperativ und erzählfreudig.

Das Interview mit Hülya und auch das nachfolgende Interview mit Ram unterscheiden sich insofern von den anderen Interviews des Samples, als ich diese unmittelbar im Anschluß an die Projektwoche geführt habe. Deshalb nimmt die nachträgliche Verarbeitung der in der Projektwoche behandelten Themen einen relativ großen Raum in den Gesprächen ein.

Biographische Skizze und Migrationskontext

Zum Zeitpunkt des Interviews ist Hülya 17 Jahre alt. Sie ist als jüngste Tochter türkischer Eltern in Deutschland geboren. Ihre Eltern kamen als Arbeitsmigranten in die Bundesrepublik. Ihre Mutter lebt seit 23 Jahren in Deutschland und arbeitet in einer Fabrik als Montagearbeiterin. Der Vater, Schleifer von Beruf, ist seit 28 Jahren in Deutschland. Hülyas 21jährige Schwester macht gerade eine Ausbildung als Bürokauffrau. Hülya ist zwar in Deutschland geboren, hat aber ihre Kindheit bis zu ihrem sechsten Lebensjahr mit der Schwester in der Türkei bei der Großmutter verbracht, weil beide Eltern aufgrund ihrer Berufstätigkeit keine Zeit für die Erziehung der Kinder hatten. Erst im Grundschulalter kommen die beiden Mädchen nach Deutschland. Die unbekannte Sprache, die neue Umgebung und die Fremdheit der eigenen Eltern machen den Anfang schwer. Hülya berichtet von den Anstrengungen, sich neu zu orientieren und einen Freundeskreis aufzubauen. Gegenwärtig fühlt sie sich gut integriert. Sie besucht die zwölfte Klasse eines Gymnasiums in Frankfurt. Ihre Freizeit verbringt sie mit Fernsehen und Musikhören. Sie erzählt, daß sie bis vor kurzem Kampfsport betrieben habe. Dieses Hobby habe sie wegen der wachsenden schulischen Anforderungen allerdings aufgeben müssen. Die Familie besitzt in der Türkei noch einige Häuser und beabsichtigt, nach Hülyas Abitur zu remigrieren. Dennoch hat Hülya vor, gegen den Willen der Eltern die deutsche Staatsangehörigkeit zu beantragen. Hülya kann sich aufgrund ihrer beruflichen Perspektive – sie möchte ihre vielfältigen Sprachkompetenzen im Touristikbereich einsetzen – eine Rückkehr in die Türkei durchaus vorstellen, da die Tourismusbranche attraktive Jobs biete. Die Option, in Deutschland zu leben, möchte sie dafür aber nicht aufgeben. Die Atmosphäre in Hülyas Elternhaus ist derzeit angespannt, denn der Vater habe den Alkoholkonsum gegen eine religiös begründete Abstinenz getauscht und lebe seither streng nach islamischen Glaubensvorschriften. Hülyas jugendliche Rebellion gegen die Vorschriften des Vaters führt zu Konflikten in der Familie, besonders wenn es um die Frauenrolle geht.

Projektwoche: »Jüdische Spuren in Frankfurt«

Hülya hat sich das Thema »Jüdische Spuren in Frankfurt« aus dem breiten Themenangebot der Stadtschülerwoche ausgesucht. Ihre Motivation begründet sie folgendermaßen:

»Also, ich hab' mir die anderen Projekte angeguckt. So, ich wollt' eigentlich auch in Rassismus rein und so. Aber ich hab' gehört, daß da viele reingehen. Dann hab' ich gedacht, nee, wähl' ich was anderes aus. Und so Bauchtanz und so war nicht für mich drin, weil ich wollt' auch was, was mich interessiert, was mir selber in meinem Kopf auch so Gedanken nachläßt, ja so. Da is' irgendwas im Hinterkopf über Juden. Das hat mich von Anfang an sehr interessiert. Und da hab' ich mir gedacht, nimmste dieses Thema.«

Hülya beginnt ihren Rückblick auf die Projektwoche mit Ausführungen zur Begegnung mit der Zeitzeugin, die nachhaltig auf sie gewirkt habe:

»Und da ging mir's schon immer so hoch, als sie erzählt hat und so. Und ich kann das eigentlich nicht so / ich bin nicht so gehärtet dagegen. Ich hab' schon sehr viel über Juden gehört und gelesen und gesehen und so, ja, aber ich bin immer noch nicht gehärtet dagegen. Und als ich sie so gesehen hab', so in ›reality‹. Da stand 'ne Frau vor mir, die hatte soviel positive Ausstrahlung auf mich gehabt. Und seitdem, seit der Stadtschülerwoche, denk' ich irgendwie ein bißchen anders. Diese Frau hat irgendwie in mir so 'ne Blume aufgeweckt, die ich vorher nicht gekannt hab', und deswegen denk' ich schon so nachher sehr über die Stadtschulwoche nach.«

Hülya sagt von sich, sie sei »immer noch nicht gehärtet«. Ihr kommen die Tränen, wenn sie etwa einen Film über den Holocaust sieht. Das »noch nicht« bezeichnet den Prozeß der Abhärtung, den Hülya bei ihren Mitmenschen zu erkennen glaubt, die nicht (oder gemäß Hülyas Interpretation nicht mehr) emotional auf die Bilder des Schreckens reagieren:

»Also manche Leute, wenn se sich 'en Film angucken, machen sich nicht mehr Gedanken drum, über Juden, ja. Wenn se 'en Film angucken über Holocaust. Und die denken nur so, das war's jetzt, vergessen wir's. Und für mich, immer wenn ich so Filme anguck' / ich muß dann immer noch weinen und bin dann / mit mir kann dann niemand mehr reden, ja. Also ich bin dann abgeschaltet sozusagen.«

Hülya wirkt betroffen. Das Schicksal der Juden im Nationalsozialismus geht ihr sehr nahe. Mit dem Satz: »Und die denken nur so, das war's jetzt, vergessen wir's« unterstellt Hülya der deutschen Gesellschaft ein hohes Maß an Gleichgültigkeit. Sie selbst distanziert sich von dieser Haltung und behauptet, emotional stärker betroffen zu sein als ihre deutsche Umwelt.

Staatsbürgerschaft, muslimischer Glaube und die Gemeinsamkeit mit den Juden

Im nächsten Segment konstruiert Hülya einen Zusammenhang zwischen der deutschen Staatsbürgerschaft, ihrer muslimischen Glaubenszugehörigkeit und ihrer Empathie mit den Juden und ihrer

Geschichte. Hülya interpretiert ihre persönliche Betroffenheit als auf einer objektiven Gemeinsamkeit beruhend, denn wenn sie die deutsche Staatsangehörigkeit annimmt, wird auch sie eine Deutsche mit anderem Glauben sein. Ihren muslimischen Glauben möchte Hülya auch als deutsche Staatsbürgerin weiterhin praktizieren:

»Vielleicht, weil ich irgendetwas gemeinsam hab' mit den Juden. Weil, ich will jetzt die deutsche Staatsangehörigkeit annehmen. Ich hab' dann immer noch meine Religion. Bin immer noch Muslime, aber bin deutsch dann, hab' 'ne deutsche Staatsangehörigkeit. Das war ja bei den Juden auch fast so, daß die 'ne andere Religion hatten, aber trotzdem deutsch waren, ja. Und daß die dann verfolgt wurden, nur weil sie eine andere Religion hatten, einen anderen Glauben.«

Hülya berichtet dann von den Auseinandersetzungen mit ihren Eltern über ihre Absicht, deutsche Staatsbürgerin zu werden. Neben den eher »formalen«, pragmatischen Motiven, die deutsche Staatsbürgerschaft zu erwerben (keine Schwierigkeiten wegen Visum, Ein- und Ausreise und ähnliches), betont sie: »Es kommt von innen, daß ich die deutsche Staatsangehörigkeit will, und es ändert sich nichts an meiner Person.« Hülya unterstreicht, wie deutsch sie sich aufgrund ihrer in Deutschland verbrachten Kindheit und Schulzeit fühle. Türkisch sei an ihr eigentlich nur ihr Temperament, noch nicht einmal die Sprache spreche sie fehlerfrei:

»Ich würd' sagen, daß ich eher deutsch bin, weil ich bin hier geboren, hab' die andere Hälfte meiner Kindheit, hab' ich hier erlebt, bin hier zur Schule gegangen, hab' meine Erziehung hier. Und deswegen fühl' ich mich schon selbst deutsch. Ich spreche auch / besser Deutsch als Türkisch, ja. Also, wenn mich jemand was auf türkisch fragt / ich kann da nur so Brocken, was sagen. Und deswegen / ich hab' schon so das Temperament und so, hab' ich von der Türkei, ja. Also da seh' ich irgendwie, 'es Blut is' noch türkisch. Aber das Denken und das Vorgehen und so deutsch, eher deutsch. [...] Meine Zunge, also meine Sprache ist Deutsch. Wie ich mich verhalte so. Das ist überhaupt nicht türkisch. Wie ich überhaupt bekleidet bin, ahh / das ist überhaupt das Gegenteil vom Türkischen, ja. Echt alles andere als türkisch. Ich interessier' mich sehr für die Religion der Türken. Sprache, Geschichte, o. k., alles, was da abläuft. Aber mehr auch nicht. Schon alles ziemlich deutsch bei mir.«

In der Formulierung »'es Blut is' noch türkisch« zeichnet sich der Prozeß der Veränderung des »im Blut« konservierten türkischen

Temperaments ab, den sie durchläuft. Das »noch« signalisiert Hülyas Vermutung, daß es sich lediglich um eine Zeitfrage handle, bis das »Blut« auch deutsch ist. Dies wiederum hebt die eingangs implizierte biologistisch begründete ethnische Festschreibung einer Charaktereigenschaft auf. Denn wenn sich das »Blut«, das für Hülya als Synonym für ein Konglomerat kulturgebundener Verhaltensweisen und Eigenschaften steht, verändern kann, dann verlieren alle nationalen Stereotype an Bedeutung. Gegenüber ihren Eltern betont Hülya, daß sich durch die Übernahme der deutschen Staatsangehörigkeit nichts an ihrer Person ändere. Damit unterstreicht sie ihre Überzeugung, daß die Eigenschaften und Verhaltensweisen von Menschen nicht von der Staatsangehörigkeit abhängig sind. Zugleich führt sie implizit Beschwerde gegen die Zuordnung von nationaler Identität, etwa durch die eigenen Eltern, die Herkunftsgesellschaft und die Aufnahmegesellschaft. Auch wenn sie die deutsche Staatsbürgerschaft annehme, entscheide sie sich nicht für »deutsch« oder »türkisch«, sondern bleibe von beiden Ländern und ihren Kulturen geprägt. Dennoch kommt in dem Wunsch nach der deutschen Staatsbürgerschaft das Bedürfnis zum Ausdruck, ihrem persönlichen Identitätsempfinden eine soziale Identität zu geben. Sie möchte die Eigenwahrnehmung als Deutsche auch in der sozialen Mitgliedschaft gespiegelt sehen. Es scheint, als verspüre Hülya den Drang, ihr Inneres nach außen zu kehren, ihm einen anerkannten Platz in der Staatsbürgerrolle zu sichern. An dieser Stelle wird die Interdependenz von personaler und sozialer Identität im Kontext staatsbürgerschaftlicher Anerkennung sichtbar.

NS-Vergangenheit und deutsche Staatsbürgerschaft

Verantwortung für die deutsche Vergangenheit verbindet sich für Hülya nicht mit der Übernahme der deutschen Staatsbürgerschaft. Sie sei von keiner Schuld belastet, da sie in der besagten Zeit nicht gelebt habe. Schließlich sei sie »seit fast zwei Jahrzehnten türkisch«. Interessant ist, daß Hülya hier – im Sinne von *ethnic options* (Waters) – auf ihre türkische Herkunft rekurriert, obwohl sie ansonsten angibt, sich »deutsch« zu fühlen. Man könnte daraus schließen, daß die Geschichte des Nationalsozialismus, trotz der in Deutschland durchlaufenen politisch-historischen Sozialisation, nicht als Teil der eigenen Geschichte begriffen wird. Dies könnte dem Umstand geschuldet sein, daß im Gegensatz zu den meisten deutschen Familien keine familiengeschichtliche Tradierung der Ereignisse zwischen 1933 und 1945 (welche Form diese auch immer haben mag) vorhanden ist. Ferner könnte man mutmaßen, daß die Staatsbürgerschaft, die formalrechtliche Anerkennung durch die Aufnahmegesellschaft, eine Bedingung für die Wahrnehmung und Verarbeitung der Geschichte des Aufnahmelands als Teil der eigenen Geschichte darstellt.

Familiensituation, Berufsperspektive und Remigration

Hülya berichtet von ihrem Vater, der sich als »trockener« Alkoholiker nun streng dem Koran verschrieben habe. Mit der biographischen Wende des Vaters gehen Maßregeln einher, die sie als einengend empfindet: »[...] in letzter Zeit merk' ich, daß die Grenzen um mich herum immer enger werden. Und daß ich bald in so einem Gefängnis bin, wo ich nicht mehr rauskann.«

Hülya erzählt, daß sie ihre Sprachkenntnisse im Falle einer Remigration in die Türkei beruflich nutzen wolle. Eine Rückkehr der Familie hänge von der Entscheidung des Vaters ab, der sein Rentnerdasein in der Türkei verbringen wolle. Angst mache ihr allerdings, daß sich ihre freundschaftlichen Beziehungen in Deutschland dann vermutlich auflösten. Auch fühlt sich Hülya bezüglich ihrer Zukunftsvorstellungen sehr verunsichert. Mit spürbarer Verzweiflung in der Stimme gesteht sie, sich nicht entscheiden zu können, wo sie leben wolle. Der einzige Trost, den sie sieht, sind die verbleibenden zwei Jahre, in denen eine endgültige Entscheidung noch reifen könne. Hülya spekuliert, wie lange sie als »Eingedeutschte« wohl brauche, um sich an die Lebensgewohnheiten in der Türkei zu gewöhnen. Dann bemängelt sie die soziale Kontrolle in den dörflichen Gemeinschaften in der Türkei, unter der sie nicht leben könne. Besonders kritisch äußert sich Hülya in diesem Zusammenhang auch zur Frauenrolle in der Türkei. Sie konstatiert energisch, daß sie niemals ein »unterdrücktes Hausfrauchen« werden wolle, und führt als Negativbeispiel ihre eigene Mutter an. Überzeugend verkündet sie, daß sie sich von einem Mann, der die Hausarbeit nicht mit ihr teilen wolle und den Versuch unternehme, sie zu unterjochen, sofort scheiden lassen würde. Dann beurteilt sie die Lebenssituation der türkischen Landbevölkerung als außerordentlich rückständig und »modernitätsfeindlich«. Sie schließt hier insbesondere ihren Vater mit ein, den sie als Repräsentanten einer solchen »fortschrittsfeindlichen« Gemeinschaft sieht. Positiv hebt sie die warmherzige Atmosphäre der Menschen untereinander hervor, die man in Deutschland nicht in gleicher Weise erfahren könne.

NS-Vergangenheit, Rechtsradikalismus und Erfahrungen mit Rassismus

Hülya ist davon überzeugt, daß Neonazis heute einen Bezug zur NS-Vergangenheit herstellen. Sie sieht die Gefahr der Wiederholung des Holocaust etwa in der Erstarkung rechter Parteien und konstatiert, daß man etwas dagegen tun müsse. Dabei schließt sie sich selbst ein. Konkrete Vorstellungen hat sie nicht, appelliert aber an die deutsche Gesellschaft, mehr auf die Gefühle und das Denken von in Deutschland lebenden Ausländern einzugehen. Sie betont in diesem Zusammenhang, daß sie sich sehr bedroht fühle, und entwirft ein fiktives Angriffsszenario, in dem ihr eine Gruppe von Skinheads gegenübersteht. Schließlich bricht sie ihre Überlegungen mit der Begründung, daß sie eigentlich gar nicht über diese Dinge nachdenken wolle, ratlos ab. Sie verweist auf die Medien und deren Berichterstattung über rechtsextremistische Übergriffe auf Ausländer, der sie sich am liebsten entziehen würde. Resigniert resümiert sie, daß »abschalten« auch nicht helfe, da man schließlich im Alltag genug Erfahrungen mit Rassismus sammeln könne. Sie schließt die Schilderung einer persönlichen Erfahrung an und berichtet von einer Begebenheit während einer U-Bahn-Fahrt am Nachmittag auf dem Nachhauseweg von der Schule. Eine ihr gegenübersitzende ältere Frau habe ihr ins Gesicht gesagt: »Na, jetzt machen sich die Ausländer wieder breit.« Hülya fühlte sich durch diesen Kommentar so gekränkt, daß sie an der nächsten Haltestelle aus der Bahn stieg. Besonders erschüttert ist Hülya offenbar darüber, daß die alte Dame nach ihrer Meinung den Nationalsozialismus miterlebt haben muß: »Die Frau war bestimmt schon 60, 70 Jahre. Die hat's bestimmt miterlebt, ja. Und daß die mit so was ankommt, das ist für mich *(Abbruch).*« Hieraus leitet sich für Hülya die Erwartung ab, daß die Frau aus der Erfahrung ihrer Generation mehr Einsicht und Sensibilität an den Tag legen müßte. Hülya fügt eine weitere Episode aus ihren Erfahrungen mit Fremdenfeindlichkeit hinzu. Diesmal wählt sie eine Begebenheit, die sich in der Schule zugetragen hat. Sie berichtet von einem handgreiflich ausartenden Konflikt mit einer Schülerin. Diese habe mehrfach gesagt, die Arbeitslosigkeit ihres Vaters sei von Ausländern verschuldet. Dann habe sie Hülyas Recht, das Gymnasium zu besuchen, in Frage gestellt: »So Kümmeltürken gehen in die Schule, gehen zum Gymnasialzweig.« Hülya habe sich zunächst verbal, dann mit physischer Gewalt gewehrt, was fast zu einem Schulverweis geführt hätte.

Das Thema Nationalsozialismus in der Schule

Hülyas erste Begegnung mit dem Thema Nationalsozialismus und Holocaust fand in der Schule statt. Auf Anregung durch den Unterricht liehen sich Hülya und einige ihrer ausländischen Freundinnen in Eigeninitiative einen Film zum Holocaust aus der Schulbibliothek aus. Hülya berichtet von den Nachwirkungen des Films:

»Und dann ham wir ein' Film ausgeliehen. Das waren so drei Freunde. Und da haben wir uns zu Hause hingesetzt und ham so 'en Film angeguckt. Ich konnt' nicht mehr. Ich hab' geheult ohne Ende. Und dann ham wir's ausgemacht, ham wir alle zusammen geheult, ja. Und wir ham gar nicht mehr gesprochen. Wir waren so deprimiert und so. Ich weiß nicht, also, das erste Mal so, wie die Leute da verbrannt wurden und wie sie dann alle in die Züge eingestiegen sind und so. Also, wir hatten gar nicht gedacht, daß es so schlimm ist, ja, daß es so schlimm ausgeht *(sechs Sekunden Stille)* total kraß war das, *(leise)* total kraß, wenn ich mich jetzt erinnere. Ich hab' Haß empfunden. Oberkraß so. Mich konnt' in dieser Zeit niemand ansprechen. Die Lehrer, ich hab' die nur mit 'nem Blick angeguckt am nächsten Tag, ich hab' die Leute nur so angeguckt, ich hätt' auf die kotzen können, ja. So kam mir das hoch. Da war ich froh, daß ich nicht dazugehöre, daß ich Türkin bin.«

Die jungen Frauen sind nachhaltig geschockt, als sie durch den Film realisieren, daß sie inmitten der ehemaligen Täter- und Zuschauergesellschaft leben. Die Erkenntnis, sich in dem Land zu befinden, das Ausgangspunkt und Tatort nationalsozialistischer Verbrechen war, stimmt sie mißtrauisch. Die Auseinandersetzung mit den Bildern des Films beeinflußt das Verhältnis zur deutschen Umgebung negativ. Zudem rekurriert Hülya, die sich sonst »ganz deutsch fühlt«, hier mit großer Erleichterung auf ihre türkische Herkunft, ist froh, nicht dazuzugehören. Als Lehrerin würde Hülya das Thema im Gegensatz zu ihren eigenen schulischen Erfahrungen auf jeden Fall über einen längeren Zeitraum hinweg behandeln. Sie würde, meint sie, mehr Medien einsetzen, insbesondere Filme. Hülya macht sich in diesem Zusammenhang für einen affektiven Umgang mit dem Thema stark.

»Alles mehr so angehen / mehr Filme gucken, damit die Leute sehen, was passiert ist, ja. Damit sie das fühlen, auch fühlen können, dieses Leid, was denen zugestoßen ist.«

Hülya möchte den Schülerinnen und Schülern durch Einbeziehung der Emotionen eine Identifikation mit den Opfern ermöglichen. Diese Betonung der emotionalen Ebene, die sich in allen Bezugnahmen Hülyas auf die Geschichte findet, korrespondiert mit ihren Ausführungen über nationale Identität. Auch diese ist für sie weniger eine Frage der formalen Zuordnung als eine Angelegenheit des persönlichen Empfindens, das durchaus gespalten oder unentschieden sein könne. Von der deutschen Gesellschaft fordert sie sowohl im Umgang mit der Geschichte als auch im Verhalten gegenüber den Ausländern mehr Sensibilität und Einfühlungsvermögen. Dabei vergleicht sie ihre Situation als Angehörige einer religiösen Minderheit in Deutschland mit der der jüdischen Minderheit während des Nationalsozialismus. Damit positioniert sie sich in der deutschen Gesellschaft auch selbst als »potentielles« Opfer von Rassismus und Gewalt. Hülya übernimmt durch diese für das Interview charakteristische Analogiebildung die Sozialperspektive der Opfer.

Ram: »Meine Hautfarbe ist wie ein Davidstern.«

Kontakt und Interviewsituation

Ich lerne Ram vermittelt durch die Projektleiterinnen der Schülerwoche »Jüdische Spuren in Frankfurt« kennen. Wie auch das Interview mit Hülya stellt das Interview mit Ram im Sample insofern eine Besonderheit dar, als es unmittelbar im Anschluß an eine längere und intensive Beschäftigung mit der Fragestellung meiner Arbeit geführt worden ist. Viele der hergestellten Bezüge basieren auf den Erfahrungen der Projektwoche. Dies hat zum Teil zu einer Vernachlässigung des Migrationshintergrundes beigetragen. Dennoch eignet sich das Interview als Fallbeispiel im Rahmen der Untersuchung.

Das Interview wird in den Räumen einer Gedenkpädagogikeinrichtung geführt. Als Ram das für das Interview vorgesehene Zimmer betritt und mich begrüßt, macht er auf mich einen sehr selbstbewußten Eindruck. Er ist ein typischer Repräsentant seiner Altersgruppe: lässige Markenjeans, Turnschuhe, Sweatshirt mit Aufdruck, Bomberjacke und als Kopfbedeckung eine mit dem Schild nach hinten gedrehte amerikanische Baseballkappe. Ich erkläre ihm noch einmal, worum es im Interview gehen soll, daß er selbstverständlich anonym bleibe und die Aufnahme nur für wissenschaftliche Zwecke genutzt werde. »Kein Problem«, winkt er zustimmend ab, lehnt sich mit ausgestreckten Beinen zurück und blickt mich auffordernd an. Er ist bemüht, meine Fragen zu beantworten, behält sich aber ein großes Maß an Spontaneität vor, die in seiner lebhaften Erzählweise zum Ausdruck kommt. Es ist auffällig, daß seine Sprache durchwirkt ist von Jugendjargon, wie etwa der häufigen Verwendung des Wortes »kraß«.

Biographische Skizze und Migrationskontext

Zum Zeitpunkt des Interviews ist Ram 16 Jahre alt und besucht die zehnte Klasse einer städtischen Realschule. Er ist als Sohn indischer Eltern in Deutschland geboren und aufgewachsen. Beide Eltern sind berufstätig. Sein Vater ist Verwaltungsangestellter des indischen Konsulats, seine Mutter arbeitet als Krankenschwester. Die Familie lebt seit über zwanzig Jahren in der Bundesrepublik. Ram hat eine ältere Schwester, die Anglistik studiert und Lehrerin werden möchte. Rams Freizeitgestaltung erstreckt sich von Kampfsportarten, wie Kickboxen und Judo, über Radfahren, Tischtennis, Meditieren bis hin zu »Treffen mit Freunden« und Discobesuchen. Rams Eltern haben aufgrund des zunehmend ausländerfeindlichen Klimas in der Bundesrepublik beschlossen, nach Rams Realschulabschluß im nächsten Jahr nach Indien zu remigrieren. Er soll dort ein englisches College besuchen. Ram möchte nach dem College Jura oder Medizin studieren.

Begegnung mit jüdischen Zeitzeugen

Ram hat das Projektthema »Jüdische Spuren in Frankfurt« an dritter Stelle gewählt. Er kommt in die Gruppe, weil die anderen Arbeitsgruppen seiner Wahl, »Rassismus« und »Migranten in Deutschland«, schon überfüllt sind. Er begeistert sich jedoch von Anfang an für die ihm angebotenen Lerninhalte. Als besonderes Ereignis der Projektwoche hebt er die Begegnung mit der jüdischen Zeitzeugin hervor, die ihm eine neue Sicht auf den Nationalsozialismus und den Holocaust ermöglicht habe. Er berichtet einige Details aus der Lebensgeschichte der Zeitzeugin. Schließlich kommt er zu der Aussage:

»Aber allein schon, wie der Anfang war, wie Hitler an die Macht kam; das hat sie uns sehr ausführlich erzählt. Haben uns beide sehr ausführlich erzählt, und das war sehr interessant. Wie sie erzählt haben / ja, am Anfang wurden die Juden halt mit dem Judenstern, mit dem Davidstern, bezeichnet. Und man durfte dann die Juden schlagen, nur weil sie halt eine andere Hautfarbe oder einen anderen Glauben hatten. Und das war schon ziemlich ergreifend und traurig, ja. Weil, man darf ja keinen anderen Menschen nur wegen seiner Hautfarbe oder seinem Glauben halt so abwerten. Das ist nicht gerecht.«

Indem er Hautfarbe und Glauben zusammenbringt, verbindet Ram an dieser Stelle seine eigene Stigmatisierungserfahrung mit der Diskriminierungserfahrung der jüdischen Zeitzeugin. Hautfarbe und Glaube erscheinen auf derselben Ebene, ohne zeitlich-historische Differenzierung. Ram nennt die Hautfarbe als Verfolgungsmotiv sogar vor dem Glauben: »Und man durfte dann die Juden schlagen, nur weil sie halt eine andere Hautfarbe oder einen anderen Glauben hatten.« Die Verfolgung von Menschen, ganz gleich, ob aufgrund ihrer Hautfarbe oder ihres Glaubens, sei »ungerecht«. Hier wird seine persönliche Betroffenheit spürbar. Die Hautfarbe als unveränderbares und sichtbares Merkmal seiner Person, das er in der deutschen Aufnahmegesellschaft als Stigma erfährt, wird Ram das ganze Interview hindurch beschäftigen und stellt auch einen wesentlichen Aspekt seiner Geschichtskonstruktion dar.

Ram fährt fort, von den »Heldengräbern« der im Ersten Weltkrieg auf der deutschen Seite gefallenen Juden zu erzählen, die ihm beim Besuch des jüdischen Friedhofs aufgefallen waren. Er äußert sich empört über den für ihn unbegreiflichen Sachverhalt, daß Menschen, die einst ihr Leben für Deutschland eingesetzt hatten, nur wenige Jahre später von den Deutschen als »Fremde« verfolgt wurden. Er erklärt sich dieses Phänomen durch die allgegenwärtige Propaganda. Für die Projektdokumentation im Rahmen der Stadtschülerwoche hat sich Ram ein Foto eines festlichen Aufmarsches der Hitlerjugend ausgesucht. Mit der Auswahl des Bildes versucht er, seinem Unverständnis darüber Ausdruck zu verleihen, daß die junge von der älteren Generation »getrimmt und abgerichtet« worden sei, »Juden zu hassen.« Er entwickelt argumentative Ansätze einer Verführungsthese, indem er die Vermutung äußert, daß die jungen Deutschen durch die Älteren zu Antisemiten und Nazis gemacht worden seien:

»Na ja, o. k., beim ersten [Foto], das waren dann so Aufstellungen von so Jugendlichen. Schon zehn- bis 14jährigen, die schon getrimmt wurden. Von Hitler, also von den Nazis, getrimmt wurden, Juden zu hassen. Die Kinder haben wahrscheinlich noch gar nicht begriffen, was das ist, was der Unterschied ist zwischen einem Juden und einem normalen Menschen. Eigentlich gar keiner. Sie wurden halt nur darauf getrimmt, Juden zu hassen. Das ging dann halt von den Älteren hervor. Und ich find' das ziemlich kraß, wenn Ältere jemanden abrichten auf einen Menschen *(unverständlich)*, nur weil der anders aussieht.«

Das Zitat verstärkt den bereits formulierten Eindruck, daß Ram die selbsterfahrene Stigmatisierung aufgrund phänotypischer Merkmale mit den Erfahrungen der jüdischen Bevölkerung unter der NS-Herrschaft gleichsetzt. Ihn beschäftigt vorrangig die Ungerechtigkeit, die in der Ausgrenzung eines Menschen aufgrund seines Äußeren liegt: »nur weil der anders aussieht«.

Judenverfolgung und Ausländerfeindlichkeit

Ram stellt in seinen Ausführungen Parallelen her zwischen der Judenverfolgung durch die Nationalsozialisten und der Diskriminierung gegen Ausländer im Gegenwartsdeutschland. Damals seien es die Juden gewesen und heute die Ausländer, auf die »abgerichtet« werde. Schließlich untermauert er seine Analogie mit einer schlagzeilenartigen Aufzählung von rassistischen Übergriffen auf Ausländer in der jüngsten Vergangenheit: »Skins verbrennen Asylantenheim, Skins schlagen Ausländer, Skins schmeißen Ausländer aus der U-Bahn und so.« Daran knüpft er die Frage, ob es wohl eine Wiederholung des

Holocaust mit anderen Opfern geben könne. Ram erzählt in diesem Zusammenhang auch von seinen persönlichen Erfahrungen mit ausländerfeindlicher Gewalt: Als er sich eines Abends mit Freunden im Park aufhielt, wurde die Gruppe von Skinheads in eine Pöbelei verwickelt, die schließlich zu Handgreiflichkeiten in Form von »Herumschubsen« führte und so weit eskalierte, daß Ram eine Messerklinge an seinem Hals spürte. Mit dem Satz »So, und jetzt stirb« hätten sich die Angreifer schließlich entfernt. Die in dieser Situation empfundene Hilflosigkeit habe Ram, wie er sagt, in der Folgezeit mit Selbstverteidigungskursen und der Anschaffung von Waffen zu überwinden versucht. Ram resümiert nüchtern: »Eigentlich mit Waffen kann man sich nur wohl fühlen.« Er bekundet auch sein Mißtrauen gegenüber der deutschen Polizei, der Justiz und dem Strafvollzug. Die Institutionen könnten ihn nicht angemessen vor rechter Gewalt schützen. Ram unternimmt im weiteren Verlauf des Gesprächs den Versuch, den Rechtsradikalismus zu erklären beziehungsweise sogar nachvollziehend zu verstehen:

»Bei Rechtsradikalismus, da kann ich einige Leute verstehen, wenn sie sagen: Nein, Ausländer, Asylanten nicht. Weil, ich kenn' so einige Leute, die sagen / weil manche Asylanten kommen. Die ham in ihrem Land eigentlich gar kein Problem. Die kommen einfach nur nach Deutschland, um halt, ohne zu arbeiten, Geld zu verdienen. Klar, das ist 'ne Schweinerei. Aber da muß man gesetzlich gegen vorgehen. Und nicht irgendwie die zusammenschlagen und die wieder rausschicken. Weil, damit produziert man nur größeres Unglück. Und Skins sind halt Deppen, die halt sich die Haare rasieren, die irgendwie einen auf Hitlers Nachfolger machen, obwohl die gar nicht mal wissen, warum Hitler das gemacht hat. Und halt sich nur mit Bier besaufen und irgend jemand klatschen wollen. Und dabei gehen sie ja nicht ma' nur auf Ausländer. Sie gehen auch auf Behinderte. Es können Deutsche sein, behinderte Deutsche rauf / drauflos und schlagen die. Nur weil die behindert sind und so.«

In Rams Argumentation klingt ein gewisses Verständnis für die Wut der Deutschen auf »nichtarbeitende Ausländer« an. Hierin kommt ein rassistischer Alltagsdiskurs der deutschen Aufnahmegesellschaft zum Vorschein, der Angriffe auf Ausländer in der Tendenz als sozialpsychologisch verstehbar oder motivatorisch nachvollziehbar betrachtet und nicht selten die Täter aufgrund des durch materielle Verarmung hervorgerufenen Sozialneids entschuldigt. Auch zeigt seine Unterscheidung zwischen »nützlichen« und »unnützen« Ausländern eine Überschneidung mit der in deutschen Alltagsdiskursen verbreiteten Doppelperspektive. Mit der Erweiterung der Opfergruppe auf »behinderte Deutsche« weist Ram auf die weitreichende Bedeutung rechtsextremistischer Gewalt hin, die die Lebensqualität aller in Deutschland lebenden Menschen einschränke. Des weiteren stellt er Überlegungen zum sozialen Milieu und dem Bildungsniveau von rechtsradikalen Jugendlichen an. Er sieht den Schlüssel zur Erklärung ihrer Verrohung in der Bildung. Vermutlich, so Ram, hätten die meisten »bloß Hauptschulabschluß«, seien nicht in der Lage, den Job eines »Müllputzers« zu verrichten. Rechtsradikalismus im gebildeten Milieu – etwa bei Gymnasiasten – führt er auf Verführung durch »falsche Freunde« zurück. Es ist ihm offenbar wichtig, seine These aufrechtzuerhalten, daß Bildung, geschichtliches Wissen und Informiertheit das Individuum vor rassistischen Vorurteilen schützten.

Hautfarbe, deutsche Staatsbürgerschaft und NS-Geschichte

Auch die Frage der deutschen Staatsbürgerschaft thematisiert Ram im Zusammenhang mit seiner Hautfarbe. Er beschreibt zunächst die Unentrinnbarkeit des Stigmas Hautfarbe. Anders als bei hellhäutigen Migranten bringe ihm nicht einmal die Beherrschung der deutschen Sprache die Anerkennung der deutschen Gesellschaft. Die Stigmatisierung durch die Hautfarbe macht er an einen Vergleich mit einem Jugoslawen mit starkem Akzent deutlich:

»Da glaub' ich mal, würde den keiner so schnell angreifen wie mich. Weil egal, wie gut ich die Sprache kann, man würde mich schlagen. Auf jeden Fall, weil ich etwas dunkler bin.«

Ram würde die deutsche Staatsbürgerschaft gern annehmen. Er fragt sich jedoch, wovor ihn das schütze:

»Weil, auch wenn ich einen deutschen Paß habe / und jetzt stell' ich mir vor, ich lauf' irgendwo abends durch die Gegend, und jemand kommt, irgend jemand, der was gegen Ausländer, der ein bißchen betrunken ist und will mich schlagen / dann kann ich wohl schlecht meinen Paß zeigen und sagen: Ich bin deutsch. Ich bin deutsch. Weil, er wird mir das nicht abnehmen, daß ich deutsch bin, weil ich eben diese Farbe habe.«

Ram erzählt von seinen Eltern, die nur schwer mit den sich häufenden Gewalttaten gegen Ausländer – besonders gegen Farbige – in Deutschland zurechtkämen. Seine Haltung zu der elterlichen Entscheidung, nach seinem Realschulabschluß nach Indien zurückzukehren, ist gespalten. Einerseits sei er in Deutschland aufgewachsen, andererseits gehöre er nicht dazu. Auch dieses Dilemma begründet Ram mit der Hautfarbe:

»Weil, wenn wir auch sagen: Wir gehören hierher / würden die Deutschen sagen: Nein, du bist nicht weiß. Das sieht man allein schon an deiner Hautfarbe. Und wenn ich in Indien bin, oder wenn meine Schwester in Indien ist, da fühlen wir uns nicht indisch, aber unsere Hautfarbe, unser Äußerliches, gibt zu erkennen, daß wir Inder sind. Und da hat man immer so einen Konflikt.«

Bezogen auf die Zugehörigkeit befindet er sich im Konflikt zwischen seiner Selbstverortung und der Fremdzuschreibung durch die deutsche Gesellschaft. Während er sich in Deutschland, wo er mit den kulturellen Formen vertraut ist, »deutsch« fühlt, beklagt er, daß dieses Identitätsempfinden ihm aufgrund seiner Hautfarbe immer wieder streitig gemacht werde:

»Ich verbinde mit deutsch irgendwie meine Heimat, wie ich aufgewachsen bin, wie mein Umfeld ist. Und auch, wenn ich auf meine Umwelt achten kann, so kann meine Umwelt nicht auf mich achten. Weil, irgendwie durch die Hautfarbe bin ich nicht deutsch. Wenn ich mich auch / ich kann im Inneren weiß sein, aber äußerlich bin ich nach der Hautfarbe [...] immer schwarz oder farbig.«

Ram kann das Dilemma nicht auflösen. Er plädiert jedoch intuitiv und vehement für ein Recht auf Selbstbestimmung der Individuen hinsichtlich ihrer kulturellen und nationalen Identität: »Wie sich ein Mensch innen drin fühlt, darauf kommt es an.« An anderer Stelle versucht Ram Zugehörigkeit in Prozentzahlen zu fassen:

»Auch wenn jetzt andere Leute sagen, ich fühl' mich nicht als Inder. Irgendwo klar / ich fühl' mich vielleicht zu zehn Prozent als Inder, aber 90 Prozent bin ich deutsch. Innerlich wenigstens. Weil hier aufgewachsen, 16 Jahre. Das kann ich nicht verleugnen. Ich bin 16 Jahre lang hier aufgewachsen, hab' alles mitgekriegt. Und ei ja, ich hab' meine Kindheit hier verbracht.«

Ram konkretisiert dann sein ambivalentes Verhältnis zu den Rückkehrvorstellungen seiner Eltern. Er fürchtet sich in Indien vor allem vor Isolation und Nichtverstandenwerden aufgrund sprachlicher und kultureller Differenz:

»Ich werd' mein Deutsch gar nicht mehr benutzen können. So, wie ich denke, so, wie ich spreche, darf ich es da nicht mehr machen. Weil da ist alles total englisch oder indisch oder irgendeine andere Sprache, aber nicht deutsch. Weil dort versteht keiner Deutsch, und dort denkt eigentlich keiner so wie ich.«

Ram kennt Indien und seine dort lebenden Verwandten nur von Ferienaufenthalten. Er beschreibt die Begegnungen mit ihnen als eher flüchtig, fast touristischer Art. Auch die Tatsache, daß er auf ein indisches College gehen soll, wo er niemanden kennt, macht ihm angst. Eigentlich möchte er lieber in Deutschland bleiben. Wieder betont er, wie deutsch er sich fühlt. Die Vehemenz seines Bekenntnisses zum Deutschsein läßt sich als Auflehnung gegen die ihm widerfahrende Fremdbestimmung verstehen. Offenbar empfindet Ram sowohl die elterliche Erwartung an sein Identitätsempfinden als auch die ausgrenzende Zuschreibung der Aufnahmegesellschaft als einengend. Zwar möchte er sich mit der deutschen Gesellschaft identifizieren, doch wird ihm dies wegen seiner phänotypischen Erscheinung verweigert. Er bedauert, daß ihm kein Zugehörigkeitsangebot gemacht wird.

Im Fortgang des Interviews arbeitet sich Ram weiter an der definitorischen Problematik der nationalen Zugehörigkeit ab, diesmal im Kontext der Auseinandersetzung mit seiner Schwester, die sich weigert, mit den Eltern nach Indien zu »remigrieren«. Sie beabsichtigt, statt dessen die deutsche Staatsangehörigkeit anzunehmen. Ram befindet sich wieder im Konflikt zwischen Selbst- und Fremdzuschreibung. Der Konflikt besteht darin, daß Ram die Hautfarbe als Zeichen für staatsbürgerliche Zugehörigkeit begreift und für sich folgert, er habe aufgrund seiner »schwarzen« Haut keine Wahlmöglichkeit:

»Ja, meine Schwester, die weiß auch nicht, was sie tun soll. Die sagt, irgendwo bin ich Inderin und irgendwo bin ich Deutsche. Klar, genau dasselbe sag' ich auch. Aber irgendwo sagt sie auch, sie nimmt sich 'ne deutsche Staatsangehörigkeit, und dann ist sie deutsch. Was ich nicht mehr verstehe / Weil, wie will sie deutsch sein? Sie ist genauso dunkel wie ich. Ja, o. k., ein bißchen heller, aber es kommt noch dieselbe Hautfarbe raus. Man merkt das. Und sie sagt dann, sie ist deutsch. Vielleicht fühlt sie sich im Inneren auch deutsch. Sie kann auch im Paß deutsch sein, aber ihr Äußerliches wird verraten, daß sie nicht deutsch ist. Und, na ja *(vier Sekunden Stille)*, ist halt ein bißchen komisch. Ich weiß auch nicht, was sie so richtig denkt. Sie ist ja auch irgendwie total im Konflikt: deutsch – indisch. Ausländer, ja – nein. Es ist schon ziemlich kraß, zu merken, wenn ein Mensch 18 oder 16 Jahre in Deutschland gelebt hat, und dann irgendwie auf einmal wird er weggerissen in irgendein anderes Land und hat keinen Plan, was er da machen soll. Ja, denselben alten Lebenslauf weitermachen, das bringt man nicht.«

In diesem Zitat fließen die Subjekte ineinander. Rams eigene Wahrnehmungen vermischen sich mit den Positionierungen seiner Schwester. Dies zeigt sich auch im Wechsel der Satzsubjekte: »ich«, »sie«, »ein Mensch«, »man«. Hierin klingt noch einmal das für Ram unlösbare Dilemma seiner Hautfarbe in der deutschen Aufnahmegesellschaft an: Einerseits fühlt er sich in Deutschland zu Hause, andererseits scheint ihn die Hautfarbe irreversibel an die Herkunftskultur seiner Eltern zu binden. Die Erkenntnis, daß ihn die Hautfarbe immer von der Mehrheit der Aufnahmegesellschaft unterscheiden wird, beschäftigt ihn nicht nur, sondern scheint ihn zugleich zu verletzen.

Ram greift im folgenden seine erste Begegnung mit dem Thema Nationalsozialismus auf. Er berichtet, daß die Lehrerin in der Schule aus »Mein Kampf« vorgelesen habe. In der ausschließlich aus Migrantenjugendlichen bestehenden Klasse der Realschule hätten damals alle gedacht, daß es eben zur Allgemeinbildung gehöre, über die nationalsozialistische deutsche Vergangenheit Bescheid zu wissen. Ram gibt an, daß er es als Bereicherung seines Allgemeinwissens betrachtet habe, über deutsche Geschichte und vor allem über den Nationalsozialismus zu lernen. Damals habe er das einfach gelernt, da habe es auch noch keine Ausschreitungen gegeben. In diesem Zusammenhang stellt er fest, daß die Fremdenfeindlichkeit seit dem Mauerfall »ziemlich kraß« geworden sei. Dann folgt wieder eine Aufzählung von Zeitungsschlagzeilen: »Asylantenhausverbrennungen und Ausländer-raus-Parolen«. Seiner Äußerung ist zu entnehmen, daß der historische Stoff für ihn angesichts des sich verschärfenden ausländerfeindlichen Klimas an Aktualität gewonnen hat. Seine erworbenen Kenntnisse über den Nationalsozialismus und den Holocaust dienen ihm als Orientierungswissen und Folie, auf der rassistische Übergriffe im Gegenwartsdeutschland interpretierbar werden.

Ram erzählt, daß er eigentlich im allgemeinen nicht über das Thema Nationalsozialismus und Holocaust spreche. Dies begründet er zum einen mit seiner Charaktereigenschaft, generell nur zu erzählen, wenn er gefragt wird, und zum anderen mit der Erfahrung, daß vor allem die deutschen Jugendlichen gelangweilt reagierten, davon nichts wissen und hören wollten. Die wörtliche Rede, die Ram bei diesen Ausführungen einsetzt, könnte darauf hinweisen, daß es sich bei der Aussage, es werde von Deutschen falsch verstanden beziehungsweise »abgewehrt«, nicht um eine bloße Annahme, sondern um eine auf Erfahrung gegründete Feststellung handelt:

»Also ich erzähl' nicht gern darüber, wenn niemand das wissen will. Ja, man muß schon auf mich zukommen und sagen: Ja, wie is' es denn? Weil, ich denk' mal, das würd' die langweilen. Und sonst, wenn's ein Deutscher hört, dann sagt der: Was kann ich dafür, daß meine Vor / halt mein Urgroßvater oder mein Opa das gemacht hat. Und jetzt liegt es an mir, das wieder nicht zu bringen. Die würden das halt total dann wieder abschotten. Die würden sagen: Nein, nein, das hat nix mehr mit mir zu tun. Ja, also, es wehren auf jeden Fall die Jugendlichen ab.«

Im nächsten Interviewsegment entlastet Ram die Jugendlichen wieder: Er gesteht ihnen im Vergleich zu den Älteren einen Lernprozeß zu und setzt auf ein verändertes Bewußtsein der jungen Generation. Der älteren Generation, die in den Nationalsozialismus direkt verstrickt war, attestiert Ram hingegen ideologische Kontinuitäten. Diese Feststellung versucht er mit einem Beispiel aus seinem persönlichen Erfahrungsumfeld zu belegen. Er berichtet von der Auseinandersetzung mit einem rassistisch pöbelnden älteren Mann in der U-Bahn:

»Wenn ich so mit Älteren so / wenn ich schon in der Bahn so fahre, und da kommt so ein Opa und sagt / ja, wenn ich halt mit ein paar Freunden so darum sitze / und er so: Die gute alte Zeit, da wurden noch Ausländer und Juden zusammengeschlagen, ja. Kommt ein Opa und sagt das zu uns. Dann irgendwie sind wir wütend und würden den Mann am liebsten ein bißchen verunstalten. Aber durch sein Alter haben wir halt ein bißchen Respekt. Und dann denken wir uns wieder: Bei den Jugendlichen kommt's an. Die sagen: Nein, wir wollen das nicht mehr. Wir wollen nicht mehr das, 1945, Holocaust, Hitler haben. Aber noch die Alten hängen noch richtig dran, und die geben das immer weiter, immer weiter an ihre Nachfolger. Die wollen dasselbe noch einmal heraufbeschwören, obwohl sie wissen, was dann geschieht.«

Wieder stehen für Ram die Verfolgung der Juden und die Diskriminierung von Ausländern auf einer Stufe. Für ihn verhält sich der alte Mann, der nach seiner Meinung nichts aus der Geschichte gelernt hat, ihm und seinen Freunden gegenüber wie früher den Juden im Nationalsozialismus. Er weist Ram und der Gruppe einen Außenseiterstatus zu, nimmt dabei Bezug auf »die gute alte Zeit«. Aufschlußreich ist, wie bereits erwähnt, daß Ram die Zeitebenen nicht unterscheidet, sondern die historische Verfolgung der jüdischen Bevölkerung neben die der »Ausländer« stellt. Hieran wird die Aktualität der Ereignisse in Rams Wahrnehmung deutlich. Die NS-Geschichte ist aufgrund der eigenen Diskriminierungs- und Gewalterfahrungen in besonderer Weise präsent und aktuell. Die Verbrechen der Nazis erfahren einen Aktualisierungsschub, werden für den von Fremdenhaß Bedrohten zum zentralen Punkt bei dem Versuch, die psychosoziale und politische Verfassung der deutschen Gegenwartsgesellschaft zu deuten.

Typen: Geschichtsbezüge in der deutschen Einwanderungsgesellschaft

Meine Grundannahme lautet, daß das Wissen um die Vergangenheit an die Orientierungsbedürfnisse der Gegenwart angepaßt wird, und daß Erinnerungsarbeit aus diesem Grunde unweigerlich durch Gegenwarts- und Zukunftsinteressen strukturiert ist. Daher konzentriert sich die folgende Typenbildung vornehmlich auf die Erfassung der sozialen Dimension, in der sich die Befragten auf bestimmte historische Inhalte beziehen. Diese soziale Dimension bildet sich entlang bestimmter Strategien und Verarbeitungsweisen heraus, die die Jugendlichen im Umgang mit der NS-Geschichte entwickeln, um die Geschichte der Aufnahmegesellschaft biographisch anschlußfähig zu machen. In diesem Zusammenhang erwies sich die Kategorie der Zugehörigkeit als Schlüsselkategorie. Die Geschichtsbezüge junger Migranten sind in hohem Maße abhängig von der Selbst- und Fremdpositionierung im gesellschaftlichen und politisch-historischen Raum der Aufnahmegesellschaft. Im deutschen Einwanderungskontext kreist die Frage nach der eigenen Identität und dem Dazugehören auch um die NS-Geschichte und den Holocaust. Das Verständnis der NS-Geschichte wird dabei zu einem Instrument der Beobachtung und Analyse der Aufnahmegesellschaft sowie der Deutung der eigenen Situation als in Deutschland lebender Migrant oder deutscher Staatsbürger nicht ethnisch-deutscher Herkunft. Die im Umfeld von Nationalsozialismus und Holocaust sich entfaltenden Geschichtsdiskurse können Anlaß ebenso wie Austragungsort von Identitätsverhandlungen im Migrationskontext sein. Kenntnisse über die NS-Geschichte – das dokumentieren die nachfolgenden vier empirisch begründeten Typen – verfestigen sich für die befragten Jugendlichen zu gesellschaftlich relevantem Orientierungswissen. Durch die Auswahl und die Art und Weise des Umgangs mit der Erinnerung an den Nationalsozialismus und den Holocaust werden Zugehörigkeiten zu spezifischen sozialen oder historischen Bezugsgruppen behauptet. Diese Zugehörigkeitskonstruktionen markieren die historische Identität der befragten Jugendlichen und bilden zugleich das Kernstück ihres jeweiligen Geschichtsbezuges.

Typ I
Fokus: Opfer der NS-Verfolgung

Die unter Typ I zusammengefaßten Geschichtskonstruktionen sind charakterisiert durch eine intensive Beschäftigung mit der historischen Bezugsgruppe der Opfer des Nationalsozialismus. In den Erzählungen, der selektiven Präsentation historischer Begebenheiten und den Formen der Erinnerung schält sich die Auseinandersetzung mit dem Schicksal der Opfer des NS-Regimes als dominantes Motiv heraus. Damit verbindet sich ein hohes Maß an persönlicher Betroffenheit, Erschütterung, Identifikation und emphatischer Übernahme der Sozialperspektive der Opfer. Anhand der Fragestellung, wie es dazu kommt, daß jemand Opfer wird oder geworden ist, werden sowohl der eigene Status als »Migrant« oder »Ausländer« als auch der Prozeß der Selbst- und Fremdpositionierung in der deutschen Aufnahmegesellschaft reflektiert. Ausdruck findet dieser Geschichtsbezug vornehmlich in Strategien von Analogiebildungen.[1] Die eigene Lebenssituation als Angehöriger einer Minderheit in Deutschland wird mit der der Opfer nationalsozialistischer Gewaltherrschaft – insbesondere mit der von den Nationalsozialisten verfolgten jüdischen Minderheit – verglichen. Daraus werden Schlüsse für das gegenwärtige und zukünftige Leben in Deutschland gezogen.

In den Geschichtsbezügen dieses Typus werden selbsterfahrene Diskriminierung und Rassismus in der deutschen Aufnahmegesellschaft vor dem Hintergrund des Wissens um die geschichtlichen Ereignisse zwischen 1933 und 1945 reflektiert.[2] Die deutsche Gesellschaft gerät dabei vor allem als Land der ehemaligen Zuschauer, Mitläufer und Täter in den Blick. Dies führt nicht nur zu einer kritischen und distanzierten Beobachtung der Deutschen, sondern auch zu Mißtrauen und Skepsis, ob man im Falle rassistischer Bedrohung

---

1 Der Begriff der Analogiebildungen bezeichnet hier die Behauptungen von Parallelen und Vergleichen zwischen Phänomenen sozialen Ausschlusses bis hin zu Verfolgung und Mord während der Zeit des Nationalsozialismus mit ähnlichen bzw. vergleichbaren sozialen Erscheinungsformen in der Gegenwart (z. B. Rassismus, Genozid).

2 Vgl. hierzu etwa die Fälle Turgut, Hülya und Ram.

überhaupt mit Solidarität rechnen könne. In Zeiten weitverbreiteter rechtsextremistischer und ausländerfeindlicher Gewalt nimmt die reale Angst vor Diskriminierung und gewaltsamer Verfolgung zu. Der Holocaust wird vor diesem Hintergrund oftmals als absoluter Maßstab von Ausgrenzung, Gewalt und Grausamkeit gesehen. Das Szenario einer möglichen Wiederholung mit anderen Opfergruppen wird ins Feld geführt. In Rassismus und Antisemitismus, der Ächtung von Fremden und in der Gewalt gegen Ausländer sieht dieser Typus Anzeichen für Entwicklungen, die die Lebensqualität und die Zukunftsperspektiven von Migranten in Deutschland massiv beeinträchtigen. Die Tatsache, daß man sich selbst als potentielles Rassismusopfer positioniert oder bereits Opfer rassistischer Übergriffe geworden ist, läßt die Erfahrungen der NS-Verfolgten bedrückend nah an die eigene Lebenswelt heranrücken. Aus einer solchen Perspektive scheint es fast naheliegend, daß eine lebensweltliche Verbindung zur Bezugsgruppe der Opfer hergestellt wird.

Typ II
Fokus: Zuschauer, Mitläufer und Täter im Nationalsozialismus

Charakteristisch für die Geschichtskonstrukte des Typs II ist eine aktive und emphatische Aneignung der NS-Geschichte, die sich den Motiven und Sichtweisen der Zuschauer, Mitläufer und Täter im Nationalsozialismus zuwendet. Es besteht offenbar ein großes Bedürfnis, verstehen, zumindest aber nachvollziehen zu können, weshalb die Deutschen das nationalsozialistische Unrechtssystem unterstützten oder zu »willigen Vollstreckern« wurden. Dabei werden häufig die Sozialperspektiven der Zuschauer, Mitläufer und Täter (etwa die Perspektive ehemaliger Wehrmachtssoldaten) eingenommen. Auffällig ist zudem die sich daraus ergebende Verstrickung in Vergangenheitsdiskurse der deutschen Nachkriegsgesellschaft. Es kommt nicht selten zu einer Reproduktion oder Übernahme von »Mythen« über den Nationalsozialismus, die bis heute nachwirken. Folgende Diskursfragmente aus dem Geschichtsgeschichtenrepertoire deutscher Vergangenheitsbewältigung tauchen in den Interviews auf: »Es herrschte Befehlsnotstand«, »Die Deutschen haben von nichts gewußt«, »Die Deutschen waren selbst Opfer des Nationalsozialismus«, »Die Juden waren reich und haben den Neid der Deutschen auf sich gezogen«, »Hitler hat die Arbeitslosigkeit bekämpft und für Ordnung gesorgt«, »Der Nationalsozialismus hatte auch gute Seiten«.[3] Einerseits werden die Migrantenjugendlichen anscheinend durch ihre politisch-historische Sozialisation in Deutschland, insbesondere wenn sie aus bikulturellen Familien mit einem deutschen Elternteil stammen und enge, quasifamiliäre Kontakte mit deutschen Zeitzeugen der Kriegsgeneration haben,[4] in solche Geschichtsgeschichten und damit auch in die deutsche Erinnerungsgemeinschaft verstrickt. Andererseits sind die jungen Migranten aber auch Akteure dieses Prozesses, das heißt, sie verstricken sich durch die Auswahl bestimmter Vergangenheitsdeutungen, geschichtlicher Fragmente, Themen und Fragestellungen auch selbst in die »deutsche Erinnerungsgemeinschaft«. Diese Selbstverstrickung – zum Teil auch Identifikation – kann bis hin zum Bekenntnis reichen, sich mit der Annahme der deutschen Staatsbürgerschaft auch für die nationalsozialistischen Verbrechen schuldig zu fühlen.[5]

Wesentliches Motiv für die Teilhabe am kommunikativen Gedächtnis der deutschen Gesellschaft ist bei diesem Typus das Bedürfnis, dazuzugehören. Die Erinnerungsarbeit gewinnt dabei nicht selten verpflichtenden Charakter. Es geht darum, sich durch ein bereitwilliges Antreten des »negativen historischen Erbes« der Deutschen als »vollwertiger« Deutscher zu legitimieren und zu qualifizieren. Es scheint, als dienten die Auseinandersetzung mit der nationalsozialistischen Vergangenheit und der Grad der (Selbst-)Verstrickung in diese Geschichte quasi als »Eintrittsbillett« in die deutsche Gemeinschaft. Mit der An- und Übernahme von Verantwortung oder gar von Schuldgefühlen für die von Deutschen begangenen Verbrechen verbindet sich der Wunsch nach Anerkennung und Zugehörigkeit zur deutschen Gesellschaft. Daß die NS-Geschichte und der Holocaust auf diese Weise zu einem wichtigen Identitätsmerkmal für das Selbstverständnis junger Migranten in Deutschland werden können, un-

3 Vgl. hierzu die Befunde von Rosenthal 1997.
4 Vgl. hierzu etwa die Fälle Bülent und Farhad.
5 Vgl. hierzu etwa den Fall Bülent.

terstreicht die Wirkungsmacht der »Gegenwärtigkeit dieser Vergangenheit« im kollektiven und öffentlichen Bewußtsein der Bundesrepublik.

Für die Geschichtsbezüge dieses Typus gilt auch, daß es als Aufgabe und Herausforderung empfunden wird, an einer Rehabilitation des durch den Nationalsozialismus beschädigten Deutschlandbildes zu arbeiten. Deutschland und die Deutschen werden etwa gegenüber kritischen Stimmen aus dem Herkunftsland der Jugendlichen oder ihrer Eltern verteidigt. Das Geschehene wird mit Verweisen auf Diskriminierung oder Greueltaten in anderen Ländern relativiert. Man selbst steht für die Zukunft und damit eine bessere deutsche Gesellschaft ein. Diese Strategie dient letztlich auch dazu, die Gesellschaft, in der man lebt und zu der man gehören möchte, von den ihr anhaftenden negativen nationalen Stereotypen zu befreien. In die Fußstapfen der Zuschauer, Mitläufer und Täter zu treten scheint demnach auch ambivalente Gefühle und Unbehagen auszulösen. Daher distanziert man sich, indem man sich bekennt: etwa dazu, aus der Geschichte lernen zu wollen und entsprechend in Zukunft dafür zu sorgen, daß sich ähnliches nie mehr ereignen könne. Dabei wird häufig ein deutsches »Wir« beansprucht, welches die junge Generation der Deutschen meint, mit der sich die jungen Migranten als deutsche Staatsbürger oder künftige deutsche Staatsbürger identifizieren.[6]

Typ III
Fokus: Eigene ethnische Gemeinschaft

Typ III zeichnet sich durch exklusive Teilhabe am kollektiven Gedächtnis der eigenen ethnischen Gruppe aus. Die in der Beschäftigung mit dem Nationalsozialismus und dem Holocaust entwickelten Geschichtskonstruktionen zentrieren sich um diese Gruppe sowie deren familien- und kollektivgeschichtliche Erfahrungen. Dabei handelt es sich in der Regel um eine Auseinandersetzung mit der Zugehörigkeit zu einer Gemeinschaft, die nicht einfach »verlassen« werden kann, weil ein bestimmtes historisches Schicksal das Individuum an

6 Vgl. hierzu die Fälle Bülent, Turgut, Laila und Fatima.

diese Gruppe bindet.[7] Die Verstrickung in familienbiographische Ereignisse, tradierte Vergangenheitsdeutungen und Erzählungen ist so stark, daß eine Distanzierung oder ein Perspektivenwechsel unmöglich erscheint. Die Geschichte des Nationalsozialismus und des Holocaust wird ausschließlich entlang der Perspektive der eigenen ethnischen Gruppe erzählt. Die Wahrnehmung der historischen Sozialperspektiven reduziert sich damit auf die Perspektiven der eigenen Gruppe. Das Selbst positioniert sich als Gegenüber und in Abgrenzung zu den anderen historischen Akteuren – insbesondere den Zuschauern, Mitläufern und Tätern des NS-Regimes. Dieser Prozeß der Abgrenzung ist zugleich Bedingung für die Herausbildung der spezifischen historischen Identität, die mit dem Erhalt der Gruppe in der Gegenwart verknüpft ist. In diesem Fall hat die historische Identität keinen Optionscharakter. In der Wahrnehmung der Betroffenen wird sie zur Verpflichtung, so daß sie gar nicht umhinkönnen, immer wieder auf das eigene Gruppenschicksal Bezug zu nehmen. Erinnerungstheoretisch handelt es sich im Sinne von Margalit um die Praxis ethischen Erinnerns. Die ethische Erinnerungsgemeinschaft basiert hiernach auf ethnischer Vergemeinschaftung. Sie bezieht sich auf Menschen, mit denen man sich aufgrund gemeinsamer Erfahrungen oder Eigenschaften in Vergangenheit und Gegenwart verbunden fühlt.[8]

Eine Variante innerhalb dieses Typus läßt sich mit dem Begriff der Instrumentalisierung beschreiben. Von Instrumentalisierung der NS-Geschichte und des Holocaust kann dann gesprochen werden, wenn eine Bezugnahme auf die Opfer des Nationalsozialismus ausschließlich der Dramatisierung der Situation der eigenen Gruppe dient. Bei diesem Zugang, der auch die Opfer ins Zentrum der Auseinandersetzung rückt, wird zwecks Vermittlung der Kollektivgeschichte und der Interessen der eigenen ethnischen Gruppe deren Schicksal argumentativ mit dem Holocaust verknüpft.[9] Die Strategie, die Notlage der eigenen Gruppe bewußt oder unbewußt in den Kontext nationalsozialistischer Verbrechen gegen die Menschlichkeit zu stellen, zeugt

7 Vgl. hierzu etwa die Fälle Lea, Muhrat und Dragan.

8 Vgl. Margalit 1999, S. 106 ff.

9 Siehe hierzu etwa den Fall Muhrat, der die Leidensgeschichte des kurdischen Volkes auf der Folie der Geschichte des Holocaust abbildet.

zugleich von einem tiefgreifenden Verständnis der diskursiven Ebenen deutscher Vergangenheitsbewältigung. Dem Nationalsozialismus und dem Holocaust wird große Bedeutung für das kollektive und individuelle Selbstverständnis der Deutschen zugeschrieben. Das Ansetzen an der historischen »Wunde« des Nationalsozialismus zwingt den »signifikanten Anderen« – die deutsche Mehrheitsgesellschaft – zu besonderer Aufmerksamkeit. Mit Aleida Assmann läßt sich das beschriebene Phänomen wie folgt charakterisieren: »Mit dem erinnernden Bezug auf Auschwitz ebenso wie mit seinen metaphorischen Gebrauch wird der Affektgehalt eines Arguments aufs höchste gesteigert und unter den Druck eines moralischen Absolutismus gesetzt.«[10]

So nutzen junge Migranten, die ihre eigene Verfolgungsgeschichte, die Leidensgeschichte ihrer Familie oder auch ihrer ethnischen Gruppe in der Aufnahmegesellschaft nicht repräsentiert oder anerkannt sehen, die Erfahrungen der historischen Bezugsgruppe der Opfer des Nationalsozialismus als Projektionsfläche für die Abbildung ihrer eigenen Geschichte. Der Versuch, die eigenen Verfolgungserfahrungen auf diese Weise in deutsche Vergangenheitsdiskurse um den Nationalsozialismus und den Holocaust einzuschreiben, dient dazu, diese für die deutsche Gesellschaft sichtbar zu machen. Es scheint, als ahnten die Betroffenen, daß sie in der deutschen Gesellschaft Gehör für ihre Geschichten und Erfahrungen nur dann finden, wenn diese in eine Nähe zu Auschwitz gerückt werden.[11]

Typ IV
Fokus: Menschheit

Bei diesem Typus stehen weder die eigene ethnische Herkunft oder die Opfer nationalsozialistischer Gewaltverbrechen noch die Zuschauer, Mitläufer und Täter im Nationalsozialismus im Mittelpunkt. Der ethnische beziehungsweise nationalkulturelle Hintergrund der Menschen, die während des Nationalsozialismus zu Opfern oder Tätern geworden sind, findet kaum Beachtung. Entsprechend gibt es

---

10 Assmann, A. 1999, S. 74.

11 Vgl. hierzu den Fall Muhrat.

keine Präferenz für eine der genannten historischen Bezugsgruppen. Das historische Interesse orientiert sich vornehmlich an universalistischen Fragestellungen. Unabhängig von der eigenen ethnischen Zugehörigkeit werden verschiedene allgemeine Problemfelder identifiziert, die in der Auseinandersetzung mit dem Nationalsozialismus und dem Holocaust eine Rolle spielen. Gefragt wird etwa danach, wie und weshalb Menschen unter bestimmten historischen, politischen und sozialen Bedingungen zu Opfern, Zuschauern, Mitläufern oder Tätern werden konnten und können. Die Geschehnisse während des Zweiten Weltkriegs (etwa aggressive Kriegsführung, Genozid an der jüdischen Bevölkerung, Verfolgung anderer Minderheiten und Oppositioneller), die Eigenschaften des NS-Regimes und die Herrschaftsmechanismen (Propaganda, rassistische Ideologie, Terror) werden mit aktuellen Ereignissen und Phänomenen verglichen. Die bewußte Kontextualisierung der Geschichte des Nationalsozialismus und des Holocaust im Spiegel der Weltgeschichte (etwa Vergleiche mit anderen Genoziden) hat nicht selten eine gewisse Relativierung beziehungsweise auch eine Universalisierung zur Folge. Der Holocaust steht für den Zivilisationsbruch, für das Äußerste an Grausamkeit und Schrecken, das sich, weil es geschehen ist, auch andernorts wiederholen kann. Der geschichtliche Bezug muß deshalb eine Zukunftsperspektive aufweisen. Im Sinne der häufig vorgebrachten Forderung, »aus der Geschichte zu lernen«, leitet sich für diesen Typus aus dem seit dem Holocaust bloßliegenden Wissen um die Abgründe der Menschheit die Verpflichtung ab, gesellschaftspolitische Verantwortung zu übernehmen und Handlungsoptionen für die Gegenwart zu entwickeln.[12] Die beunruhigende Realität, im Land der ehemaligen Zuschauer, Mitläufer und Täter zu leben, kann offenbar mit der Möglichkeit einer Wiederholung von Auschwitz anderswo[13] sowie der Aufnahme anderer Opfergruppen in den Kanon der Verfolgten

12 Diese Art der Aneignung der Geschichte korrespondiert mit dem in Rüsens Modell »Geschichtsbewußtsein als narratives Konstrukt« theoretisch konstruierten Typus des »exemplarischen Erzählens«. Rüsen argumentiert hier, daß Identität durch die Verallgemeinerungen von Zeiterfahrungen zu allgemeinen Verhaltensregeln gebildet werde (vgl. die Ausführungen zu Rüsen im Kapitel »Geschichtsbewußtseinsforschung«).

13 Vgl. hierzu etwa den Fall Laila.

gebrochen werden. In dem Moment, da man auch in anderen Ländern beispielsweise rechtsextremistisches Potential identifiziert, relativiert sich die Bedrohung in Deutschland. Sie wird über die Universalisierung der Phänomene quasi normalisiert. Erinnerungstheoretisch findet sich dieser Typus in der von Margalit als moralisch ausgewiesenen Form der Erinnerung.[14] Erinnert wird als Mensch und aufgrund der Zugehörigkeit zum »Menschengeschlecht«. Der ethnisch-kulturelle Hintergrund des Erinnernden spielt hierbei keine Rolle. In Aussagen wie »Alle Menschen sollten aus dem Holocaust lernen« oder »Wir müssen an den Holocaust erinnern, weil es auch Menschen waren, die ihn verbrochen haben« findet diese Form des Geschichtsbezuges ihren Ausdruck.

Die historische Bezugsgruppe dieses Typus ist die gesamte Menschheit. Hintergrund der Selbstpositionierung als Mensch könnte eine in der Migration entwickelte postnationale oder auch postethnische[15] Orientierung der Jugendlichen sein. Diese könnte sich aus zwei Komponenten speisen: zum einen aus dem Mangel an Identifikation mit Deutschland und den Deutschen, was nicht zuletzt auch auf die von den Migrantenjugendlichen erfahrene Nichtanerkennung als Deutsche zurückzuführen wäre; zum anderen aus dem Mangel an Einbindung in die kollektive Erinnerung der Herkunftsgesellschaft, etwa durch das Wegfallen der die Erinnerung aufrechterhaltenden »sozialen Bezugsrahmen« (Halbwachs) in der Migration. Dies soll aber nicht bedeuten, daß es sich bei den Vertretern dieses Typus um defizitäre oder gar »geschichtslose« Personen handelt. Auch dieser Typus positioniert sich im Verhältnis zur Geschichte und markiert damit seine politisch-historische Identität. Dabei besteht er in kritischer Distanz zu kollektiven beziehungsweise nationalen historischen Identifikationen auf einer universalistischen Perspektive, die ihn nicht nur einbindet in eine »moralische Erinnerungsgemeinschaft« (Margalit), sondern ihn auch mit der Bereitschaft zur Übernahme politisch-historischer Verantwortung ausstattet.

---

14 Siehe hierzu die Ausführungen im Kapitel »Erinnerung und kollektives Gedächtnis«.

15 Vgl. zu diesen Begriffen Hollinger 1995.

Typen in der Übersicht

Typ I
Fokus: Opfer der NS-Verfolgung
Identifikation/Sozialperspektivenübernahme der historischen Bezugsgruppe der Opfer des Nationalsozialismus

Typ II
Fokus: Zuschauer, Mitläufer und Täter im Nationalsozialismus
Identifikation/Sozialperspektivenübernahme der historischen Bezugsgruppe der Zuschauer-, Mitläufer- und Tätergesellschaft

Typ III
Fokus: Eigene ethnische Gemeinschaft
Identifikation mit der »eigenen« ethnischen Gruppe als historischer Bezugsgruppe

Typ IV
Fokus: Menschheit
Identifikation mit der Menschheit als historischer Bezugsgruppe

Schlußbemerkung: Die Zukunft der Erinnerung

In der vorliegenden Untersuchung wurde gezeigt, wie sich junge Migranten in Deutschland mit dem Nationalsozialismus und dem Holocaust auseinandersetzen und wie sie sich im Verhältnis zu dieser Geschichte und ihren Trägern – der deutschen Zuschauer-, Mitläufer- und Tätergesellschaft und ihren Nachkommen – positionieren. Durch exemplarische Fallanalysen und darauf basierende Typenbildung wurden vor allem die Sozialperspektiven historischer Bezugsgruppen herausgearbeitet, deren sich die Jugendlichen in ihrer Auseinandersetzung mit dem Nationalsozialismus und dem Holocaust bedienen.

Als eines der Ergebnisse der Studie möchte ich hervorheben, daß die Bedeutung des nationalkulturellen Hintergrundes der befragten Jugendlichen für die Aneignung der NS-Geschichte in der überwiegenden Zahl der Fälle eher gering veranschlagt werden muß. Relevant für die Strategien der Selbstpositionierung der jungen Migranten im Kontext der Geschichte der deutschen Aufnahmegesellschaft erscheint weniger die jeweils spezifische Herkunft als die Auseinandersetzung mit dem Status als Ausländer beziehungsweise dem Umstand, als Angehöriger einer Minderheit in Deutschland zu leben. Anders sieht es in Fällen aus, in denen die familienbiographischen Verstrickungen mit dem Nationalsozialismus und dem Holocaust eine so zentrale Rolle spielen, daß sie die Formen der Aneignung der Geschichte und die Selbstpositionierung der Jugendlichen ganz maßgeblich bestimmen.[1]

Die Möglichkeiten der »Selbstpositionierung« (Hall) im Verhältnis zur NS Geschichte sind – wie ich gezeigt habe – vielfältig. Die empirischen Befunde dokumentieren, daß junge Migranten mehrere Optionen (Waters) der historisch-politischen Selbstpositionierung für sich beanspruchen. Im Rahmen der Typenbildung wurden vier soziale Bezugsgruppen als historische Identifikationsgruppen herausgearbeitet: die Gruppe der während der Nazizeit verfolgten Minderheiten

1 Vgl. hierzu etwa die exemplarischen Fallanalysen von Dragan und von Lea.

(Typ I); die deutsche Aufnahmegesellschaft als Gesellschaft der ehemaligen Zuschauer, Mitläufer und Täter (Typ II); die eigene Familie mit ihrer jeweils spezifische Migrationsgeschichte beziehungsweise die eigene ethnische oder religiöse Gemeinschaft mit ihrer Geschichte und ihrer Selbstverortung innerhalb der deutschen Aufnahmegesellschaft (Typ III) und schließlich die Gruppe »Menschheit« (Typ IV). Welche Optionen für junge Migranten an einem bestimmten biographischen Punkt als attraktiv, als unannehmbar oder als einzig mögliche erscheinen, hängt entscheidend von den sozialen und gesellschaftspolitischen Rahmenbedingungen (etwa Anerkennung und Staatsbürgerschaftsstatus) sowie der Interaktion mit den »signifikanten Anderen« ab, die jeweils als historische Identifikationsgruppe bevorzugt werden. Wann und weshalb sich junge Migranten auf eine der oben genannten historischen Identifikationsgruppen beziehen, ist also in hohem Maße kontextgebunden: Durch Übernahme der Sozialperspektive der ehemaligen Zuschauer-, Mitläufer- und Tätergesellschaft kann Zugehörigkeit zur deutschen Erinnerungsgemeinschaft behauptet und beansprucht werden. Vergleiche zwischen der Diskriminierung und Verfolgung der jüdischen Minderheit während des Nationalsozialismus mit der Situation von Minderheiten im Deutschland der Gegenwart ermöglichen eine Übernahme der Opferperspektive. Es kann in der Auseinandersetzung mit dem Nationalsozialismus und dem Holocaust aber auch aus der Perspektive der eigenen ethnischen Gruppe das häufig in der Familie tradierte »Herkunftswissen«[2] mobilisiert werden. Schließlich kann quasi aus einer »Menschheitsperspektive« eine universalistische Position ergriffen werden, auf deren Basis das geschehene historische Unrecht nach moralischen Prinzipien bewertet und auf gegenwärtige gesellschaftliche Kontexte übertragen wird.

Ohne die drei ersten Typen in ihrer Aussagekraft für die zukünftige Entwicklung der Erinnerung in der deutschen Einwanderungsgesellschaft schmälern zu wollen, möchte ich die Annäherung an die Geschichte des Holocaust und des Nationalsozialismus des vierten Typus, der in allen Interviews zumindest anklingt, als richtungsweisende Tendenz theoretisch vertiefen.[3] Denn die Selbstpositionierung

---

2 Inowlocki 2000b.

3 Es sei jedoch an dieser Stelle darauf hingewiesen, daß ich auf der Grund-

entlang der Kategorie »Menschheit«, die wie erwähnt als »post-nationale« oder »post-ethnische« Orientierung (Hollinger) charakterisiert werden kann, fordert die deutsche Einwanderungsgesellschaft mit Blick auf die Zukunft der Erinnerung an den Nationalsozialismus und den Holocaust in zweierlei Hinsicht heraus: Erstens scheint es dieser Typus zu sein, der uns vielleicht einen Weg hinausweisen kann aus einer exklusiven Erinnerungsgemeinschaft, die sich immer noch maßgeblich über ethnische Abstammung definiert und damit unweigerlich auch die Züge einer deutschen »Schicksalsgemeinschaft« trägt. Die Alternative, die sich andeutet, wäre die Begründung einer Erinnerungsgemeinschaft, die Menschen unabhängig von ihren jeweiligen ethnischen Zugehörigkeit(en) dazu anhält, an vergangene Generationen und Geschehnisse zu erinnern. Auf diese Weise ließe sich das Tor zu einer inklusiven »moralischen Erinnerungsgemeinschaft« (Margalit) aufstoßen. Die von Margalit als ethisch ausgewiesene Form der Erinnerung, die auf der Konstruktion ethnischer Gemeinsamkeiten und geteilter kollektiver Vergangenheit beruht, würde damit freilich ihre Bedeutung nicht verlieren. Parallel zur »ethischen Erinnerungsgemeinschaft« gäbe es dann aber durch die »moralische Erinnerung«, eine Form der Teilhabe am kollektiven Gedächtnis der deutschen Gesellschaft, die allen in Deutschland lebenden Menschen prinzipiell offenstünde.

Zweitens korrespondiert der Typus Menschheitsperspektive mit neueren gesellschaftspolitischen, historischen und pädagogischen Debatten über eine zeitgemäße Auseinandersetzung und Einordnung der NS-Geschichte, in denen immer wieder Fragen nach der Vergleichbarkeit beziehungsweise der Universalisierung des Holocaust aufgeworfen werden. Michael Jeismann etwa weist in seiner Bilanz deutscher Erinnerungspolitik am Beginn des neuen Jahrtausends darauf hin, daß die Verfolgung und die Vernichtung der Juden durch das nationalsozialistische Deutschland als Menschheitsverbrechen einen

---

lage des untersuchten Samples, welches als »theoretisches Sample« zusammengestellt wurde, keine quantitativen Aussagen machen möchte. Dennoch deutet sich im Material eine Tendenz zur Bevorzugung der Kategorie »Mensch / Menschheit« an, deren Evidenz aber empirisch zu überprüfen wäre.

äußersten Punkt der Orientierung bezeichne, und bringt die Problematik der Universalisierung des Holocaust wie folgt auf den Punkt:

»Der Holocaust hat in den vergangenen zwanzig Jahren international einen symbolischen Status erlangt, von dem aus das Zukünftige sich am Erinnerten messen lassen muß. Daß das Erinnerte insbesondere durch seine politische Nützlichkeit mehr und mehr zu einem Mythos wird, ist ebenso unausweichlich wie gefährlich. Unausweichlich, weil die gegenwärtigen Interessen das vergangene Ereignis modellieren müssen, sofern es überhaupt Aussagekraft für die Gegenwart besitzen soll. [...] Das Gefährliche dieses Prozesses liegt darin, daß eine Vergangenheit, die solchermaßen vergegenwärtigt wird, blind machen kann für die Gegenwart. Denn die Vergegenwärtigung wird stets durch Analogien hergestellt – und Analogien suggerieren eine Gleichheit der Situation und ihrer Bedingungen, die kaum je gegeben ist.«[4]

Unabhängig von dieser Berurteilung der Universalisierungstendenzen macht Jeismann deutlich, daß es sich hierbei um einen unaufhaltsamen Prozeß handelt, der in den neunziger Jahren einsetzte und – nicht nur in Deutschland – tiefgreifende Veränderungen im Umgang mit der Erinnerung an den Holocaust nach sich zog. Die Erfahrung des Holocaust sei in der internationalen Politik zu einem politischen Mittel und einer Instanz geworden.[5] Auch Sznaider und Levy argumentieren mit ihrer These von der »Kosmopolitisierung der Erinnerung« in diese Richtung, wenn sie feststellen, daß die historische Erinnerung an den Holocaust sowie ihre zukunftsweisende Vereinnahmung für gegenwärtige Genozide und Menschenrechtsverletzungen zu einem »Symbol für eine kritische nationale Rückschau«[6] geworden sei. Die kosmopolitische Bedeutung der Holocaust-Erinnerung zeige sich darin, daß sie es vielen Opfergruppen erlaube, sich in den jüdischen Opfern wiederzuerkennen.[7] Durch die Identifikation mit den Opfern und Analogiebildungen werde der Holocaust zu einem universalen »Container« für Erinnerungen an unterschiedliche Opfer:

»Die nationale Katastrophe des Holocaust wird aus ihrem historischen Kontext gelöst und unter globalen Voraussetzungen neu formuliert. Wenn heute

4 Jeismann 2001, S. 22.
5 Vgl. ebenda, S. 23 und 28.
6 Vgl. Levy/Sznaider 2001, S. 223.
7 Vgl. ebenda, S. 57.

Opfer die Schuldanerkennung auf seiten der Täter einfordern und diese Schuld sich in materieller Sühne ausdrückt, dann sind der Holocaust und die Wiedergutmachung, die jüdischen und deutschen Erinnerungen, die Vorgaben, die diesem globalen Phänomen ihren institutionellen Rahmen liefern.«[8]

Der Holocaust als Bezugsrahmen und Orientierungspunkt für die Einforderung von Schuldanerkennung und Wiedergutmachung, als »institutioneller Rahmen« für Erinnerungen an unterschiedliche Opfer – diese universalisierenden Perspektiven finden ihre Entsprechung in den Interviews. Deshalb möchte ich im folgenden kurz ausführen, welche Vor- und Nachteile eine Bezugnahme auf die universelle Kategorie »Menschheit« mit sich bringt. Vergleichende und universalisierende Geschichtsbezüge streben danach, die Zuschreibungen von historischem Erbe durch ethnische Zugehörigkeitskategorien zu überwinden. Die Geschichtsrezeption erfolgt dabei nicht aus der Perspektive der unmittelbar Betroffenen, ihrer Kinder und Kindeskinder, sondern orientiert sich an universalistischen Prinzipien. Mit deren Hilfe werden die historischen Ereignisse sowie die in sie verstrickten Akteure zum Modellfall für das Studium menschlicher Verhaltensweisen unter den spezifischen ökonomischen, politischen, gesellschaftlichen und sozialen Bedingungen einer Zeit. Holocaust und Nationalsozialismus werden quasi zu einer historischen Fallstudie, einer Art »Lehrstück« aus dem Archiv der Menschheitsgeschichte, an dem die systematische Aufhebung demokratischer Grundregeln, die schleichende Auflösung moralischer Integrität und die daraus folgende Mißachtung und Verletzung von Menschenrechten veranschaulicht werden kann. Gefragt wird nach den heutigen Indikatoren und Ursachen für menschenverachtende Politik, Diskriminierung, Rassismus, Antisemitismus und Genozid.[9] Dabei werden die eigenen Geschichtsbezüge und das historische Wissen immer wieder als Vergleichsgrößen herangezogen, um strukturelle und andere Ähnlichkeiten dieser sozialen Phänomene zu verstehen. Solche Ver-

8 Ebenda, S. 237.

9 Das amerikanische Holocaust-Lernprogramm »Facing History and Ourselves. Holocaust and Human Bahaviour« (1994) baut seine didaktische Aufbereitung der NS-Geschichte und des Holocaust auf diesen Prinzipien auf. Zu der didaktischen Konzeption des Programms siehe Stern-Strom u. a. 1992 und Johnson 1995.

gleiche und Analogiebildungen bringen – wie in den Einzelfallanalysen gezeigt – häufig eine Form der Universalisierung oder auch Relativierung mit sich, die dazu neigt, das historische Geschehen zu banalisieren. In den USA hat die »Universalisierung des Holocaust« bereits konkrete Formen angenommen.[10] Der Holocaust respektive die Erinnerung an ihn hat sich auf vielfältige Weise in das öffentliche Bewußtsein der amerikanischen Gesellschaft eingeschrieben. Hierzu gehören kulturelle Ausdrucksformen der Auseinandersetzung mit dem Massenmord (Film, Theater, Kunst, Museen), eine unüberschaubare Fülle von *Holocaust Education Programs* wie auch die akademische Institutionalisierung von *Holocaust Studies*. Dabei scheinen diese unterschiedlichen Formen der Bearbeitung der Thematik im amerikanischen Kontext über ein gemeinsames Leitmotiv zu verfügen, nämlich zu vermitteln, daß der Holocaust eine »Menschheitsangelegenheit« darstellt. Die dahinterstehende Maxime lautet: »It can happen to anyone, at anytime, and everyone is responsible.«[11] Ob diese »amerikanische« Perspektive im Zuge einer Debatte über die Vermittlung der NS-Geschichte und des Holocaust in einer deutschen Einwanderungsgesellschaft stärkeres Gewicht gewinnt, wird die Zukunft zeigen.

---

10 Vgl. hierzu etwa Novick 1999; Flanzbaum 1999; Young 1999; Levy/Sznaider 2001.

11 Sznaider 1999, S. 6.

Plädoyer für eine historisch orientierte Menschenrechtsbildung

Vor dem Hintergrund einer Universalisierung des Holocaust möchte ich mich abschließend noch der Frage nach der Gestaltung historisch-politischen Lernens über den Nationalsozialismus in einer deutschen Einwanderungsgesellschaft zuwenden. Auf der Grundlage der qualitativen Befunde der Studie halte ich eine gezielte pädagogische Hinwendung zu einem hermeneutischen Umgang mit den »Geschichtsgeschichten« (Knigge) der Lernenden für ebenso erforderlich wie eine Neukonzeption historisch-politischer Bildung im Zeichen der Menschenrechte. Zwar stellt sich diese Aufgabe völlig unabhängig von der nationalkulturellen Herkunft der über den Nationalsozialismus und den Holocaust lernenden Schüler und ihren Geschichtsbezügen; vielleicht kann aber die durch Migration verstärkte Pluralisierung von Vergangenheitsbezügen, Geschichtskonstruktionen und Geschichtsgeschichten Anlaß sein für eine kritische Reflexion der bisherigen geschichtsdidaktischen Praxis, die die subjektiven Formen der Geschichtsaneignung weitgehend ausblendete. Ebenso wie Knigge macht auch Bergmann in seiner jüngsten Kritik an einem immer noch weitverbreiteten affirmativen Geschichtsunterricht auf das Mißverständnis aufmerksam, die individuellen Biographien, Familiengeschichten und außerschulischen Aneignungsformen von Geschichte nicht als Lernpotential, sondern als Lernwiderstand zu begreifen:

»Schüler bringen – wie diffus auch immer – historische Identität in den Geschichtsunterricht von zu Hause mit. Der Schüler, der im Geschichtsunterricht Geschichte rezipieren soll, hat bereits Geschichte in Form einer bestimmten sozialen Geschichte internalisiert; er hat bereits ein klassen-, schichten- und / oder gruppenspezifisches Geschichtsbewußtsein vorgebildet und eine historische Identität angelegt, wie unstrukturiert, ja wie gebrochen, wie heterogen sie auch immer ist. Dieses bereits angelegte Geschichtsbewußtsein, das noch weitgehend frei ist von kognitiven Inhalten, bestimmt die Zeitperspektive des Schülers, seine Identifikationen, seine Wertvorstellungen und seine Einstellung zur politischen Praxis.«[1]

---

1 Bergmann 2000, S. 95.

In der Bundesrepublik mangelt es in der historisch-politischen Bildung noch an Konzepten, die in der Lage sind, das Aufeinandertreffen der vielfältigen und »diffusen« Geschichtsbezüge der Lernenden als produktive Herausforderung anzunehmen. Exemplarisch möchte ich ein pädagogisches Konzept hervorheben, das sich zum Ziel gesetzt hat, das alltägliche Geschichtsbewußtsein zum Gegenstand historischen Lernens zu machen. Die Rede ist von dem Konzept »Konfrontationen«. Das Programm wurde von der pädagogischen Abteilung des in Frankfurt am Main ansässigen Fritz Bauer Institutes in Anlehnung an das amerikanische Konzept »Facing History and Ourselves: Holocaust and Human Behaviour« (1994) entwickelt und befindet sich teilweise noch in der Erprobung.[2] Das Programm unterscheidet sich von herkömmlichen Methoden historisch-politischer Bildung, weil es die »Geschichtsgeschichten« über NS-Zeit und Holocaust bewußt in den Geschichtsunterricht integriert. Fiktional-projektive Momente der Geschichtsaneignung werden als unverzichtbare Bestandteile historischen Lernens erkannt und bearbeitet. Dies geschieht durch den Einsatz von Arbeitsmaterialien und Methoden, in denen die fachlichen Grenzen des Geschichtsunterrichts zugunsten der Integration etwa von künstlerischen Tätigkeiten sowie theaterpädagogischen Elementen aufgehoben werden. Im Mittelpunkt steht die probeweise Übernahme der Sozialperspektiven verschiedener historischer Akteure während des Nationalsozialismus, die durch vielfältige Lernangebote angeregt und reflektiert wird. Diese projektive Beschäftigung mit dem Nationalsozialismus und dem Holocaust soll den Lernenden dabei helfen, ihre durch Geschichtsgeschichten geprägten Phantasien und Wahrnehmungen auszuformulieren und im Austausch mit anderen zum Verhandlungsgegenstand zu machen. Durch das Erzählen und Verstehen von Projektionen soll an der »Grundlegung eines bewußten Zugangs zu Geschichte«[3] gearbeitet werden. Dabei basiert der pädagogische Ansatz auf Prinzipien einer Geschichtenhermeneutik, wie ich sie im Kapitel »Geschichtsbewußt-

---

2 Siehe die von Kößler, Mumme und Giere herausgegebenen »Arbeitsmaterialien Konfrontationen: Bausteine für die pädagogische Annäherung an Geschichte und Wirkung des Holocaust«, 2000 und 2001.

3 Vgl. Kößler 2000, S. 200 ff.

seinsforschung« dargelegt habe. Ausgangspunkt ist die Annahme, »daß das Verstehen des latenten Gehalts von Geschichtsgeschichten sie selbst und mit ihnen das Geschichtsbewußtsein ändert«.[4] Der Pädagoge Gottfried Kößler macht in diesem Zusammenhang darauf aufmerksam, daß dieses Verstehen »weder ein plattes Hinnehmen der subjektiven Erzählungen noch ihr Korrigieren durch die wahre Geschichte als Gegenbild«[5] sei. Es gehe letztendlich darum, die Geschichtsgeschichten der Lernenden selbst als Arbeitsmaterial in den Unterricht zu integrieren, etwa durch kreatives Schreiben, analytisches Lesen und dialogische Arbeitsformen.

Neben diesem konkreten Beispiel aus der aktuellen pädagogischen Praxis sei auf eine weitere grundsätzliche Problematik oder Herausforderung des Geschichtsunterrichts in Einwanderungsgesellschaften hingewiesen. Zu fragen ist nach der bisherigen und der künftigen Funktion von Geschichtsunterricht. Von Borries fordert das Abschiednehmen von einem Geschichtsunterricht monokultureller Prägung, der ursprünglich als Medium nationalstaatlicher Identitätsstiftung gedacht war. Diesen hält er angesichts der veränderten gesellschaftlichen und demographischen Entwicklungen für unzeitgemäß und überholt. Aus der Distanzierung von einem nationalhistorisch und nationalkulturell orientierten Modell historisch-politischen Lernens leitet er konsequent die Notwendigkeit eines »multikulturellen Geschichtsunterrichts« in Einwanderungsgesellschaften ab.[6]

»Multikulturelle Gesellschaften sind zum interkulturellen Geschichtslernen verpflichtet und verurteilt: Sie dürfen aber nicht versuchen, jeweils eine einheitliche verpflichtende Deutung/Bewertung für die historischen Erscheinungen durchzusetzen. Sie müssen vielmehr versuchen, die gegenseitige Anerkennung von authentischer Verschiedenheit und relativer Berechtigung kontrastierender Geschichtsdeutungen in einem Prozeß des Verhandelns (›bargaining‹) einzuüben.«[7]

---

4 Knigge 1987, S. 66.
5 Kößler 2000, S. 201.
6 Vgl. v. Borries 2000, S. 119 ff.
7 Ebenda, S. 138.

Mit dieser Forderung steht von Borries nicht allein. Auch der Geschichtsdidaktiker Jochen Huhn spricht sich vehement für einen geschichtsdidaktischen Neuanfang im Zeichen des Pluralismus aus:

»Die Forderung nach geschichtsdidaktischem Pluralismus ergibt sich schon aus der Konzeption einer Gesellschaft, die ihren internen Diskurs über Vergangenheit und Zukunft nicht willkürlich beschränken will. Die Dringlichkeit dieser Forderung erhöht sich aber dramatisch in unserer gegenwärtigen Situation, in der nach der Vereinigung von zwei Gesellschaften in Deutschland gesprochen wird und die Migrationsströme uns zunehmend zwingen werden, mit Menschen anderer nationaler Herkunft zusammen zu leben. Der Geschichtsunterricht sollte sich weniger auf die inhaltlichen Vorstellungen von einer nationalen Identität richten als vielmehr auf ›Verfahrensweisen‹, das heißt auf Fähigkeiten und Haltungen im Umgang mit sich selber und mit dem Fremden. Das impliziert nicht – wie oft befürchtet wird – einen Verzicht auf Gruppenidentität, nicht einen Verzicht auf Erziehung zur Gemeinsamkeit. Auch auf diesem Weg entwickeln sich gemeinsame Identitätsmerkmale, die eine politische Kultur bestimmen können.«[8]

Während Huhn die Bedeutung des Erwerbs von »Verfahrensweisen« im Geschichtsunterricht hervorhebt, erweitert von Borries diese Perspektive mit konkreten inhaltlichen und methodischen Vorschlägen für einen interkulturell angelegten Geschichtsunterricht, welcher der gesellschaftlichen Pluralität gerecht wird. Er identifiziert Themenfelder und Methoden, die hier nur schlagwortartig aufgelistet sein sollen: »Historische Kulturkontakte und Kulturzusammenstöße [...], Migration, Minderheiten, Massaker [...], Fremdheit zwischen Differenzerfahrung und Projektionsmechanismus [...], Menschen- und Bürgerrechte als fortzusetzender historischer Prozeß [...], vornationale multikulturelle Gesellschaften [...], kollektive Identitätsbildungsprozesse in der Vergangenheit [...].«[9] Die Methoden, die von Borries als kommunikativ und selbstreflexiv charakterisiert, korrespondieren mit den didaktischen Prinzipien des zuvor skizzierten Programms »Konfrontationen«. Im Mittelpunkt stehen Perspektivwechsel, Rollenübernahme, Multiperspektivität und Kontroversität, Struktur- und Kulturvergleiche, Auseinandersetzung mit Elementen

8 Huhn 1993, S. 12.
9 Siehe v. Borries 2000, S. 134 f.

von »Fremdheit« und eigenen Fremdheitserfahrungen sowie die Reflexion der verschiedenen geschichtslogischen Sinnbildungsfiguren.[10] Es bleibt abzuwarten, ob sich die inhaltlichen und methodischen Impulse zur Erneuerung des Geschichtsunterrichts für die »multikulturelle Gesellschaft« tatsächlich pädagogisch operationalisieren lassen. Das Gelingen einer solchen Neukonzeption historischen Lernens ist schließlich in beträchtlichem Maße von den gesellschaftspolitischen Rahmenbedingungen abhängig, innerhalb deren sich die Gestaltung einer deutschen Einwanderungsgesellschaft – zu der ganz selbstverständlich auch die Erörterung von Fragen der schulischen Curricula gehört – in Zukunft wird abspielen können.

Die qualitativen Befunde der vorliegende Studie sowie die hier abschließend vorgetragenen Überlegungen zu Geschichtsbezügen und Geschichtslernen in einer pluralen Gesellschaft machen deutlich, daß es an der Zeit ist, die Frage nach einer zeitgemäßen »Erziehung nach Auschwitz« in einer deutschen Einwanderungsgesellschaft – etwa im Rahmen der »Begründung einer Menschenrechtsdidaktik im Rückblick auf die Massenvernichtung«[11] – neu zu stellen. Neben einer Unterweisung im Gedenken sollten auch aktuelle Bezüge zu Menschenrechtsfragen der Gegenwart hergestellt werden. Ein solches Vorgehen entspräche auch der einstigen Forderung Adornos, daß es in der Erziehung nach Auschwitz darum gehen müsse, »die Mechanismen zu erkennen, die die Menschen so machen, daß sie zu solchen Taten fähig werden«. Man müsse »ihnen selbst diese Mechanismen aufzeigen und zu verhindern trachten, daß sie abermals so werden, indem man ein allgemeines Bewußtsein jener Mechanismen weckt«.[12]

Auch in der Menschenrechtserziehung stellt die Analyse von Mechanismen und Bedingungen, die zu Menschenrechtsverletzungen geführt haben oder führen, ein wesentliches Lernziel dar. Dabei geht man in verschiedenen Ländern und Regionen in ganz unterschiedlicher Weise inhaltlich und didaktisch auf die Begründung und Etablierung von Menschenrechtsschutz ein. Im Mittelpunkt steht eben nicht – wie häufig kritisiert – die brachiale Durchsetzung einer uni-

10 Ebenda, S. 135.

11 Brumlik 2000, S. 49.

12 Adorno 1970, S. 90.

versellen Ethik, sondern eine jeweils spezifische Herleitung und behutsame Einbettung der Menschenrechte in den jeweiligen sozialen, religiösen, politischen, kulturellen und historischen Kontext. Im Rahmen von Menschenrechtserziehung wird beispielsweise in Chile demokratische Institutionenlehre betrieben und der Bürgersinn geschult. Dabei wird auch die Pinochet-Diktatur aufgearbeitet. In Brasilien beschäftigt man sich in didaktischen Einheiten zu den Menschenrechten mit dem Erbe des Kolonialismus und den aktuellen Folgen neoliberaler Wirtschaftspolitik. In Südafrika setzt man sich mit den menschenunwürdigen Verhältnissen und der rassistischen Gewalt gegen die schwarze Bevölkerung während des Apartheidregimes auseinander. Auch aktuelle Fragen von Armut und Gewalt in den Townships werden zum Thema gemacht. In Polen und anderen osteuropäischen Transformationsgesellschaften geht es um die (selbst)kritische Auseinandersetzung mit den strukturellen und mentalen Überbleibseln autoritärer Regime bei gleichzeitiger *Citizenship Education*. Die Beispiele, die aus dem Umfeld meiner langjährigen internationalen Erfahrung mit Bildungsorganisationen stammen, unterstreichen, daß es sinnvoll ist, die jeweilige politisch-historische Besonderheit zum Ausgangspunkt für die konzeptuelle Entwicklung von Programmen zur Demokratie- und Menschenrechtserziehung zu machen.[13] Auch die vormalige Direktorin des dänischen Zentrums für Menschenrechte – Anette Fay Jacobson – betont dieses Vorgehen, wenn sie ausführt:

»the most effective Human-Rights Education-Material must be rooted in local conditions and history. It should be based on local traditions, common

---

13 Im Rahmen meiner Tätigkeit als Koordinatorin des Internationalen Netzwerkes »Erziehung zu Demokratie, Menschenrechten und Toleranz« (1999–2003) am Centrum für angewandte Politikforschung der Ludwig-Maximilians-Universität München habe ich nicht nur profunde Einblicke in die Projektarbeit von Bildungs-NGOs rund um den Globus gewinnen können, sondern auch die politische Situation sowie die kulturellen und sozialen Bedingungen für die Entwicklung von pädagogischen Programmen in den unterschiedlichen Ländern und Regionen kennengelernt. Weitere Informationen zum Netzwerk, den NGOs und ihren Bildungskonzepten – von denen ich hier nur einige wenige erwähnt habe – können von der Projektwebsite www.tolerance-net.org bezogen werden.

knowledge and culture, including minority cultures. It should preferably be built upon positive as well as conflictual examples from national and local communities, and draw upon cultural heritage, including literature and art, and historical and / social conflicts of the given country.«[14]

Von einem solchen Ansatz ausgehend, wäre zu fragen, was die thematischen Pfeiler einer historisch orientierten Menschenrechtsbildung in der deutschen Einwanderungsgesellschaft sein könnten. Daß in diesem Zusammenhang Nationalsozialismus und Holocaust unweigerlich zu Kernthemen werden, überrascht nicht. Die Analyse und kritische Reflexion der Verletzung der Menschenrechte während der nationalsozialistischen Gewaltherrschaft sowie die Auseinandersetzung mit dem institutionalisierten Menschenrechtsschutz nach 1945 als Reaktion auf die Greuel des Nationalsozialismus stellt zwar nicht das einzige, aber doch das stärkste Fundament für die historische Begründung einer Menschenrechtsdidaktik in Deutschland dar. Hinzu kämen aber auch die individuellen und kollektiven Erfahrungen der Einwanderer, die in ihren Herkunftsgesellschaften auf ganz unterschiedliche Weise mit menschenverachtenden Regimes und Politiken – in Vergangenheit und Gegenwart – konfrontiert worden sind. Auch ihre Traditionsbezüge, ihre Geschichten und ihr Leiden müssen thematisiert und öffentlich – etwa durch Unterricht – anerkannt werden.[15] Dabei können vergleichende Perspektiven nicht ausbleiben: Der Holocaust stünde dann im politisch-historischen Unterricht neben dem von den Jungtürken begangenen armenischen Völkermord, den »ethnischen Säuberungen« im jugoslawischen Bürgerkrieg, dem Genozid in Ruanda und anderen Erfahrungen der Mißachtung und Verletzung der Menschenrechte.

Das vorgestellte Programm – »Konfrontationen« – markiert zwar

---

14 Jacobson 1999, S. 2.

15 Wie eng die Anerkennung von Leiden mit der menschlichen Würde verknüpft ist, expliziert Brumlik: »Grundsätzlich gilt, daß erst ein Leiden, das auch öffentlich als Leiden anerkannt wird, den Betroffenen und ihren Nachkommen die Chance gibt, in einer Gesellschaft in Würde zu leben. Erst die öffentliche, die kollektive Anerkennung und damit Wiedereinbürgerung stigmatisierter und ausgegrenzter Opfergruppen ermöglicht es ihren nachgeborenen Angehörigen, in einer Gesellschaft in Würde zu leben.« (Brumlik 2000, S. 53)

einige Schnittstellen zu einer solchen Didaktik, bleibt jedoch hauptsächlich der Vermittlung historischen Wissens über Auschwitz verpflichtet. Was bisher fehlt, sind der pädagogische Mut und die theoretische Anstrengung, die Fachgrenzen zu überschreiten und thematische Synergien zwischen einer »Erziehung nach Auschwitz« und einer »Pädagogik der Menschenrechte« systematisch auszuloten und in ein Bildungskonzept zu übertragen. Die Konzeption einer historisch orientierten und interkulturell ausgerichteten Menschenrechtsbildung für die deutsche Einwanderungsgesellschaft gehört derzeit – auch im Hinblick auf den Rechtsextremismus im Lande – zu den dringenden Aufgaben einer zeitgemäßen politischen Bildung. Den Startschuß für ein solches Projekt könnte ein leider noch viel zu selten geführter fach- und disziplinübergreifender Dialog zwischen sozial- und erziehungswissenschaftlicher Forschung und pädagogischen Praxisfeldern der Geschichts-, Gedenk- und Erinnerungsarbeit geben.

Bibliographie

Adorno, Theodor W., Erziehung zur Mündigkeit, Frankfurt am Main 1970.

Alheit, Peter, *Erzählform und soziales Gedächtnis*, in: ders./Hoerning, Biographisches Wissen. Beiträge zu einer Theorie lebensgeschichtlicher Erfahrung, Frankfurt am Main 1989, S. 123–147.

Améry, Jean, Jenseits von Schuld und Sühne. Bewältigungsversuche eines Überwältigten, Stuttgart 1980.

Angehrn, Emil, Geschichte und Identität, Berlin/New York 1985.

Angvik, Magne, und Bodo von Borries (Hg.), Youth and History. A Comparative European Survey on Historical Consciousness and Political Attitudes among Adolescents. Bd. A: Description, Bd. B: Documentation, Hamburg 1997.

Ankersmit, Frank R., *Die postmoderne Privatisierung der Vergangenheit*, in: Nagel-Docekal (Hg.), Der Sinn des Historischen, Frankfurt am Main 1996, S. 201–235.

Anwander, Gerhard, Geschichtliches Interesse und politische Bildung Jugendlicher, München 1974.

Apitzsch, Ursula, *Jugend und Ethnizität*, in: Brähler/Dudek (Hg.), Fremde Heimat. Neuer Nationalismus versus interkulturelles Lernen. Probleme politischer Bildungsarbeit. Jahrbuch für Interkulturelles Lernen, Frankfurt am Main 1991, S. 153–183.

Dies., *Migration und Ethnizität*, in: Peripherie – Zeitschrift für Politik und Ökonomie in der Dritten Welt. 13. Jg., Nr. 50, Berlin 1993, S. 5–18.

Dies., *Migrationsforschung und Frauenforschung*, in: Senatskommission für Frauenforschung der DFG (Hg.), Sozialwissenschaftliche Frauenforschung in der BRD, Berlin 1994 a, S. 240–255.

Dies., *Migration und Ethnizität*, in: Kößler/Schiel (Hg.), Nationalstaat und Ethnizität, Frankfurt am Main 1994 b, S. 61–177.

Dies., *Migration und Traditionsbildung. Biographien Jugendlicher ausländischer Herkunft*, in: Karpf/Kiesel (Hg.), Politische Bildung und politische Kultur Jugendlicher ausländischer Herkunft, Frankfurt am Main 1996, S. 11–31.

Dies., *Einleitung*, in: dies. (Hg.), Migration und Traditionsbildung, Opladen 1999, S. 7–21.

Dies., *Ein deutsches Gewissen. Oder: Wie Martin Walser mißverstanden wurde. Betrachtungen nach einem Jahr der Kontroverse*, in: Fechler u. a. (Hg.), Erziehung nach Auschwitz in der deutschen Einwanderungsgesellschaft, Weinheim/München 2000, S. 31–47.

Appiah, Kwame Anthony, *Race, Culture, Identity. Misunderstood Connec-*

tions, in: ders./Gutman: Color Conscious. The Political Morality of Race, Princeton 1996, S. 3–106.
Ders., Cosmopolitan Patriots (Unveröffentlichtes Vortragsmanuskript), Frankfurt am Main 1998.
Ders. und Amy Gutman, Color Conscious. The Political Morality of Race, Princeton 1996.
Assmann, Jan, *Die Katastrophe des Vergessens. Das Deuteronomium als Paradigma kultureller Mnemotechnik*, in: Assmann/Harth (Hg.), *Mnemosyne*, Frankfurt am Main 1999, S. 337–355.
Ders., *Erinnern, um dazuzugehören. Kulturelles Gedächtnis, Zugehörigkeitsstruktur und normative Vergangenheit*, in: Patt/Dabhag (Hg.), Generation und Gedächtnis. Erinnerungen und kollektive Identitäten, Opladen 1995, S. 51–76.
Ders., Das kulturelle Gedächtnis. Schrift, Erinnerung und Identität in frühen Hochkulturen, München 1999.
Assmann, Aleida, und Ute Frevert, Geschichtsvergessenheit. Geschichtsversessenheit. Vom Umgang mit deutschen Vergangenheiten nach 1945, Stuttgart 1999.
Auernheimer, Georg, *Kulturelle Identität – ein gegenaufklärerischer Mythos?*, in: Das Argument 175, 1989, S. 381–349.
Baacke, Dieter, und Theodor Schulze (Hg.), Aus Geschichten lernen. Zur Einübung pädagogischen Verstehens, München 1979.
Dies. (Hg.), Pädagogische Biographieforschung. Orientierungen, Probleme. Beispiele, Weinheim 1985.
Bade, Klaus J., Ausländer, Aussiedler, Asyl. Eine Bestandsaufnahme, München 1994.
Ders. (Hg.), Die multikulturelle Herausforderung. Menschen über Grenzen. Grenzen über Menschen, München 1996.
Bader, Veit, Rassismus, Ethnizität, Bürgerschaft. Soziologische und philosophische Überlegungen, Münster 1995.
Bahrdt, Hans Paul, *Erzählte Lebensgeschichte von Arbeitern*, in: Osterland (Hg.), Arbeitssituation, Lebenslage und Konfliktpotential, Frankfurt am Main 1975, S. 9–37.
Baltes, Paul B., und Lutz H. Eckesberger (Hg.), Entwicklungspsychologie der Lebensspanne, Stuttgart 1979.
Bar On, Dan, *Children of Perpetrators of the Holocaust: Working Through One's Moral Self*, in: Psychiatry 53, 1990, S. 229–245.
Ders., Die Last des Schweigens. Begegnung mit Kindern des Dritten Reichs, Frankfurt am Main 1993.
Ders., Da ist etwas kaputt gegangen an den Wurzeln, Frankfurt am Main 1997.
Bauer, Petra, und Oskar Niedermayer, *Extrem rechtes Potential in den Län-*

dern der europäischen Gemeinschaft, in: Politik und Zeitgeschichte, Bd. 46–47, 1990, S. 15–26.
Bausinger, Hermann, Empirische Kulturwissenschaft, Berlin 1978.
Becher, Ursula A. J., *Personale und historische Identität*, in: Bergmann/Rüsen (Hg.), Geschichtsdidaktik. Theorie für die Praxis, Düsseldorf 1978, S. 57–67.
Beck, Ulrich, Risikogesellschaft, Frankfurt am Main 1986.
Ders., Riskante Freiheiten, Frankfurt am Main 1994.
Beck-Gernsheim, Elisabeth, Juden, Deutsche und andere Erinnerungslandschaften, Frankfurt am Main 1999.
Becker, Egon u. a., Erziehung zur Anpassung? Eine soziologische Untersuchung der politischen Bildung in den Schulen, Frankfurt am Main 1967.
Becker, Howard S., Through Values to Social Interpretation. Essays on Social Contexts, Actions, Types and Prospects, New York 1968.
Behnken, Imke u. a., Schulstudie 90. Jugendliche im Prozeß der Vereinigung, Weinheim 1991.
Benhabib, Seyla, *Hannah Arendt und die erlösende Kraft des Erzählens*, in: Diner (Hg.), Zivilisationsbruch. Denken nach Auschwitz, Frankfurt am Main 1988, S. 150–175.
Berger, Peter, und Thomas Luckmann, Die gesellschaftliche Konstruktion der Wirklichkeit. Eine Theorie der Wissenssoziologie, Reutlingen 1977.
Bergmann, Klaus, *Geschichtsunterricht und Identität*, in: Politik und Zeitgeschichte, Bd. 39, 1975 b, S. 19–25.
Ders., *Geschichte und Identität*, in: ders. (Hg.), Handbuch der Geschichtsdidaktik, Düsseldorf 1979.
Ders., *Identität*, in: Ders. (Hg.), Handbuch der Geschichtsdidaktik, Düsseldorf 1992, S. 29–36.
Ders., *»So viel Geschichte wie heute war nie« – historische Bildung angesichts der Allgegenwart von Geschichte*, in: Mayer u. a. (Hg.), Geschichtsdidaktik. Beiträge zu einer Theorie historischen Lernens, Schwalbach/Taunus 2000, S. 13–32.
Ders. und Hans-Jürgen Pandel, Geschichte und Zukunft. Didaktische Reflexionen über veröffentlichtes Geschichtsbewußtsein, Frankfurt am Main 1975 a.
Bergmann, M. S., und M. E. Jucovy (Hg.), Generations of the Holocaust, New York 1982.
Bergmann, Werner u. a. (Hg.), Schwieriges Erbe. Der Umgang mit dem Nationalsozialismus und dem Antisemitismus in Österreich, der DDR und der Bundesrepublik Deutschland, Frankfurt am Main/New York 1995.
Bialystok, Franklin, *Perspektiven auf die Amerikanisierung des Holocaust*, in:

Schreier/Heyl (Hg.), Daß Auschwitz nicht noch einmal sei…«, Hamburg 1995, S. 272–393.

Blank, Thomas, und Peter Schmidt, Verletzte oder verletzende Nation. Empirische Befunde zum Stolz auf Deutschland, Nachdruck aus: Journal für Sozialforschung 33/4, Gießen 1993.

Bohleber, Werner, *Das Fortwirken des Nationalsozialismus in der zweiten oder dritten Generation nach Auschwitz*, in: Babylon 7, 1990, S. 70–84.

von Borries, Bodo, *Alltägliches Geschichtsbewußtsein. Erkundung durch Intensivinterviews und Versuch von Fallinterpretationen*, in: Bergmann (Hg.), Geschichtsdidaktik, 5. Jg., 1980 a, S. 243–263.

Ders., *Unkenntnis des Nationalsozialismus – Versagen des Geschichtsunterrichts? Bemerkungen zu alten und neuen empirischen Studien*, in: Bergmann, Klaus (Hg.), Geschichtsdidaktik, 5. Jg., 1980 b, S. 109–126.

Ders., *Zum Geschichtsbewußtsein von Normalbürgern. Hinweise aus offenen Interviews*, in: Schörken (Hg.), Geschichte im Alltag – Alltag in der Geschichte, Düsseldorf 1982, S. 183–209.

Ders., Geschichtslernen und Geschichtsbewußtsein. Empirische Erkundungen und Gebrauch von Historie, Stuttgart 1988.

Ders., *Geschichtsbewußtsein, Lebenslauf und Charakterstruktur. Auswertung von Intensivinterviews*, in: Schneider (Hg.), Geschichtsbewußtsein und historisch-politisches Lernen, Pfaffenweiler 1988, S. 163–183.

Ders. u. a. (Hg.), Geschichtsbewußtsein empirisch, Pfaffenweiler 1991.

Ders., Kindlich-Jugendliche Geschichtsverarbeitung in West- und Ostdeutschland 1990, Pfaffenweiler 1992.

Ders., *Vorstellungen zum Nationalsozialismus und Einstellungen zum Rechtsextremismus bei ost- und westdeutschen Jugendlichen. Einige empirische Hinweise von 1990, 1991 und 1992*, in: Zeitschrift der Internationalen Schulbuchforschung, Nr. 15, Frankfurt am Main 1993 a, S. 139–166.

Ders., *Geschichtsbewußtsein der Jugend in Deutschland: Ein Ost-West-Vergleich*, in: Weidenfeld (Hg.), Deutschland. Eine Nation – doppeltes Geschichtsbewußtsein, Köln 1993 b, S. 191–209.

Ders. u. a., Geschichtsbewußtsein im interkulturellen Vergleich, Pfaffenweiler 1994.

Ders., *Interkulturelle Dimensionen des Geschichtsbewußtseins*, in: Fechler u. a. (Hg.), Erziehung nach Auschwitz in der multikulturellen Gesellschaft. Pädagogische und soziologische Annäherungen, Weinheim/München 2000, S. 119–141.

Boßmann, Dieter (Hg.), Was ich über Adolf Hitler gehört habe… Folgen eines Tabus: Auszüge aus Schüleraufsätzen von heute, Frankfurt am Main 1977.

Brednich, Rolf W. u. a. (Hg.), Lebenslauf und Lebenszusammenhang. Auto-

biographische Materialien in der volkskundlichen Forschung, Freiburg 1982.
Brendler, Konrad, und Klaus Rexilius, Drei Generationen im Schatten der Vergangenheit, Kassel 1991.
Browning, Christopher R., Ganz normale Männer. Das Reserve-Polizeibataillon 101 und die »Endlösung« in Polen, Hamburg 1996.
Broszat, Martin, Nach Hitler. Der schwierige Umgang mit unserer Geschichte, München 1988.
Brumlik, Micha, *Der Pogrom der »Reichskristallnacht«. Entwurf einer didaktischen Konzeption*, in: Fritz Bauer Institut (Hg.), Materialien, Nr. 4, Frankfurt am Main 1991.
Ders., Gerechtigkeit zwischen den Generationen, Berlin 1995.
Ders., *Selbstachtung und nationale Kultur. Zur politischen Ethik multikultureller Gesellschaften*, in: Kiesel u. a. (Hg.), Die Erfindung der Fremdheit. Zur Kontroverse um Gleichheit und Differenz im Sozialstaat, Frankfurt am Main 1999, S. 17–37.
Ders., *Erziehung nach Auschwitz und Pädagogik der Menschenrechte. Eine Problemanzeige*, in: Fechler u. a. (Hg.): Erziehung nach Auschwitz in der multikulturellen Gesellschaft. Pädagogische und soziologische Annäherungen, Weinheim/München 2000, S. 47–59.
Bude, Heinz, Bilanz der Nachfolge. Die Bundesrepublik und der Nationalsozialismus, Frankfurt am Main 1992.
Bukow, Wolf Dietrich, und Roberto Llaryola, Mitbürger aus der Fremde. Soziogenese ethnischer Minoritäten, Opladen 1988.
Buschmeyer, Hermann, *Erwachsenenbildung im lebensgeschichtlichen Zusammenhang*, in: Kauffeld (Hg.), Pädagogischer Reader. Unveröffentlichtes Manuskript, J.W. Goethe-Universität, Frankfurt am Main 1994, S. 20–23.
Cahnman, Werner J., Völker und Rassen im Urteil der Jugend, München 1965.
Clifford, James, *Über ethnographische Autorität*, in: Berg/Fuchs (Hg.), Kul tur, soziale Praxis, Text: Die Krise der ethnographischen Repräsentation, Frankfurt am Main 1993, S. 109–158.
Cremer-Schäfer, Helga, Biographie und Interaktion. Selbstdarstellung von Straftätern und der gesellschaftliche Umgang mit ihnen, München 1985.
Deutsches Jugendinstitut (Hg.), Deutsche Schüler im Sommer 1990. Skeptische Demokraten auf dem Weg in ein vereintes Deutschland. Deutsch-deutsche Schülerbefragung 1990, München 1990.
Dietrich, Eckhart J., und Frank Olaf Radtke, Ethnizität, Wissenschaft und Minderheiten, Opladen 1990.

Dilthey, Wilhelm, *Die Entstehung der Hermeneutik* (1900), in: ders., Gesammelte Schriften, Bd. 5, Stuttgart/Göttingen 1974, S. 316–338.

Domansky, Elisabeth, und Harald Welzer (Hg.), Eine offene Geschichte. Zur kommunikativen Tradierung der nationalsozialistischen Vergangenheit, Tübingen 1999.

Ebeling, Hans, Das Subjekt in der Moderne. Rekonstruktion der Philosophie im Zeitalter der Zerstörung, Hamburg 1993.

Eckstaedt, Anita, Nationalsozialismus in der zweiten Generation, Frankfurt am Main 1992.

Ehmann, Annegret, *Auseinandersetzung mit Nationalsozialismus und Holocaust in der historisch-politischen Bildung. Wo stehen wir – was bleibt – was ändert sich?*, in: Fechler u. a. (Hg.), Erziehung nach Auschwitz in der multikulturellen Gesellschaft. Pädagogische und soziologische Annäherungen, Weinheim/München 2000, S. 175–193.

El Darwich, Renate, *Zur Genese von Kategorien des Geschichtsbewußtseins im Alter von 5–14 Jahren*, in: von Borries u. a. (Hg.), Geschichtsbewußtsein empirisch, Pfaffenweiler 1991, S. 24–52.

Elias, Norbert, Über den Prozeß der Zivilisation. Soziogenetische und psychogenetische Untersuchungen, Bd. 1 und 2, Frankfurt am Main 1976.

Ders., Die Gesellschaft der Individuen, Frankfurt am Main 1987.

Elschenbroich, Donata, Eine Nation von Einwanderern: Ethnisches Bewußtsein und Integrationspolitik in den USA, Frankfurt am Main 1986.

Erdheim, Mario, *Ethnische Identität und multikulturelle Gesellschaft*, in: Jahrbuch für Psychoanalytische Pädagogik, Nr. 7, 1989, S. 101–119.

Facing History and Ourselves National Foundation (Hg.), *Facing History and Ourselves. Holocaust and Human Behaviour. Resource Book*, Brookline 1988.

Filser, Karl, Die Krise des Unterrichtsfaches in der Volksschule, München 1973.

Fina, Kurt, Das Gespräch im historisch-politischen Unterricht, München 1978.

Fischer, Wolfram, und Martin Kohli, *Biographieforschung*, in: Voges (Hg.), Methoden der Biographie- und Lebenslaufforschung, Opladen 1987, S. 25–49.

Fischer-Rosenthal, Wolfram, *Biographische Methoden in der Soziologie*, in: Flick (Hg.), Handbuch qualitative Sozialforschung. Grundlagen, Konzepte, Methoden und Anwendungen, München 1991, S. 253–256.

Ders. und Gabriele Rosenthal, *Narrationsanalyse biographischer Selbstrepräsentationen*, in: Hitzler/Honer (Hg.), Sozialwissenschaftliche Hermeneutik, Opladen 1997, S. 33–165.

Flanzbaum, Hilene (Hg.), The Americanization of the Holocaust, Baltimore 1999.

Foucault, Michel, Von der Subversion des Wissens, München 1993.

Frei, Norbert, Vergangenheitspolitik. Die Anfänge der Bundesrepublik und die NS-Vergangenheit, München 1996.

von Friedeburg, Ludwig, und Peter Hübner, Das Geschichtsbild der Jugend, München 1970 [1964].

Fuchs, Dieter, *Perspektiven der politischen Kultur im vereinigten Deutschland. Eine empirische Studie*, in: Politik und Zeitgeschichte, Bd. 32, 1991, S. 35–46.

Fuchs, Werner u. a. (Hg.), Lexikon zur Soziologie, Opladen 1978.

Ders., Biographische Forschung. Eine Einführung in Praxis und Methoden, Opladen 1984.

Fürnrohr, Walter, und Hans-Georg Kirchhoff (Hg.), Ansätze empirischer Forschung im Bereich der Geschichtsdidaktik, Stuttgart 1976.

Gadamer, Hans-Georg, Wahrheit und Methode, Bd. 2, Tübingen 1993.

Ganguly, Keya, *Migrant Identities. Personal Memory and the Construction of Selfhood*, in: Cultural Studies, Bd. 6, Nr. 1, Birmingham 1992, S. 27–50.

Geißler, Rainer, Junge Deutsche und Hitler. Eine empirische Studie zur historisch-politischen Sozialisation, Stuttgart 1981.

Georgi, Viola, Geschichtskonstruktion in Erzählungen von deutschen und ausländischen Jugendlichen. Fallstudien zur biographisch orientierten Jugendforschung, Unveröffentlichte Diplomarbeit, J. W. Goethe-Universität, Frankfurt am Main 1995.

Dies., *Migrantenjugendliche und NS-Geschichte*, in: Kiesel u. a. (Hg.), Pädagogik der Erinnerung. Didaktische Aspekte der Gedenkstättenarbeit, Frankfurt am Main 1997, S. 39–57.

Dies., *Zur Vielfalt multikultureller Gesellschaftsentwürfe*, in: Kiesel (Hg.), Die Erfindung der Fremdheit. Frankfurt am Main 1999, S. 123–145.

Dies., *Wem gehört deutsche Geschichte? Bi-kulturelle Jugendliche und die Geschichte des Nationalsozialismus*, in: Fechler u. a. (Hg.), Erziehung nach Auschwitz in der deutschen Einwanderungsgesellschaft, Weinheim/München 2000, S. 141–163.

Gerhardt, Uta, *Idealtypenkonstruktion als methodisches Prinzip bei der Analyse von Forschungsmaterialien*, in: Franz (Hg.), 22. Deutscher Soziologentag 1984. Soziologie und gesellschaftliche Entwicklung. Beiträge der Sektions- und Ad-hoc-Gruppen, Opladen 1985, S. 375–377.

Dies., *Verstehende Strukturanalyse. Die Konstruktion von Idealtypen bei der Auswertung qualitativer Forschungsmaterialien*, in: Soeffner (Hg.), Sozialstruktur und soziale Typik, Frankfurt am Main/New York 1986, S. 31–83.

Dies., *Typenbildung*, in: Flick (Hg.), Handbuch qualitative Sozialforschung. Grundlagen, Konzepte, Methoden und Anwendungen, München 1991, S. 435–439.
Giere, Jacqueline, und Gottfried Kößler, Konfrontationen. Bausteine für die pädagogische Annäherung an Geschichte und Wirkung des Holocaust, Heft 2: *Gruppe*, Fritz Bauer Institut, Frankfurt am Main 2001.
Giordano, Ralph, Die zweite Schuld oder Von der Last ein Deutscher zu sein, Frankfurt am Main 1987.
Glaser, Barney G., und Anselm Strauss, The Discovery of Grounded Theory, Chicago 1967.
Glazer, Nathan, Ethnic Dilemmas 1964–1982, Cambridge/London 1983.
Ders. und Patrick Moynihan, Beyond the Melting Pot. The Negroes, Puerto Ricans, Jews, Italians and Irish of New York City, Cambridge 1963.
Goffman, Erving, Rahmen-Analyse. Ein Versuch über die Organisation von Alltagserfahrungen, Frankfurt am Main 1977.
Goldberg, David u. a. (Hg.), Multiculturalism. A Critical Reader, Cambridge/Oxford 1994.
Gräb, Wilhelm, *Der hermeneutische Imperativ. Lebensgeschichte als religiöse Selbstauslegung*, in: Sparn (Hg.), Wer schreibt meine Lebensgeschichte?, Gütersloh 1990, S. 79–89.
Gravenhorst, Lerke, Moral und Geschlecht. NS-Vergangenheit im Bewußtsein von nachgeborenen Töchtern und Söhnen, Bremen 1993.
Guibernau, Montserrat, und John Rex (Hg.), The Ethnicity Reader. Nationalism, Multiculturalism and Migration, Oxford 1997.
Gutman, Amy (Hg.), Multikulturalismus und die Politik der Anerkennung, Frankfurt am Main 1993.
Habermas, Jürgen, *Notizen zum Begriff der Rollenkompetenz*, in: ders., Kultur und Kritik, Frankfurt am Main 1973, S. 101–123.
Ders., Zur Rekonstruktion des historischen Materialismus, Frankfurt am Main 1976.
Ders., Moralbewußtsein und kommunikatives Handeln, Frankfurt am Main 1982.
Ders., *Anerkennungskämpfe im demokratischen Rechtsstaat*, in: Gutman (Hg.), Multikulturalismus und die Politik der Anerkennung, Frankfurt am Main 1993, S. 147–196.
Halbwachs, Maurice, Les cadres sociaux de la mémoire, Paris 1925.
Ders., La topographie légendaire des évangiles en Terre Sainte, Paris 1941.
Ders., La mémoire collective (1925), Paris 1950.
Ders., Das Gedächtnis und seine sozialen Bedingungen, Stuttgart 1985.
Ders., Das kollektive Gedächtnis, Frankfurt am Main 1991.

Hall, Stuart, *Cultural Identity and Diaspora*, in: Rutherford (Hg.), Identity, Community and Cultural Difference, London 1990, S. 222–237.

Ders., Rassismus und kulturelle Identität. Ausgewählte Schriften 2, Hamburg 1994.

Hannerz, Ulf (Hg.), Transnational Connections, London/New York 1996.

Hardtmann, Gertrud, Spuren der Verfolgung. Seelische Auswirkungen des Holocaust auf die Opfer und ihre Kinder, Frankfurt am Main 1992.

Harnischfeger, Annegret, Die Veränderungen politischer Einstellungen durch Unterricht. MPI für Bildungsforschung, Berlin 1982.

Heckmann, Friedrich, *Ethnos, Demos, Nation, oder woher stammt die Intoleranz des Nationalstaats gegenüber ethnischen Minderheiten?*, in: Bielefeld (Hg.), Das Eigene und das Fremde. Neuer Rassismus in der Alten Welt?, Hamburg 1991, S. 51–78.

Heimannsberg, Brigitte, und Christoph J. Schmidt, Das kollektive Schweigen. Nationalsozialistische Vergangenheit und gebrochene Identität in der Psychotherapie, Köln 1992.

Heinemann, Karl-Heinz, und Wilfried Schubarth (Hg.), Der antifaschistische Staat entläßt seine Kinder, Köln 1992.

Heitmeyer, Wilhelm u. a., Die Bielefelder Rechtsextremismus-Studie. Erste Langzeituntersuchung zur politischen Sozialisation männlicher Jugendlicher, Weinheim 1992.

Ders./Joachim Müller/Helmut Schröder, Verlockender Fundamentalismus. Türkische Jugendliche in Deutschland, Frankfurt am Main 1997.

Hitzler, Ronald, und Anne Honer (Hg.), Sozialwissenschaftliche Hermeneutik, Opladen 1997.

Hoerning, Erika M., *Soziologische Dimensionen der Biographieforschung*, in: dies. (Hg.), Biographieforschung und Erwachsenenbildung, Bad Heilbrunn 1991, S. 11–135.

Hoffmann, Christa, und Eckhard Jesse, *Die doppelte Vergangenheitsbewältigung in Deutschland. Unterschiede und Gemeinsamkeiten*, in: Weidenfeld (Hg.), Deutschland. Eine Nation – doppeltes Geschichtsbewußtsein, Köln 1993, S. 209–233.

Hoffmann-Riem, Christian, *Sozialforschung einer interpretativen Soziologie*, in: Kölner Zeitschrift für Soziologie und Sozialpsychologie 32, 1980, S. 339–372.

Hollinger, David A., Postethnic America, New York 1995.

Honer, Anne, Lebensweltliche Ethnographie. Ein explorativ-interpretativer Forschungsansatz am Beispiel von Heimwerker-Wissen, Wiesbaden 1993.

Huhn, Jochen, *Historische Identität als Dimension des Geschichtsbewußt-*

seins, in: Uffelmann (Hg.), Identitätsbildung und Geschichtsbewußtsein nach der Vereinigung Deutschlands, Weinheim 1993, S. 9–35.

Hutchinson, John, und Anthony D. Smith, Ethnicity, Oxford/New York 1996.

Inowlocki, Lena, *Ein schlagendes Argument. Geschichtliche Rechtfertigung und biographische Konstruktionen von Jugendlichen in rechtsextremistischen Gruppen*, in: Bios, Heft 2, 1988, S. 49–58.

Dies., *Wenn Tradition auf einmal mehr bedeutet: Einige Beobachtungen zu biographischen Prozessen der Auseinandersetzung mit Religion*, in: Apitzsch, (Hg.), Migration und Traditionsbildung, Opladen 1999, S. 76–90.

Dies., Sich in die Geschichte hineinreden. Biographische Fallanalysen rechtsextremer Gruppenzugehörigkeit, Frankfurt am Main 2000.

Dies., *Aus Familiengeschichte lernen. Zur Bedeutung und Geltung von »Herkunftswissen« bei rechtsextremen Jugendlichen und Kindern aus Migrantenfamilien. Zwei Fallstudien*, in: Fechler u. a. (Hg.), Erziehung nach Auschwitz in der deutschen Einwanderungsgesellschaft, Weinheim/München 2000, S. 67–87.

Jacobson, Anette Fay: Human Rights Education in a European Perspective. The Danish National Commission for UNESCO, 1999.

JanMohamed, Abdul R., und David Lloyd (Hg.), The Nature and the Context of Minority Discourse, New York/Oxford 1990.

Jaschke, Hans Gerd, Rechtsextremismus und Fremdenfeindlichkeit. Begriffe, Positionen, Praxisfelder, Opladen 1994.

Jeggle, Utz, *Lebensgeschichte und Herkunft*, in: Maurer (Hg.), Lebensgeschichte und Identität, Frankfurt am Main 1981, S. 11–30.

Jeismann, Karl Ernst, *Geschichtsbewußtsein. Überlegungen zur zentralen Kategorie eines neuen Ansatzes in der Geschichtsdidaktik*, in: Süssmuth (Hg.), Geschichtsdidaktische Positionen. Bestandsaufnahme und Neuorientierung, München 1980, S. 179–222.

Ders., *Geschichtsdidaktik und Forschungskommunikation*, in: Behre/Norborg (Hg.), Geschichtsdidaktik, Geschichtswissenschaft, Gesellschaft, Stockholm 1985, S. 35–62.

Ders., *Verlust der Geschichte? Zur gesellschaftlichen und anthropologischen Funktion des Geschichtsbewußtseins in der gegenwärtigen Situation*, in: ders., Geschichte als Horizont der Gegenwart, Paderborn 1987 a, S. 172–213.

Ders. u. a., Die Teilung Deutschlands als Problem des Geschichtsbewußtseins. Eine empirische Untersuchung der Wirkungen von Geschichtsunterricht auf historische Vorstellungen und politische Urteile, Paderborn 1987 b.

Ders., *Dimensionen nationalgeschichtlichen Bewußtseins*, in: Weidenfeld

(Hg.), Deutschland. Eine Nation – doppeltes Geschichtsbewußtsein, Köln 1993, S. 35–50.

Jeismann, Michael, Auf Wiedersehen Gestern. Die deutsche Vergangenheit und die Politik von morgen, Stuttgart 2001.

Johnson, Mary, *Facing History als Konzept aktiven Erinnerns*, in: Schreier/Heyl (Hg.), »Daß Auschwitz nicht noch einmal sei...«, Hamburg 1995, S. 249–265.

Jugendwerk der Deutschen Shell (Hg.), Jugend '92. Lebenslagen, Orientierungen und Entwicklungsperspektiven im vereinten Deutschland, 4. Bd., Opladen 1992.

Kelle, Udo, und Susann Kluge, Vom Einzelfall zum Typus. Fallvergleich und Fallkontrastierung in der qualitativen Sozialforschung, Opladen 1999.

King, Vera, *Zur Frage von Macht und Moral im Selbstverständnis kritischer Sozialforschung*, in: Heinemann/Graus (Hg.), Beiträge zur Ethnopsychoanalyse. Der Spiegel des Fremden, Nürnberg 1992, S. 115–129.

Kleßmann, Christoph, *Geschichtsbewußtsein nach 1945. Ein Neuanfang?*, in: Weidenfeld (Hg.), Deutschland. Eine Nation – doppeltes Geschichtsbewußtsein, Köln 1993, S. 111–129.

Klose, Dagmar, *Zur Diagnostik von Bedingungen historischen Lernens in verschiedenen Entwicklungsstufen und einige curriculare Schlußfolgerungen*, in: Süssmuth (Hg.), Geschichtsunterricht im vereinten Deutschland, Bd. 1, Baden-Baden 1991, S. 196–210.

Dies., *Reflektionen ostdeutscher Abiturienten über Geschichte – Seismograph für das gesellschaftliche Bedingungsfeld*, in: Uffelmann (Hg.), Identitätsbildung und Geschichtsbewußtsein nach der Vereinigung Deutschlands, Weinheim 1993, S. 109–137.

Kluge, Susann, Empirisch begründete Typenbildung. Zur Konstruktion von Typen und Typologien in der qualitativen Sozialforschung, Opladen 1999.

Knigge, Volkhard, *Zur Kritik kritischer Geschichtsdidaktik: Normative Ent-Stellung des Subjekts und Verkennung trivialen Geschichtsbewußtseins*, in: Geschichtsdidaktik 3, 1987, S. 253–266.

Ders., Triviales Geschichtsbewußtsein und verstehender Geschichtsunterricht, Pfaffenweiler 1988.

Ders., *Aneignen – Abwehren. Perspektiven auf den Holocaust. Der industrielle Massenmord als Gegenstand der schulischen und außerschulischen politischen Bildung*, in: Fritz Bauer Institut (Hg.), Pädagogische Reihe. Spurensuche, Frankfurt am Main 1992.

Körte, Peter, *Mit den Clowns kommen die Tränen. Von Benigni zu Roland Suso Richter und Robin Williams: Wie nostalgisch ist der Holocaust?*, in: Frankfurter Rundschau, 9. Oktober 1999, S. 11.

Kößler, Gottfried, *Perspektivwechsel. Vorschläge für die Unterrichtspraxis zur Geschichte und Wirkung des Holocaust*, in: Fechler u. a. (Hg.), Erziehung nach Auschwitz in der deutschen Einwanderungsgesellschaft, Weinheim/München 2000, S. 193–207.

Ders. und Petra Mumme, Konfrontationen. Bausteine für die pädagogische Annäherung an Geschichte und Wirkung des Holocaust, Heft 1: *Identität,* Fritz Bauer Institut, Frankfurt am Main 2000.

Kohli, Martin, *Erwartungen an eine Soziologie des Lebenslaufs*, in: ders. (Hg.), Soziologie des Lebenslaufs, Darmstadt/Neuwied 1978, S. 9–31.

Kohlberg, Lawrence, Zur kognitiven Entwicklung des Kindes, Frankfurt am Main 1974.

Korn, Salomon, Geteilte Erinnerung, Berlin 1999.

Ders., *Nur wo Kultur nicht leiten muß, leitet Kultur Kulturgenuß: Eine erzwungene gesellschaftliche Homogenität bewirkt Stillstand,* in: Frankfurter Rundschau, 2. März 2001.

Korte, Hermann (Hg.), Gesellschaftliche Prozesse und individuelle Praxis. Bochumer Vorlesungen zu Norbert Elias' Zivilisationstheorie, Frankfurt am Main 1990.

Kowalsky, Wolfgang, und Wolfgang Schroeder (Hg.), Rechtsextremismus. Einführung und Forschungsbilanz, Opladen 1994.

Krappmann, Lothar, Soziologische Dimensionen der Identität, Stuttgart 1975.

Krondorfer, Björn, Remembrance and Reconciliation. Encounters between Young Jews and Germans, New Haven 1995.

Küppers, Waltraud, Zur Psychologie des Geschichtsunterrichts. Eine Untersuchung über Geschichtswissen und Geschichtsverständnis bei Schülern, Stuttgart 1966.

Krüger, Heinz H., Einführung in Theorien und Methoden der Erziehungswissenschaft, Opladen 1997.

Kuckhartz, Udo, Computer und verbale Daten. Chancen zur Innovation sozialwissenschaftlicher Forschungstechniken, Frankfurt am Main 1988.

Kühnl, Reinhard (Hg.), Vergangenheit, die nicht vergeht. Die Historiker-Debatte. Dokumentation, Darstellung und Kritik, Köln 1987.

Kymlicka, Will, Multicultural Citizenship, Oxford 1995.

Ders., *Ethnicity in the USA*, in: Guibernau/Rex (Hg.), The Ethnicity Reader. Nationalism, Multiculturalism and Migration, Cambridge 1997, S. 229–247.

Lederer, Gerda u. a., *Autoritarismus unter Jugendlichen der ehemaligen DDR*, in: Deutschland Archiv, 24. Jg., 1991, S. 587–596.

Lehr, Ursula, *Erträgnisse biographischer Forschung in der Entwicklungspsychologie*, in: Thomae/Jüttmann (Hg.), Biographie und Psychologie, Berlin 1987, S. 217–249.

Leiprecht, Rudolf, »Es ist doch näher dran ...« Ethnizismus bei Jugendlichen in den Niederlanden und ein vergleichender Blick nach Deutschland. Eine empirische Untersuchung zu Diskursen, Repräsentationen und Umgangsweisen und eine theoretische Auseinandersetzung zu Konzepten der Rassismusforschung (Habilitationsschrift), Amsterdam/Tübingen 1997.

Ders., Alltagsrassismus. Eine Untersuchung bei Jugendlichen in Deutschland und den Niederlanden, Münster 2001.

Lejeune, Phillipe, *Le pacte autobiographique*, in: Poetique, Heft 1, 1973, S. 137–162.

Levy, Daniel, und Nathan Sznaider, Erinnerung im globalen Zeitalter: Der Holocaust, Frankfurt am Main 2001.

Löwenthal, Leo, *Die biographische Methode*, in: Adorno/Dirks (Hg.), Sociologica, Bd. 1, Frankfurt am Main 1955, S. 363–386.

Loewy, Hanno, *Jüdische Existenz in Deutschland. Zur Gegenwart vieler offener Fragen*, in: Romberg/Urban-Fahr (Hg.), Juden in Deutschland nach 1945. Bürger oder »Mitbürger«, Frankfurt am Main 1999, S. 25–34.

Lohse, Bernd, Geschichtsinteresse von Jugendlichen. Eine empirische Untersuchung an bayerischen Gymnasien, Hamburg 1992.

Lutz, Felix-Phillip, *Geschichtsbewußtsein und individuelle Wertsysteme*, in: Klages u. a. (Hg.), Werte und Wandel. Ergebnisse und Methoden, Stuttgart 1988, S. 124–152.

Ders., *Geschichtsbewußtsein*, in: Weidenfeld/Korte (Hg.), Handbuch zur deutschen Einheit 1949–1989–1999. Schriftenreihe der Landeszentrale für politische Bildung, Bd. 363, 1999, S. 392–402.

Mannheim, Karl, *Das Problem der Generationen*, in: ders., Wissenssoziologie. Auswahl aus dem Werk, Berlin/Neuwied 1964, S. 508–565.

Manning, Nash, *The Core Elements of Ethnicity*, in: Hutchinson (Hg.), Ethnicity, Oxford/New York 1996, S. 24–28.

Margalit, Avishai, The Decent Society, Cambridge 1996.

Ders., *Es ist leichter, Erdbeeren zu verändern als Nationen* (Gespräch zwischen Avishai Margalit und Martin Löw-Beer, Lena Inowlocki, Ursula Apitzsch), in: Brumlik u. a. (Hg.), Babylon, Beiträge zur jüdischen Gegenwart, Heft 19, 1999, S. 106–118.

Marger, Martin N., Race and Ethnic Relations. American and Global Perspectives, Belmont 1991.

Marienfeld, Wolfgang, *Geschichtliches Interesse bei Kindern und Jugendlichen*, in: Filser (Hg.), Theorie und Praxis des Geschichtsunterrichts, Bad Heilbrunn 1974.

Marz, Fritz u. a., Bestandsaufnahme Sozialkundeunterricht, Stuttgart 1977.

Matthes, Joachim, und Karl Mannheim, *»Das Problem der Generationen«, neu gelesen. Generationen, »Gruppen« oder gesellschaftliche Regelung von*

Zeitlichkeit«?, in: Zeitschrift für Soziologie, Jg. 14, Heft 5, 1985, S. 363–372.
Mead, George H., Geist, Identität und Gesellschaft, 9. Aufl., Frankfurt am Main 1993.
Meyer, Thomas, Identitäts-Wahn. Die Politisierung des kulturellen Unterschieds, Berlin 1997.
Mierow, Jürgen, *Geschichtswissen durch Geschichtsunterricht? Historische Kenntnisse und ihr Erwerb innerhalb und außerhalb der Schule*, in: v. Borries u. a. (Hg.), Geschichtsbewußtsein empirisch, Pfaffenweiler 1991, S. 53–109.
Mitscherlich, Alexander, und Margarete Mitscherlich, Die Unfähigkeit zu trauern, Frankfurt am Main 1968.
Mollenhauer, Klaus, Theorien zum Erziehungsprozeß, München 1972.
Müller, Hans, Zur Effektivität des Geschichtsunterrichts, Stuttgart 1972.
Mummendy, Amelie, und Bernd Simon (Hg.), Identität und Verschiedenheit. Zur Sozialpsychologie der Identität in komplexen Gesellschaften, Bern 1997.
Neumann, Bernd, Identität und Rollenzwang, Frankfurt am Main 1970.
Niethammer, Lutz (Hg.), Lebenserfahrung und kollektives Gedächtnis. Die Praxis der Oral History, Frankfurt am Main 1985.
Nittel, Dieter, Report Biographieforschung, Frankfurt am Main 1991.
Noack, Christian, *Stufen der Ich-Entwicklung und Geschichtsbewußtsein*, in: v. Borries/Pandel (Hg.), Zur Genese historischer Denkformen. Qualitative und quantitative empirische Zugänge, Pfaffenweiler 1994, S. 9–47.
Noelle-Neumann, Elisabeth, und Renate Köcher, Die verletzte Nation, Stuttgart 1987.
Novick, Peter, The Holocaust in American Life, Boston 1999.
Nuschler, Franz, Internationale Migration. Flucht und Asyl, Opladen 1995.
Osterland, Martin, *Lebensbilanzen und Lebensperspektiven von Industriearbeitern*, in: Kohli (Hg.), Soziologie des Lebenslaufs, Darmstadt/Neuwied 1978, S. 272–290.
Pandel, Hans-Jürgen, *Dimensionen des Geschichtsbewußtseins*, in: Geschichtsdidaktik 12, 1987, S. 130–142.
Ders., *Geschichtsbewußtsein in Öffentlichkeit und Schule. Einführung – Empirische Erforschung des Geschichtsbewußtseins – immer noch ein Desiderat*, in: Schneider (Hg.), Geschichtsbewußtsein und historisch-politisches Lernen, Pfaffenweiler 1988, S. 97–101.
Ders., *Geschichtlichkeit und Gesellschaftlichkeit im Geschichtsbewußtsein. Zusammenfassendes Resümee empirischer Untersuchungen*, in: v. Borries u. a. (Hg.), Geschichtsbewußtsein empirisch, Pfaffenweiler 1991, S. 1–19.

Ders., *Zur Genese narrativer Kompetenz*, in: v. Borries/Pandel (Hg.), Zur Genese historischer Denkformen. Qualitativ und quantitativ-empirische Zugänge, Pfaffenweiler 1994, S. 99–123.

Parekh, Bhikhu, Rethinking Multiculturalism: Cultural Diversity and Political Theory, Basingstoke/London 2000.

Patt, Kristin, und Mihan Dabhag (Hg.), Generation und Gedächtnis. Erinnerungen und kollektive Identitäten, Opladen 1995.

Peirce, Charles S., Schriften zum Pragmatismus und Pragmatizismus, Frankfurt am Main 1991.

Piaget, Jean, Das moralische Urteil beim Kinde, Frankfurt am Main 1978.

Pohl, Kurt, *Das Fach Geschichte im Denken von Schülerinnen und Schülern. Werkstattbericht einer empirischen Studie in Nordhessen*, in: v. Borries/Pandel (Hg.), Zur Genese historischer Denkformen. Qualitativ und quantitativ-empirische Zugänge, Pfaffenweiler 1994 a, S. 147–173.

Ders., Geschichtsbewußtsein Jugendlicher – gewandelt? Empirische Befunde zu Wirkungen der Bildungsreform im Bereich Geschichtsunterricht, Kassel 1994 b.

Posner, Gerald, Belastet. Meine Eltern im Dritten Reich. Gespräche mit den Kindern von Tätern, Berlin 1994.

Quindeau, Ilka, Trauma und Geschichte. Interpretationen autobiographischer Erzählungen von Überlebenden des Holocaust, Frankfurt am Main 1995.

Raasch, Rudolf, Zeitgeschichte und Nationalbewußtsein, München 1964.

Radtke, Frank Olaf, *Die Konstruktion des Fremden im Diskurs des Multikulturalismus*, in: Kürsat-Ahlers (Hg.), Die multikulturelle Gesellschaft. Der Weg zur Gleichstellung?, Frankfurt am Main 1992, S. 129–141.

Ragin, Charles, und Howard S. Becker (Hg.), What is a case? Exploring the Foundations of Social Inquiry, Cambridge 1992.

Rappaport, Lynn, Life after Death: A Case Study of Second Generation Jews in Frankfurt am Main, New York 1992.

Reichel, Peter, Politik der Erinnerung. Gedächtnisorte im Streit um die nationalsozialistische Vergangenheit, München 1995.

Ders., Vergangenheitsbewältigung in Deutschland. Die Auseinandersetzung mit der NS-Diktatur von 1945 bis heute, München 2001.

Remus, Klaus, *Nationalbewußtsein und Geschichtsbewußtsein. Eine empirische Untersuchung*, in: Schneider (Hg.), Geschichtsbewußtsein und historisch-politisches Lernen, Pfaffenweiler 1988, S. 101–138.

Resch, Christine, *Arbeitsbündnisse in der Sozialforschung*, in: Steinert (Hg.), Zur Kritik der empirischen Sozialforschung. Ein Methodengrundkurs, Frankfurt am Main 1998, S. 36–66.

Rippl, Susanne u. a., *Wandel des Autoritarismus bei Jugendlichen in West-*

deutschland, in: Lederer (Hg.), Autorität und Gesellschaft, Opladen 1994, S. 82–115.

Roberts, Ulla, *Unklare Identitäten bei der »dritten Generation«. Verborgene Zusammenhänge von Unkenntnis und Bedeutung der NS-Zeit für die Familiengeschichte*, in: Zeitschrift für Individualpsychologie, Nr. 2, 1995, S. 107–120.

Robertson, Roland, *Globalisierung: Homogenität und Heterogenität in Raum und Zeit*, in: Beck (Hg.), Perspektiven der Weltgesellschaft, Frankfurt am Main 1998, S. 192–221.

Rohlfes, Joachim, *Kategorien des Geschichtsunterrichts*, in: Geschichte in Wissenschaft und Unterricht 22, 1971, S. 474–494.

Rommelspacher, Birgit, Dominanzkultur. Texte zu Fremdheit und Macht, Berlin 1995.

Dies., Schuldlos-Schuldig? Wie sich junge Frauen mit dem Antisemitismus auseinandersetzen, Hamburg 1995.

Rosenthal, Gabriele, *Das kollektive Schweigen zu den Nazi-Verbrechen. Bedingungen der Institutionalisierung einer Abwehrhaltung*, in: Rosenthal/Fischer-Rosenthal (Hg.), Opfer und Täter nach dem »Dritten Reich«. Biographische Verläufe über drei Generationen, Psychosozial, Nr. 51, 1992, S. 22–33.

Dies., *Zur Konstitution von Generationen in familienbiographischen Prozessen. Krieg, Nationalismus und Genozid in Familiengeschichte und Biographie*, in: Österreichische Zeitschrift für Geschichtswissenschaften 5, Heft 4, Wien 1994, S. 489–516.

Dies. (Hg.), Der Holocaust im Leben von drei Generationen. Familien von Überlebenden der Shoah und von Nazitätern, Gießen 1997.

Rüsen, Jörn, *Die vier Typen des historischen Erzählens*, in: Koselleck (Hg.), Formen der Geschichtsschreibung, München 1982, S. 137–168.

Ders., *Geschichtsbewußtsein und menschliche Identität*, in: Politik und Zeitgeschichte, Bd. 41, 1984, S. 3–10.

Ders., *Historisches Erzählen*, in: Bergmann u. a. (Hg.), Handbuch der Geschichtsdidaktik, Düsseldorf 1985, S. 44–49.

Ders., *Strukturen historischer Sinnbildung*, in: Weidenfeld (Hg.), Geschichtsbewußtsein der Deutschen. Materialien zur Spurensuche einer Nation, Köln 1987 a, S. 52–63.

Ders., *The Didactics of History in West Germany: Towards a New Self Awareness of Historical Studies*, in: History and Theory 26, 1987 b, S. 275–286.

Ders., Lebendige Geschichte. Grundzüge einer Historik III. Formen und Funktionen historischen Wissens, Göttingen 1989.

Ders. u. a., *Untersuchungen zum Geschichtsbewußtsein von Abiturienten im*

Ruhrgebiet, in: v. Borries u. a. (Hg.), Geschichtsbewußtsein empirisch, Pfaffenweiler 1991, S. 221–334.
Ders. und Klaus Müller (Hg.), Historische Sinnbildung. Problemstellungen, Zeitkonzepte, Wahrnehmungshorizonte, Darstellungsstrategien, Hamburg 1997 a.
Ders., *Was heißt: Sinn der Geschichte?*, in: Rüsen/Müller (Hg.), Historische Sinnbildung. Problemstellungen, Zeitkonzepte, Wahrnehmungshorizonte, Darstellungsstrategien, Hamburg 1997 b, S. 17–48.
Ders., *Ethnozentrismus und interkulturelle Kommunikation*, in: Universität Mainz (Hg.), Interkulturalität. Grundprobleme der Kulturbegegnung. Mainzer Universitätsgespräche, Mainz 1999, S. 27–45.
Ders. und Friedrich Jaeger, *Erinnerungskultur*, in: Weidenfeld/Korte (Hg.), Deutschland. Trendbuch, Bonn 2001, S. 397–428.
Schapp, Wilhelm, In Geschichten verstrickt. Zum Sein von Mensch und Ding (1953), Wiesbaden 1976.
Ders., Wissen in Geschichten. Zur Metaphysik der Naturwissenschaft, Wiesbaden 1965.
Schneider, Gerhard (Hg.), Geschichtsbewußtsein und historisch-politisches Lernen, Pfaffenweiler 1988.
Schörken, Rolf, *Geschichtsdidaktik und Geschichtsbewußtsein*, in: Geschichte in Wissenschaft und Unterricht 23, 1972, S. 81–89.
Ders., *Der lange Weg zum Geschichtscurriculum. Curriculumverfahren unter der Lupe*, in: Geschichtsdidaktik 2, 1977, S. 254–270.
Ders., Geschichte in der Alltagswelt: Wie uns Geschichte begegnet und was wir mit ihr machen, Stuttgart 1981 a.
Ders., *Geschichte als Lebenswelt*, in: Bergmann u. a. (Hg.), Handbuch der Geschichtsdidaktik, Düsseldorf 1981 b, S. 1–63.
Schoeps, Julius u. a. (Hg.), Ein neues Judentum in Deutschland? Fremd- und Eigenbilder der russisch-jüdischen Einwanderer, Berlin 1999.
Schubarth, Wilfried, *Zu Wandlungen im Geschichtsbewußtsein ostdeutscher Jugendlicher. Ergebnisse empirischer Untersuchungen*, in: Süssmuth (Hg.), Geschichtsunterricht im vereinten Deutschland. Auf der Suche nach Neuorientierung, Teil 1, Baden-Baden 1991, S. 122–178.
Ders., *Historisches Bewußtsein und historische Bildung in der DDR zwischen Anspruch und Realität*, in: Henning/Walter (Hg.), Jugend in der DDR. Daten und Ergebnisse der Jugendforschung vor der Wende, München 1991, S. 27–38.
Schütz, Alfred, Der sinnhafte Aufbau der sozialen Welt. Eine Einleitung in die verstehende Soziologie, Frankfurt am Main 1974.
Schütze, Fritz, *Prozeßstrukturen des Lebenslaufs*, in: Mattes u.a. (Hg.), *Biographie in handlungswissenschaftlicher Perspektive.* Nürnberg 1981, S. 67–156.

Ders., *Kognitive Figuren des autobiographischen Stegreiferzählens*, in: Kohli u. a. (Hg.), Biographie und soziale Wirklichkeit, Stuttgart 1984, S. 78–119.

Ders., Das narrative Interview in Interaktionsfeldstudien I: Erzähltheoretische Grundlagen, Teil 1, Studienbrief der Fernuniversität Hagen 1987.

Ders., *Biographieforschung und narratives Interview*, in: Neue Praxis 13, 1989 a, S. 283–293.

Ders., *Kollektive Verlaufskurve oder kollektiver Wandlungsprozeß. Dimensionen des Vergleichs von Kriegserfahrungen amerikanischer und deutscher Soldaten im Zweiten Weltkrieg*, in: Bios 1, 1989 b, S. 31–110.

Sczepanski, Jan, *Die biographische Methode*, in: König (Hg.), Handbuch der empirischen Sozialforschung, Bd. 4, Stuttgart 1974, S. 226–252.

Siebert, Horst, Lernen im Lebenslauf, Bonn 1985.

Sollors, Werner (Hg.), Theories of Ethnicity. A Classical Reader, New York 1996.

Statistisches Bundesamt (Hg.), Datenreport 2002: Gesellschaft, Wirtschaft, Staat im Spiegel der Statistik, Wiesbaden 2002.

Steiner-Khamsi, Gita, *Postmoderne Ethnizität und nationale Identität kanadischer Prägung*, in: Soziale Welt 41, 1990, S. 283–298.

Steinert, Heinz, *Genau hinsehen, geduldig nachdenken und sich nicht dumm machen lassen*, in: ders. (Hg.), Zur Kritik der empirischen Sozialforschung. Ein Methodengrundkurs, Frankfurt am Main 1998, S. 67–79.

Stern-Strom, Margot, *Facing History and Ourselves – A Synthesis of History and Ethics in Effective Education*, in: Garrod (Hg.), Learning for Life: Moral Education. Theory and Practice, Westport 1992, S. 131–153.

Stöckle, Frieder, *Identität und Geschichte*, in: Koch (Hg.), Lernfeld Geschichte, Weinheim/Basel 1983, S. 20–32.

Strauss, Anselm, Grundlagen qualitativer Sozialforschung. Datenanalyse und Theoriebildung in der empirischen und soziologischen Forschung, München 1994.

Ders. und Julie Corbin, Grounded Theory: Grundlagen qualitativer Sozialforschung, München 1996.

Sznaider, Nathan, The Fall and the Rise of the Holocaust (Unveröffentlichtes Manuskript), Tel Aviv 1999.

Takaki, Ronald, A Different Mirror. History of Multicultural America, Toronto 1993.

Taylor, Charles, *Die Politik der Anerkennung*, in: Gutman (Hg.), Multikulturalismus und die Politik der Anerkennung, Frankfurt am Main 1993, S. 13–79.

Teschner, Manfred, Politik und Gesellschaft im Unterricht, Frankfurt am Main 1968.

Thomas, William, und Florian I. Znaniecki, The Polish Peasant in Europe and America (1918–1920), Boston/New York 1958.
Thränhardt, Dietrich, *Die Bundesrepublik Deutschland. Ein unerklärtes Einwanderungsland*, in: Das Parlament 24, Bonn 1988, S. 3–13.
Tilman, Ernst, *Holocaust und politische Bildung – langfristige Wirkungen*, in: Tribüne, Jg. 19, Heft 74, 1980, Frankfurt am Main 1980, S. 45–56.
Uffelmann, Uwe, *Geschichtsbewußtsein als Gegenwartsaufgabe und historisch-politisches Lernen,* in: Schneider (Hg.), Geschichtsbewußtsein und historisch-politisches Lernen, Pfaffenweiler 1988, S. 139–141.
Ders. u. a. (Hg.), Problemorientierter Geschichtsunterricht. Grundlegung und Konkretion, Villingen-Schwenningen 1990.
Ders., Identitätsbildung und Geschichtsbewußtsein nach der Vereinigung Deutschlands, Weinheim 1993.
Vonderach, Gerd, *Geschichtenhermeneutik*, in: Hitzler/Honer (Hg.), Sozialwissenschaftliche Hermeneutik, Opladen 1997, S. 65–191.
Walzer, Michael, Über Toleranz. Von der Zivilisierung der Differenz, Hamburg 1998.
Ders., *Politik der Differenz. Staatsordnung und Toleranz in der multikulturellen Welt*, in: Forst (Hg.), Toleranz. Philosophische und gesellschaftliche Praxis einer umstrittenen Tugend, Frankfurt am Main 2000, S. 214–231.
Wasmund, Klaus, Politische Orientierungen Jugendlicher. Eine empirische Untersuchung zur politischen Sozialisation in der neunten Klasse der Hauptschule, München 1977.
Waters, Mary C., Ethnic Options. Choosing Identities in America, Berkeley/Oxford 1990.
Dies., *Ethnische Identität als Option*, in: Honneth (Hg.), Pathologien des Sozialen. Die Aufgaben der Sozialphilosophie, Frankfurt am Main 1994, S. 205–233.
Weber, Max, Wirtschaft und Gesellschaft. Grundriß der verstehenden Soziologie, Tübingen 1956.
Ders., *Soziologische Grundbegriffe* (1921), in: ders., Gesammelte Aufsätze zur Wissenschaftslehre, 7. Aufl., Tübingen 1988, S. 541–581.
Weidenfeld, Werner, *Geschichte und Politik*, in: ders. (Hg.), Geschichtsbewußtsein der Deutschen. Materialien zur Spurensuche einer Nation, Köln 1987, S. 13–29.
Ders. (Hg.), Politische Kultur und deutsche Frage. Materialien zum Staats- und Nationalbewußtsein in der BRD, Köln 1989.
Ders. und Rudolf Korte, Die Deutschen. Profil einer Nation, Stuttgart 1991.
Ders. und Felix-Phillip Lutz, *Die gespaltene Nation. Das Geschichtsbewußtsein der Deutschen nach der Einheit*, in: Politik und Zeitgeschichte, Bd. 31–32, 1992, S. 3–22.

Ders. (Hg.), Deutschland. Eine Nation – doppeltes Geschichtsbewußtsein. Materialien zum deutschen Selbstverständnis, Köln 1993.

Wellendorf, Franz, Schulische Sozialisation und Identität, Weinheim 1975.

Welsch, Wolfgang, *Transkulturalität – die veränderte Verfassung heutiger Kulturen*, in: Duve u. a. (Hg.), Sichtweisen. Die Vielfalt in der Einfalt, Frankfurt am Main 1994, S. 83–124.

Welzer, Harald, Sabine Möller und Karoline Tschuggnall, »Opa war kein Nazi«. Nationalsozialismus und Holocaust im Familiengedächtnis, Frankfurt am Main 2002.

Ders., Robert Montau und Christine Plaß, »Was wir für böse Menschen sind!« Der Nationalsozialismus im Gespräch zwischen den Generationen, Tübingen 1997.

Wenning, Nobert, Migration in Deutschland. Ein Überblick, Münster/New York 1996.

Wessel, Karl Friedrich, *Über die den Individuen möglichen Vermittlungen zwischen Vergangenheit und Gegenwart – Oder: Gibt es eine individualisierte Geschichte?*, in: Kose/Uffelmann (Hg.), Vergangenheit – Geschichte – Psyche. Ein interdisziplinäres Gespräch, Idstein 1996, S. 23–34.

Wiegand, Erich, *Zunahme der Ausländerfeindlichkeit? Einstellungen zu Fremden in Deutschland und Europa*, in: ZUMA Nachrichten Nr. 31, 16. Jg., 1992, S. 7–28.

Wienhold, Hanns, *Durchschnittstypus; Extremtypus; Theorie; Typologie; Typus*, in: Fuchs (Hg.), Lexikon zur Soziologie, 2. Auflage, Opladen 1988, S. 172, S. 218, S. 780 ff., S. 798.

Willett, Cynthia, Theorizing Multiculturalism. A Guide to the Current Debate, Oxford 1998.

Wiesemüller, Gerhard, Unbewältigte Vergangenheit – überwältigende Gegenwart, Stuttgart 1972.

Wilberg, Sylwia, Nationale Identität. Empirisch untersucht bei 14jährigen in Polen und Deutschland, Münster/New York 1995.

Witzel, Andreas, Verfahren der qualitativen Sozialforschung. Überblick und Alternativen, Frankfurt am Main 1982.

Yetman, Norman R. (Hg.), Majority and Minority. The Dynamics of Race and Ethncity in American Life, Boston 1985.

Young, James E., *America's Holocaust. Memory and the Politics of Identity*, in: Flanzbaum (Hg.), The Americanization of the Holocaust, Baltimore 1999, S. 68–83.

Ziegler, Rolf, *Typologien und Klassifikationen*, in: Albrecht u. a. (Hg.), Soziologie. Sprache – Bezug zur Praxis – Verhältnis zu anderen Wissenschaften, Opladen 1973, S. 11–47.

Danksagung

Eine Forschungsarbeit entsteht nicht isoliert, sie entwickelt sich im Austausch und ist daher nicht alleiniges Produkt der Autorin. Ich möchte all jenen danken, die die Entwicklungs- und Umsetzungsgeschichte dieser Arbeit auf vielfältige Weise begleitet haben.

Dem Fritz Bauer Institut in Frankfurt am Main, insbesondere den Mitarbeitern der pädagogischen Abteilung, Gottfried Kößler, Jacqueline Giere und Petra Mumme, verdanke ich wichtige inhaltliche Impulse, aber auch wertvolle didaktische Erfahrungen sowie Kontakte zu Schulen, Lehrenden und Interviewpartnern. Den Lehrern und Lehrerinnen, die mir Einblicke in ihren Unterricht gewährt haben und bei der Suche nach Interviewpartnern behilflich waren, danke ich herzlich, auch wenn ich dies aufgrund der zugesicherten Anonymität nicht namentlich tun kann. Ohne sie wäre die Feldforschung nicht möglich gewesen. Hieran schließt sich der Dank an die »Subjekte der Forschung«, die Schüler und Schülerinnen, die sich zum Interview zur Verfügung gestellt haben.

Gemeinsame Workshops und Tagungen mit dem Team der Jugendbegegnungsstätte Anne Frank in Frankfurt am Main haben meine Arbeit an der Thematik immer wieder beflügelt. Für kritische Diskussionen, methodische Anregungen und Hinweise danke ich den Teilnehmern und Teilnehmerinnen des Migrationsforschungskolloquiums am Fachbereich Gesellschaftswissenschaften der Johann Wolfgang Goethe-Universität Frankfurt. Der Graduiertenförderung des Landes Hessen danke ich für die finanzielle Förderung. Ebenso möchte ich dem DAAD für die Unterstützung meines Forschungsaufenthaltes an der Harvard University in Cambridge, USA, danken. In diesem Rahmen konnte ich nicht nur neue theoretische Erkenntnisse gewinnen, sondern auch pädagogische Praxiserfahrungen an einem der profiliertesten Holocaust-Education-Institute der USA sammeln. Mein Dank richtet sich an die Mitarbeiterinnen und Mitarbeiter von Facing History and Ourselves. Stellvertretend möchte ich Marc Skivirsky und Stephen Black nennen.

Danken möchte ich auch all jenen, die mir Mut, Kraft und Freude am »Weitermachen« vermittelt haben und die Arbeit auf jeweils eigene Weise begleitet haben: Tanja Backe, Johannes Becker, Elisabeth

Beck-Gernsheim, Halil Can, Lerke Gravenhorst, Doron Kiesel, Regina Kreide, Björn Krondorfer, Bernd Fechler, Sylvia Obst, Kerstin Rathgeb, Beate Sann, Christian Staffa, Susanne Ulrich, Lee und Stephen Whitfield.

Besonderer Dank gilt schließlich meinen intellektuellen Wegbereitern Ursula Apitzsch, Micha Brumlik und Lena Inowlocki, ohne deren fachliche und persönliche Betreuung diese Arbeit weder entstanden noch erfolgreich zum Abschluß gebracht worden wäre.

Dank gilt meinem Sohn Julius, in dessen Erwartung die Arbeit konzentriert und zielstrebig fertiggestellt werden konnte. Auch hat der Vater und Lebenspartner, Markus Heide, hier einen beträchtlichen Anteil an Unterstützung geleistet, ohne die dieses perfekte Timing und das »doppelte Glück« nicht möglich gewesen wären. Danke.

Last but not least möchte ich meinen Eltern, Theodor und Magda Georgi, dafür danken, daß sie meine Freude am Fragenstellen gefördert haben.

Étienne Balibar
Sind wir Bürger Europas?
Politische Integration,
soziale Ausgrenzung
und die Zukunft des
Nationalen
Aus dem Französischen
von Olga Anders,
Holger Fliessbach und
Thomas Laugstien
Gebunden
290 Seiten
ISBN 3-930908-86-7

Sind wir Bürger Europas?

Étienne Balibar hat seit dem »Geschichtsbruch« von 1989 über die Widersprüche des europäischen Einigungsprozesses geschrieben. Diese Widersprüche sind inzwischen handgreifliche Realität: hier der Abbau der Zollschranken und die neue Durchlässigkeit der Grenzen, dort die verschärfte Ausgrenzung im Innern und die drohende Abschottung nach außen. Während die Nationalstaaten abgebaut werden, äußert sich der Nationalismus zusammen mit seinem Wiedergänger, dem Rassismus, nicht nur an der europäischen Peripherie, sondern auch in den Kernländern der EU. Und wie verhält sich unsere Europäisierung zur vielberedeten Globalisierung?
Als Philosoph hat Balibar keine politischen Lösungen zu bieten – er geht den inneren Widersprüchen des Einigungsprozesses nach. Seine Reflexionen drehen sich um die Frage der europäischen Staatsbürgerschaft. Der Begriff ist allerdings neu zu definieren, denn im traditionellen Verständnis bezeichnet »Staatsbürgerschaft« die Zugehörigkeit zu einer nationalen Gemeinschaft. Sie grenzt also die »Ausländer« aus – dieselben, die gleichzeitig als unsere »Mitbürger« angesprochen werden. Die europäische Staatsbürgerschaft bezeichnet auf diese Weise eine begriffliche Paradoxie – eine Frage, die unseren Denkhorizont sprengt.
Sind die Grenzen der »Staatsbürgerschaft« zu überwinden?

»Grade jetzt, da der europäische Verfassungskonvent intensiv arbeitet, ist sein sein Buch eine aktuelle Lektüre.« *Mark Terkessidis, die tageszeitung*

Hamburger Edition HIS Verlagsges.mbH, Mittelweg 36, D 20148 Hamburg, www.hamburger-edition.de

Bertrand Badie
Souveränität und
Verantwortung.
Politische Prinzipien
zwischen Fiktion und
Wirklichkeit
Aus dem Französischen
von Ronald Voullié
Gebunden
315 Seiten
ISBN 3-930908-77-8

Souveränität und Verantwortung

Badie rekonstruiert in diesem Band das Prinzip der Souveränität, seine Lesarten, seine Widersprüche und seinen Gebrauch anhand von zahlreichen Beispielen in Europa und Asien. Den Weg markieren die Staatstheoretiker der Frühen Neuzeit, die dieses Konzept ins Spiel der Mächte brachten, das System des Westfälischen Friedens, das die europäischen Staaten aneinanderband, die Französische Revolution, die Volk und Nation an die Stelle des Herrschers setzte, oder die Vorstellungen des US-Präsidenten Woodrow Wilson über die internationale Neuordnung am Ende des Ersten Weltkrieges, schließlich die uns vertrauten Konflikte der Gegenwart.

Am Ende bleibt kein Zweifel, daß das Prinzip der Souveränität nie und nirgends in einem strikten Sinn verwirklicht wurde. Kein Staat war jemals nach außen unumschränkt selbständig oder nach innen unumschränkt herrschend. Stets war die Souveränität begrenzt – im besten Fall durch Verantwortung, im schlimmsten durch bloße Machtausübung. So ist die Geschichte der Souveränität auch eine Geschichte der in ihrem Namen begangenen Verletzung der Souveränität eines anderen, sprich eine Geschichte der Interventionen und daraus resultierender Abhängigkeiten.

Hamburger Edition HIS Verlagsges.mbH, Mittelweg 36, D 20148 Hamburg, www.hamburger-edition.de

Nikola Tietze
Islamische Identitäten.
Formen muslimischer
Religiosität junger
Männer in Deutschland
und Frankreich
Aus dem Französischen
von Ilse Utz
Gebunden
277 Seiten
ISBN 3-930908-68-9

Islamische Identitäten

Seit die ersten Arbeitsimmigranten aus islamisch geprägten Ländern nach Deutschland und Frankreich einwanderten, haben sich die sozialen, politischen und ökonomischen Bedingungen hier wie dort dramatisch verändert. Infolgedessen hat auch die Religiosität junger Muslime mit dem Islam ihrer Eltern nicht mehr viel gemein. Anhand von Porträts und Interviews schildert Nikola Tietze, auf welch vielfältige Art junge Männer in Deutschland und Frankreich den Islam als eine von zahlreichen Möglichkeiten zur Entwicklung ihrer Subjektivität nutzen und ihn dabei immer wieder ihren Bedürfnissen entsprechend umformen. Die Autorin arbeitet Gemeinsamkeiten und Unterschiede zwischen den Muslimen in beiden Ländern heraus und benennt deren Ursachen.

Norbert Elias Preis 2003

»Gerade in der öffentlichen Wahrnehmung des Islam können die Ergebnisse dieser soziologischen Forschung nur zuträglich sein.«
Schirin Amir-Moazami, Matthias Koenig,
Soziologische Revue

Hamburger Edition HIS Verlagsges.mbH, Mittelweg 36, D 20148 Hamburg, www.hamburger-edition.de